Wolfgang Bessler

Zinsrisikomanagement in Kreditinstituten

Schriftenreihe des
Instituts für Geld- und Kapitalverkehr
der Universität Hamburg

Herausgegeben von Prof. Dr. Hartmut Schmidt

Band 2

Wolfgang Bessler

Zinsrisikomanagement in Kreditinstituten

DUV DeutscherUniversitätsVerlag
GABLER · VIEWEG · WESTDEUTSCHER VERLAG

CIP-Titelaufnahme der Deutschen Bibliothek

Bessler, Wolfgang
Zinsrisikomanagement in Kreditinstituten / Wolfgang Bessler.
— Wiesbaden : Dt. Univ.-Verl., 1989
(Schriftenreihe des Instituts für Geld- und Kapitalverkehr der Universität Hamburg ; Bd. 2)
Zugl.: Hamburg, Univ., Diss., 1987
ISBN 978-3-8244-0030-0 ISBN 978-3-322-86457-4 (eBook)
DOI 10.1007/978-3-322-86457-4
NE: Institut für Geld- und Kapitalverkehr <Hamburg>: Schriftenreihe des Instituts ...

Der Deutsche Universitäts-Verlag ist ein Unternehmen der Verlagsgruppe Bertelsmann.

ISBN 978-3-8244-0030-0

Für Anette
und Anna

Geleitwort

Das Zinsrisiko in Banken ist ein Problem, das so alt ist wie die Banken selbst. Dennoch sind lange Zeit nur sporadisch Veröffentlichungen hierzu erschienen. Die intensive wissenschaftliche Diskussion zu diesem Thema hat erst in den letzten Jahren begonnen. Die frühen Arbeiten hatten sich unter der Herausforderung der Jahre 1979-1981 mit Abschreibungs- und Solvenzproblemen zu beschäftigen, während später die Frage in den Vordergrund treten konnte, wie der Zinsüberschuß einer Bank bei Marktzinsschwankungen stabilisiert werden kann.

Bessler will diese unterschiedlichen Sichtweisen verbinden und zu einem umfassenden Ansatz zum Zinsrisikomanagement in Kreditinstituten zusammenführen. Sein Ausgangspunkt ist die Einsicht, daß Banken im Wettbewerb um Kunden Zinsrisiken übernehmen müssen. Damit stellt sich die Frage, wie die übernommenen Zinsrisiken ermittelt, beurteilt und gesteuert werden können. Bessler zeigt, daß sich auf der Basis der durchschnittlichen Bindungsdauer ein Gap-Modell aufbauen läßt, das den Einfluß von Marktzinsänderungen auf Zinsüberschuß und Eigenkapital erfaßt. Es gelingt ihm, in diesem Modell neben dem Zinsrisiko aus Festzinspositionen auch das Zinsrisiko aus dem variabel verzinslichen Geschäft zu berücksichtigen. Er erweitert so den Anwendungsbereich von Duration-Modellen.

In seiner Arbeit behandelt er auch ausführlich, wie sich Optionen und Futures im Zinsrisikomanagement einsetzen lassen. Diese Instrumente werden in deutschen Kreditinstituten bisher kaum zur Risikosteuerung eingesetzt, mit der Eröffnung der Deutschen Terminbörse werden sie aber an Bedeutung gewinnen.

Hartmut Schmidt

Vorwort

Als mein Interesse für das Zinsrisikomanagement geweckt wurde, war kaum abzusehen, wieviel Aufmerksamkeit und Bedeutung diesem Forschungsgebiet in den folgenden Jahren zukommen würde. Die zahlreichen Veröffentlichungen zum Bilanzstrukturmanagement und zu Finanzinnovationen veranlaßten mich immer wieder, mein Konzept zu überdenken und zu erweitern. Diese Arbeit konnte schließlich gelingen, weil mir während dieser Zeit großzügige Unterstützung von vielen Seiten zuteil wurde. Dafür bin ich allen, die mir ihre Hilfe gewährten, sehr dankbar.

Zu Dank bin ich vor allem meinem akademischen Lehrer Herrn Professor Dr. Hartmut Schmidt verpflichtet, der die Arbeit während meiner Tätigkeit am Institut für Geld- und Kapitalverkehr betreute und bis zur endgültigen Fertigstellung unterstützte, mir längere Forschungsaufenthalte in Kanada und den U.S.A. ermöglichte sowie diese Dissertation in seine Schriftenreihe aufnahm. Herrn Professor Dr. Günter Altrogge danke ich für die Übernahme des Koreferats und Herrn Professor Dr. Wolfgang Benner für die wohlwollende Unterstützung. Zu besonderem Dank bin ich auch Herrn Professor Dr. G. Geoffrey Booth und Herrn Professor Dr. Allan Young verpflichtet. Eine finanzielle Förderung dieser Veröffentlichung verdanke ich der Stiftung des Vereins der Mitglieder der Wertpapierbörse in Hamburg.

Ebenso danke ich meinen Freunden und Kollegen Herrn Dr. Hans-Martin Domke, Herrn Dipl.-Kfm. Hans-Heinrich Ellermann, Herrn Dipl.-Kfm., Dipl.-Hdl. Rolf Ratzlaff, Herrn Dipl.-Kfm. Axel Michael Schröder, die stets zum intensiven Gedankenaustausch bereit waren und nicht müde wurden, Teile des Manuskripts immer wieder kritisch durchzulesen und mir stets wertvolle Hinweise gaben.

Ganz besonderem Dank aber schulde ich meiner Frau Anette für ihre geduldige und selbstlose Unterstützung.

Wolfgang Bessler

Inhalt

Zweiter Teil:

Abbildungsverzeichnis

Symbolverzeichnis

A_i	Marktwert der festverzinslichen Aktiva i
A_0	Marktwert der festverzinslichen Aktiva im Zeitpunkt t_0
A_{i0}	Marktwert der festverzinslichen Aktiva i im Zeitpunkt t_0
A_t	Marktwert der festverzinslichen Aktiva im Zeitpunkt t
a_i	Nominalwert der variabel verzinslichen Aktiva i
AX_t	Rendite eines Aktienindex zum Zeitpunkt t
B_t	Basis zum Zeitpunkt t
BX_t	Rendite eins Bondindex zum Zeitpunkt t
BK	Börsenkurs eines Finanztitels
b	Hedge Ratio
b^*	optimale Hedge Ratio
C_t	Zahlung zum Zeitpunkt t (Cash Flow)
Cov	Kovarianz
c	Kupon
D	Duration
D_A	Duration der Aktiva
D_{Ai}	Duration der Aktiva i
D_V	Duration der billigsten lieferbaren Anleihe
D_F	Duration des Futures-Titels
D_{Fi}	Duration des Futures-Titels i (Terminpluspositlon)
D_{Fj}	Duration des Futures-Titels j (Terminminusposition)
D_L	Duration der Passiva
D_{Lj}	Duration der Passiva j
D_P	Duration des Portefeuilles
D_{Pi}	Duration des einzelnen Finanztitels i im Portefeuille P
D_S	Duration der Kassatitels
$DAMW^0$	Zinssensitivität der Festzinsaktiva im Zeitpunkt t_0
$DAMWrz_m$	Zinssensitivität der Festzinsaktiva im Zeitpunkt t_m bei unterschiedlichen Zinssätzen und Zinsreagibilitäten
$DLMW^0$	Zinssensitivität der Festzinspassiva im Zeitpunkt t_0
$DLMWrz_m$	Zinssensitivität der Festzinspassiva im Zeitpunkt t_m bei unterschiedlichen Zinssätzen und Zinsreagibilitäten
$DGMW^0$	Duration-Gap der Festzinspositionen für den Zeitpunkt t_0

$DGMW^{m}$	Duration-Gap der Festzinspositionen für das Periodenende
$DGMWrz_{m}$	Duration-Gap der Festzinspositionen für das Periodenende bei unterschiedlichen Zinssätzen und Zinsreagibilitäten
$DGZÜ^{m}$	Duration-Gap des Zinsüberschusses für die Planperiode m
$DGZÜrze_{m}$	Duration-Gap des Zinsüberschusses für die Planperiode m bei unterschiedlichen Zinssätzen, -reagibilitäten und -elastizitäten
$DGAPrze^{m}$	Duration-Gap des ökonomischen Einkommens mit unterschiedlichen Zinssätzen, -reagibilitäten und -elastizitäten
$DGAPrzeF^{m}$	Duration-Gap des ökonomischen Einkommen mit Financial Futures und unterschiedlichen Zinssätzen, -reagibilitäten und -elastizitäten
d	Zeitindex
d'	Zeitpunkt, zu dem sich die Wertverläufe einer Anlage bei unveränderten Zinssätzen und einer Zinsänderung schneiden
d^{+}	Zeitpunkt, zu dem sich die Wertverläufe einer Anlage bei unveränderten Zinssätzen und bei einem Zinsanstieg schneiden
d^{-}	Zeitpunkt, zu dem sich die Wertverläufe einer Anlage bei unveränderten Zinssätzen und bei einem Zinsrückgang schneiden
ΔA	Marktwertänderung der Aktiva
ΔE_{0}	Eigenkapitalveränderung in der Ausgangslage
ΔE_{m}	Eigenkapitalveränderung am Periodenende
ΔEK_{m}	Veränderung des Eigenkapitals am Periodenende (ökonomisches Einkommen)
ΔEK_{Fm}	Veränderung des Eigenkapitals am Periodenende unter Berücksichtigung von Financial Futures
ΔF	Preisänderung des Futures-Titels
ΔFF	Preisänderung von mehreren Futures-Titeln
ΔL	Wertänderung der Passiva
dP_{0}	Preisänderung eines Finanztitels
dPP	Preisänderung von mehreren Finanztiteln
dr	Infinitesimale Zinsänderung

Δr	Zinsänderung
Δr_A	Zinsänderung für die Aktiva
Δr_L	Zinsänderung für die Passiva
Δr_M	Marktzinsänderung
ΔS	Preisänderung des Kassatitels
$E(\cdot)$	Erwartungsparameter
EK	Eigenkapital
EK_0	Eigenkapital im Ausgangszeitpunkt
EK_m	Eigenkapital am Periodenende
e_i	Störvariable in der Regression
e_{ai}	Zinsanpassungselastizität für die Aktiva i
e_{lj}	Zinsanpassungselastizität für die Passiva j
F	Preis des Futures-Titels
F_t	Preis des Futures-Titels im Zeitpunkt t
f_i	Länge der Festzinsvereinbarung für die variabel verzinsliche Aktiva i
f_j	Länge der Festzinsvereinbarung für die variabel verzinsliche Passiva j
G	Gesamtposition
i	Interner Zinsfuß
i	Laufindex für die Aktiva
j	Laufindex für die Passiva
K	Anzahl der Futures-Kontrakte
K^S	Anzahl der Kontrakte der Terminminusposition
K^L	Anzahl der Kontrakte der Terminplusposition
k_{ai}	Vereinbarter Zinssatz der variabel verzinslichen Aktiva i
k_{lj}	Vereinbarter Zinssatz der variabel verzinsliche Passiva j
L_0	Marktwert der Passiva im Ausgangszeitpunkt
L_j	Marktwert der festverzinslichen Passiva j
L_{j0}	Marktwert der festverzinslichen Passiva im Zeitpunkt t_0
L_t	Marktwert der festverzinslichen Passiva im Zeitpunkt t
l_j	Nominalwert der variabel verzinslichen Passiva j
M^2	Risikomaß bei Fehlspezifikation des Zinsänderungsprozesses
m	Länge der Planperiode
n	Planungshorizont des Anlegers

N_F	Nominalwert des Futures-Kontraktes
N_S	Nominalwert der Kassaposition
P_0	Barwert des Titels in der Ausgangslage
P_0^*	Barwert des Titels in der Ausgangslage nach der Zinsänderung
P_0^+	Barwert des Titels in der Ausgangslage nach Zinsanstieg
P_0^-	Barwert des Titels in der Ausgangslage nach Zinsrückgang
P_n	Wert der Anlage am Periodenende
P_n^+	Wert der Anlage am Periodenende mit Zinsanstieg
P_n^-	Wert der Anlage am Periodenende mit Zinsrückgang
P_{k0}	Wert des Portefeuilles in der Ausgangslage
P_d	Wert der Anlage zum Zeitpunkt d
P_d^*	Wert der Anlage zum Zeitpunkt d^*
P_d^+	Wert der Anlage zum Zeitpunkt d bei Zinsanstieg
P_d^-	Wert der Anlage zum Zeitpunkt d bei Zinsrückgang
Q_i	Konversionsfaktor für den Finanztitel i
Q_V	Konversionsfaktor für die billigste lieferbare Anleihe
R_t	Rendite einer Bankaktie
r	Abzinsungssatz
r_{Ai}	Zinssatz der festverzinslichen Aktiva i
r_{Lj}	Zinssatz der festverzinslichen Passiva j
r_M	Marktzinssatz
r_V	Zinssatz für die billigste lieferbare Anleihe
r_F	Zinssatz für den Futures-Titel
r_S	Zinssatz für den Kassatitel
$r(0,t)$	Renditestruktur in der Ausgangslage
$r^*(0,t)$	Renditestruktur nach der Zinsänderung
S_0	Marktwert der Kassaposition im Ausgangszeitpunkt
S_t	Marktwert der Kassapositon im Zeitpunkt t
T_n	Rückzahlungsbetrag einer Anleihe
t	Laufindex für die Zeit
t_0	Zeitpunkt
t_m	Ende der Planperiode
t_m^*	Ende der Planperiode mit Zinsänderung
V	Billigste lieferbare Anleihe (cheapest-to-deliver bond)

Var(G)	Varianz der Gesamtposition
Var(S)	Varianz der Kassaposition
X_F	Anzahl der Futures-Titel
X_S	Anzahl der Kassatitel
ZA_m	Zinsauszahlungen für die Periode m
ZA_m^*	Zinsauszahlungen für die Periode m mit Zinsänderungen
ZE_m	Zinseinzahlungen für die Periode m
ZE_m^*	Zinseinzahlungen für die Periode m mit Zinsänderungen
$ZÜ_m$	Zinsüberschuß für die Periode m
$ZÜ_m^*$	Zinsüberschuß für die Periode m mit Zinsänderungen
z_{ai}	Zinsreagibilität der variabel verzinslichen Aktiva i
z_{ij}	Zinsreagibilität der variabel verzinslichen Passiva j
α_0, α_1	Regressionskoeffizienten
β_0, β_1	Regressionskoeffizienten
σ_F	Standardabweichung der Preisveränderungen des Futures-Preises
σ_S	Standardabweichung der Preisveränderungen des Kassapreises
ρ_{SF}	Korrelationskoeffizient
Φ	Faktor der Zinsänderung

Einführung

A. Zur Bedeutung von Zinsrisiken für die Kreditinstitute

Kreditinstitute erfüllen als Finanzintermediäre wesentliche einzel- und gesamtwirtschaftliche Funktionen, indem sie die Finanzierungsbedürfnisse und Anlagewünsche ihrer Kunden durch den Aufbau entsprechender Finanzierungsketten in Einklang bringen.[1] Die zentralen Leistungen der Banken im Konzept der Intermediation[2] sind die Transformation von Bonitäts- und Zinsrisiken[3] sowie die Übernahme der verbleibenden systematischen[4] bzw. nicht immunisierbaren[5] Risiken durch Bereitstellen von Eigenkapital.

---

1) Vgl. Gurley und Shaw (1956) und (1960); Goldsmith (1965); Chandler (1969); Stützel und Krug (1982); Bieg (1983), S. 9.

2) Vgl. hierzu H. Schmidt (1979). Die wesentliche Leistung der Kreditinstitute bei der Intermediations-Substitution ist die Organisation von Märkten zum Risikentransfer und das Angebot entsprechender Serviceleistungen.

3) Ein weiteres bankbetriebliches Risiko ist das Devisenkursrisiko, das vor allem bei der internationalen Intermediation von Bedeutung ist. Es wird nachfolgend nicht weiter behandelt. Siehe hierzu Freedman (1977). In dieser Arbeit wird in Anlehnung an H. Schmidt (1979) und (1981a) der Begriff Zinsrisiko und nicht der im Schrifttum weit verbreitete Ausdruck Zinsänderungsrisiko verwendet, da Risiko schon eine mögliche Änderung impliziert. Üblicherweise wird auch vom Bonitätsrisiko und vom Devisenkursrisiko gesprochen, nicht aber vom Bonitätsänderungsrisiko und Devisenkursänderungsrisiko. Risiken setzen auch hier mögliche Veränderungen der Bonität oder des Devisenkurses voraus.

4) Das systematische Risiko ist das nicht diversifizierbare Risiko eines Portefeuilles. Der Begriff Diversifikation wird im folgenden ausschließlich im Zusammenhang mit dem Bonitätsrisiko verwendet. Vgl. hierzu Smith (1978); H. Schmidt (1979); Maisel (1981); Scheidl (1985). Der Begriff Immunisierung bezieht sich ausschließlich auf das Zinsrisiko.

5) Das Zinsrisiko kann in aller Regel nicht vollständig eliminiert werden, wenn Unsicherheit bezüglich der Volumina von Aktiva und Passiva besteht.

Das Bonitätsrisiko ist die Gefahr, daß der Kreditbetrag nicht termingerecht oder unvollständig zurückgezahlt wird.[1] Die Definition des Zinsrisikos ist problematischer. Aus der Sicht des Anlegers, der verzinsliche Finanztitel erwirbt, ist es das Risiko, daß aufgrund von Marktzinsänderungen der realisierte Kapitalbetrag vom geplanten abweicht. Dabei wird unter geplantem Kapitalbetrag der Vermögenswert verstanden, der sich am Planungshorizont ergeben würde, wenn keine Zinsänderungen eintreten. Das Zinsrisiko in Kreditinstituten wird im bankbetrieblichen Schrifttum[2] in unterschiedlicher Weise erklärt. Definiert man es umfassend, dann ist es das aus einer Zinsänderung resultierende Risiko, daß das realisierte vom geplanten Eigenkapital am Periodenende abweicht. Das geplante Eigenkapital läßt sich unter der Voraussetzung berechnen, daß keine Marktzinsänderungen eintreten. Es beinhaltet das am Periodenanfang vorhandene Eigenkapital zuzüglich des Periodenerfolges. Der Periodenerfolg besteht wiederum aus dem Zinsüberschuß der Periode zuzüglich der Wertänderungen aller Titel, die sich bei marktgerechter Bewertung ergeben. Diese Größe wird nachfolgend als ökonomisches Einkommen bezeichnet.[3]

In der Vergangenheit wurde das Bonitätsrisiko oftmals als das dominierende bankbetriebliche Risiko betrachtet.[4] Das kommt zum einen in bankaufsichtsrechtlichen Vorschriften[5] zum Ausdruck, zum anderen in einer umfangreichen Literatur zur Kreditvergabeentscheidung und zum Management von Bonitätsrisiken.[6] Die Erfahrung zeigt, daß Banken das Risiko des Kreditportefeuilles in aller Regel gut steuern

---

1) Vgl. hierzu Rudolph (1974), S. 12; H. Schmidt (1979), S. 711 und S. 718, Anmerkung 6; Scheidl (1985), S. 239.

2) Siehe hierzu H. Schmidt (1979) und (1981a); Scholz (1979) und (1984); Rudolph (1981); Schierenbeck (1985); Rolfes (1985a).

3) Vgl. hierzu Maisel (1981a), S. 7.

4) Maisel (1981b), S. 33.

5) Siehe hierzu die §§10–20 Kreditwesengesetz und Grundsatz I.

6) Krümmel (1966).

können. Bezieht die Bank die Überlegungen der Portfolio-Theorie mit ein und nimmt eine breite Risikostreuung vor, so verbleibt ihr die Übernahme des systematischen, des nicht diversifizierbaren Risikos. Inwieweit sich dieses Risiko im Kreditportefeuille beherrschen läßt, ist nicht Gegenstand dieser Arbeit.

Das Management des Zinsrisikos hingegen stellt sich als ein bankbetriebliches Problem dar, das lange Zeit weder in bankaufsichtsrechtlichen Vorschriften noch in der Literatur große Beachtung gefunden hat. Das ist verständlich, wenn man bedenkt, daß bei überschaubaren Zinsniveauveränderungen die Ertragslage der Banken nur im tragbaren Umfang beeinflußt wird. Größere Marktzinsänderungen können allerdings erhebliche Auswirkungen auf die Rentabilität und Solvenz von Kreditinstituten haben. Vielen Banken wurden ihre Versäumnisse hinsichtlich des Zinsrisikomanagements vor allem in den Perioden ansteigender Zinssätze 1973-74 und 1979-80 deutlich, nachdem sie in den Jahren sinkender und historisch niedriger Zinssätze die Grenzen der Transformation von Zinsbindungsfristen im Wettbewerb um den Kreditnehmer zu weit gezogen hatten. In den nachfolgenden Phasen steigender Zinssätze konnten sie die Kreditkonditionen häufig nicht oder nur verzögert an die höheren Refinanzierungskosten anpassen, so daß teilweise größere Ertragseinbußen zu verzeichnen waren. Bei einigen Kreditinstituten überstiegen die Zinsauszahlungen die jeweiligen Zinseinzahlungen.[1]

In den Vereinigten Staaten führte die erhöhte Zinsvolatilität zu einer Vielzahl von Bankinsolvenzen, vor allem im Bereich der fristentransformierenden Savings and Loan Associations. In einer Analyse der Ursachen gelangt Benston zu dem Resümee: "The principal cause of the failures was the specialization of the SLA's in fixed interest rate long term mortgages and bonds that were funded with short term savings."[2] Hierbei zeigt sich deutlich die enge Verknüp-

---

1) Monatsbericht der Deutschen Bundesbank (8/1981), S. 12 und S. 15, sowie (8/1980), S. 18.

2) Benston (1985), S. 2.

fung von Zinsrisiko und Fristentransformation. Bei nicht sachgerechtem Management kann sich das Zinsrisiko zum primären Bankrisiko entwickeln.[1] Diese Schlußfolgerung und die Bedeutung des Zinsrisikos lassen sich auch durch verschiedene theoretische und empirische Arbeiten[2] zur Insolvenzgefahr von Banken stützen.[3] Maisel faßt diese Ergebnisse zusammen: "The analysis...indicates that the greatest danger to financial institutions arises from interest rate risk, principally borrowing short and lending long."[4]

Die Risiken aus der Fristentransformation zeigen sich bei Marktzinsänderungen zunächst in Rentabilitätseffekten. Eine fristentransformierende Bank wird im Vergleich mit einer nicht transformierenden Bank eine größere Variabilität der Zinsspanne aufweisen. Vertritt man darüber hinaus die Auffassung, daß für die Risikoermittlung nicht die Buchwerte der Finanztitel, sondern deren Marktwerte relevant sind, dann müssen zusätzlich die zinsänderungsbedingten Marktwertschwankungen berücksichtigt werden. Diese können die Variabilität des Periodengewinns erhöhen. Zusätzlich verringert oder vergrößert sich die Zinsspanne der Bank durch die unterschiedlichen Zinsreagibilitäten und Zinsanpassungselastizitäten der Soll- und Habenzinssätze im variabel verzinslichen Geschäft.

---

1) Eine Untersuchung von Maisel und Jacobsen verdeutlicht den Stellenwert des Zinsrisikos:"It should be noted that for an average bank the shift in return from interest rate risk far exceeds variations in defaults on loan losses for even those banks at the high end of the loan loss distribution." Maisel und Jacobsen (1981), S. 220.

2) Siehe hierzu Craine und Pierce (1981); Pyle (1981); Nadauld (1981); McCulloch (1981); Lane und Golen (1981); Maisel und Jacobsen (1981).

3) Maisel (1981a), S. 7 f.; Benston (1985), S. 8; vgl. auch Sinkey (1986), S. 546-548. Danach betrug die Zahl der von der FDIC als Problemfälle kategorisierten Banken 340 (1982), 642 (1983) und 848 (1984). Die tatsächlichen Insolvenzen waren 34 (1982), 45 (1983) und 79 (1984).

4) Maisel (1981a), S. 11.

Die möglichen Auswirkungen von Zinsrisiken für die Kreditwirtschaft sind mittlerweile offenkundig. Viele Kreditinstitute haben die Notwendigkeit erkannt, nicht nur das Kreditportefeuille, sondern auch das Aktiv- und Passivgeschäft gezielt zu steuern und Maßnahmen für eine weitreichende Gewinnplanung zu ergreifen. In der bankbetrieblichen Forschung wurden hierzu verschiedene Lösungsansätze entwickelt, in denen die Überlegungen zur Solvenzsicherung jedoch weitgehend unberücksichtigt bleiben. Vor allem besteht weiterhin Unklarheit darüber, wie Zinsrisiken angemessen zu quantifizieren sind und wie man sie durch bankaufsichtsrechtliche Vorschriften sachgerecht begrenzen kann.

Der Bankleitung stellt sich die Frage, welche Handlungsalternativen ihr in Perioden erhöhter Zinsvolatilität zur Verfügung stehen, um das Zinsrisiko in geeigneter Weise zu steuern. Eine Möglichkeit, dieses Risiko zu vermeiden, besteht scheinbar darin, keine Zinsbindungsfristen zu transformieren. Diese Sichtweise verkennt aber, daß es hierdurch zu einer Einschränkung der einzel- und gesamtwirtschaftlich bedeutenden Intermediationsfunktion kommen würde. Eine zentrale Leistung der Kreditinstitute besteht gerade darin, den Vorstellungen der Einleger und Kreditnehmer bezüglich ihrer gewünschten Zinsbindungsfrist entgegenzukommen und die daraus entstehenden Risiken soweit wie möglich zu übernehmen.

Die Aufgabe, die Fristigkeitswünsche von letzten Geldgebern und Geldnehmern zu erfüllen, wird für die Banken dadurch erschwert, daß die Präferenzen der Kunden bezüglich der zu vereinbarenden Zinsbindungsfrist vom Zinsniveau und den Zinserwartungen abhängen. In einer Hochzinsphase bevorzugen Anleger meistens längere Zinsbindungsfristen, Kreditnehmer dagegen kürzere, und zwar in der Hoffnung, bei einem späteren niedrigeren Zinsniveau einen längerfristigen Festzinssatz vereinbaren zu können. In der Niedrigzinsphase ist die Situation umgekehrt.

Ein sachgerechtes Management des Zinsrisikos stellt eine Herausforderung für Finanzintermediäre dar. Sich dieser Aufgabe dadurch zu entziehen, daß keine Zinsrisiken übernommen werden, bedeutet in letzter Konsequenz, daß Banken im Kundengeschäft lediglich einen Transfer, aber keine Transformation von Risiken vornehmen. Damit wären sie Vermittler, aber nicht Intermediär. Eine solche Geschäftspolitik wirft mehrere Probleme auf. Zum einen wären die Sparer betroffen, denen sich aufgrund der geringen Kapitalbeträge und der relativ hohen Transaktions- und Informationskosten kaum Möglichkeiten bieten, ihr Vermögen rentierlich und sicher anzulegen. Da sie wahrscheinlich nicht die Risiken, denen die Banken ausweichen möchten, übernehmen wollen oder können und sich deshalb auch der direkten Finanzierung verschließen, würde möglicherweise der Transfer von Zahlungsmitteln von den Überschuß- zu den Defiziteinheiten unterbleiben.

Die Kreditinstitute würden ihrerseits auch nicht mehr das gesamte Spektrum an Finanzierungsalternativen anbieten. Oftmals müßte dann der Kreditnehmer das Zinsrisiko tragen, da die mit der Bank vereinbarte Zinsbindungsfrist häufig kürzer wäre als die vom Kreditnehmer präferierte. Die bankbetriebliche Literatur sieht in einer ungeplanten Übernahme des Zinsrisikos durch den Kreditnehmer allerdings die Gefahr, daß sich dadurch das Bonitätsrisiko erhöhen kann. Das ursprüngliche Zinsrisiko würde dann von der Bank als Bonitätsrisiko zu tragen sein.[1)]

Es stellt sich deshalb die Frage, ob eine Bank überhaupt Zinsrisiken vermeiden kann, ohne sich in ihrem Geschäft zu beschränken. Sinnvoller als eine Beschränkung bankbetrieblicher Transformationsleistungen erscheint es, daß die Kreditinstitute in ihrer Funktion als Intermediäre der Risikentransformation[2)] nachkommen und die Zinsrisiken aus dem Kundengeschäft übernehmen. Es gilt dann, ein geeig-

---

1) Siehe hierzu Scheidl (1985); Benston (1985); Sinkey (1986).

2) Siehe hierzu Arnold (1964) und (1976).

netes bankbetriebliches Konzept zum Zinsrisikomanagement zu entwickeln, mit dem sich Zinsrisiken erfassen, beurteilen und steuern lassen. Diese Aufgabe der Risikentransformation wird den Banken vermutlich durch die Finanzinnovationen erleichtert, weil sie oftmals die Möglichkeit bieten, Zinsrisiken außerhalb des Kundengeschäfts zu steuern. Als eine vielversprechende Alternative bieten sich hier Zinstermingeschäfte an. Die Planungen für die Eröffnung einer deutschen Terminbörse, der German Options and Futures Exchange (GOFEX), berechtigen zu der Hoffnung, daß in der Zukunft auch bei deutschen Kreditinstituten Financial Futures und Optionen zu einem wesentlichen Bestandteil des risikopolitischen Instrumentariums werden.

B. Ziel und Aufbau der Arbeit

Es ist das Ziel der vorliegenden Untersuchung, einen Ansatz zum Management von Zinsrisiken in Kreditinstituten zu entwickeln, der sowohl banktheoretische Überlegungen als auch die verfügbaren Konzepte zum Zinsrisikomanagement berücksichtigt. Dazu ist es erforderlich, die zentralen Bankleistungen herauszuarbeiten und sich eingehend mit dem Instrumentarium zur Risikosteuerung auseinanderzusetzen. Darüber hinaus sind die Erkenntnisse aus den bisher entwickelten Modellen in die Überlegungen mit einzubeziehen. Die gestellte Aufgabe läßt sich im Rahmen dieser Arbeit nur bewältigen, wenn die Untersuchung ausschließlich auf das Zinsrisiko ausgerichtet ist. Die weiteren bankbetrieblichen Risiken, wie das Bonitäts- und Devisenkursrisiko, sind daher nur insoweit anzusprechen, wie es eine umfassende Analyse des Zinsrisikos erfordert.

Die Untersuchung ist in vier Teile gegliedert. Der erste Teil hat die Aufgabe, die verschiedenen Ansätze zur Banktheorie zu systematisieren und die zentralen Leistungen der Banken bei der direkten und indirekten Finanzierung herauszuarbeiten. Dabei gilt es zu klären, inwieweit sich die bisher angedeutete Vorstellung, daß Banken Zinsrisiken übernehmen sollten, banktheoretisch begründen läßt. Eine eingehende Analyse der verfügbaren Techniken und Instrumente zum Zinsrisikomanagement ist Aufgabe des zweiten Teils. Da sich das bankbetriebliche Bilanzstruktur- und Risikomanagement als ein besonders komplexes Problem darstellt und die grundlegenden Arbeiten zum Zinsrisikomanagement sich darüber hinaus auf Anleihen und Anleiheportefeuilles beziehen, erscheint es zweckmäßig, zuerst das Duration-Konzept und Zinstermingeschäfte aus der Sicht eines Anlegers zu betrachten und ihre Leistungsfähigkeit beim Bondportefeuille-Management zu untersuchen. Die Ergebnisse dieser Analyse bilden die Grundlage für die beiden darauf folgenden Teile.

Die Hauptaufgabe des dritten Teils besteht darin, das Zinsrisiko bei Banken differenziert zu analysieren. Im Lichte der dabei gewonnenen Erkenntnisse sind anschließend die verschiedenen im Schrifttum vorgestellten Ansätze zum Zinsrisikomanagement in Kreditinstituten zu untersuchen und kritisch zu würdigen. Im abschließenden vierten Teil wird ein Duration-Ansatz zum Management von Zinsrisiken in Kreditinstituten entwickelt.

Erster Teil:

Theorie der Bank

Banken sind für den Geldangebots- und den monetären Transmissionsprozeß von zentraler Bedeutung. Darüber hinaus erfüllen sie wesentliche Funktionen in ihrer Rolle als Finanzintermediäre, indem sie durch den Aufbau entsprechender Finanzierungsbeziehungen, d.h. durch den Erwerb primärer Finanztitel und die Ausgabe eigener sekundärer Finanztitel, die Inkongruenzen und Divergenzen bei Überschuß- und Defiziteinheiten vermindern. Trotz dieser Bedeutung gibt es im bankbetrieblichen Schrifttum unterschiedliche Auffassungen über die Theorie der Bankunternehmung, über die Produktion und die Leistungen von Banken sowie über risikoadäquates Bankmanagement und Solvenzsicherung. Betrachtet man die umfangreiche Literatur der letzten Jahre zum Erkenntnisobjekt Bank mit den darin vertretenen Auffassungen, so kann man zu dem Schluß gelangen, daß die verschiedenen Erklärungsansätze nur schwer zu systematisieren[1], vielleicht auch noch nicht zufriedenstellend entwickelt[2] sind.

Durch eine Analyse des Bankgeschäftes wird diese Problematik verständlich, denn der Bankbetrieb ist ein Unternehmen von besonderer Komplexität.[3] Es erscheint daher vordringlich, die verschiedenen Theorien und Modelle der Bankunternehmung zu systematisieren und die Leistungen der Kreditinstitute bei der direkten und indirekten Finanzierung herauszuarbeiten. Dabei interessiert insbesondere die

---

1) Eine Systematisierung der Modelle in der angelsächsischen Literatur nehmen Baltensperger (1980) und (1983) sowie Santomero (1984) vor; siehe auch Baltensperger und Milde (1987); für mathematische Planungsmodelle siehe R. Schmidt (1983). Einen Überblick über Ansätze in der deutschen Bankbetriebslehre gibt z.B. Slevogt (1982).

2) Sealey (1980), S. 1139.

3) Vgl. O'Hara (1983), S. 127; De Vany (1984), S. 605.

Frage, inwieweit eine zentrale Leistung der Banken, die Fristentransformation oder die Transformation von Zinsrisiken, in den verschiedenen Ansätzen berücksichtigt und erklärt wird.

A. Systematisierung der Banktheorien und -modelle

Die Theorien und Modelle der Bankunternehmung lassen sich nach verschiedenen Kriterien systematisieren. Für diese Arbeit bietet es sich an, zwischen mikroökonomischen Modellen und dem Konzept der Intermediation zu unterscheiden. Zusätzlich werden die mehr dem Bankmanagement zuzurechnenden Ansätze vorgestellt.

I. Mikroökonomische Modelle der Bankunternehmung

Im Zuge der allgemeinen Bemühungen um die mikroökonomische Fundierung makroökonomischer Theorienzusammenhänge beschäftigt sich die Volkswirtschaftslehre seit zwei Jahrzehnten in zunehmendem Maße mit der Entwicklung der Theorie der Bankunternehmung.[1] Diese Anstrengungen haben dazu geführt, daß im angelsächsischen Raum eine recht umfangreiche, aber noch sehr heterogene Literatur[2] entstanden ist. Das Ziel in den Modellen ist oftmals in Nutzenfunktionen formuliert. Quantitäten und Preise sind dabei Kontrollvariablen.

Die verschiedenen Ansätze kann man in Partial- und Gesamtmodelle[3] oder in portfoliotheoretische Modelle und Modelle zur Theorie

---

1) Baltensperger (1980), S. 1, und (1983), S. 408; Wagner (1982), S. 1.

2) Ho und Saunders (1981), S. 582; vgl. auch Santomero (1984) und die dort angegebene Literatur.

3) Baltensperger (1980), S. 1-4.

der Unternehmung[1] einteilen. Bemerkenswert ist, daß die neueren Gesamtmodelle durch die Theorie der Intermediation geprägt sind.

1. Partialmodelle

Im Vordergrund steht bei Partialmodellen die Ableitung der optimalen Portefeuillestruktur für die Aktiv- oder Passivseite bei exogen vorgegebener Gesamtportefeuillegröße. Die Modelle optimaler Aktivstruktur behandeln das Reserve- und Liquiditätsverhalten im wesentlichen als ein Problem der optimalen Lagerhaltung bei stochastischer Nachfrage.[2] Das Optimum ist erreicht, wenn die marginalen Grenzkosten den marginalen Grenzerträgen aus dem Halten zusätzlicher Reserven entsprechen.[3] Modifikationen dieser Ansätze berücksichtigen Informationskosten, Anpassungskosten des Portefeuilles, Diversifikationsmöglichkeiten, Mindestreserveanforderungen und verschiedene Kreditnachfragestrukturen.[4]

Die Modelle optimaler Passivstruktur[5] behandeln entweder Probleme der Depositenstruktur, also des realistischen Angebots der Bank an verschiedenen Einlagenalternativen oder Probleme der Finanzierungsstruktur, d.h. des optimalen Verschuldungsgrades. Das Eigenkapital hat eine Sicherheitsfunktion und soll das Risiko einer Insolvenz verringern. Das Ziel in diesen Modellen besteht darin, die potentiellen Anpassungskosten zu minimieren. "Das Eigenkapitalverhalten der Ban-

---

1) Sealey (1980), S. 1139 f.

2) Baltensperger (1980), S. 4-9; Wagner (1982), S. 95-167; Santomero (1984), S. 584-590.

3) Siehe hierzu die Ansätze von Poole (1968); Baltensperger (1972a) und (1972b); Pringle (1974).

4) Siehe hierzu Baltensperger (1980), S. 6-9, und die dort angegebene Literatur.

5) Einen Überblick gibt Santomero (1984), S. 590-596; vgl. hierzu auch Baltensperger (1980), S. 10-18.

ken läßt sich daher prinzipiell ganz ähnlich modellieren wie das Reserveverhalten, nämlich als stochastisches Lagerhaltungs-(Vorsichts-) modell."[1]

Die ausschließliche Betrachtung der Aktiva oder der Passiva erweist sich in diesen Ansätzen als entscheidender Mangel, da es durch diese Vorgehensweise nicht möglich ist, die Fristentransformation und die Transformation von Zinsbindungsfristen zu berücksichtigen. Ein weiterer Nachteil dieser Modelle besteht in der Annahme eines vollkommenen Kapitalmarktes. Es ist weithin anerkannt,[2] daß erst die in der Realität anzutreffenden unvollkommenen Geld- und Kapitalmärkte die Existenz von Banken erklären können. Auf einem vollkommenen Kapitalmarkt[3] entsprechen die Anlagealternativen der Investoren denen der Bank. Jedes effiziente Bankportefeuille ist daher vollständig von den Investoren duplizierbar.[4] Banken würden nicht existieren.

Die wesentliche Leistung und das Ziel der Banken besteht gerade in der Überbrückung und dem Ausnutzen dieser Marktunvollkommenheiten.[5] Banken transformieren Losgrößen und erweitern dadurch das Anlagespektrum für die Investoren.[6] Sie verringern die Transaktionskosten[7] und nehmen dabei auch eine Bewertung von Signalen

---

1) Baltensperger (1983), S. 411.

2) Vgl. Leland and Pyle (1977), S. 383; Draper und Hoag (1978), S. 581; Campbell und Kracaw (1980), S. 863; Sealey (1983), S. 857; Santomero (1984), S. 580-584; Taggart (1984), S. 613.

3) Zum vollkommenen Kapitalmarkt siehe Tinic und West (1979), S.3; Haley und Schall (1979), S. 221; Copeland und Weston (1983), S. 286.

4) Santomero (1984), S. 581.

5) Vgl. Taggart (1984), S. 615.

6) Siehe hierzu insbesondere Klein (1973); vgl. auch Santomero (1984), S. 577.

7) Siehe hierzu Benston und Smith (1976).

bei begrenzten und asymmetrischen Informationen vor.[1] Desweiteren übernehmen sie Bonitäts- und Zinsrisiken.[2] Wegen ihrer Spezialisierung verfügen die Intermediäre über ein umfassendes Instrumentarium und eine ausgereifte Technologie, um diese zentralen Aufgaben zu erfüllen. Diese Aspekte werden bei der Intermediation untersucht.

2. Gesamtmodelle

Die Gesamtmodelle[3] erklären nicht nur Aktiv- und Passivstruktur und ihre Interaktionen, sondern gleichzeitig das optimale Volumen des Bankportefeuilles. Diese Modelle erlauben realistischere Annahmen über Marktbedingungen, Produktionskosten und Bestimmungen von Zinssätzen. Wegen der ausschlaggebenden Bedeutung jeweils eines Faktors für die Bestimmung der Gesamtgröße der Bank lassen sich folgende Modellarten[4] unterscheiden: Monopolmodelle[5], Produktionskostenmodelle[6] und Risikoaversionsmodelle[7]. Die Kritik an diesen Modellen greift die Annahmen von Sicherheit und linearer Risikopräferenz an.[8] Zinsrisiken werden in diesen Modellen nicht erfaßt.

---

1) Vgl. Leland and Pyle (1977), S. 382-384; Campbell und Kracaw (1980), S. 865; Krahnen (1985).

2) Eine Analyse dieser Risiken nehmen H. Schmidt (1979) und (1981a) sowie Scheidl (1985) vor.

3) Baltensperger (1980) bezeichnet sie als "complete models", Wagner (1982) als Totalmodelle, Sealey (1980) als "theory-of-the-firm models".

4) Einen Überblick geben Baltensperger (1980), S. 18 f., und Wagner (1982), S. 168-172.

5) Siehe hierzu insbesondere das Modell von Klein (1971).

6) Sealey und Lindley (1977).

7) Pyle (1971); Hart und Jaffee (1974).

8) Zur Kritik siehe Sealey (1980), S. 1140; Sinkey (1983), S. 446.

Sealey[1] hat das bisher umfassendste mikroökonomische Modell entwickelt, in dem er die Risikopräferenzfunktion des portfoliotheoretischen Ansatzes mit den Marktbedingungen, Produktionskosten und der Zinsbestimmung des "firm-theoretic-approach" zusammenführt. Das Modell von Sealey sowie die anderen bisher erwähnten Modelle vernachlässigen wegen ihrer statischen Betrachtungsweise die Fristentransformation und damit eine wesentliche Leistung des Bankbetriebes. Das Zinsrisiko ist somit keine Determinante bei der Ermittlung der optimalen Bilanzstruktur.

Einige neuere Ansätze zur Bankunternehmung orientieren sich an der Intermediationsfunktion der Banken und stellen die daraus resultierenden Risiken in den Mittelpunkt der Analyse.[2] Dabei werden insbesondere die Auswirkungen der erhöhten Zinsvolatilität auf die Bilanzstruktur, das Zinsrisiko und der Zusammenhang zwischen Bonitäts- und Zinsrisiko untersucht. Eine größere Unsicherheit bezüglich zukünftiger Umweltzustände führt in diesen Modellen dazu, daß Banken erstens die Marge zwischen Soll- und Habenzinssätzen ausweiten[3] und daß sie zweitens eher geneigt sind, Risiken zu transferieren als zu transformieren und zu übernehmen.[4] Daraus folgt beispielsweise in Phasen erhöhter Zinsvolatilität eine Präferenz der Banken für Kredite mit variablem Zinssatz gegenüber Festzinskrediten, wenn die Passiva überwiegend variabel verzinslich sind.

Die Ergebnisse werden auch durch das noch zu behandelnde Konzept der Intermediation unterstützt. Es ist erkennbar, daß die neueren Modelle zur Bankunternehmung ihren Ausgangspunkt in einer gesamt-

---

1) Vgl. Sealey (1980).

2) Als ein Beispiel siehe das Modell von O'Hara (1981). Für die Fristentransformation und das Zinsrisiko siehe auch die Duration-Modelle, z.B. Bierwag und Toevs (1981); Malliaris und Kaufman (1985); Bierwag und Kaufman (1985); siehe auch Santomero (1984).

3) Pyle (1971); Deshmuk, Greenbaum und Kanatas (1981); Sealey (1983).

4) Vgl. Ho und Saunders (1981).

wirtschaftlichen Betrachtungsweise haben. "In all, these models begin to investigate the financial firm as a true intermediary that deals simultaneously in both the asset and liability market and bears both interest and credit risk."[1] Nach Santomeros Ansicht sollte sich die zukünftige bankbetriebliche Forschung auf die Weiterentwicklung dieser Modelle konzentrieren. "Issues surrounding credit risk and interest rate risk management must be more adequately modeled ... (and) ... much more needs to be done on risk taking, hedging and diversification in the financial firm."[2]

Die in der deutschen und angelsächsischen Literatur vorgestellten Ansätze zum Management von Zinsrisiken, die zwar Gesamtmodelle sind, aber im wesentlichen Spezialaspekte behandeln, werden im dritten Teil untersucht. Nachfolgend geht es um einen Überblick über die mehr betriebswirtschaftlich ausgerichteten Grundkonzeptionen der Bankbetriebslehre.

II. Bankbetriebslehre und Bankgeschäftslehre

Im deutschen Schrifttum wird die Bankbetriebslehre oftmals als eine Lehre von den Bankgeschäften[3] verstanden. Im Mittelpunkt der wissenschaftlichen Lehrbücher[4] steht überwiegend die Beschreibung der Struktur des Bankwesens, der einzelnen Kredit-, Einlagen- und Dienstleistungsgeschäfte, des Rechnungswesens und der Bankorganisation. Verschiedentlich findet das Bankmarketing[5], das internationale

---

1) Santomero (1984), S. 597.

2) Santomero (1984), S. 602.

3) Hier findet sich die oft kritisierte Einteilung in Aktiv-, Passiv- und Dienstleistungsgeschäfte.

4) Deppe (1973) und (1978); Büschgen (1979); Hein (1981); Schmidt, Schurig und Welcker (1981); Eilenberger (1982); Süchting (1982); Mülhaupt (1983); Priewasser (1983); Schierenbeck (1985) und (1987); Hagenmüller und Jacob (1987-1988).

5) Süchting (1982).

Bankgeschäft[1], das Geld- und Börsenwesen[2] sowie neuerdings das ertragsorientierte Bankmanagement[3] eine stärkere Berücksichtigung.

Als zentrale Marktabsatzleistungen werden dabei das Kredit-, Garantie- und Diskontgeschäft, das Einlagen-, Effekten- und Depotgeschäft sowie der Zahlungs- und Abrechnungsverkehr behandelt. Eine Orientierung an den einzelnen Bankgeschäften mag auf den ersten Blick nicht nur für die Wissenschaft, sondern auch für das Bankmanagement nützlich erscheinen. Unklar bleibt in diesen Ansätzen jedoch die Leistung und die Existenzgrundlage von Banken. Auch wenn in einigen Arbeiten auf die Ursachen[4] und das Management von Zinsrisiken eingegangen wird, so mangelt es oft an einem überzeugenden banktheoretischen Grundkonzept. Diese Kritik könnte man auch gegen die mit den Methoden des Operations Research entwickelten bankbetrieblichen Planungsmodelle[5] richten.[6]

Diese mathematischen Optimierungsmodelle beziehen sich sowohl auf die Gesamtplanung der Bank als auch auf Teilbereiche, wie z.B. das Kreditportfeuille, das Bondportefeuille, das Aktienportefeuille und das

---

1) Eilenberger (1982).

2) Schmidt, Schurig und Welcker (1981); Obst/Hintner (1982).

3) Schierenbeck (1987).

4) So bei Mülhaupt (1983); Schierenbeck (1987).

5) Einen Überblick über die Modelle bietet R. Schmidt (1983); Siehe auch Cohen und Gibson (1978); Cohen, Maier und Van der Weide (1981).

6) Wenn man diese Modelle näher betrachtet, dann wird offensichtlich, daß es auch nicht das Ziel dieser LP-Ansätze ist, banktheoretische Zusammenhänge abzubilden. So bemerkt Meyer zu Selhausen (1987), S. 262, dazu: "The model is a case-related instrument, the design and application of which rely on operations research methods and techniques, and it is definitely not supposed to contribute to the general microeconomic theory of the banking firm." Bemerkenswert erscheint, daß diese Modelle in der Praxis eingesetzt werden. Siehe hierzu die Modelle von Fortson und Dince (1977); Meyer zu Selhausen (1977) und (1987); Korhonen (1987).

Bankmarketing. Rentabilität und Liquidität sind dabei die relevanten Zielgrößen für das Bankmanagement. Die Fristentransformation sowie die Übernahme und Steuerung von Zinsrisiken wird in diesen Modellen erst in jüngster Zeit berücksichtigt.[1]

Wenn man die Bankleistungen in die drei Hauptleistungen Finanzierung, Geldanlagen und Zahlungsverkehr[2] unterteilt, dann läßt sich die Bankgeschäftslehre mit einer mehr gesamtwirtschaftlich orientierten Sichtweise, nämlich der Intermediation, in Einklang bringen.[3] Nach diesem Konzept besteht die Funktion und die Leistung von Banken darin, die zum Ausgleich der angebotenen und nachgefragten Finanzmittel erforderliche räumliche Transformation, die Transformation der Losgröße und die notwendige Fristen- und Risikentransformation vorzunehmen.[4] Die Hauptleistung des Finanzintermediärs Bank ist dabei die Übernahme von Bonitäts- und Zinsrisiken.[5]

Mit der Intermediation unmittelbar verknüpft ist die Frage, wie eine Bank solvent oder - vordergründig - zahlungsfähig bleiben kann. Die Antworten der Banktheorie[6] hierzu hat vor allem die staatliche Bankpolitik genutzt.[7] Sie sind aber ebenso für das Bankmanagement wichtig, da es im Interesse jedes Bankiers liegen muß, die jederzeitige Solvenz des Kreditinstituts sicherzustellen. Weil die Solvenz-

---

1) Siehe hierzu die Modelle von Booth und Koveos (1986); Meyer zu Selhausen (1987); Brodt (1988).

2) Diese Einteilung erfolgt bei Stützel (1964).

3) Slevogt (1982), S. 175-177.

4) Rudolph (1974), S. 10 f.; Stützel und Krug (1982), S. 63 f.

5) H. Schmidt (1979) und (1981a). Die Intermediation und damit das Entstehen dieser Risiken läßt sich auch mit dem Übergang von der Volldeckung zur Teildeckung der Depositen erklären.

6) Hübner (1854); Wagner (1857); Knies (1931); Stützel (1959) und (1964); Krümmel (1968) und (1969); vgl. auch Hoffmann (1967); Scheidl (1970); Mülhaupt (1983).

7) Siehe hierzu z.B. die Vorschriften des Kreditwesengesetzes.

sicherung einen so hohen Stellenwert hat, ist sie auch theoretisch schon sehr weit entwickelt. Deshalb bietet es sich an, bei der Entwicklung des Duration-Ansatzes auch daran anzuknüpfen.

III. Das Konzept der Intermediation

Die Theorien der Bankunternehmung und die Ansätze der Bankbetriebslehre erklären die Existenzgrundlage und die Leistung der Banken nur unzureichend. Eine zentrale Frage lautet: Warum existieren Finanzintermediäre in einer Volkswirtschaft, und welchen einzel- und gesamtwirtschaftlichen Beitrag erbringen sie?

Banken existieren, weil sie nachgefragte Leistungen im Hinblick auf die Befriedigung der Kundenwünsche anbieten und dadurch zugleich eine gesamtwirtschaftliche Aufgabe erfüllen. Dadurch unterscheiden Banken sich nicht von anderen Unternehmen.[1] Die besondere Leistung der Banken erschließt sich aber, wenn man zwischen den Leistungen bei der direkten und bei der indirekten Finanzierung unterscheidet. Indirekte Finanzierung ist gleichbedeutend mit Intermediation.

---

1) "The economic functions of financial intermediaries are, in principle, the same as those of other firms. Some are producers, using factors of production to transform raw material into technically and/or locally different products. Others are dealers, using factors of production to facilitate the exchange of technically and locally unchanged commodities and thus helping to lower transaction costs. To some extent most of the firms are, of course, both producers and dealers." Niehans (1978), S. 166-167. Siehe auch Erdland (1981a), S. 368; Kaufman (1983), S. 38; Bieg (1983), S. 10; Van Horne (1984), S. 3.

1. Direkte und indirekte Finanzierung

In einer Welt, in der jedes Wirtschaftssubjekt seine Auszahlungen vollständig und synchron durch seine Einzahlungen finanziert (interne Finanzierung),[1] hätten Finanzmärkte und Intermediäre keine ökonomische Aufgabe.[2] Es gäbe auch keine Finanztitel.[3]

Entstehen aber bei verschiedenen Wirtschaftssubjekten in einer Periode Überschüsse oder Defizite, so können diese angelegt bzw. müssen extern finanziert werden. Wie aus der Abbildung 1.1 zu ersehen ist, erfolgt die externe Finanzierung entweder direkt oder indirekt.[4] Bei der direkten Finanzierung werden die Finanzmittel unmittelbar zwischen Überschuß- und Defiziteinheiten transferiert. Dabei können die Wirtschaftseinheiten entweder über einen organisierten Finanzmarkt oder in wenig oder sogar ungeregelter Weise miteinander in Beziehung treten. Die Finanztitel lassen sich in Eigenkapital-, Fremdkapital- und Hybridfinanzierungsinstrumente[5] einteilen. Die weiteren Ausführungen beziehen sich ausschließlich auf die bei der Finanzierung mit Fremdkapital zu lösenden Probleme.

---

1) Gurley und Shaw (1956).

2) Jedes Wirtschaftssubjekt würde den nicht konsumierten Teil des Einkommens, also das Sparen, in Sachvermögen investieren. Gurley (1967), S. 50. In solch einer Situation gilt nicht nur gesamtwirtschaftlich, sondern auch für jedes einzelne Wirtschaftssubjekt: "Reinvermögensbestand gleich Sachvermögensbestand, Ersparnis gleich Netto-Investition." Vermögen gibt es nur in Form von Sachvermögen. Stützel und Krug (1982), S. 63; Siehe hierzu auch Gurley und Shaw (1956); Andreas (1982), S. 799-803.

3) Finanztitel werden erst dann benötigt, wenn Sparen und Investieren bei einem Wirtschaftssubjekt in einer Periode ungleich sind. Van Horne (1984), S. 4.

4) Gurley und Shaw (1960), S. 60 f.

5) Z.B. Optionsanleihen, Wandelschuldverschreibungen. Sie sind in der Abbildung 1.1 nicht aufgeführt.

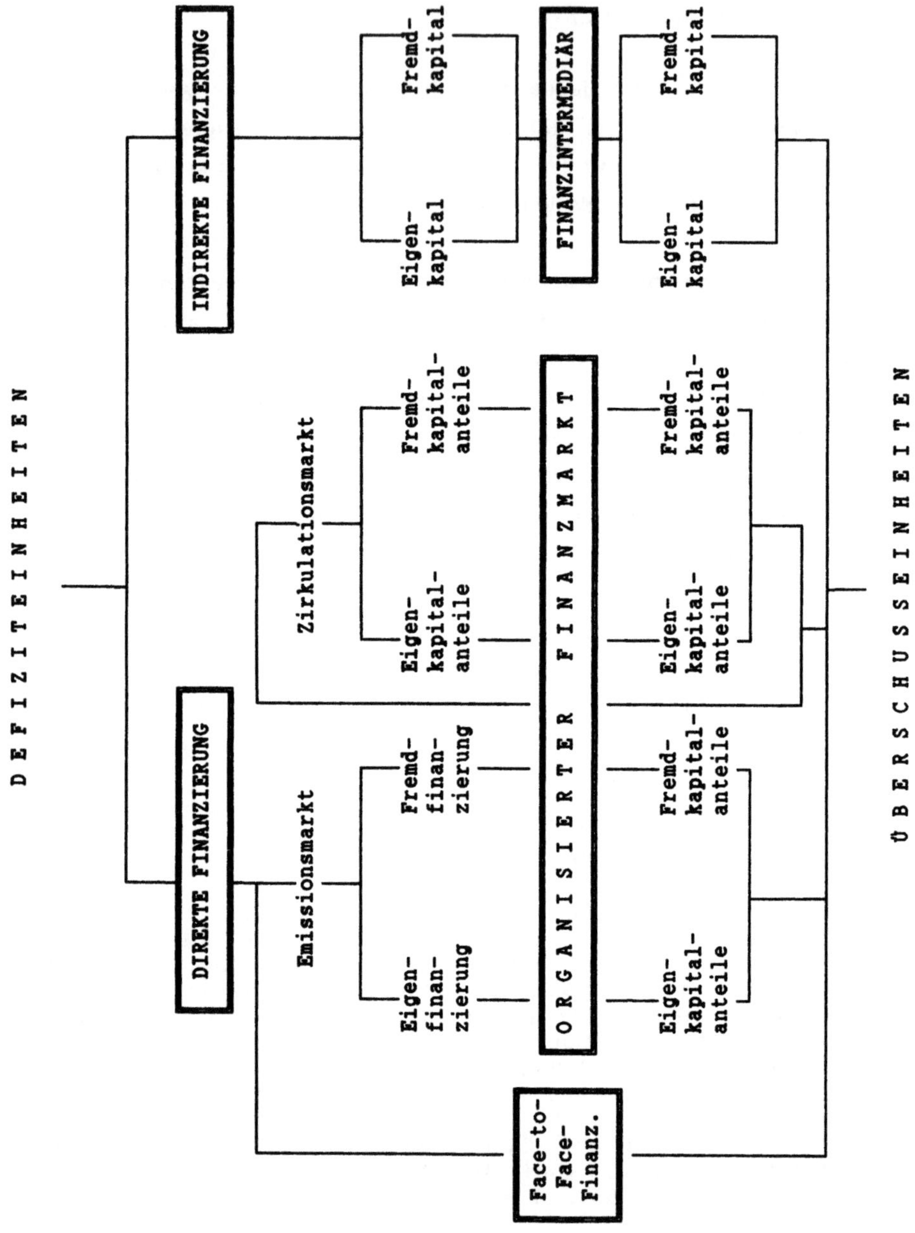

Abb. 1.1: Finanzierungs- und Anlagealternativen

Die indirekte Finanzierung ist durch die Einschaltung eines Finanzintermediärs zwischen Überschuß- und Defiziteinheiten charakterisiert. Die Finanzintermediäre erwerben die von den Defiziteinheiten emittierten Finanztitel (direct securities)[1] und begeben eigene Finanztitel (indirect securities) mit anderen Qualitäten, aus denen sie selbst verpflichtet sind. Diese Titel bieten sie den Überschußeinheiten zur Anlage an. Die von den Finanzintermediären begebenen Finanztitel unterscheiden sich in ihren Charakteristika wie Rendite, Risiko und Liquidität deutlich von den erworbenen Titeln.

Es ist das Ziel der folgenden Ausführungen, die wesentlichen Leistungen der Kreditinstitute bei der Finanzierung herauszuarbeiten. Im allgemeinen werden sie im Überbrücken der verschiedenen Divergenzen und Inkongruenzen zwischen den Defizit- und den Überschußeinheiten gesehen. Am Beispiel der Face-to-Face-Finanzierung werden zunächst die möglichen Divergenzen und Inkongruenzen, die den Abschluß einer Transaktion und damit die effiziente Allokation der Zahlungsmittelüberschüsse verhindern können, dargestellt. Danach ist zu zeigen, wie sich die Divergenzen und Inkongruenzen vermindern und eliminieren lassen, nämlich erstens durch die Organisation von Finanzmärkten zum Transfer von Finanztiteln (Emissions- und Zirkulationsmarkt) und zweitens durch die Transformation von direkten in indirekte Finanztitel durch Finanzintermediäre.

2. Divergenzen und Inkongruenzen[2]

Die einfachste Form der direkten Finanzierungsbeziehung stellt der Face-to-Face-Kredit dar. Ein Investor (Defiziteinheit) benötigt Finanzmittel und sucht einen Sparer (Überschußeinheit), der Finanz-

1) Die Unterscheidung "direct" und "indirect securities" stammt von Gurley und Shaw (1960), S. 4.

2) Zu diesem Abschnitt siehe Chandler (1959); Arnold (1964); Hoffmann (1967); Czech (1973); Bieg (1983).

mittel anlegen möchte und umgekehrt. Alle Vorstellungen des Kreditnehmers und des Sparers werden oftmals nicht übereinstimmen, denn grundsätzlich bieten die Nutzer von Sachvermögen Finanztitel mit anderen Qualitäten an, als sie von den Sparern gewünscht werden. Dann kommt es zu Divergenzen und Inkongruenzen,[1] die im folgenden am Beispiel der Face-to-Face-Finanzierung erläutert werden. Sie lassen sich folgendermaßen charakterisieren:

Örtliche Divergenz: Die Finanzmittelüberschüsse fallen an anderen Orten an als die Finanzmitteldefizite.

Losgrößendivergenz: Die Finanzmittelüberschüsse und -defizite stimmen betragsmäßig nicht überein. Das Budgetdefizit des investierenden Wirtschaftssubjektes ist meist so groß, daß es nicht durch den Überschuß eines einzelnen gedeckt werden kann. In aller Regel müssen viele Überschußeinheiten dazu beitragen, das Defizit, z.B. bei Großprojekten, zu finanzieren.

Risikodivergenz: Es besteht überwiegend eine Diskrepanz zwischen den Risikostrukturen der von den Sachinvestoren angebotenen und den von den Kapitalanlegern nachgefragten Anlagemöglichkeiten.[2] Kapitalüberlassungen sind grundsätzlich mit einem Ausfallrisiko behaftet, da der Kreditnehmer in der Regel Sachgüter, Betriebsteile oder ganze Betriebe von hohem Unsicherheitsgrad finanziert.[3] Der Anleger hat dagegen ein spezifisches Sicherheitsbedürfnis, das ihn geneigt sein läßt, nur ein geringes Risiko einzugehen.[4] Die Über-

---

1) Stützel und Krug (1982), S. 64, sprechen hier von qualitativer Divergenz. In dieser Arbeit wird diesem Sprachgebrauch weitgehend gefolgt und die Unterschiede als Divergenzen bezeichnet. Das gilt nicht für den Fall unterschiedlicher Fristen. Hier sprechen wir von Inkongruenzen. Siehe hierzu Bieg (1983), S. 11. Divergenzen und Inkongruenzen werden zusammen als Diskrepanzen bezeichnet. Dieser Ausdruck findet sich bei Czech (1973).

2) Vgl. Arnold (1964), S. 4.

3) Vgl. Bieg (1983), S. 9.

4) Vgl. Arnold (1976), Sp. 1513.

windung dieser Risikodivergenzen - das Ausfallrisiko beim Kredit und das Sicherheitsbedürfnis bei der Anlage - ist beim Face-to-Face-Kredit problematisch. Es läßt sich auch durch Kreditsicherheiten oft nicht ganz eliminieren.[1] Weitere Probleme ergeben sich bei der Ermittlung der Risikostruktur von Krediten; es kommt nicht nur auf die Beschaffung, Auswertung und Beurteilung der Informationen bei der Kreditvergabe an, sondern auch auf die Überwachung des Kredites während der Laufzeit, d.h. auf die kontinuierliche Beschaffung, Auswertung und Beurteilung von Informationen. Diese Informationstätigkeit ist mit verhältnismäßig hohen Kosten verbunden und daher bei der Anlage kleinerer Beträge wenig sinnvoll, so daß ohne Banken die Kreditvergabe auch deshalb unterbleiben wird.

Fristeninkongruenz: Die Defiziteinheiten bieten oft Finanztitel mit anderen Laufzeiten und anderen Zahlungszeitpunkten an, als sie von den Überschußeinheiten nachgefragt werden. Bei der Face-to-Face-Finanzierung kann dies ein erhebliches Hindernis darstellen. Soll es zu einem Vertragsabschluß kommen, so muß eine Kongruenz bezüglich der Laufzeit und der Rückzahlungsmodalitäten erreicht werden. Es stellen sich folgende Fragen: Zu welchem Zeitpunkt und in welchen Beträgen erfolgt die Rückzahlung des Kreditbetrages? Können außerplanmäßige Tilgungen oder eine Tilgungsstreckung seitens des Schuldners erfolgen? Welche Alternativen stehen dem Gläubiger im Fall eines eigenen Liquiditätsengpasses zur Verfügung, d.h. wie liquide oder marktgängig ist der Finanztitel? Weicht der tatsächliche vom geplanten Zahlungsstrom ab, dann sind möglicherweise externe Anpassungsmaßnahmen erforderlich. Diese bestehen in der Aufnahme oder Anlage von liquiden Mitteln bei Dritten. Das Wirtschaftssubjekt kann natürlich auch eigene liquide Reserven halten bzw. aufbauen. Diese Maßnahmen können allerdings mit erheblichen Kosten verbunden sein.

---

1) Rudolph (1974); Drukarczyk (1984).

Inkongruenz der Zinsbindungsfrist: Eine Diskrepanz zwischen Überschuß- und Defiziteinheiten, die bisher wenig beachtet wurde, ist die Inkongruenz der Zinsbindungsfrist.[1] In diesem Fall haben die Parteien unterschiedliche Vorstellungen über die Zeitspanne, für die der Zinssatz fixiert werden soll. Im Extremfall möchte der Geldgeber einen variablen Zinssatz vereinbaren, z.B. eine bestimmte Marge über dem Diskontsatz, der Geldnehmer dagegen eine Festzinsvereinbarung für die gesamte Laufzeit abschließen oder umgekehrt. In Zeiten erhöhter Zinsvolatilität dürfte eine Annäherung der Vorstellungen kaum zu erwarten sein.[2]

Zusammenfassend kann man feststellen: Die eben aufgezeigten Diskrepanzen in den Standpunkten der Anleger und der Kreditnehmer können dazu führen, daß die Anlage und die Aufnahme von Geldern unterbleibt. Erst wenn sich eine Annäherung der Standpunkte herbeiführen läßt und die verschiedenen Divergenzen und Inkongruenzen überbrückt werden können, kommt es zum Transfer von Finanzmitteln von den Überschuß- zu den Defiziteinheiten. Bei der Face-to-Face-Finanzierung ist dies das Ergebnis einer individuellen Kreditverhandlung. Ein Aushandeln der Konditionen für den speziellen Einzelfall dürfte allerdings meist aufwendig und mit erheblichen Reibungsverlusten verbunden sein.[3]

Obwohl sich mit dem bisher behandelten direkten Kredit ein Transfer der Zahlungsüberschüsse von Überschuß- zu Defiziteinheiten erreichen läßt, ist nach Möglichkeiten gesucht worden, die die Sparer und Investoren in einer effizienteren Weise zusammenbringen. Das wird

---

1) Bei relativ stabilen Marktzinssätzen kann die Zinsbindungsfrist als ein Teilproblem der Fristeninkongruenz gesehen werden.

2) Bei internationaler Finanzierung kann sich zusätzlich eine Währungsinkongruenz ergeben. Sie wird hier nicht weiter erörtert. Siehe hierzu Freedman (1977).

3) Die Reibungsverluste entstehen durch hohe Transaktionskosten, Informationskosten und die geringe Erfahrung beider Parteien. Siehe hierzu Van Horne (1984), S. 4.

umso wichtiger, je stärker die Präferenzen der Geldgeber und der Geldnehmer voneinander abweichen. "Development of financial techniques creates alternatives to face-to-face loans that increase for borrowers and lenders both the gains from trade in loanable funds."[1] Wenn man die Geschichte der Geld- und Kapitalmärkte betrachtet, so stellt sie sich auch als die Geschichte von der Entwicklung effizienterer Techniken zum Transfer von Finanzmitteln dar.[2]

B. Leistungen von Banken

Die Leistungen von Banken sind in einer hochentwickelten Geldwirtschaft sehr vielfältig. Sie reichen von einfachen Bestandshalteleistungen bis hin zu Intermediations- und Intermediations-Substitutions-Leistungen. Zunächst werden die Leistungen der Banken bei der direkten Finanzierung erörtert und gezeigt, wie man durch die Organisation eines Finanzmarktes die verschiedenen Divergenzen und Inkongruenzen überbrücken kann. Danach werden die Leistungen der Banken bei der indirekten Finanzierung herausgearbeitet.

I. Leistungen von Banken bei der direkten Finanzierung

Im Universalbankensystem[3] der Bundesrepublik Deutschland übernehmen Banken sowohl Aufgaben bei der direkten als auch bei der indirekten Finanzierung.[4] Bei der effektifizierten direkten Finan-

---

1) Gurley und Shaw (1960), S. 123.

2) Zur Entwicklung von Finanzinnovationen siehe Dufey und Giddy (1981); Silber (1983); H. Schmidt (1986).

3) Im Gegensatz dazu gibt es beispielsweise in den U.S.A. das Trennbankensystem mit Brokern (Investment Banking) und Geschäftsbanken (Commercial Banking).

4) Auch im Universalbankensystem übernehmen einige Kreditinstitute nur Spezialfunktionen, so z.B. Hypothekenbanken.

zierung tragen die Banken durch das Effektengeschäft und die Organisation von Börsen[1] zu einem effizienten Transfer von Finanzmitteln bei. Sie halten sich über ihre Geschäftsverbindungen zu potentiellen Anlegern einerseits bereit, Finanztitel für die Defiziteinheiten (Emittenten) unterzubringen und andererseits beim Verkauf und Kauf von Finanztiteln behilflich zu sein.[2] Außerdem übernehmen sie die Verwahrung und Verwaltung der Effekten.

Banken bieten den Emittenten und Anlegern bei der direkten Finanzierung keine Intermediation, aber immerhin Intermediations-Substitution.[3] Diesem zweiten Aspekt sind die Ausführungen im nächsten Abschnitt gewidmet. Hier wird zu zeigen sein, wie sich auf einem organisierten Effektenmarkt bestimmte Divergenzen und Inkongruenzen effizient verringern und eliminieren lassen. Der Effektenmarkt setzt sich aus dem Emissionsmarkt (Primärmarkt) und dem Zirkulationsmarkt (Sekundärmarkt) zusammen.[4]

1. Emissionsmarkt

Am Emissionsmarkt werden Effekten erstmals verkauft. Durch die Verkaufsorganisation der Emissionshäuser lassen sich die örtlichen Divergenzen überbrücken. Die Aufteilung des Finanzmittelbedarfs in homogene Parten verringert das Losgrößenproblem.[5] Die Emission heterogener Parten kommt den Risikopräferenzen der Anleger entgegen.

---

1) Börsen sind ein als Verbandbetrieb organisierter Markt ihrer Mitglieder. H. Schmidt (1981b), S. 138.

2) H. Schmidt (1979), S. 716.

3) H. Schmidt (1979), S. 716.

4) Siehe hierzu H. Schmidt (1977); Hielscher (1981), S. 804.

5) Siehe hierzu Arnold (1964), S. 53-55, und (1976).

Eine Hilfe bei der Überwindung der Risikodivergenz wird auch in der Weise geboten, daß zum einen die notierten Verkaufskurse Ausdruck der Informationsauswertung und -beurteilung durch eine Vielzahl sachkundiger Analysten sind.[1] Börsenkurse sind Preise besonderer Qualität.[2] Ferner eröffnet die Aufteilung des gesamten Finanzbedarfs in unterschiedliche Parten mit geringem Nominalbetrag dem Anleger die Möglichkeit, Finanztitel von verschiedenen Emittenten zu erwerben und dadurch das Bonitätsrisiko der Gesamtposition durch Diversifikation zu verringern.[3] Der Kleinanleger hat jedoch in aller Regel wenig Möglichkeiten, dieses Risiko zu verringern, "zumal oft schon der begrenzte Umfang der individuellen Überschüsse eine effiziente Diversifikation und Verwaltung unmöglich macht."[4]

Die Fristeninkongruenz ist durch den Emissionsmarkt nicht zu überwinden. Auch das Problem der Inkongruenzen bezüglich der Zinsbindungsfristen läßt sich durch den Emissionsmarkt nicht lösen. Die Wirtschaftseinheit, die ihre Vorstellungen nicht durchsetzen kann, hat das Zinsrisiko zu tragen, wenn die vereinbarte von der geplanten Zinsbindungsfrist abweicht.

2. Zirkulationsmarkt

Auf dem Zirkulationsmarkt werden bereits emittierte Finanztitel verkauft und gekauft. Die tägliche Notierung von Kursen läßt Veränderungen der Bonität des Emittenten erkennen, wenn der Markt infor-

---

1) Durch die Prospekte bei der Emission werden standardisierte Informationen geboten.

2) Reuter (1981), S. 8-12.

3) Vgl. hierzu Arnold (1964) und (1976).

4) H. Schmidt (1979), S. 713. Statman (1987) zeigt, daß ein diversifiziertes Portefeuille in der Regel mindestens 40 verschiedene Titel enthalten sollte.

mationseffizient ist.[1] Dadurch entfällt für einen Teil der Anleger der Aufwand für die fortlaufende Information zur Bewertung der Bonität des Schuldners.

Weil Zirkulationsmärkte existieren sind die Anleger in der Regel bereit, Finanztitel zu erwerben, die eine längere Laufzeit als ihre geplante Anlageperiode aufweisen. Die Anleger übernehmen in diesem Fall die Aufgabe und das Risiko der Fristentransformation, indem sie für die Anschlußfinanzierung sorgen. Ein anderer Geldgeber muß gefunden werden und bereit sein, den Finanztitel zu übernehmen. Dabei trägt der Verkäufer das Risiko, daß er den erwarteten Kurs nicht erhält, er also seine erwartete Rendite nicht realisiert (Kursrisiko). Eine andere Möglichkeit besteht darin, daß die Überschußeinheit ihre ursprünglich geplante Anlageperiode verlängert (Prolongation). Der Defiziteinheit (Emittent) steht der Kapitalbetrag in jedem Fall für die gesamte Laufzeit zur Verfügung. Durch vorzeitige, außerplanmäßige Rückzahlung, wie z.B. den freihändigen Rückkauf an der Börse, kann der Emittent die effektive Laufzeit verkürzen.

3. Schlußfolgerungen

Die Organisation eines Finanzmarktes, z.B. einer Börse, bei der direkten Finanzierung trägt zu einer effizienteren Allokation der Finanzmittel im Vergleich zu der Face-to-Face-Finanzierung bei, indem sie hilft, die örtlichen Divergenzen, die Losgrößendivergenzen und die Fristeninkongruenzen zu überbrücken. Darüber hinaus wird dem Anleger die Diversifikation von Bonitätsrisiken und, wie im zweiten Teil zu zeigen sein wird, die Immunisierung gegen Zinsrisiken erleichtert.

---

1) Vgl. hierzu Franke (1988), S. 191, der die Bedeutung des Sekundärmarktes für Debt-Equity-Swaps hervorhebt. "Ist dieser Markt informationseffizient, dann entspricht der Preis P einer Forderung dem Barwert der erwarteten Zins- und Tilgungszahlungen."

Obwohl die Organisation eines Effektenmarktes zu einer Effizienzsteigerung beiträgt, bleiben auch bei der effektifizierten direkten Finanzierung einige Probleme ungelöst, die insbesondere für den Kleinanleger bedeutend sein können. Nachteile ergeben sich aus den relativ hohen Transaktionskosten beim Handel von geringen Nominalbeträgen. Im einzelnen sind es die transaktionsbedingten Informations- und Entscheidungskosten und die Kosten des Transaktionsservices.[1] Hinzu kommen die Verwahr- und Verwaltungskosten und die Informationskosten.[2] Daraus folgen für den Kleinanleger verhältnismäßig hohe Kosten für die Diversifikation von Bonitätsrisiken und die Immunisierung gegen Zinsrisiken. Daneben können sich Opportunitätsverluste ergeben, wenn Liquiditätsreserven für unvorhergesehene Auszahlungen und verspätete Einzahlungen gehalten werden.[3]

Im folgenden Abschnitt werden die Leistungen der Banken bei der indirekten Finanzierung untersucht und die Frage gestellt, inwieweit der Intermediär die bei der direkten Finanzierung verbleibenden Risiken übernehmen kann. Schließlich ist noch auf die Verringerung der Transformationskosten einzugehen.

II. Leistungen von Banken bei der indirekten Finanzierung

1. Gesamtwirtschaftliche Leistungen

Die wesentliche Funktion der Intermediäre bei der indirekten Finanzierung besteht in der Bereitschaft, auf die oft sehr unterschiedlichen Präferenzen der Überschuß- und Defiziteinheiten einzugehen.[4]

---

1) Für eine detaillierte Analyse der Transaktionskosten an Wertpapierbörsen siehe H. Schmidt (1981b), S. 142-158 und (1983a).

2) Vgl. hierzu H. Schmidt (1979).

3) Chandler (1969).

4) Tobin und Brainard (1963), S. 57.

Die Sparer wollen Finanztitel erwerben, die in ihren Charakteristika von denen differieren, die die Investoren bereit sind zu emittieren. Die Investoren dagegen wollen Finanztitel zu Konditionen begeben, die die Sparer nicht bereit sind zu akzeptieren.[1] In dieser Situation läßt sich mit den "reinen Distributionstechniken" der direkten Finanzierung kein Ausgleich der unterschiedlichen Interessen erzielen. Ein Transfer von Finanzmitteln und damit eine effiziente Allokation der Zahlungsmittelüberschüsse würde unterbleiben.

Der gesamtwirtschaftliche Beitrag der Finanzintermediäre besteht formal in der Transformation der primären Finanztitel in sekundäre Finanztitel.[2] Dahinter steht eine wichtige Leistung: Durch das Angebot qualitativ andersartiger Titel eröffnet sich den Überschußeinheiten die Möglichkeit, die direkte durch die indirekte Finanzierung zu ergänzen und zu substituieren.[3] Mit der Intermediation wird aber nicht nur den Präferenzen der Überschußeinheiten entsprochen, wie es auf den ersten Blick erscheinen mag, sondern auch den Präferenzen der Defiziteinheiten. Diese können jetzt Finanztitel zu Bedingungen emittieren, die zwar nicht den Vorstellungen der Sparer entsprechen, jedoch weitgehend ihren eigenen Interessen und denen der Intermediäre, die nun ihrerseits diese "direct securities" erwerben. Der Intermediär erweitert also bei der indirekten Finanzierung gleichzeitig das Anlagespektrum für die Überschußeinheiten und die Finanzierungsalternativen für die Defiziteinheiten.[4] Dadurch lassen sich die unterschiedlichen Interessen der verschiedenen Wirtschaftseinheiten leichter überbrücken.

---

1) Goldsmith (1965), S. 20.

2) Zu den "primary" und "secondary securities" vgl. Kaufman (1983), S.39 f.; es werden auch die Begriffe "direct" und "indirect securities" verwendet; siehe hierzu Chandler (1969), S. 70.

3) Goldsmith (1965), S. 25; siehe auch Gurley und Shaw (1960).

4) Gurley (1967), S. 5.

Die Einschaltung von Intermediären eröffnet somit eine weitere Alternative zum Finanzmitteltransfer von Überschuß- zu Defiziteinheiten. Das gesamtwirtschaftliche Ergebnis ist eine verbesserte Allokation der verfügbaren Zahlungsmittelüberschüsse auf die potentiellen Investitionsprojekte (qualitativer Effekt) bei gleichzeitigem Anstieg von Sparen und Investieren (quantitativer Effekt),[1] da sich neue Anreize für die Wirtschaftssubjekte bieten. Die Nettorenditen der Sparer werden tendenziell steigen und die effektiven Kapitalkosten der Investoren tendenziell sinken, d.h. der Grenznutzen für die letzte gesparte Geldeinheit wird ceteris paribus erhöht bzw. die Grenzkosten für die letzte extern finanzierte und investierte Geldeinheit ceteris paribus reduziert.[2] Die Reibungsverluste aus den Transaktionen werden minimiert und dadurch die Marge zwischen Soll-und Habenzinssätzen vermindert.[3] Sachinvestitionen können jetzt teilweise zu günstigeren Konditionen durchgeführt werden als in einer Situation, in der nur die direkte Finanzierung[4] möglich wäre. Das Ergebnis ist eine erhöhte Kapitalbildung, ein größeres Wirtschaftswachstum und ein höherer Nutzen.[5]

Bezogen auf die bisher untersuchten Divergenzen und Inkongruenzen zwischen Überschuß- und Defiziteinheiten lassen sich die Leistungen der Banken in distributions- und produktionswirtschaftliche Transformationstätigkeiten unterteilen.[6] Bei der reinen Handelsfunktion wird eine bestimmte Quantität von Finanztiteln mit einer bestimmten Qualität in andere Lose oder an andere Orte umverteilt.[7] Das ist

---

1) Gurley und Shaw (1960), S. 195 f.

2) Gurley (1967), S. 5.

3) Goldsmith (1965), S. 32 f.; für die internationale Intermediation siehe Freedman (1977), S. 174 f.; für den Eurodollarmarkt siehe Niehans und Hewson (1976), S. 17-22.

4) Tobin und Brainard (1963), S. 56.

5) Van Horne (1984), S. 11. Vgl. auch Giersch und H. Schmidt (1986).

6) Hoffmann (1967), S. 6-10; Niehans (1978), S. 166-168.

7) Hoffmann (1967), S. 6-10.

grundsätzlich auch die Leistung der Börse, wenn sie hilft, die örtlichen Divergenzen und Losgrößendivergenzen zu überbrücken. Die zusätzliche Leistung des Finanzintermediärs ist die Risikentransformation, die Fristentransformation und die Transformation von Zinsbindungsfristen zu minimalen Kosten (Transformationskosten) sowie die Übernahme der sich daraus ergebenden Bonitäts- und Zinsrisiken durch Bereitstellung von Eigenkapital.[1] Nachfolgend sind die Leistungsaspekte beim Bonitätsrisiko, beim Zinsrisiko und bei den Transformationskosten herauszuarbeiten.

2. Übernahme des Bonitätsrisikos

Die Finanzintermediäre bieten durch die Ausgabe von eigenen Finanztiteln den Überschußeinheiten eine relativ sichere Anlagemöglichkeit in einem diversifizierten Bankportefeuille, das sie in dieser Zusammensetzung, mit dieser Liquidität[2] und zu diesen Kosten sich selbst nicht zusammenstellen können.[3] Der Bank steht zur Diversifikation ein größeres Anlagespektrum zur Verfügung, da sie auch an nicht offenen Märkten agiert und zusätzlich nicht effektifizierte Finanztitel erwirbt.[4] Auch ist anzunehmen, daß Banken Vorteile bei der Informationstätigkeit haben und sie dadurch eine genauere Beurteilung des Bonitätsrisikos und eine bessere Auswahl der Finanztitel vornehmen können. Außerdem sollten sich Vorteile bei der kontinuierlichen Überwachung der Bonität des Schuldners ergeben.

---

1) H. Schmidt (1979); S. 716.

2) Durch die Verringerung des Risikos wird c.p. die Liquidität erhöht. Zur Liquidität von Finanztiteln siehe H. Schmidt (1979).

3) "The diversification demand exists because there is generally no feasible mixture of primary securities that provides adequately such distinctive qualities of indirect securities such as stability of price and yield or diversibility." Gurley und Shaw (1957), S. 70.

4) Zur Risikentransformation siehe Arnold (1964) und (1976). Smith (1978), S. 125-135, weist auf die statistischen Vorteile der großen Zahl hin. Siehe auch Klein (1973).

Zusätzlich stellt die Bank eigenes Haftkapital zur Verfügung, so daß das verbleibende nicht diversifizierte Risiko oder die schlagend werdenden Risiken aufgefangen werden können.[1] Der Überschußeinheit und vor allem dem Kleinanleger wird demnach eine sichere Anlagemöglichkeit geboten, die ihm bei der direkten Finanzierung meistens nicht zur Verfügung steht.

3. Übernahme des Zinsrisikos

Neben dem Bonitätsrisiko übernehmen die Banken in der Regel auch das Zinsrisiko, indem sie durch das Angebot eines weitgefächerten Spektrums an Anlage- und Finanzierungsalternativen auf die heterogenen und divergierenden Präferenzen der Überschuß- und Defiziteinheiten bezüglich Laufzeit und Zinsbindungsfrist eingehen. Werden die Vorstellungen der Kunden nicht vollständig durch die Bank erfüllt, so müssen diese das Zinsrisiko selbst tragen oder sich anderweitig absichern. Zusätzlich gewähren die Kreditinstitute ihren Kunden durch die vereinbarten Zahlungsmodalitäten bestimmte Wahlrechte. Sie schaffen dadurch für sich selbst Zinsrisiken. Beispiele hierfür sind Kreditzusagen sowie die Möglichkeiten der außerplanmäßigen Tilgung und des vorzeitigen Einlagenabzugs.

Dieses Eingehen auf die Liquiditätswünsche der Wirtschaftssubjekte führt zu unsicheren Ein- und Auszahlungsströmen für die Bank. Die Abweichung des realisierten vom geplanten Zahlungsstrom wird im folgenden als Quantitätsrisiko bezeichnet. Quantitätsrisiken lassen sich in eine autonome und eine zinsänderungsabhängige Komponente aufspalten. Obwohl zinsänderungsbedingte Quantitätsrisiken als ein Teil von Zinsrisiken i.w.S. aufgefaßt werden können, wird im weite-

---

1) Die Leistung der Diversifikation bieten auch Investmentfonds. Allerdings stellen sie kein Haftkapital zur Verfügung, so daß das verbleibende Bonitätsrisiko des Portefeuilles (z.B. das systematische Risiko) in der Form des Preisrisikos für den Anleger weiterhin besteht.

ren Verlauf der Arbeit zwischen Zinsrisiken und Quantitätsrisiken unterschieden.

Im Schrifttum wird oftmals davon ausgegangen, daß die Überschuß- und Defiziteinheiten risikoavers sind und versuchen, mögliche Zinsrisiken weitgehend auszuschließen. "Kurssichere" Anlagemöglichkeiten, wie Spareinlagen, Termineinlagen und Sparbriefe sind daher sehr gefragt. Da die Finanzintermediäre sich auf die Transformation und die Übernahme von Risiken spezialisiert haben, sollten sie weit besser als andere Wirtschaftssubjekte in der Lage sein, Zinsrisiken zu transformieren und zu übernehmen. Das Zinsrisiko für den Intermediär ist das Ergebnis der Fristentransformation und der Transformation von Zinsbindungsfristen. Dabei haben die von der Bank hereingenommenen Titel im Durchschnitt eine längere Laufzeit bzw. Zinsbindungsfrist als die von ihr ausgegebenen Titel (positive Fristentransformation). Die Bank übernimmt dadurch das Risiko des rechtzeitigen Geldanschlusses, der Einlagensubstitution und damit das Rentabilitätsrisiko. Oft werden die Überschußeinheiten prolongieren, so daß es keine Liquiditätsprobleme für den Intermediär gibt. Außerdem besteht für eine solvente Bank jederzeit die Refinanzierungsmöglichkeit am Geld-und Kapitalmarkt. Ungewißheit besteht aber hinsichtlich der Refinanzierungskosten, so daß sich das scheinbare Liquiditätsproblem letztlich als Rentabilitätsproblem darstellt.

Wie bereits erwähnt, sind die zukünftigen Einzahlungs- und Auszahlungsströme der Wirtschaftssubjekte unsicher. Dies erfordert eine Liquiditätshaltung oder externe Anpassungsmaßnahmen. Defiziteinheiten mit Kreditzusagen oder Kreditlinien können jederzeit disponieren, und die Einleger können grundsätzlich jederzeit über ihre Einlagen verfügen, ggf. unter Berechnung eines Zinsabschlages. Um den daraus resultierenden Abflüssen gewachsen zu sein, empfiehlt es sich für Intermediäre, ein Mindestvolumen an liquiden Mitteln zu halten.

4. Verringerung der Transformationskosten

Eine wichtige Leistung der Kreditinstitute bei der indirekten Finanzierung besteht in der Verringerung der Kosten der Risikentransformation. Das wirkt sich vor allem für den Kleinanleger aus. Transformationskosten[1] entstehen, da die Realität durch unvollkommene Märkte charakterisiert ist, d.h. beispielsweise, die Existenz von Informationskosten, asymmetrischer Informationsverteilung, Transaktionskosten und Unteilbarkeit der Finanztitel. Neben den Vorteilen für die Überschußeinheiten ergibt sich auch eine Reduzierung der Finanzierungskosten für die Defiziteinheiten, da sie ihren Präferenzen entsprechende Finanztitel an die Finanzintermediäre veräußern können, die sie in dieser Quantität und mit dieser Qualität an Überschußeinheiten nicht verkaufen könnten.

Die Kostenvorteile der Intermediäre ergeben sich aus der Spezialisierung auf den Handel in Finanztiteln und auf das Risikomanagement von Portefeuilles. Durch die effiziente Organisation ihres Geschäftsbetriebes können sie die Leistungen zu geringeren Kosten anbieten. Aufgrund der Spezialisierung[2] und der Standardisierung[3] der angebotenen Leistungen, des im Zeitablauf erworbenen "know how" sowie der entwickelten Techniken sind die Intermediäre in der Lage, "economies of scale" auszunutzen, die den sonstigen Wirtschaftssubjekten, und hier wiederum vor allem den Kleinanlegern und den kleineren Defiziteinheiten, im Regelfall nicht zur Verfügung stehen.

---

1) Bei der indirekten Finanzierung wird von Transformationskosten gesprochen, weil Intermediäre Risiken transformieren. Im Gegensatz dazu werden bei der Intermediations-Substitution Risiken transferiert. In Anlehnung an H. Schmidt (1983a) ist dann von Transaktionskosten die Rede.

2) Die Spezialisierung bezieht sich nicht nur auf das Bankgeschäft im allgemeinen, sondern auch auf die Auswahl von Teilbereichen der Finanzierung und der Anlage, wie z.B. Hypothekenbanken.

3) Z.B. Ratenkredite, Sparbriefe.

Im einzelnen ergeben sich folgende Kostenvorteile für den Intermediär: Es fallen erheblich weniger Transaktionen an, da nur die Nettoströme[1] relevant sind. Losgrößenvorteile reduzieren die Kosten pro Einheit und senken außerdem die Verwahr- und Verwaltungskosten. Die Kosten für den Informationsprozeß werden dadurch gesenkt, daß die Intermediäre in effizienterer Weise Informationen sammeln, analysieren und bewerten können als die Überschußeinheiten. "In addition to the dollar flows that occur in the process of financial intermediation, important information flows occur."[2] Aus diesem Grunde ist "information management an important by-product, in that banks as financial intermediaries, collect and process tremendous amounts of information about their customers, both lenders and borrowers."[3] "Thus the processing of information is an important part of financial intermediation business."[4]

Informationsökonomische Aspekte bilden daher ein wesentliches Element der indirekten Finanzierung. So bieten beispielsweise Intermediäre Vertraulichkeit bei der Behandlung von Informationen und eröffnen dadurch teilweise neue Informationsquellen. Außerdem kann das Moral-Hazard-Problem falscher Informationen durch den ständigen Kontakt mit dem Kunden verringert werden. Insgesamt lassen sich die Informationskosten pro Transaktion durch die Spezialisierung, die Mehrfachnutzung relevanter Informationen und Informationsauswertungen sowie die Aufteilung der Kosten auf eine Vielzahl von Wirtschaftssubjekten erheblich senken. Da die Intermediäre sich außerdem permanent mit der Informationsbeschaffung und -auswertung beschäftigen müssen, sind auch die Kosten der fortlaufenden Information pro Transaktion geringer.

---

1) Als Beispiele hierfür seien das Clearing von Schecks, Überweisungen und Effekten genannt. Weitere Beispiele sind das später noch zu behandelnde Gap-Management und das "macro hedging".

2) Sinkey (1986), S. 19.

3) Sinkey (1986), S. 6.

4) Sinkey (1986), S. 19.

C. Zur Entwicklung von Ansätzen zum Risikomanagement

Die Aufgabe des ersten Teils bestand darin, die verschiedenen banktheoretischen Ansätze zu erörtern und die zentralen Leistungen der Kreditinstitute bei der indirekten Finanzierung herauszuarbeiten. Diese Vorgehensweise erschien hilfreich, um eine umfassende Ausgangsbasis für die Entwicklung eines Ansatzes zum Management von Zinsrisiken zu schaffen. Im Lichte der bisherigen Ergebnisse bietet es sich an, einige grundsätzliche Überlegungen zur Entwicklung von Ansätzen zum Bankmanagement anzustellen. Diese Gedankengänge werden im vierten Teil wieder aufgegriffen, wenn es gilt, einen Duration-Ansatz zum Management von Zinsrisiken in Kreditinstituten zu entwickeln.

Die zentralen Leistungen der Kreditinstitute bei der Intermediation sind die Transformation von Bonitäts- und Zinsrisiken zu minimalen Kosten sowie die Übernahme der verbleibenden systematischen bzw. nicht immunisierbaren Risiken durch Bereitstellen von Eigenkapital. Dieser Sachverhalt und die sich daraus ergebenden Schlußfolgerungen lassen sich aus der Intermediation ableiten. Der Bankbetrieb übernimmt in diesem Konzept Aufgaben als Finanzmittler zwischen Überschuß- und Defiziteinheiten. Allerdings werden bei dieser gesamtwirtschaftlichen Betrachtungsweise die betriebswirtschaftlichen Aspekte des Managements von Banken weitgehend vernachlässigt.

Die Berücksichtigung betriebswirtschaftlicher Zusammenhänge und die sachgerechte Steuerung des Einlagen- und Kreditgeschäftes sowie der Gesamtbilanzstruktur sind freilich nicht nur von bankbetrieblichem, sondern auch von gesamtwirtschaftlichem Interesse. Denn bei adäquatem Management können die Kreditinstitute einen größeren Beitrag für die Volkswirtschaft erbringen.[1] Dieser Zusammenhang wurde in der Literatur zum Zinsrisikomanagement bisher wenig beachtet.

Die gesamtwirtschaftlichen und bankbetrieblichen Ziele stimmen in den meisten Fällen nicht überein. Die Zielkonflikte zeigen sich beispielsweise, wenn die Zentralbank eine restriktive Geldpolitik verfolgt und damit die Banken veranlassen möchte, ihre Kreditgewährung einzuschränken. Sie werden auch offensichtlich, wenn die Zentralbank ein höheres Zinsniveau anstrebt und sich bei positiver Fristentransformation die Zinsspanne der Banken verringert. Diese Zielkonflikte konnte man bei der Veränderung der Geldpolitik in den Vereinigten Staaten im Oktober 1979 beobachten. Als Folge der veränderten Geldpolitik ergab sich ein erheblich höheres Zinsniveau und eine größere Zinsvolatilität. Das führte zu vielen Problemfällen in der amerikanischen Kreditwirtschaft.

Einzelwirtschaftlich ergeben sich Zielkonflikte bei der Vereinbarung der Konditionen im allgemeinen und der Zinsbindungsfristen im besonderen. So kann man davon ausgehen, daß in den verschiedenen Phasen des Zins- und Konjukturzyklus die Interessen und Präferenzen der Überschuß-und Defiziteinheiten und die der Bank sich im allgemeinen widersprechen. Die zentrale Frage für die Ableitung von entscheidungsorientierten Bankmodellen lautet daher: Welche wesentlichen Aspekte muß ein Ansatz zum Management von Zinsrisiken in Kreditinstituten beinhalten, damit sowohl die gesamtwirtschaftlichen (Intermediation), die einzelwirtschaftlichen kundenspezifischen (Überschuß- und Defiziteinheiten) als auch die bankbetriebswirtschaftlichen (Bankmanagement) Faktoren umfassend abgebildet werden können?

---

1) Sinkey (1986), S. 494. "In a world of managed liabilities, banks are capable of providing a higher degree of intermediation and thus greater service to the economy, and they should not have to resort to credit rationing as frequently or intensively as non-LM bankers."

Die vollständige Beschreibung des Verhaltens von Finanzintermediären unter Berücksichtigung aller relevanten Interdependenzen kann nur in einem gesamtwirtschaftlichen Modell erfolgen.[1] Dazu wäre das Verhalten der Überschuß- und Defiziteinheiten (Haushalte, Unternehmen, Staat) modellmäßig zu erfassen. Darüber hinaus müßten die Entscheidungskriterien dieser Wirtschaftssubjekte bezüglich der Vermögensanlage und der Finanzierung bekannt sein. Zusätzlich wäre ein Modell erforderlich, mit dem sich Quantitäten und Preise auf dem Finanzmarkt erfassen lassen. Die explizite Berücksichtigung dieser Faktoren und Interdependenzen würde jedoch den Rahmen dieser Untersuchung sprengen.

Es ist das Ziel der vorliegenden Arbeit, spezielle Probleme des Intermediationsprozesses aus der Sicht der Bankunternehmung zu analysieren. Dabei gilt es nicht nur bankbetriebswirtschaftliche Aspekte zu berücksichtigen, vielmehr sollen auch einzel- und gesamtwirtschaftliche Überlegungen mit in den Entscheidungsprozeß der Bank einfließen. Diese Vorgehensweise läßt sich gedanklich in zwei Phasen aufteilen. In der ersten Phase kommt die Bank im Rahmen der bankaufsichtsrechtlich oder bankintern vorgegebenen Bestimmungen den Anlage- und Finanzierungswünschen der Wirtschaftssubjekte weitestgehend entgegen. In der zweiten Phase, die der ersten nur gedanklich, nicht aber real nachgelagert ist, nimmt die Bank extern, d.h. nicht im Kundengeschäft, Anpassungsmaßnahmen zur Erreichung der geplanten Geschäftsstruktur vor. Das können beispielsweise der Kauf oder Verkauf von Wertpapieren sein oder Transaktionen am Interbankenmarkt. Financial Futures und Optionen bieten eine weitere Möglichkeit, Zinsrisiken in Kreditinstituten zu steuern.

Auch wenn Banken sich in vielerlei Hinsicht von anderen Unternehmen unterscheiden, so lassen sich doch die nachfolgend angesprochenen Erkenntnisse der Allgemeinen Betriebswirtschaftslehre auf das Bankmanagement übertragen. "The theory of finance and banking

---

1) Vgl. Göppl (1986).

suggests that bank managers consider both risk and return in decision making."[1] Die Analyse der Risikoposition ist somit ein wichtiger Bestandteil des Entscheidungsprozesses in Kreditinstituten. Im Idealfall sollte gelten: "The overall objective of a bank should be to balance its return and risk in such a way that maximizes the bank's market value of its owners."[2] Um den Marktwert der Bankunternehmung maximieren zu können, ist es erforderlich, die Finanztitel marktgerecht zu bewerten.

Ein Ansatz, der verschiedene Risiken der Bankunternehmung zusammenfaßt, ist das Return-on-Equity-Modell.[3] Allerdings ist in diesem Konzept der Periodengewinn die Zielgröße. Das ökonomische Einkommen, das in dieser Arbeit als Zielgröße verwendet werden soll, stellt dagegen die Solvenz des Kreditinstitutes in den Mittelpunkt der Betrachtung, und zwar aufgrund folgender Überlegung: "In the short run, managers and shareholders mainly are concerned about the risk of profit variance, in the long run they are concerned about risk of ruin or insolvency."[4] Da in Krisensituationen das kurzfristige Ziel

---

1) Sinkey (1986), S. 492.

2) Hempel, Coleman und Simonson (1983), S. 493. Vgl. auch Copeland und Weston (1983), S. 21-24; Sinkey (1986), S. 540-544.

3) Vgl. Sinkey (1986), S. 227-253; Hempel, Coleman und Simonson (1986), S. 37-75. Das Return-on-Equity-Modell (ROE-Modell) ermittelt die Eigenkapitalrendite. Es bezieht sich jedoch nur auf das Einkommen der Periode und vernachlässigt die Marktwertänderungen der diversen Bilanzpositionen. In dem ROE-Modell lassen sich aber die wesentlichen Risiko-Rendite-Zusammenhänge aufzeigen. So erhöht eine höhere Rendite der Aktiva und ein geringeres Eigenkapital die Rendite des Eigenkapitals. Eine Ausweitung der positiven Fristentransformation bei ansteigender Zinsstrukturkurve erhöht die Zinsspanne. Hier zeigt sich die Situation für den Banker, der in der nächsten Periode Gewinn ausweisen muß. Eine relative Verringerung des Eigenkapitals durch Expansion im Kreditgeschäft und Anlage in hochverzinslichen Titeln mit langen Restlaufzeiten und kurzfristiger Refinanzierung kann die Rendite kurzfristig erhöhen. Das bedeutet aber ein höheres Bonitätsrisiko und ein höheres Zinsrisiko. Zum ROE-Modell siehe auch Schierenbeck (1987), S. 66-77.

4) Sinkey (1986), S. 492.

in aller Regel stärkere Bedeutung für die Bankleitung erhält, muß die Bankenaufsicht besonders in diesen Situationen verstärkt die Bankgeschäftspolitik überwachen, um Insolvenzen zu verhindern. Daher ist die Solvenzsicherung ein Ziel mit einer hohen Priorität, das Ziel, das in jedem Fall zu erreichen ist.

Für die Bank hat die Solvenzsicherung existentielle Bedeutung und ist daher in den Ansätzen zum Bankmanagement zu berücksichtigen. Eine wichtige Aufgabe der Bankenaufsicht kann man darin sehen, Mindesteigenkapitalanforderungen und sonstige bankaufsichtsrechtliche Vorschriften im Hinblick auf die Solvenzerhaltung zu spezifizieren. Die Festlegung solcher Bestimmungen ist jedoch nicht einfach und trifft vielfach auf Kritik. "Most critics of current capital regulation contend that the banking authorities should devote more effort to the concept and measurement of economic values and the relevant components of risk."[1]

Es ist zu vermuten, daß eine marktgerechte Bewertung hierfür nützlich sein könnte. Denn ob das Eigenkapital ausreicht, die übernommenen Risiken zu tragen oder wie groß die Gefahr einer Insolvenz ist, läßt sich am besten abschätzen, wenn man vom ökonomischen Wert der Bilanzpositionen und des Eigenkapitals ausgeht.[2] Hierfür ist der Barwert des Bankportefeuilles zu ermitteln.[3] Darüber hinaus könnte es zweckmäßig sein, Planbilanzen aufzustellen und Zinsszenarien anzunehmen, um die potentiellen Risiken abzuschätzen, aber

---

1) Sinkey (1986), S. 551. Diese Kritik könnte man auch gegen die KWG-Vorschriften und gegen die deutsche Bankenaufsicht vorbringen. Für eine marktgerechte Bewertung lassen sich weitere Gründe anführen: "Portfolio theory shows that the risk that an institution will fail depends on the relationship between the economic net worth and the volatility of its portfolio return which depends on assets, liabilities, committments and operating costs." Maisel (1981a), S. 2.

2) Benston (1985), S. 8, schlägt beispielsweise vor: "Market value accounting should be used to the amount feasible."

3) Maisel (1981b), S. 41.

auch, um rechtzeitig geeignete Maßnahmen zur Risikosteuerung ergreifen zu können.

D. Zusammenfassung

Es war das Ziel des ersten Teils zu untersuchen, inwieweit die bisherigen Ansätze zur Bankbetriebslehre Zinsrisiken berücksichtigen. Darüber hinaus war der Frage nachzugehen, inwieweit Banken überhaupt Zinsrisiken transformieren und übernehmen sollten. Aus der Untersuchung lassen sich folgende Schlußfolgerungen ziehen:

- Im Schrifttum finden sich sehr unterschiedliche Auffassungen zur Theorie der Bank und zur Bankbetriebslehre. Diese verschiedenen Ansätze zur Erklärung bankbetrieblichen Verhaltens und zum Management von Banken lassen sich nach detaillierten Kriterien nur schwer systematisieren. Darüber hinaus sind die Ansätze überwiegend noch nicht zufriedenstellend entwickelt. Vor allem hat das Zinsrisiko in den bisherigen Forschungsarbeiten nur wenig Beachtung gefunden.

- Mit dem Konzept der Intermediation kann man die zentralen Leistungen der Banken hinreichend erklären. Es eignet sich auch als Ausgangsbasis für die Entwicklung von Ansätzen zum Risikomanagement in Kreditinstituten.

- Die Hauptleistungen der Banken bei der Intermediation sind die Transformation und die Übernahme von Bonitäts- und Zinsrisiken sowie die Verringerung der daraus entstehenden Kosten. Diese Bankleistungen bieten Vorteile für einen Teil der Überschuß- und Defiziteinheiten und damit auch gesamtwirtschaftliche Vorteile, verglichen mit einer Situation, in der nur die direkte Finanzierung möglich wäre.

- Die Ansätze zum Bankmanagement - und hier besonders die zum Management von Zinsrisiken - sollten gesamtwirtschaftliche, aber auch einzelwirtschaftliche kundenspezifische und bankgeschäftspolitische Ziele weitgehend berücksichtigen.

- Ein im amerikanischen Schrifttum allgemein anerkanntes bankbetriebliches Ziel wird darin gesehen, den Marktwert der Bank zu maximieren. Diese Maximierung kann bei Kreditinstituten aber nur unter der Bedingung erfolgen, daß die Solvenz jederzeit gesichert ist.

Die Erkenntnisse des ersten Teils bilden die Ausgangsbasis für die Entwicklung eines Duration-Ansatzes zum Management von Zinsrisiken im vierten Teil. Im folgenden zweiten Teil wird zunächst das Instrumentarium zum Management von Zinsrisiken untersucht.

Zweiter Teil:
Techniken und Instrumente zum Management von Zinsrisiken

Das Management von Zinsrisiken kann mit verschiedenen Techniken und Instrumenten erfolgen. Dazu zählen das Duration-Konzept, Financial Futures und Optionen. Dieses Instrumentarium zum Management von Zinsrisiken wird im folgenden vorgestellt und es werden seine Vor- und Nachteile herausgearbeitet. Dabei wird in diesem Teil jedoch nicht von der Situation eines Finanzintermediärs ausgegangen, bei dem Aktiv-und Passivgeschäfte vorkommen. Um in das Gebiet des Zinsrisikos einzuführen und um das Instrumentarium zum Schutz vor Zinsrisiken darzustellen, wird vielmehr auf einen Anleger abgestellt, der eine einzelne Anleihe oder ein Anleiheportefeuille hält. Man kann das Instrumentarium auch differenzierter betrachten und in allgemeinerer Form erweitern, wenn man zunächst von speziellen bankbetrieblichen Fragestellungen abstrahiert.

A. Anlagerisiko und Anlageentscheidung

I. Vorüberlegungen zur Anlageentscheidung in Finanztiteln

Ein Investor kann bei der Anlage in verzinslichen Finanztiteln verschiedene Ziele verfolgen. Mögliche Ziele sind die Maximierung des laufenden Einkommens, der Rendite oder des Vermögens zu einem bestimmten Zeitpunkt.[1] Der Anleger kann ferner zwischen passiven und aktiven Strategien wählen.[2] Bei passiven Strategien, wie der Immunisierung und dem Hedging,[3] werden die herrschenden Marktkonditionen gesichert und damit das Risiko unerwarteter Verände-

---

1) Vgl. Leibowitz und Weinberger (1980), S. 188; McEnally (1985).

2) Vgl. hierzu Wondrak (1986a), S. 4 f.

3) Der Begriff Immunisierung bezieht sich auf das Duration-Konzept, der Begriff Hedging auf Financial Futures und Optionen.

rungen der Zielgröße weitgehend ausgeschlossen. Bei aktiven Strategien möchte der Anleger dagegen eine höhere als die immunisierbare Rendite erzielen. Dafür ist er bereit, Risiken zu übernehmen. Anleger könnten beispielsweise dann geneigt sein, sich für aktive Strategien zu entscheiden, wenn sie sich aufgrund ihrer Analyse eine fundierte Meinung über die Zinsentwicklung gebildet haben und erkennen, daß ihre eigene Einschätzung von der des Marktes abweicht.[1]

Die Entscheidung für eine passive oder aktive Strategie ist dann zu revidieren, wenn sich im Zeitablauf die Wahrscheinlichkeit für überlegene und ökonomisch ausnutzbare Prognosen verändert hat, d.h. Möglichkeiten, Überrenditen zu erzielen, sich eröffnen oder nicht mehr gegeben sind. Es läßt sich die Hypothese aufstellen, daß der risikoaverse Anleger im Regelfall nur dann bereit ist, aktive Strategien zu verfolgen, wenn er relativ sicher sein kann, daß er bei für ihn negativer Veränderung der Umweltzustände in der Lage ist, mögliche Verluste zu begrenzen; beispielsweise dadurch, daß er die eingegangenen Positionen jederzeit auflösen oder absichern, d.h. immunisieren oder hedgen kann. Weitere Verluste sind ausgeschlossen, wenn der Anleger sich dann für eine passive Strategie entscheidet.[2]
Die Innovationen an den Finanzmärkten während der letzten Jahre und die Weiterentwicklung spezieller Techniken haben es den Anlegern und den Kreditinstituten erleichtert, diese Strategien in die

---

1) In diesem Fall ist der Markt aus der Sicht dieser Anleger in bezug auf den Informationsprozeß nicht effizient. Diese Situation könnte gegeben sein, wenn die Entscheidenden entweder über bessere bewertungsrelevante Informationen verfügen und/oder ein überlegenes Informationsverarbeitungsmodell besitzen. Natürlich sind für risikofreudige Anleger aktive Strategien auch dann denkbar, wenn sie keine Zinsprognosen abgeben können.

2) Man könnte natürlich auch argumentieren, daß dem Anleger beim Eingehen von risikobehafteten Positionen bekannt ist, daß er den gesamten Kapitalbetrag verlieren kann und daß er durch sein Engagement dieses Risiko bewußt eingeht. Der Kauf von "european options" ohne die Handelbarkeit an einem Zirkulationsmarkt könnte ein Beispiel für eine solche Situation sein, obwohl auch hier durch den zusätzlichen Kauf eines Puts oder Calls der Verlust begrenzt werden kann.

Praxis umzusetzen. Die speziellen Konsequenzen, die sich aus dieser Entwicklung für das Zinsrisikomanagement im Bankbetrieb ergeben, werden im dritten und vierten Teil behandelt.

In diesem Teil werden Immunisierungsstrategien mit der Duration sowie Hedging-Strategien mit Financial Futures untersucht. Es wird zu zeigen sein, wie eine risikofreie Position in verzinslichen Finanztiteln aufzubauen ist. Daran anschließend werden jeweils aktive Strategien mit dem entsprechenden Instrumentarium erörtert. Zunächst sind allerdings die Grundlagen für die Bewertung und Risikoanalyse von verzinslichen Finanztiteln zu legen.

II. Grundlagen zur Bewertung und Risikoanalyse von verzinslichen Finanztiteln

1. Zur Bewertung von Finanztiteln

Finanztitel mit festem Kupon[1] bieten dem Anleger einen im vorhinein spezifizierten Einzahlungsstrom, der aus regelmäßigen Zinszahlungen und dem Rückzahlungsbetrag bei Fälligkeit besteht. Ist der Abzinsungssatz r gegeben, dann läßt sich der Barwert eines Finanztitels P_0 für den Zeitpunkt t_0 errechnen, indem man die erwarteten Einzahlungen C_t mit diesem Zinssatz abzinst:[2]

$$(2.1) \qquad P_0 = \Sigma\ C_t\ (1+r)^{-t}.$$

In der Anlagepraxis wird in aller Regel nicht nach dem Barwert eines Finanztitels, sondern nach der Verzinsung der Anlage gefragt. Die Frage lautet jetzt: Wie hoch ist die Rendite eines festverzins-

---

1) Zur finanzmathematischen Bewertung von Anleihen siehe Homer und Leibowitz (1972); Lohmann (1979), S. 118-156; Tinic und West (1979), S. 331-334; Altrogge (1988) S. 55-241.

2) Die Summenzeichen werden in dieser Arbeit ohne Laufindex geschrieben. Für den Laufindex gilt: t=1,2,3,...n.

lichen Finanztitels mit bestimmten Ausstattungsmerkmalen und beobachtbarem Börsenkurs? Die Frage läßt sich mit der Gleichung (2.1) beantworten, wenn man an die Stelle des unbekannten Barwertes P_0 den bekannten Börsenkurs BK_0 einsetzt. Es ist nun der Zinssatz i zu ermitteln, bei dem die Summe der abgezinsten Einzahlungen dem Börsenkurs entspricht:

(2.2) $$BK_0 = \Sigma\, C_t\, (1+i)^{-t}.$$

Der Zinssatz i ist die Effektivverzinsung[1]. Es ist eine durchschnittliche Periodenverzinsung, eine Ex-ante-Rendite[2], die Ausgabekurs (Börsenkurs) und Tilgungsmodalitäten sowie die Restlaufzeit berücksichtigt, das Problem der Wiederanlage frei werdender Beträge aber ebenso ausklammert[3] wie die Bonität des Emittenten und das Währungsrisiko.

Das Ziel des Anlegers sowie die Vorteilhaftigkeit einer Anlage lassen sich auch durch den Wert der Anlagealternative am Planungshorizont beschreiben. Dazu muß der Anleger genaue Vorstellungen über den Anlagezeitraum und die Wiederanlagemöglichkeiten entwickeln. Wondrak[4] weist darauf hin, daß die Endwertmethode für einen Anleger, der einen festen Planungshorizont angeben kann, ein geeigneteres Verfahren als die Effektivverzinsung ist. In dieser Arbeit wird

---

1) Altrogge (1981), S. 177, versteht unter Effektivverzinsung die gleichbleibende Verzinsung des jeweils gebundenen Kapitals während der Laufzeit der Anleihe, und zwar aus der Sicht des Anlegers. "Sie wird auch häufig als der Kalkulationszinsfuß definiert, bei dem der Kapitalwert gerade null ist". Altrogge (1982), S. 444. Im angelsächsischen Schrifttum wird sie treffend als "yield-to-maturity" bezeichnet. Vgl. hierzu Van Horne (1984), S. 41 f. Siehe auch Homer und Leibowitz (1972), S. 147-154; Tinic und West (1979), S. 335; Kaufman (1983), S. 74 f.

2) Vgl. Uhlir und Steiner (1986), S. 5 f.

3) Altrogge (1982), S. 442 f.; vgl. auch Wondrak (1986a), S. 13 f.

4) Wondrak (1986a), S. 14.

ebenfalls das Vermögen am Ende der Anlageperiode als Zielgröße verwendet.[1]

Will der Anleger bei seiner Entscheidung alle Risiken berücksichtigen, so könnte er zuerst die Endvermögen für den Planungshorizont schätzen, die er beim Eintritt bestimmter Umweltzustände für möglich hält. Das erwartete Endvermögen der Anlage ist der Erwartungswert der für möglich gehaltenen Endvermögen. Das Risiko jeder Anlagealternative läßt sich dann als Streuung um den Erwartungswert definieren. Da die Anleger in aller Regel gewohnt sind, in Renditegrößen zu denken, mag es sinnvoll erscheinen, jede Anlagealternative durch eine Renditezahl zu beschreiben. Dazu eignen sich endwertbezogene Renditen, da sie die Wiederanlage mit einbeziehen. Die erwartete Rendite ist dann der Abzinsungssatz, bei dem der Barwert des erwarteten Endvermögens gleich dem Auszahlungsbetrag in t_0 ist. Die ex post realisierte Rendite ist der Zinssatz, bei dem der Barwert des tatsächlichen Vermögens am Planungshorizont dem Auszahlungsbetrag in t_0 entspricht. Wenn die realisierte Rendite von der erwarteten abweicht, so kann das auf folgenden Einzelrisiken beruhen: auf dem Bonitätsrisiko, dem Risiko vorzeitiger Tilgung und Auslosung, dem Währungsrisiko sowie dem Zinsrisiko.[2]

Das Bonitätsrisiko besteht für den Anleger darin, daß der Emittent nicht willens oder fähig ist, die vertraglich vereinbarten Zins- und Tilgungszahlungen vollständig und termingerecht zu leisten. Bei möglichen Auslosungen und vorzeitigen Tilgungen sind die Rückzahlungstermine und -beträge für den einzelnen Anleger unsicher. Das Währungsrisiko bezieht sich auf die Kaufkraft von Zinsen und Rückzahlungsbetrag zu den Zahlungszeitpunkten, ausgedrückt in inländischer

1) Wie noch zu zeigen sein wird, eröffnet erst eine Orientierung an Endwerten die Möglichkeit, Zinsrisiken mit der Duration zu steuern.

2) Vgl. hierzu Lohmann (1979), S. 257-278; Uhlir und Steiner (1983), S. 633; Bühler (1983), S. 85-97. Die Einzelrisiken werden bei den Autoren unterschiedlich bezeichnet, entsprechen sich inhaltlich aber weitgehend.

Währung.[1] Auf die detaillierte Behandlung dieser Teilrisiken, die sowohl für den Anleger als auch für die Bank relevant sein können, muß in dieser Arbeit verzichtet werden. Im Mittelpunkt der folgenden Ausführungen stehen ausschließlich Zinsrisiken. Es erscheint deshalb auch nicht zweckmäßig, die eben aufgezeigte Risikodefinition zu verwenden. Vielmehr ist der Risikobegriff speziell für das Zinsrisiko bei der Anlage in verzinslichen Finanztiteln zu definieren.

Das Zinsrisiko eines Finanztitels ist die Chance und die Gefahr, daß die realisierte Rendite oder das realisierte Endvermögen aufgrund einer oder mehrerer Marktzinsänderungen von der beim Kauf des Finanztitels herrschenden Rendite bzw. dem geplanten Endvermögen abweicht. Dabei ist die herrschende oder versprochene Rendite[2] die Verzinsung des Anlagebetrages, die sich ergibt, wenn keine Marktzinsänderungen eintreten. Das geplante Endvermögen ist der Betrag, den der Anleger erzielt, wenn sich die Zinssätze während der Anlageperiode nicht verändern. Will man die Auswirkungen des Zinsrisikos auf die Rendite und auf den Endwert genauer untersuchen, so ist es hilfreich, das Zinsrisiko in seine Komponenten und Determinanten aufzuspalten. Darüber hinaus wird das Zinsrisiko verständlicher, wenn man von den verschiedenen Theorien zur Zeitstruktur der Zinssätze ausgeht. Es bietet sich deshalb an, sie zunächst vorzustellen und auf ihre Bedeutung für das Zinsrisikomanagement zu untersuchen.

---

1) Durch den Erwerb von z.B. unkündbaren, gesamtfälligen Anleihen der Bundesrepublik Deutschland können in der Regel die Teilrisiken mit Ausnahme des Zinsrisikos eliminiert werden. Hier nicht berücksichtigt wurde das Inflations- oder Binnenwährungsrisiko. Das Inflationsrisiko steht im Zusammenhang mit dem Zinsrisiko (Fisher-Effekt). Siehe hierzu Van Horne (1984), S. 125 f.; Vgl. auch Copeland und Weston (1983), S. 61 f. und die dort angegebene Literatur.

2) Im angelsächsischen Schrifttum wird diese Rendite als "promised yield" bezeichnet. Für viele siehe Reilly (1985), S. 542-544.

2. Zeitstruktur der Zinssätze

Die Zeitstruktur der Zinssätze stellt den Zusammenhang zwischen den beobachtbaren Renditen der umlaufenden Anleihen und ihren Restlaufzeiten dar.[1] Andere Einflußfaktoren als die Restlaufzeit werden durch die Auswahl der Anleihen konstant gehalten, damit der untersuchte Zusammenhang eindeutig ist. Das bezieht sich im wesentlichen auf die sich im Zinsgefüge des Rentenmarktes widerspiegelnden Bonitätsüberlegungen,[2] Marktgängigkeit, Besteuerung und divergierende Ausstattungsmerkmale der Anleihen.[3] Um aus der Vielzahl der kursbestimmenden Faktoren die Bedeutung der Laufzeit herauszufiltern, ist es notwendig, die Betrachung auf eine möglichst homogene Gruppe von Anleihen zu beschränken. Grundsätzlich werden zur Ermittlung der Zinsstrukturkurve Staatsanleihen herangezogen. Aus den am Markt beobachtbaren Einzelrenditen wird die Zinsstruktur als Funktion der Restlaufzeit geschätzt.[4]

Zur theoretischen Erklärung der Zinsstruktur kann im wesentlichen auf drei Ansätze zurückgegriffen werden: die Erwartungstheorie, die

---

1) Eine Zusammenfassung der Literatur bietet Van Horne (1984), S. 103-133; siehe auch Malkiel (1966); Roll (1970); Nelson (1972); Kath (1972); Faßbender (1973); Tinic und West (1979), S. 343-355; Cox, Ingersoll und Ross (1981a).

2) Einen Überblick zur Struktur des Bonitätsrisikos bei Anleihen gibt Van Horne (1984), S. 163-202. Siehe auch Jonkart (1979), S. 253-262; Reilly (1985), S. 504-515.

3) Siehe hierzu Kaufman (1983), S. 93 ff.; Monatsbericht der Deutschen Bundesbank (1983/1), S. 25; vgl. auch (1978/1). Es müßten Zero-Coupon-Bonds mit entsprechenden Restlaufzeiten genommen werden, um den Kupon-Effekt und die Wiederanlageprämisse auszuschließen.

4) Für die Schätzfunktion der Deutschen Bundesbank für die Bundesrepublik Deutschland siehe Monatsbericht (1983/1), S. 25. Siehe auch Macaulay (1938), S. 44, S. 50-62; Reilly und Sidhu (1982), S. 66-69. Hopewell und Kaufman (1973), S. 752, haben vorgeschlagen, die Duration anstelle der Laufzeit zu verwenden. Siehe dazu auch Carr, Halpern und McCallum (1974). Livingston und Caks (1977) zeigen, daß die Verwendung der Duration nicht sachgerecht wäre.

Liquiditätspräferenztheorie und die Marktsegmentationstheorie. Diese drei Theorien stehen nicht zusammenhangslos nebeneinander und schließen sich in der Erklärung grundsätzlich nicht gegenseitig aus. So wird die Liquiditätspräferenztheorie als spezielle Form der Erwartungstheorie gesehen. Man kann sie aber auch als eine spezielle Form der Marktsegmentationstheorie[1] auffassen. Nachfolgend werden die drei Theorien vorgestellt, da ihr Verständnis sowohl für die Anlage in Rentenwerten, die verschiedenen Duration-Konzepte und das Hedging mit Financial Futures als auch für die Erklärung der Fristentransformation der Banken notwendig und hilfreich sein kann.

a) Erwartungstheorie

Nach der Erwartungstheorie[2] wird die Renditestruktur durch die Erwartungen der Marktteilnehmer über die zukünftigen Zinssätze determiniert. Im Gleichgewicht ergeben sich die langfristigen Zinsfaktoren als geometrisches Mittel aus dem aktuellen kurzfristigen Zinsfaktor und den erwarteten kurzfristigen Zinsfaktoren in der Zukunft.[3] Daraus folgt unmittelbar, daß die Erwartung steigender Zinssätze zu einer mit der Laufzeit steigenden Renditestruktur führt. In der entgegengesetzten Situation erwarteter fallender kurzfristiger Zinssätze liegen die langfristigen Renditen unter den kurzfristigen. Werden konstante kurzfristige Zinssätze erwartet, so ist die Zins-

---

1) In der angelsächsischen Literatur wird oft von der "pure" oder "unbiased expectation theory" gesprochen, wenn die Erwartungstheorie gemeint ist. Die Liquiditätspräferenztheorie ist eine durch Liquiditätsprämien positiv verzerrte Form der Erwartungstheorie. Siehe hierzu z.B. Van Horne (1984), S. 104. Andererseits wird die Liquiditätspräferenztheorie als Verfeinerung der Marktsegmentationstheorie angesehen, bei der alle Liquiditätsprämien positiv sind. Siehe hierzu Roll (1970), S. 44.

2) Siehe hierzu Lutz (1940); Meiselmann (1962), S. 10 ff.; Malkiel (1966), S. 17 ff.; Roll (1970), S. 35-37; Faßbender (1973), S. 23-27; Van Horne (1984), S. 104-112.

3) Beispiele finden sich bei Copeland und Weston (1983), S. 65-71; Van Horne (1984), S. 108 f.

struktur horizontal. Wenn die Erwartungstheorie zutrifft, dann sind Finanztitel mit verschiedenen Laufzeiten perfekte Substitute. Eine Laufzeitstrategie ist so gut wie die andere. Die Erwartungstheorie kann nur dann zutreffen, wenn der Markt effizient ist und Ungleichgewichte sofort durch Arbitrage ausgenutzt werden.[1]

b) Liquiditätspräferenztheorie

Die Liquiditätspräferenztheorie[2] basiert auf den gleichen Überlegungen wie die Erwartungstheorie, berücksichtigt aber zusätzlich explizit die Unsicherheit bezüglich des Bedarfs an zukünftigen liquiden Mitteln und bezüglich der Auswirkungen von Zinsrisiken. Infolge der Unsicherheit bevorzugen Anleger bei Renditegleichheit kürzere gegenüber längeren Laufzeiten, weil diese grundsätzlich ohne oder mit geringerem Kursrisiko liquidiert werden können. Emittenten präferieren dagegen in aller Regel längere Laufzeiten. Wegen dieser Konstellation bei langen Laufzeiten muß dem Anleger eine Prämie gewährt werden, um ihn für das höhere Kursrisiko bei längeren Laufzeiten zu entschädigen.[3] Die Liquiditätsprämie ist die Differenz zwischen den beobachteten Renditen und der durch die Terminzinssätze implizierten Rendite. Die Struktur der Prämien läßt sich aus der "normal backwardation" in den Futures-Märkten ableiten.[4] Das

---

1) Zur Anwendung der "efficient market theory" auf den Rentenmarkt siehe Roll (1970); Sargent (1972).

2) Hicks (1946), S. 141-145; Malkiel (1966), S. 24 ff.; Roll (1970), S. 44; Faßbender (1973), S. 28 ff.; Van Horne (1984), S. 86-89.

3) Es wird nur das Kursrisiko berücksichtigt. Demgegenüber steht das Argument, daß bei längeren Laufzeiten das Wiederanlagerisiko des Nominalbetrages (Einkommensrisiko) eliminiert wird. Anleger, die sich gegen dieses Risiko absichern wollen, wären gegebenenfalls bereit, bei längeren Laufzeiten eine negative Liquiditätsprämie hinzunehmen. Siehe hierzu Robinson (1952), S. 3-30.

4) Hicks (1946), S. 146 f. Über die Struktur der Prämien gibt es in der Literatur jedoch verschiedene Auffassungen. Siehe hierzu auch Kessel (1965).

impliziert, daß auch bei erwarteten konstanten kurzfristigen Zinssätzen die "yield curve" ansteigt. Wegen der Liquiditätsprämien, die als Risikoprämie für das höhere Kursrisiko bei längeren Restlaufzeiten interpretiert werden können, müßten die Zinsstrukturkurven daher überwiegend ansteigen.[1] Die Anleger sind in diesem Erklärungsansatz nicht mehr indifferent zwischen Titeln verschiedener Laufzeit, sondern fordern eine Prämie für die übernommenen Risiken.

c) Marktsegmentationstheorie

Die wesentliche Prämisse der Marktsegmentationstheorie[2] liegt darin, daß Anleihen mit verschiedenen Laufzeiten keine Substitute sind. Der Markt ist vielmehr durch die Präferenzen der Marktteilnehmer für bestimmte Laufzeitbereiche charakterisiert. So bevorzugen Banken wegen der Struktur ihrer Passivseite und aus Liquiditätsüberlegungen kurz- und mittelfristige Anlagen. Versicherungsunternehmen und andere Unternehmen mit langfristigen Verbindlichkeiten präferieren auf der Aktivseite dagegen lange Laufzeiten.[3] Die Präferenzen sind demnach geschäftsspezifisch. Das Zinsrisiko soll dadurch verringert werden, daß man die Ein- und Auszahlungsströme aufeinander abstimmt. Dazu ist es erforderlich, Finanztitel mit ganz bestimmten Laufzeiten zu kaufen oder zu verkaufen. Die Marktsegmentationstheorie erkennt damit die Bedeutung des Kurs- und Wiederanlagerisikos für die Marktteilnehmer an und auch deren Bedürfnis, diese Risiken weitgehend auszuschließen.[4] Die Renditen werden durch die

---

1) Die Betrachtung der Liquiditätspräferenztheorie ist für die Banken sehr wichtig, da Banken nur dann Fristen transformieren sollten, wenn ihnen dafür eine Prämie gezahlt wird. Siehe hierzu Niehans und Hewson (1976).

2) Culbertson (1957); Modigliani und Sutch (1966) und (1967); Roll (1970), S. 38-44; Faßbender (1973), S. 35 ff.; Van Horne (1980) und (1984), S. 115 f.; Kidwell und Koch (1983), S. 40-55.

3) Faßbender (1973), S. 35; Kidwell und Koch (1983), S. 40-55; Van Horne (1984), S. 115.

4) Siehe hierzu Robinson (1952), S. 3-30; Faßbender (1973), S.33-35.

Angebots- und Nachfragebedingungen in den einzelnen Laufzeitsegmenten bestimmt. Die Übergänge zwischen den einzelnen Segmenten sind jedoch fließend, so daß sich eine stetige Zinsstrukturkurve ergibt. Das läßt sich mit der im Regelfall möglichen Substituierbarkeit und der Arbitrage begründen.

d) Empirische Ergebnisse

Die empirischen Ergebnisse weisen auf die Relevanz aller drei Theorien hin.[1] Für den amerikanischen Kapitalmarkt bleibt die Erwartungstheorie ein wesentlicher Erklärungsansatz. Fallende wie ansteigende Zinsstrukturkurven treten gleichermaßen auf.[2] Die Form der Kurve wird dabei durch die erwarteten Zinssätze bestimmt, die wiederum von den Inflationserwartungen abhängen. Bei anderen Studien ergaben sich in einigen Perioden die Renditen aus den Terminzinssätzen zuzüglich einer Liquiditätsprämie.[3] Über die Struktur der Liquiditätsprämien liegen allerdings unterschiedliche Ergebnisse vor. Für die Zinsstruktur am deutschen Kapitalmarkt stellt die Liquiditätspräferenztheorie für die Mehrzahl der Perioden von 1970 bis 1983 einen annehmbaren Erklärungsansatz dar.[4]

Die Untersuchungen zur Marktsegmentationstheorie erlauben keine eindeutigen Schlußfolgerungen. Als alleiniger Erklärungsansatz hat sie wenig Aussagekraft. Doch ist ein Einfluß der Marktsegmentierung nicht vollständig auszuschließen. Die Frage, welche Theorie die Zeitstruktur der Zinssätze am besten erklärt, muß somit weitgehend als unbeantwortet angesehen werden.[5] Die Bedeutung der Erwartungs-

1) Van Horne (1984), S. 120-131; Weston und Copeland (1986), S. 150.

2) Wood (1983), S. 17.

3) Kaufman (1983), S. 98; Van Horne (1984), S. 112-115.

4) Maier (1983), S. 131.

5) Van Horne (1984), S. 131.

theorie und der Liquiditätspräferenztheorie für die Fristentransformation und für das Management von Zinsrisiken in Kreditinstituten wird im dritten Teil wieder aufgegriffen.

3. Komponenten des Zinsrisikos

Nachdem die Grundlagen für die Bewertung von Anleihen gelegt sind, gilt es im folgenden, die zinsänderungsbedingten Risiken bei der Anlage in ausfallrisikofreien festverzinslichen Finanztiteln zu untersuchen. Wenn man dabei annimmt, daß es das Ziel des Anlegers ist, einen bestimmten Kapitalbetrag am Ende seiner Planperiode zu erreichen, dann läßt sich das Zinsrisiko in zwei Komponenten unterteilen: das Kursrisiko und das Wiederanlagerisiko. Sie werden auch als Kapital- bzw. Einkommensrisiko bezeichnet.

Das Kursrisiko entsteht, wenn die Laufzeit des Finanztitels länger ist als die Anlageperiode des Investors. Die Anleihe ist somit vor Fälligkeit zu veräußern. Wenn der Anleger den Titel vor Fälligkeit verkauft, dann erhält er in der Regel nicht den in den Anleihebedingungen vereinbarten Rückzahlungsbetrag, sondern den aktuellen Kurswert. Dieser kann höher oder geringer als der Rückzahlungsbetrag sein. Das Kursrisiko resultiert daraus, daß nach Ablauf der Anlageperiode des Investors noch weitere Zahlungen aus dem Titel erfolgen und daß der für die Bewertung dieser Einzahlungen anzuwendende Abzinsungssatz unsicher ist. Das Risiko ist grundsätzlich dann ausgeschlossen, wenn die Laufzeit des Titels gleich der Anlageperiode oder kürzer als diese ist.[1] In diesen Fällen erfolgt eine Rückzahlung des vereinbarten Betrages.

---

1) Bei Fälligkeit besteht kein Kursrisiko. Zwischenzeitliche Marktzinsänderungen führen jedoch zu Kursschwankungen. Die Gewinne oder Verluste werden in diesem Fall aber nicht realisiert. Siehe hierzu McEnally (1981).

Das Wiederanlagerisiko entsteht, wenn vor Ablauf der Anlageperiode Zahlungen aus dem Finanztitel erfolgen und man diese Mittel nur zu den dann herrschenden Marktzinssätzen reinvestieren kann. Der Anleger trägt damit das Risiko veränderter Wiederanlagezinssätze.[1] Bei Finanztiteln mit Kupon sind die Zinszahlungen regelmäßig wieder anzulegen. Ein Rückgang der Marktzinssätze impliziert schlechtere Anlagealternativen und vermindert den realisierten Endwert und die realisierte Rendite. Zinssteigerungen führen dagegen zu einem höheren Endwert und zu einer höheren Rendite. Ist die Laufzeit der Anleihe kürzer als die Anlageperiode, so erfolgt zusätzlich eine Reinvestition des Rückzahlungsbetrages zu einem vorher nicht bekannten Zinssatz. Das Wiederanlagerisiko dieses Betrages kann der Anleger dadurch ausschließen, daß er eine Anleihe mit einer Restlaufzeit wählt, die mindestens seiner Anlageperiode entspricht. Das Wiederanlagerisiko der Kuponzahlungen läßt sich durch die Wahl der Laufzeit allein nicht vermeiden. Das leisten nur kuponlose Finanztitel.[2]

Wenn man die beiden Komponenten des Zinsrisikos gleichzeitig betrachtet, so fällt auf, daß das Zinsrisiko immer dann vollständig eliminiert ist, wenn weder vor Ablauf der Anlageperiode (Wiederanlagerisiko) noch nach Ablauf der Anlageperiode (Kursrisiko) Zahlungen aus den Titeln erfolgen, d.h. alle Einzahlungen aus dem Titel in einer Summe am Ende der Anlageperiode anfallen. Die einzigen Finanztitel, die dieses Charakteristikum aufweisen, sind kuponlose Finanztitel. Alle anderen Finanztitel beinhalten für den Anleger Zinsrisiken. Die realisierte Rendite kann daher von der im Ausgangszeitpunkt herrschenden Rendite abweichen, wenn zwischenzeitlich Marktzinsänderungen eintreten.

---

1) McEnally (1980).

2) Z.B. abgezinste Spar- oder Sparkassenbriefe, Zero-Coupon-Bonds, unverzinsliche Schatzwechsel.

Aus dieser Perspektive wird die in der Praxis oft anzutreffende Anlagestrategie verständlich, bei der die Anlageperiode und die Restlaufzeit des Titels übereinstimmen. Kursrisiko und Wiederanlagerisiko des Nominalbetrages sind ausgeschlossen, wenn die geplante Anlageperiode eingehalten wird. Das verbleibende Risiko ist auf die Reinvestition der Zinszahlungen beschränkt.[1]

Die Auswirkungen des Kursrisikos und des Wiederanlagerisikos sind bei einer gegebenen Marktzinsänderung negativ korreliert. Steigende Marktzinssätze bieten dem Anleger bessere Wiederanlagemöglichkeiten für Kupons und Nominalbetrag. Gleichzeitig führen steigende Zinssätze wegen der Erhöhung des Abzinsungssatzes zu Kursverlusten beim Verkauf vor Fälligkeit. Sollen die Auswirkungen dieser Risiken minimiert oder ausgeschlossen werden,[2] so müssen die dargestellten Vor- und Nachteile sich vollständig ausgleichen, d.h. perfekt negativ korreliert sein, und zwar unabhängig von der Richtung der Marktzinsänderung. Wie dies geschehen kann, wird bei der Ableitung der Duration und der Ableitung der Immunisierungsbedingung für Bondportefeuilles dargestellt. Zunächst ist jedoch auf die Determinanten des Zinsrisikos einzugehen.

4. Determinanten des Zinsrisikos

Die Höhe des Zinsrisikos wird durch exogene und endogene Determinanten bestimmt.[3] Die endogenen Determinanten sind die Beträge

---

1) Dieses Risiko ist bei längeren Anlageperioden nicht vernachlässigbar. Vgl. hierzu Farrell (1983), S. 274 f.

2) Die Anleger bewerten diese beiden Teilrisiken nicht unbedingt gleichwertig. So hat beispielsweise für Banken und Versicherungen das Kursrisiko oftmals eine größere Bedeutung als das Wiederanlagerisiko. Vgl. hierzu Faßbender (1973), S. 34; Siehe auch Kaufman (1978), S. 86; Uhlir und Steiner (1983), S. 634; Yawitz und Marshall (1985), S. 51 f.

3) H. Schmidt (1981a), S. 74.

und Zeitpunkte der Zins- und Tilgungszahlungen und ergeben sich aus den speziellen Konditionen des Finanztitels. Die exogenen Determinanten sind die herrschenden Marktzinssätze und die Zinssatzänderungen, d.h. die aktuelle Zeitstruktur der Zinssätze und ihre Veränderung. Betrachten wir die Bewertungsformel für Anleihen in Gleichung (2.1), so bestimmen die endogenen Determinanten die erwartete Zahlungsreihe und die exogenen Determinanten die Diskontierungssätze. Wertänderungen eines Finanztitels zu einem bestimmten Zeitpunkt ergeben sich somit ausschließlich aus einer Veränderung der exogenen Determinanten. Wertänderungen im Zeitablauf resultieren auch aus Veränderungen der endogenen Determinanten.

Wenn der Anleger die Auswirkungen der exogenen und endogenen Determinanten auf das Kursrisiko eines Finanztitels bezogen auf einen anderen abschätzen möchte, so bietet sich ihm folgende Regel an.[1] Die Kursänderung eines Finanztitels ist bei einer gegebenen Marktzinsänderung c.p. um so größer, je niedriger der Kupon, je länger die Restlaufzeit und je höher der Abzinsungssatz in der Ausgangslage ist. Diese Regel führt aber nicht immer zum richtigen Ergebnis.[2] Oft läßt sie auch keine eindeutigen Aussagen zu.[3] Eine bessere Regel, um zu beurteilen, welche von zwei Anleihen bei gege-

---

1) Homer und Leibowitz (1972), S. 43; Bierwag, Kaufman und Khang (1978); Bierwag, Kaufman und Toevs (1983a); Van Horne (1984), S. 134-140; Fuller und Settle (1984), S. 68-70. Siehe auch Wildhagen (1967).

2) Hiervon gibt es Ausnahmen. So kann bei Titeln, die unter pari notieren und die sich nur bezüglich der Restlaufzeit unterscheiden, der Titel mit der längeren Restlaufzeit eine geringere Kursvolatilität aufweisen. Für eine ausführlichere Behandlung dieses Problems siehe Fußnote 1 auf Seite 66 f.

3) Ein Beispiel soll das verdeutlichen: Vergleicht man einen Finanztitel A mit einem 4%igen Kupon und 8 Jahren Restlaufzeit mit einem Titel B, der einen 7%igen Kupon und 9 Jahre Restlaufzeit aufweist, so ist mit den o.a. Regeln nicht unmittelbar erkennbar, welcher Titel bei einer gegebenen Zinsänderung die größere Kursveränderung hätte.

bener Marktzinsänderung die größere Kursschwankung aufweist, ergibt sich, wenn man die Duration verwendet.[1]

B. Zum Management von Zinsrisiken mit dem Duration-Konzept

Mit dem Duration-Konzept lassen sich Zinsrisiken einzelner Finanztitel und Bondportefeuilles erfassen, beurteilen und steuern. Ferner kann man es im Bilanzstruktur-Management von Finanzintermediären einsetzen. Das Ziel der nachfolgenden Ausführungen ist es, die Duration herzuleiten und zu erläutern. Dazu werden auch die wesentlichen Anwendungsgebiete vorgestellt und diskutiert. Abschließend erfolgt dann eine Würdigung dieses Konzeptes, wobei sich auch Schlußfolgerungen für die weitere Vorgehensweise für das Zinsrisikomanagement in Kreditinstituten ergeben.

I. Das Duration-Konzept

1. Zur Entwicklung der Duration

Das Duration-Konzept ist in den letzten 15 Jahren verstärkt zur Analyse von Bondpreisveränderungen und zum Management von Rentenportefeuilles herangezogen worden.[2] Neben dem Capital Asset

---

1) Die Durations für die Finanztitel A und B aus der vorherigen Fußnote betragen 6,96 und 7,12 Jahre. Titel A weist eine größere Kursvolatilität auf. Eine Begründung dafür wird im folgenden Abschnitt II gegeben.

2) Einen Überblick geben Bierwag, Kaufman und Toevs (1983a) und (1983c); Siehe auch Weil (1973); Ingersoll, Skelton und Weil (1978); Bierwag, Kaufman und Khang (1978); Reilly und Sidhu (1980). Eine historische sowie theoretische und praktische Einordnung gibt Leibowitz (1983). Im deutschen Schrifttum siehe Kruschwitz und Schöbel (1986).

Pricing Model[1], der Arbitrage Pricing Theory[2], dem Option Pricing Model[3] und dem Hedging mit Financial Futures ist die Duration das Konzept, das im Investmentbereich größte Aufmerksamkeit erfahren hat. Das Ergebnis sind vielfältige Weiterentwicklungen des Grundkonzeptes sowie eine größere Anzahl empirischer Untersuchungen.[4]

Die Duration wurde nicht wie einige der anderen o.a. Modelle aus einem ökonomischen Gleichgewichtsmodell abgeleitet, sondern entstand durch Ableitungen bei der Analyse spezieller betriebs- und volkswirtschaftlicher Fragestellungen. Als Begründer sind Macaulay, Hicks, Samuelson und Redington[5] zu nennen, die die Duration[6] unabhängig voneinander bei der Analyse verschiedener Probleme ableiteten.[7] Macaulay leitete die Duration als eine Maßzahl ab, die in Zeiteinheiten dimensioniert die "longness" einer Anleihe ausdrückt. Wie bereits gezeigt, ist die Restlaufzeit dafür nur eine unvollständige Kennzahl, da sie nur eine von mehreren endogenen Determinanten

---

1) Sharpe (1964); Lintner (1965); Mossin (1966). Siehe auch Sharpe (1981), S. 141-172.

2) Ross (1976); Roll und Ross (1980). Zur Anwendung der APT auf Zinsrisiken bei Banken siehe Roll (1987).

3) Black und Scholes (1972) und (1973); siehe hierzu auch Bookstaber (1982); Rubinstein (1985).

4) Siehe hierzu Bierwag (1987a), S. 287-312, und die dort angegebene Literatur.

5) Macaulay (1938); Hicks (1939); Samuelson (1945); Redington (1952).

6) Der Begriff "Duration" wurde von Macaulay geprägt. Hicks verwendet die Bezeichnung "average maturity", Samuelson "average time period" und Redington "mean term". In das deutsche Schrifttum wurde die Duration von Lohmann (1979) und von H. Schmidt (1979) als "durchschnittliche Bindungsdauer" und von Rudolph (1979) als "durchschnittliche Selbstliquidationsperiode" eingeführt. In dieser Arbeit wird der ursprüngliche und in der angelsächsischen Literatur übliche Terminus Duration beibehalten.

7) Durand (1957) ist der erste, der auf diese Arbeiten gleichzeitig verweist. Hawawini (1982c), S. 4, weist darauf hin, daß die Grundlagen des Duration-Konzeptes schon 1895 von Lidstone gelegt worden sind.

ist. Hicks suchte im Gegensatz zu Macaulay nach einer Maßzahl für die Zinselastizität von Finanztiteln, d.h. für die relative Änderung des Barwertes bei einer relativen Änderung des Diskontierungssatzes. Obwohl Elastizitäten grundsätzlich dimensionslose Zahlen sind, erkannte Hicks, daß man dieser Kennzahl die Dimension Zeit zuordnen kann.[1]

Samuelson leitete die Duration in seiner Analyse über die Effekte von Marktzinsänderungen auf die einzelne Bank und das Bankensystem ab. Sein entscheidender Beitrag liegt darin, daß er Aktiva und Passiva gleichzeitig betrachtet und die Auswirkungen auf den Barwert der Gesamtposition, d.h. das Eigenkapital, analysiert. Redington wählt einen ähnlichen, aber rigoroseren Weg. Er stellt die Frage: In welcher Weise müssen Aktiva und Passiva in einem Versicherungsunternehmen strukturiert sein, damit der mögliche Verlust bei einer Marktzinsänderung minimiert wird? Ist das Zinsrisiko eliminiert, spricht er von Immunisierung.

Wie dieser kurze Überblick zeigt, läßt sich die Duration vielfältig verwenden. Hier soll die Duration dazu dienen, das Kursrisiko von einzelnen Anleihen abzuschätzen und den Endwert eines Bondportefeuilles gegen Zinsänderungen zu immunisieren. In Kapitel C wird gezeigt, wie man mit der Duration die optimale Hedge Ratio für Sicherungsgeschäfte mit Financial Futures errechnet. Auf die Arbeiten von Samuelson und Redington wird im dritten und vierten Teil eingegangen und ein Ansatz entwickelt, mit dem sich Zinsrisiken in Kreditinstituten ermitteln, beurteilen und steuern lassen. Weitere in dieser Arbeit nicht behandelte Anwendungsgebiete liegen in der

---

1) Hicks (1939), S. 186: "Now when we look at this form of elasticity we see that it may be very properly described as the average period of this stream". Fisher (1966), S. 113-114, der offensichtlich Hicks' Arbeit nicht kannte, weist ebenfalls darauf hin, daß Macaulay's Duration die Eigenschaften einer Elastizität hat.

Investitionsrechnung[1] und der Aktienkursanalyse.[2] Nachfolgend ist jedoch zunächst die Duration zu definieren.

2. Definition der Duration

Wenn der Barwert P_0 einer Zahlungsreihe durch

$$(2.3) \qquad P_0 = \Sigma\, C_t\, (1+r)^{-t} \;.$$

beschrieben wird, dann ist die Duration D dieses Zahlungsstroms folgendermaßen definiert:

$$(2.4) \qquad D = \frac{\Sigma\, t\, C_t\, (1+r)^{-t}}{\Sigma\, C_t\, (1+r)^{-t}} \;,$$

wobei C_t die Einzahlungen, r der Abzinsungssatz und t der Zeitraum bis zu den einzelnen Zahlungen sind. Durch Einsetzen von (2.3) in (2.4) und Umformung erhält man:

$$(2.5) \qquad D = \Sigma\, t\, \frac{C_t\, (1+r)^{-t}}{P_0} \;.$$

Die Zahl D ist ein gewichteter Durchschnitt der Zahlungszeitpunkte, und zwar werden die Zeiträume bis zu den einzelnen Zahlungen mit

---

1) Grove (1974); Haugen und Wichern (1974); Blocher und Stickney (1979).

2) Fewings (1979); Reilly und Sidhu (1980), S. 69 f.; Williams und Pfeifer (1982); Bierwag, Kaufman und Toevs (1983a), S. 31 f.; Gould und Sorensen (1986). Zur Integration von Duration und CAPM siehe auch Boquist, Racette und Schlarbaum (1975); Livingston (1978); Lanstein und Sharpe (1978); Kaufman (1980). Auf die überproportionalen Kursveränderungen von "growth stocks", die eine große Duration aufweisen und Zero-Coupon-Bonds ähneln, hatten schon Durand (1957) und Malkiel (1963) hingewiesen.

dem Anteil des Barwertes der einzelnen Zahlung an dem Barwert aller Einzahlungen gewichtet. Aus Gleichung (2.5) ist ersichtlich, daß die Duration für kuponlose Finanztitel gleich der Restlaufzeit ist. Für alle anderen verzinslichen Titel ist die Duration dagegen geringer. Nach der Definition gilt es, die möglichen Anwendungsgebiete aufzuzeigen und die Duration für diese konkreten Verwendungen herzuleiten.

II. Die Duration als Maß für die Kursvolatilität von Anleihen

Bei der Behandlung der endogenen Determinanten wurden einige Regeln angeführt, mit denen man die Volatilität von Bondpreisen abschätzen kann. Eindeutige Aussagen lassen sich mit diesen Regeln grundsätzlich dann treffen, wenn sich die Finanztitel nur bezüglich einer Determinante unterscheiden.[1] Mit der Duration lassen sich diese Regeln über die Zinsempfindlichkeit von Bondpreisen in einer einzigen Zahl zusammenfassen. Dadurch können alle Effekte und Interdependenzen gleichzeitig berücksichtigt werden. Fisher[2] sowie Hopewell und Kaufman[3] zeigen, daß man über die Ableitung des Bondpreises nach der Rendite zu der Aussage gelangt: "For a given basis point change in market yield, percentage changes in bond prices vary proportionally with duration and are greater, the greater the duration of the bond."[4]

---

1) Hopewell und Kaufman (1973), S. 749, waren die ersten, die diesen Zusammenhang darstellten. Macaulay (1938), S. 50 f. und 61 f., sowie Homer und Leibowitz (1972), S. 50-53, hatten auf die einzelnen Effekte hingewiesen, sie aber nicht zusammengefaßt. Siehe zur Volatilität auch Fisher (1966); Yawitz (1977); McEnally (1977); Reilly und Sidhu (1980).

2) Fisher (1966).

3) Hopewell und Kaufman (1973); siehe auch Yawitz (1977).

4) Hopewell und Kaufman (1973), S. 749.

Als Ausgangspunkt für diese Ableitung dient die Barwertformel:

(2.6) $$P_0 = \Sigma\ C_t\ (1+r)^{-t}\ .$$

Bildet man die erste Ableitung der Funktion $P_0(r)$, ergibt sich:

(2.7) $$dP_0/dr = \Sigma\ -t\ C_t\ (1+r)^{-t-1}\ .$$

Nach Umformung erhält man:

(2.8) $$dP_0 = -(1+r)^{-1}\ [\ \Sigma\ t\ C_t\ (1+r)^{-t}\ ]\ dr.$$

Teilt man beide Seiten der Gleichung durch P_0, so folgt daraus:

(2.9) $$dP_0/P_0 = -(1+r)^{-t}\ [\ \Sigma\ t\ C_t\ (1+r)^{-t}\ /\ P_0\ ]\ dr.$$

Der Ausdruck in der eckigen Klammer ist die oben definierte Duration D des Zahlungsstroms. Ersetzt man diesen Klammerausdruck durch D, dann gilt:

(2.10) $$dP_0/P_0 = -(1+r)^{-1}\ D\ dr.$$

Löst man die Gleichung (2.10) nach dP_0 auf, so erhält man die Kursänderung eines Finanztitels in Abhängigkeit von der Duration D, dem Kurs in der Ausgangslage P_0 und der Marktzinsänderung dr:

(2.11) $$dP_0 = -(1+r)^{-1}\ D\ P_0\ dr.$$

Dieser Zusammenhang gilt strenggenommen nur für infinitesimal kleine Zinsänderungen. Für größere Zinsänderungen gilt der Zusammenhang nur approximativ. In diesen Fällen wird in den Formeln das d durch ein Δ ersetzt, um auf die Approximation hinzuweisen. Man kann dann schreiben:

(2.12) $$\Delta P_0 \approx -(1+r)^{-1}\ D\ P_0\ \Delta r.$$

In allen Beispielrechnungen handelt es sich um Schätzungen für die finanzmathematisch genaue Wertänderung. Ein Beispiel soll die Anwendung der Gleichung (2.12) verdeutlichen. Es sei eine Anleihe mit einem 10%igen Kupon und 6 Jahren Restlaufzeit gegeben. Der anfängliche Abzinsungssatz ist 8% und steigt um 0.5 Prozentpunkte an. Die Duration dieses Titels errechnet sich als 4,8473 Jahre. Der Kurs dieses Titels ist in der Ausgangslage 109,25 GE und fällt auf 106,83 GE nach dem Zinsanstieg. Der Kursrückgang beträgt 2,42 GE. Mit der Duration errechnet sich ein Kursrückgang von 2,45 GE.

$$\Delta P_0 \approx -\ (1{,}08)^{-1} \cdot 4{,}8473 \cdot 109{,}25 \cdot 0{,}005 \ = -2{,}45.$$

In diesem Beispiel erhält man mit der Duration eine gute Approximation für die finanzmathematisch genau ermittelte Kursänderung. Wegen des nicht linearen Barwertverlaufs gilt allgemein, daß man bei einem Kursrückgang die Änderung mit der Duration überschätzt und sie bei einem Kursanstieg unterschätzt.

Die Duration läßt sich auch als Elastizität interpretieren. Die Elastizität einer Größe ist definiert als ihre relative Änderung im Verhältnis zu einer relativen Änderung einer Einflußgröße. Geht man von Gleichung (2.10) aus, ergibt sich nach Umformung:

(2.13) $$\frac{dP_0/P_0}{dr/1+r} = -D\ .$$

Das ist die Elastizität des Barwertes P_0 bezogen auf den Zinsfaktor (1+r). Häufig wird jedoch nach dem Einfluß des Zinssatzes gefragt. Erweitert man Gleichung (2.13) mit r und teilt gleichzeitig durch den Zinsfaktor (1+r), dann folgt daraus:

$$(2.14) \qquad \frac{dP_0/P_0}{dr/r} = -D \frac{r}{1+r} .$$

Damit läßt sich auch die Elastizität des Barwertes einer Zahlungsreihe in bezug auf den Zinssatz mit der Duration ausdrücken.

Die Duration ist demnach ein mögliches Maß für die Volatilität eines Finanztitels. Je länger die Duration, desto größer ist auch c. p. die Volatilität des Finanztitels. Aufgrund des nicht linearen Verlaufs der Barwertfunktion gilt der in Gleichung (2.11) beschriebene Zusammenhang wie bereits erwähnt nur für infinitesimale Änderungen des Abzinsungsfaktors bzw. des Zinssatzes. Die Duration läßt sich auch als ein Indikator für das Kursrisiko einer Anleihe bei einer gegebenen Marktzinsänderung interpretieren, wenn man weiterhin davon ausgeht, daß sich alle Zinssätze gleichermaßen verändern. Es gilt: je größer die Duration, desto größer ist die relative Veränderung des Wertes bei einer gegebenen Marktzinsänderung.

Wenn wir also die Faktoren betrachten, die die Duration bestimmen, dann analysieren wir auch die Faktoren, die die Volatilität von Bondpreisen determinieren. Die Duration einer Anleihe ist um so größer, je niedriger der Kupon, je höher der Abzinsungsfaktor in der Ausgangslage und je länger die Restlaufzeit sind.[1] Der primäre Be-

---

1) Vgl. hierzu Uhlir und Steiner (1986), S. 85-93. Bezüglich der Restlaufzeit gibt es jedoch Ausnahmen. Siehe hierzu H. Schmidt (1979). Für exakte Aussagen über den Zusammenhang zwischen Laufzeit und Duration muß zwischen Anleihen unterschieden werden, die unter pari oder über pari notieren. Für Premium-Bonds gilt: Je länger die Laufzeit, desto länger ist die Duration. Die Duration ist eine monoton ansteigende Funktion der Laufzeit und nähert sich asymptotisch dem Grenzwert $D(^{\infty}) = (1/i)$ an, wenn n gegen unendlich geht. Siehe hierzu Hsia und Weston (1981), S. 360; Fisher und Weil (1971), S. 418; Weil (1973), S. 590. Für Discount-Bonds gilt dieser Zusammenhang jedoch nicht immer, sondern nur bis zu einer bestimmten Laufzeit. Daher ist es möglich, daß bei sonst identischen Ausstattungsmerkmalen und Marktbedingungen der Bond volatiler ist, der die kürzere Laufzeit hat. Demnach steigt bei Discount-Bonds die Duration zuerst an, schneidet den Grenzwert, erreicht das Maximum und nähert sich dann mit

stimmungsfaktor für die Duration und damit für Kursveränderungen ist bei kurz- und mittelfristigen Titeln die Laufzeit. Kupon und Zinsniveau haben einen untergeordneten Einfluß. Bei Titeln mit längeren Laufzeiten nimmt die relative Bedeutung der Laufzeit ab, während das Marktzinsniveau für die Berechnung der Duration an Bedeutung gewinnt.[1] Als erstes Anwendungsgebiet des Duration-Konzeptes wurde hier die Duration als Maßeinheit für die Volatilität von Finanztiteln vorgestellt. Das zweite Anwendungsgebiet ist die Immunisierung von Bondportefeuilles.

III. Die Immunisierung von Portefeuilles mit der Duration

1. Vorbemerkungen

Die außergewöhnlichen Zinsschwankungen seit Mitte der siebziger Jahre erhöhten für den Anleger am Rentenmarkt das Zinsrisiko, d.h. die Möglichkeit, daß die am Ende der Anlageperiode realisierte Rendite von der im Anlagezeitpunkt herrschenden Rendite ab-

---

Fortsetzung der Fußnote von Seite 66.
zunehmender Laufzeit dem Grenzwert zuerst überproportional und dann nach dem Wendepunkt unterproportional. Siehe hierzu Hsia und Weston (1981); Fuller und Settle (1984), S. 69; Hawawini (1982), S. 6 f.; Hopewell und Kaufman (1973), S. 750. Der Schnittpunkt der Duration-Funktion mit der Asymptote ist durch die Gleichung $S(^*) = 1/(i-c)$ für die kontinuierliche Verzinsung determiniert, wobei c der Kupon und i der Marktzinssatz sind. Eine erste Approximation für das Maximum der Funktion ist $N(^*) = (1+i) / (i-c)$. Die Anomalie des grundsätzlichen Zusammenhangs von Laufzeit und Duration wird erst an diesem Punkt wirksam. Bei i = 10 % und c = 5 % ist $N(^*) = 32$ Jahre. Es zeigt sich, daß diese Differenzierung theoretisch interessant, aber praktisch wenig relevant ist, da es am Markt nur wenige Anleihen gibt, bei denen dieses Problem auftritt.

1) Siehe hierzu Gushee (1981), S. 46; Farrell (1982); Fuller und Settle (1984), S. 71.

weicht.[1] Das Ziel eines Anlegers kann es daher sein, sich im Zeitpunkt der Anlage die für eine bestimmte Anlageperiode herrschende Verzinsung zu sichern, sie zu immunisieren. "If the realized return on an investment in bonds is sure to be at least as large as the appropriately computed yield to the horizon, then the investment is immunized."[2] Um dieses Ziel zu erreichen, muß der Anleger bestimmte Anlageregeln konsequent befolgen.

Das Endvermögen eines Portefeuilles ist gegen Zinsveränderungen gesichert, wenn die korrekt ermittelte Duration des Portefeuilles der verbleibenden Anlageperiode entspricht. Bei kuponlosen Finanztiteln ist die Immunisierung unproblematisch. Die Immunisierung gegen Zinsrisiken bei Kupontiteln ist dagegen ein komplexeres Problem. Wenn man es über die Duration angeht und einen Kupontitel oder ein Portefeuille aus Kupontiteln mit einer Duration entsprechend der Anlageperiode kauft, dann erweist sich die Duration als die Zeitspanne, innerhalb der sich bei einer einzigen und unmittelbaren Marktzinsänderung das Kursrisiko und das Wiederanlagerisiko wenigstens kompensieren werden. Anders ausgedrückt: wenn man Kupontitel mit einer korrekt ermittelten Duration von 5 Jahren kauft und

---

1) Diese Differenz ist auf eine Kursänderung für den Bond und auf veränderte Wiederanlagezinssätze während der Planungsperiode zurückzuführen. Entspricht die Laufzeit des Titels der Anlageperiode des Anlegers, so ist das Kursrisiko eliminiert und es besteht nur das Wiederanlagerisiko. Dieses Risiko wird oft unterschätzt. Gerade die Unsicherheit über die zukünftigen Anlagesätze der Kupons kann bei längeren Laufzeiten zu erheblichen Renditeschwankungen führen. So steigt der Anteil der Zinseszinsen am Endvermögen mit Zunahme der Laufzeit überproportional an. Bei einem 9%igen Titel und Wiederanlage zum Nominalzinssatz beträgt der Anteil der Zinseszinsen am Endvermögen nach zehn Jahren 36,2%, nach 20 Jahren 62,6 % und nach 30 Jahren sogar 79,3 %. Siehe hierzu Farrell (1983), S. 274 f. In jedem Zeitpunkt der Anlageperiode besteht eine Renditeuntergrenze, die auch bei einem Wiederanlagezinssatz von 0% erreicht wird, wenn der Titel bis Fälligkeit gehalten wird. Siehe hierzu Yawitz und Marshall (1982). Bei einem 10%igen Titel mit zehn Jahren Laufzeit beträgt sie ca. 7%.

2) Fisher und Weil (1971), S. 415.

nach 5 Jahren wieder verkauft, dann fährt man bei dieser Marktzinsänderung nie schlechter als bei einer Anlage in einem Zero-Bond, der nach 5 Jahren fällig wird. Bei mehrfachen und verzögerten Zinsänderungen sind Transaktionen zur Anpassung der Duration erforderlich.

Die Immunisierung mit der Duration ist eine Sicherungsstrategie in Märkten, in denen kuponlose Anleihen mit entsprechenden Laufzeiten nicht vorhanden sind[1] oder durch Leerverkäufe oder Financial Futures nicht konstruiert werden können. Bei der Immunisierung wird das Portefeuille, bestehend aus Titeln mit Kupon, approximativ in ein Portefeuille mit den Charakteristika von kuponlosen Titeln transformiert.

2. Ableitung der Immunisierungsbedingung

Auf die immunisierende Eigenschaft der Duration wurde bereits hingewiesen. Hier geht es nun darum, die Duration aus der Immunisierungsbedingung herzuleiten. Die anschließenden Beispielrechnungen sollen dann die aufgezeigten Zusammenhänge verdeutlichen.

Der Wert einer Anleihe P_0 im Ausgangszeitpunkt sei:

(2.15) $$P_0 = \Sigma C_t (1+r)^{-t} .$$

Treten keine Marktzinsänderungen ein, so wächst der Wert der Anlage bis zur Fälligkeit der Anleihe auf den Endwert P_n an.

(2.16) $$P_n = P_0 (1+r)^n .$$

---

1) "Let's face it: Immunization strategies draw their raison d'etre from the existence of incomplete markets. With the developments of zero-coupon bonds and other vehicles designed to provide people with single payments many years into the future, it may be that basis risk immunization strategies may become passe." West (1983), S. 302.

Verändern sich unmittelbar nach der Anlageentscheidung alle Zinssätze um den einheitlichen Faktor Φ, dann verändert sich der Wert der Anlage in t_0 auf P_0^+ oder P_0^-. Er fällt auf P_0^+, wenn die Zinssätze steigen. Der Wert steigt auf P_0^-, wenn die Zinssätze fallen.

(2.17) $$P_0^+ = \Sigma\ C_t\ (1+r+\Phi)^{-t}\ ;$$

(2.18) $$P_0^- = \Sigma\ C_t\ (1+r-\Phi)^{-t}\ .$$

Aus den Gleichungen (2.15), (2.17) und (2.18) folgt die Beziehung:

(2.19) $$P_0^+ < P_0 < P_0^-\ .$$

Betrachten wir den Wert der Anlage bei Fälligkeit für den Fall der unmittelbaren Marktzinsänderung, so gelten für einen Zinsanstieg bzw. für einen Zinsrückgang:

(2.20) $$P_n^+ = P_0^+\ (1+r+\Phi)^n = [\ \Sigma\ C_t\ (1+r+\Phi)^{-t}\ ]\ (1+r+\Phi)^n\ ;$$

(2.21) $$P_n^- = P_0^-\ (1+r-\Phi)^n = [\ \Sigma\ C_t\ (1+r-\Phi)^{-t}\ ]\ (1+r-\Phi)^n\ .$$

Aus den Gleichungen (2.20) und (2.21) sowie (2.15) und (2.16) läßt sich ableiten, daß bei Fälligkeit der Titel gilt:

(2.22) $$P_n^+ > P_n > P_n^-\ .$$

Aus den Relationen (2.19) und (2.22) erkennt man, daß sich die Wertverläufe P_t und P_t^+ sowie P_t und P_t^-, mit $t \in [0,n]$, schneiden müssen. Zu einem bestimmten Zeitpunkt weisen also zwei Verläufe den gleichen Wert auf. Es gilt, diesen Zeitpunkt zu bestimmen. Dabei ist es nicht bedeutsam, ob wir einen Zinsanstieg oder einen Zinsrückgang betrachten. Die Marktzinsänderung sollte nur im ökonomisch relevanten Bereich liegen.

Für die Analyse betrachten wir die Wertverlaufslinie von P_d und P_d^* von d_0 nach d_n, wobei das d jetzt der Zeitindex ist. Der Wert dieser Anlage läßt sich für jeden beliebigen Zeitpunkt der Anlageperiode für den Fall ohne (2.23) und mit (2.24) Marktzinsänderung errechnen:

(2.23) $$P_d = P_0 \ (1+r)^d \ ;$$

(2.24) $$P_d^* = P_0^* \ (1+r+\Phi)^d \ .$$

Gesucht ist nun der Zeitpunkt d', zu dem P_d gleich P_d^* ist.

(2.25) $$P_0 \ (1+r)^{d'} = P_0^* \ (1+r+\Phi)^{d'} \ .$$

Nach Umformung erhält man

(2.26) $$\left[\frac{1+r}{1+r+\Phi}\right]^{d'} = \frac{P_0^*}{P_0}$$

und nach Logarithmieren

(2.27) $$d' \ \ln \left[\frac{1+r}{1+r+\Phi}\right] = \ln \left[\frac{P_0^*}{P_0}\right].$$

Daraus resultiert der Zeitpunkt d' mit

(2.28) $$d' = \frac{\ln \left[P_0^* \ / \ P_0 \right]}{\ln \left[(1+r) \ / \ (1+r+\Phi) \right]} \ .$$

Zu diesem Zeitpunkt d' ist der Wert der Anlage mit Zinsänderung genauso groß wie ohne Zinsänderung. Das bedeutet, daß der Wert der Anlage für diesen bestimmten Zeitpunkt d' bei einer Veränderung aller Zinssätze um Φ gegen diese Zinsänderung immunisiert ist. Betrachtet man die Gleichung (2.28), so fällt unmittelbar auf, daß d' von Φ abhängt. Für jede Zinsänderung existiert ein bestimmter Zeitpunkt d', zu dem die Immunisierung gewährleistet ist. Die folgenden Beispielrechnungen sollen das verdeutlichen.

Wir betrachten eine Anleihe mit einem 7%igen Kupon und 5 Jahren Restlaufzeit. Der Abzinsungssatz ist mit 7% für alle Laufzeiten identisch. In Beispiel 1 steigen die Zinssätze unmittelbar nach der Anlageentscheidung um einen Prozentpunkt. Im Beispiel 2 fallen sie um einen Prozentpunkt. Die Wertverläufe und Zahlenwerte für die Zinsszenarien sind in den Abbildungen 2.1, 2.2 und 2.3 wiedergegeben.

Bei einem Zinsanstieg von 7% auf 8% sinkt der Kurs in d_0 von 100,000 GE auf 96,007 GE. Aufgrund der höheren Wiederanlagesätze ist das realisierte Endvermögen mit 141,066 GE größer als das Endvermögen ohne Marktzinsänderung in Höhe von 140,225 GE. Bei einem Zinsrückgang von 7% auf 6% steigt der Kurs in d_0 von 100,000 GE auf 104,212 GE. Die jetzt schlechteren Wiederanlagemöglichkeiten führen allerdings dazu, daß das realisierte Endvermögen von 139,460 GE geringer ist als das Endvermögen ohne Zinsänderung.

Im Schnittpunkt der Wertverläufe kompensieren sich im ersten Beispiel der zinsänderungsbedingte Kursrückgang und die höheren Wiederanlageerfolge. Dieser Punkt d^+ läßt sich mit der bereits abgeleiteten Gleichung (2.28) berechnen.

$$d^+ = \frac{\ln [\ 96{,}007\ /\ 100{,}00\ ]}{\ln [\ 1{,}07\ /\ 1{,}08\ ]} = 4{,}3802$$

Wie man aus Abbildung 2.3 entnehmen kann, weist die Anlage bei einer Anlagedauer von 4,3802 Jahren einen Wert von 134,4952 GE auf, und zwar sowohl bei einem Marktzinssatz von 7% als auch von 8%.

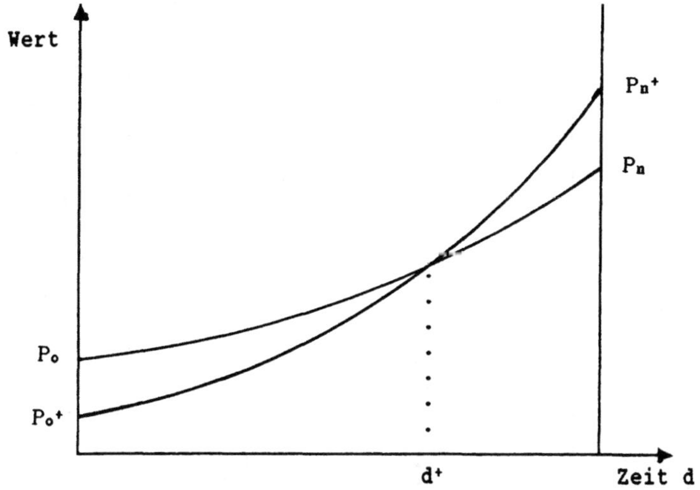

Abb. 2.1: Wertverläufe einer Anlage bei unveränderten und bei höheren Zinssätzen

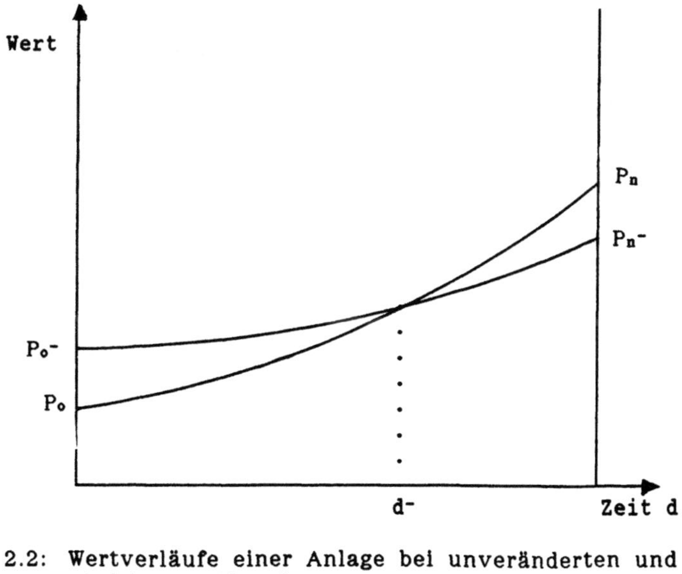

Abb. 2.2: Wertverläufe einer Anlage bei unveränderten und bei niedrigeren Zinssätzen

Anlageperiode in Jahren d	MARKTZINSSÄTZE		
	6%	7%	8%
0	104,212	100,000	96,007
1	110,465	107,000	103,688
2	117,093	114,490	111,983
3	124,119	122,504	120,942
4	131,566	131,080	130,617
4,20	133,108	132,865	132,643
4,30	133,886	133,767	133,668
4,35	134,276	134,221	134,183
4,36	134,355	134,312	134,186
4,37	134,433	134,402	134,390
d^+ 4,3802	134,5129	134,4952	134,4952
D 4,3856	134,5553	134,5446	134,5512
d^- 4,3942	134,6227	134,6227	134,6402
4,40	134,668	134,676	134,700
4,50	135,455	135,590	135,741
4,60	136,248	136,510	136,790
4,80	137,844	138,370	138,912
5,00	139,460	140,255	141,066

Abb. 2.3: Wertverläufe einer Anlage in einem Finanztitel mit 7%igem Kupon und 5 Jahren Restlaufzeit bei verschiedenen Marktzinssätzen

Im zweiten Beispiel wird ein Zinsrückgang unterstellt. Dabei kompensieren sich für den hier angenommenen Finanztitel der zinsänderungsbedingte Kursanstieg und die Nachteile aus den geringeren Wiederanlagezinssätzen genau im Zeitraum d^-.

$$d^- = \frac{\ln [\ 104{,}212\ /\ 100{,}00\ ]}{\ln [\ 1{,}07\ /\ 1.08\ ]} = 4{,}3942$$

Bei einem Anlagezeitraum von 4,3942 Jahren ist der Wert der Anlage für den Fall immunisiert, daß der Marktzinssatz von 7% auf 6% fällt. Wie aus Abbildung 2.3 zu ersehen ist, beträgt der Wert der Anlage zu diesem Zeitpunkt für beide Umweltzustände 134,6227 GE.

Betrachten wir die Ergebnisse aus den Beispielen, so fällt auf, daß die Wertverläufe sich zu unterschiedlichen Zeitpunkten schneiden. Darauf wurde bereits hingewiesen. Für jedes Φ existiert ein bestimmtes d'. Allerdings liegen die Zeitpunkte bei realistischen Zinsänderungen nahe beieinander.[1] Man erkennt auch, daß bei einem Zinsanstieg d' kleiner ist als bei einem Zinsrückgang.

Die bisherigen Betrachtungen bezogen sich auf eine Zinsänderung von Φ. In den Beispielen war $\Phi = 1\%$. Die Zinsänderung hätte auch kleiner gewählt werden können. Wird die Zinsänderung Φ immer kleiner, so führt das zu einer Grenzbetrachtung. Dafür ist die oben abgeleitete Gleichung (2.28) der Ausgangspunkt:

$$(2.29) \qquad d' = \frac{\ln [\ P_0^*\ /\ P_0\ ]}{\ln [(1+r)\ /\ (1+r+\Phi)]}\ .$$

---

1) Vgl. Uhlir und Steiner (1986), S. 72.

Dafür läßt sich auch schreiben:

$$(2.30)\qquad d' = \frac{\ln\left[\,\Sigma\, C_t(1+r+\Phi)^{-t}\,\right] - \ln\left[\,\Sigma\, C_t(1+r)^{-t}\,\right]}{\ln\,[1+r] - \ln\,[1+r+\Phi]}\,.$$

Führt man jetzt eine Grenzbetrachtung durch, so erhält man für den Zeitpunkt D:

$$(2.31)\qquad D = \lim_{\Phi\to 0} \frac{\ln\left[\,\Sigma\, C_t(1+r+\Phi)^{-t}\,\right] - \ln\left[\,\Sigma\, C_t(1+r)^{-t}\,\right]}{\ln\,[1+r] - \ln\,[1+r+\Phi]}\,.$$

Zur Bestimmung dieses Grenzwertes sind die Regeln von L'Hospital anwendbar, so daß sich der gesamte Grenzwert als Quotient der Grenzwerte des Zählers und des Nenners bestimmt:

$$(2.32)\qquad D = \frac{\lim\limits_{\Phi\to 0} \dfrac{-\,\Sigma\, t\, C_t\,(1+r+\Phi)^{-t}}{(1+r)\,\Sigma\, C_t\,(1+r+\Phi)^{-t}}}{\lim\limits_{\Phi\to 0} \dfrac{-1}{(1+r+\Phi)}}\,.$$

Daraus folgt:

$$(2.33)\qquad D = \frac{\Sigma\, t\, C_t\,(1+r)^{-t}}{\Sigma\, C_t\,(1+r)^{-t}} = \Sigma\, t\,\frac{C_t\,(1+r)^{-t}}{P_0}\,.$$

Dieser Grenzwert ist die bereits bekannte Duration aus (2.4) und (2.5). Für den hier betrachteten Finanztitel errechnet sich eine Duration von 4,3856 Jahren. Aus Abbildung 2.3 ist zu entnehmen, daß zu diesem Zeitpunkt der Anlagebetrag auf 134,5446 GE angewachsen ist, wenn der Marktzinssatz unverändert 7% beträgt. Ist dagegen der Marktzinssatz auf 6% gefallen oder auf 8% angestiegen, so wäre der entsprechende Werte zu diesem Zeitpunkt 134,5553 GE bzw. 134,5512 GE. Die Werte bei Marktzinsänderung sind also größer als der Wert, der ohne Marktzinsänderung erzielbar ist. Hierin zeigt sich, daß unter den gemachten Annahmen zu dem Zeitpunkt D mindestens der Wert erreicht wird, der sich bei unveränderten Zinssätzen errechnet. Anders ausgedrückt: hat der Anleger eine geplante Anlagedauer von 4,3856 Jahren und erwirbt er den hier angenommenen Finanztitel, dann erzielt er einen Endwert von mindestens 134,5446 GE. Tritt nach dem Kauf eine unmittelbare Marktzinsänderung ein, so liegt der Endwert geringfügig höher.

Die bisherigen Ausführungen zur Immunisierung haben verdeutlicht, daß sich bei der Anlage in verzinslichen Finanztiteln verschiedene Endwerte bei Fälligkeit ergeben können. Sie lassen sich mit den unterschiedlichen Wiederanlagesätzen begründen. Wegen des Zinseszinseffektes liegt bei einem Zinsanstieg das realisierte Endvermögen über dem Endvermögen, das ohne Zinsänderung erzielbar wäre, bei einem Zinsrückgang dagegen darunter. Dieses Ergebnis überrascht nicht, da das Kursrisiko ausgeschlossen ist, wenn die Anleihe bis zur Fälligkeit gehalten wird. Die möglichen Abweichungen vom geplanten Endvermögen hängen ausschließlich von den veränderten Wiederanlagemöglichkeiten ab.

Es wurde ferner gezeigt, daß es im Rahmen der hier gemachten Annahmen während der Laufzeit einer Anleihe oder eines Portefeuilles[1] einen Zeitpunkt gibt, zu dem, unabhängig vom Umfang und der Richtung einer unmittelbaren Marktzinsänderung, die Finanzinvestition einen bestimmten Kapitalbetrag nicht unterschreitet. Der Zeitraum bis zu diesem Zeitpunkt ist die Duration des Portefeuilles. Das Kursrisiko und das Wiederanlagerisiko gleichen sich mindestens bei einer Anlage über diesen Zeitraum aus. Verfolgt der Anleger eine Strategie, bei der die Duration des Portefeuilles stets seinem verbleibenden Anlagezeitraum entspricht, so wird er mindestens das für das

1) Die bisherigen Beispiele bezogen sich der Einfachheit halber auf einen Finanztitel. Die gleichen Zusammenhänge gelten auch für Portefeuilles, die aus verschiedenen Anleihen bestehen.

Periodenende geplante Endvermögen erzielen.[1] Die realisierte Rendite entspricht mindestens der im Ausgangszeitpunkt versprochenen Rendite.[2] Das Portefeuille ist gegen Marktzinsänderungen immunisiert. Es besteht kein Zinsrisiko.[3] Entspricht die Duration nicht dem Planungshorizont, so gleichen sich Kurs- und Wiederanlageeffekte nicht aus und die realisierte weicht von der versprochenen Rendite ab.[4] Der Anleger verfolgt dann aktive Strategien und übernimmt Zinsrisiken. Bevor hier die aktiven Strategien untersucht werden, sind einige der bisher gemachten Annahmen zu hinterfragen und die Probleme, die sich bei Anwendung der Duration unter realitätsnäheren Bedingungen ergeben können, zu erörtern.

3. Berücksichtigung realitätsnäherer Bedingungen

Bei der Immunisierung von Bondportefeuilles mit der Duration, wie sie Gleichung (2.4) definiert (Macaulay-Duration), sind sämtliche Zahlungen mit einem einheitlichen Zinssatz zu bewerten. Mit diesem Zinssatz erfolgte die Wiederanlage der Zahlungen während der Anlageperiode und die Ermittlung des Barwertes des Finanztitels am Periodenende. Diese Vorgehensweise impliziert, daß für unterschiedliche Fristigkeiten die Zinssätze identisch sind. Gerade das ist in der Realität nur selten der Fall. Fisher und Weil[5] waren die ersten, die

---

1) Erfolgen Marktzinsänderungen, so wird der Endwert sogar etwas höher liegen. Siehe hierzu Bierwag (1977); Rudolph (1981c); Wondrak (1986a); Rudolph und Wondrak (1986).

2) Das gilt auch für mehrfache Marktzinsänderungen, wenn das Portefeuille fortlaufend immunisiert wird. Vgl. hierzu Bierwag, Kaufman und Toevs (1983c), S. 117-119.

3) Beispielrechnungen, die das Prinzip verdeutlichen, finden sich bei Gushee (1981); Feldstein, Christensen und Fabozzi (1982); Uhlir und Steiner (1986).

4) Zum Problem bei der Immunisierung von Floating Rate Notes siehe Chance (1983) und Morgan (1986), bei variabel verzinslichen Hypotheken Hess (1984). Für die Immunisierung mehrerer Auszahlungen siehe Bierwag, Kaufman und Toevs (1983d).

5) Fisher und Weil (1971).

eine Immunisierungsstrategie für nicht horizontale Zinsstrukturen entwickelten. Mittlerweile sind eine Vielzahl weiterer Duration-Modelle entstanden, die ganz bestimmte Annahmen über die Renditestruktur machen.[1] Dabei ist gezeigt worden, daß verschiedene Definitionen für die Duration eines Zahlungsstroms möglich sind.[2] Die korrekte Definition der Duration für die Immunisierung hängt davon ab, wie sich die Renditestruktur von einer Periode zur anderen verändert. Die Weise, in der sich die Renditestruktur verändert, wird allgemein als "stochastic process", als stochastischer Zinsänderungsprozeß[3], bezeichnet. Er läßt sich folgendermaßen beschreiben.

Wenn $r(0,t)$ und $r^*(0,t)$, für die Fälligkeiten $t=1,2,3...n$, die Renditestrukturkurven in der Ausgangslage bzw. nach der Zinsänderung sind, dann ist jeder Zinsänderungsprozeß dadurch spezifiziert, daß die Differenz $r^*(0,t)-r(0,t)$, $t=1,2,3...n$, als Funktion einer oder mehrerer Faktoren beschrieben wird. Diese Faktoren (Φ) sind Zufallsvariablen. Die Single-Factor-Duration-Modelle versuchen, die Zinsstrukturveränderungen als Funktion nur einer Variablen auszudrücken. Dazu ist anzunehmen, daß die Renditeveränderungen für alle Laufzeiten perfekt korreliert sind. Eine einfache Form, die Veränderungen zu beschreiben, sind additive (2.34) und multiplikative (2.35) Prozesse.

Diese Zinsänderungsprozesse sind folgendermaßen spezifiziert:

(2.34) $$r^*(0,t) = r(0,t) + \Phi \ ,$$

(2.35) $$r^*(0,t) = \Phi \ r(0,t) \ ,$$

---

1) Fisher und Weil (1971); Bierwag (1977) und (1978); Bierwag und Kaufman (1978); Ingersoll, Skelton und Weil (1978); Cox, Ingersoll und Ross (1979); Khang (1979); Bierwag, Kaufman und Toevs (1982) und (1983b). Siehe auch Maloney und Yawitz (1986).

2) Vgl. Bierwag (1987a), S. 101.

3) Siehe hierzu Wondrak (1986a), S. 76-83.

wobei Φ die Zufallsvariable in diesen Ein-Faktor-Modellen ist.[1] Die Modelle von Fisher-Weil[2] und Khang[3] gehören ebenfalls in diese Kategorie. Der Fisher-Weil-Prozeß folgt der Gleichung:

$$(2.36) \qquad 1+r^*(0,t) = \Phi\ (1+r(0,t)), \text{ mit } t=1,2,3...n.$$

Durch Umformung wird deutlich, daß dieser Prozeß aus einer additiven und einer multiplikativen Komponente besteht.

$$(2.37) \qquad r^*(0,t) = (\Phi-1) + \Phi\ r(0,t)\ .$$

Bei dem Khang-Prozeß ist die Volatilität der kurzfristigen Zinssätze größer als die der langfristigen. In den Multiple-Factor-Modellen werden die Renditeveränderungen durch mehrere Faktoren beschrieben.[4]

Wenn man das Duration-Konzept in der Portefeuilleplanung verwenden will, dann setzt das in aller Regel voraus, daß man den Zinsänderungsprozeß genau spezifizieren kann. Die Struktur des Portefeuilles und die erfolgreiche Immunisierung hängt nun davon ab, welchen Zinsänderungsprozeß man unterstellt und welcher die tatsächlichen Renditeveränderungen bestimmt. Es ist zu beachten, daß sich für ein Portefeuille unterschiedliche Durations ergeben, wenn man annimmt, daß sich die Prozesse unterscheiden.

---

1) Single-Factor-Duration-Modelle bilden nur einen Teil der möglichen stochastischen Prozesse ab. Für Multiple-Factor-Duration-Modelle siehe Ingersoll (1983); Gultekin und Rogalski (1984); Bierwag, Kaufman und Latta (1987).

2) Fisher und Weil (1971).

3) Khang (1979).

4) Siehe hierzu Bierwag, Kaufman und Latta (1987).

Die Bedeutung des Zinsänderungsprozesses für die Immunisierung des Endvermögens einer Kapitalanlage in Kupontiteln wird verständlich, wenn man die Auswirkungen von Zinsänderungen betrachtet. Eine Veränderung der Renditestruktur führt dazu, daß sich die Wiederanlagezinssätze und die Abzinsungszinssätze verändern. Das führt zu veränderten Erträgen aus der Wiederanlage und zu Kursveränderungen. Die Immunisierung ist nun gerade dadurch charakterisiert, daß sich beispielsweise bei einem Zinsanstieg die Vorteile aus verbesserten Wiederanlagemöglichkeiten und die Nachteile aus Kursrückgängen kompensieren. Kann man mögliche Veränderungen der Renditestruktur genau spezifizieren, so läßt sich das Endvermögen auch immunisieren. Verändert sich die Renditestruktur in einer anderen Weise, so ist der Endwert nicht immunisiert. Ist der Zinsänderungsprozeß nicht korrekt identifiziert oder ändert er sich während der Anlageperiode, so wird die bisher errechnete Duration von der zur Immunisierung erforderlichen Duration abweichen. Dieses Risiko wird als "stochastic process risk", als Zinsstrukturrisiko bezeichnet und kann dazu führen, daß die realisierte Rendite die Rendite unterschreitet, die ohne Marktzinsänderung erzielt worden wäre, obwohl das Portefeuille "immunisiert" worden ist.

Die Auswirkungen des Zinsstrukturrisikos lassen sich dadurch reduzieren, daß die Differenz zwischen den einzelnen Zahlungszeitpunkten t aus dem Titel und dem Planungshorizont, der bei der Immunisierung der Duration des Portefeuilles D_P entsprechen muß, minimiert wird.[1] Fong und Vasicek[2] leiten dafür ein Maß M^2 ab. Es ist ein Anhaltspunkt für das Risiko, das daraus resultiert, daß sich die Form der Zinsstruktur in einer anderen Weise verändert, als es für die

---

1) Aus diesen Überlegungen folgt, daß ein "barbell portfolio", bestehend aus sehr kurz- und sehr langfristigen Titeln, risikoreicher ist als ein "bullet portfolio", bestehend aus Titeln mit Fälligkeiten nahe dem Planungshorizont. Siehe hierzu Fong und Vasicek (1983b), S. 75; Feldstein, Christensen und Fabozzi (1983), S. 194 ; Bühler (1983). Empirische Ergebnisse unterstützen diese Aussage. Siehe Kaufman, Bierwag und Toevs (1983b), S. 286-290.

2) Fong und Vasicek (1983a), (1983b) und (1984).

Immunisierung angenommen wurde.[1] M^2 ist ein Indikator für die Abweichung des betrachteten Portefeuilles von einer perfekt immunisierten Finanzanlage, einem kuponlosen Finanztitel.

Praktische Probleme treten bei der Immunisierung aber nicht nur bei der Bestimmung des Zinsänderungsprozesses auf. Sie resultieren auch daraus, daß sich die Duration bei Kupontiteln im Zeitablauf nicht entsprechend der Restlaufzeit verringert.[2] Aus theoretischer Sicht ist die Duration des Portefeuilles stets an die verbleibende Anlageperiode anzupassen, wenn weitere Zinsänderungen erwartet werden. Die Immunisierung der Rendite eines Bondportefeuilles gegen Marktzinsänderungen erfordert demnach, daß die Duration des Portefeuilles stets gleich der verbleibenden Planperiode ist und daß die Streuung der Zahlungszeitpunkte um den Planungshorizont minimiert wird. Andernfalls ist das Endvermögen der Finanzinvestition nicht gegen Zinsrisiken immunisiert.

Wenn man das Konzept in der Anlagepraxis anwenden will, dann bietet sich eine kontinuierliche Anpassung aufgrund der zu berücksichtigenden Transaktionskosten nicht unbedingt an. Der Anleger

---

1) Während die Duration der mit den relativen Barwerten gewichtete Durchschnitt der Zahlungszeitpunkte t ist, errechnet sich M^2 als die mit dem relativen Barwert der einzelnen Zahlungen C_t gewichtete quadrierte Abweichung der Zahlungszeitpunkte von der Duration des Portefeuilles (Planungshorizont).

$$M^2 = \Sigma (t-D_p)^2 C_t(1+r)^{-t} / P_0 .$$

Ein größeres M^2 weist auf ein größeres Zinsstrukturrisiko hin.

2) Wie bereits erwähnt, ist der Zusammenhang zwischen Restlaufzeit und Duration nicht linear. Die Duration verringert sich unterproportional zur Restlaufzeit, so daß im Zeitablauf Titel mit längerer Laufzeit durch Titel mit kürzerer Laufzeit ersetzt werden müssen. Erfolgen Zahlungen aus dem Titel während der Laufzeit, z.B. Kuponzahlungen, so verändert sich die Duration ebenfalls. Eine Veränderung der Zinsstruktur führt zu anderen Abzinsungssätzen und damit zu anderen Gewichtungsfaktoren für die Zahlungen, so daß sich auch hier die Duration verändert.

muß dann Risiken und Kosten gegeneinander abwägen. Das gilt auch für das Zinsstrukturrisiko. Zwar läßt sich die Immunisierung in aller Regel dadurch verbessern, daß man mehrere Faktoren berücksichtigt, doch sollte man auch hier die erhöhten Informationskosten mit einbeziehen.[1]

Auch wenn das Portefeuille für den Planungshorizont immunisiert ist, so bedeutet das nicht, daß seine Wertentwicklung während der Anlagedauer so verläuft, wie sie ohne Zinsänderung verlaufen wäre. Bei Zinssteigerungen wird der Marktwert vorübergehend sinken. Die erfolgreiche Immunisierung hängt immer davon ab, daß man das Portefeuille bis zum Ende des geplanten Anlagezeitraumes hält. Auf das Risiko, daß der Marktwert des Portefeuilles während der Anlagedauer aufgrund von Marktzinsänderungen unter einen Mindestwert fällt und auf das Risiko, daß die Anlage vor Fälligkeit liquidiert werden muß, wird insbesondere bei der Solvenzsicherung von Kreditinstituten eingegangen.

4. Empirische Ergebnisse

Bierwag, Kaufman, Toevs[2] testen für die Periode 1925-1978 verschiedene Immunisierungsstrategien. Die Ergebnisse zeigen, daß die Duration-Strategien den Laufzeitstrategien überlegen sind. ".. the duration-matching strategies generated realized return consistently closer to the promised return than the maturity-matching strategy."[3] Außerdem weisen die Ergebnisse darauf hin, daß eine genaue Identifikation des Zinsänderungsprozesses nicht unbedingt erforderlich ist.

---

1) Vgl. hierzu Bierwag (1987b), S. 204.

2) Bierwag, Kaufman, und Toevs (1981) und (1983a), S. 28-30; siehe auch Bierwag (1987a), S. 287-312.

3) Bierwag, Kaufman und Toevs (1983a), S. 29.

Ingersoll[1] sowie Gultekin und Rogalski[2] kommen in ihren Untersuchungen dagegen zu anderen Schlußfolgerungen. Ingersoll, der die Fisher-Weil-Studie[3] für den gleichen Zeitraum mit einer anderen Datenbasis wiederholte, kommt zu dem Ergebnis, daß die Single-Factor-Duration-Strategien nicht besser sind als die Laufzeitstrategien. Dagegen weisen Multiple-Factor-Duration-Modelle bessere Resultate auf.[4] Mit ihnen scheint eine Immunisierung gegen verschiedene Zinsstrukturveränderungen möglich zu sein. Gultekin und Rogalski testen ebenfalls verschiedene Duration-Ansätze mit dem Ergebnis, daß die unterschiedlichen Duration-Strategien den einfacheren Laufzeitstrategien nicht überlegen sind.[5] Zentraler Punkt ihrer Analyse ist jedoch die Preisvolatilität. Die untersuchten Daten unterstützen nicht die Hypothese, daß die Preisvolatilität adäquat durch die Duration gemessen wird. Abschließend testen die Autoren ein Vier-Faktoren-Duration-Modell. Mit diesem Modell kann die Variabilität der Bondpreise besser als mit den anderen getesteten Duration-Ansätzen erklärt werden.

In einer umfassenden Studie untersucht Lau[6] Immunisierungsstrategien mit der Macaulay-, Fisher-Weil- sowie der Cox-Ingersoll-Ross-Duration. Für die Anlageperiode von 1955-1979 kommt er zu der Schlußfolgerung, daß die Fisher-Weil- der Macaulay-Duration unterlegen ist und daß die Cox-Ingersoll-Ross-Duration der Macaulay-Duration vergleichbar ist.

---

1) Ingersoll (1983).

2) Gultekin und Rogalski (1984).

3) Fisher und Weil (1971).

4) Vgl. zu Single- und Multiple-Factor-Modellen Bierwag (1987b).

5) Bierwag, Kaufman, Latta und Roberts (1987) weisen darauf hin, daß der Testaufbau mit Mängeln behaftet ist.

6) Lau (1983); siehe auch Haugen (1986), S. 345-347.

Insgesamt lassen die durchgeführten empirischen Untersuchungen die Schlußfolgerung zu, daß mit der Duration gute Ergebnisse erzielbar sind. Die Ergebnisse hängen zum Teil von der Wahl der Anlageperiode, dem Datenmaterial und dem verwendeten Modell ab. Mit mathematisch aufwendigeren Verfahren sind anscheinend bessere Resultate zu erreichen. Die Ergebnisse weisen aber auch darauf hin, daß die Macaulay-Duration den anderen Strategien nicht unterlegen sein muß und daß sie unter dem Aspekt der relativ einfachen Berechnung einen praktikablen Ansatz darstellt, die Volatilität von Finanztiteln abzuschätzen und Bondportefeuilles gegen Zinsrisiken zu immunisieren. Im Lichte der bisherigen Ergebnisse erscheint es daher vertretbar, die Macaulay-Duration zu verwenden.

III. Aktive Anlagestrategien mit der Duration

Wenn man die Risikoeinstellung des Anlegers im Entscheidungsprozeß berücksichtigt, dann erweist sich eine Immunisierung des Bondportefeuilles nicht unbedingt als beste Anlagestrategie. Mit dieser passiven Strategie kann der Anleger zwar mindestens die Rendite realisieren, die durch die Zeitstruktur der Zinssätze im Anlagezeitpunkt versprochen wird, er verzichtet aber gleichzeitig auf mögliche höhere Renditen. Die Immunisierung eignet sich somit vor allem für solche Anleger, die über unzureichende Zinsprognosen verfügen und vor allem wenig Risiken eingehen wollen.

In der Regel werden Anleger selten eine so ausgeprägte Risikoaversion aufweisen, wie es die Immunisierungsstrategie unterstellt. Darüber hinaus können Anleger häufig zumindest über die Richtung der Zinsänderung bestimmte Vorstellungen entwickeln, die sie dann in ihren Entscheidungsprozeß einfließen lassen. Ist der Anleger bereit, Risiken einzugehen, so kann er eine höhere Rendite erzielen, als es mit der Immunisierung möglich wäre. Natürlich kann die

Rendite auch geringer ausfallen. Das geplante Eingehen von Risiken führt zu aktiven Anlagestrategien.[1]

1. Grundlagen

Bei aktiven Anlagestrategien entspricht die Duration des Portefeuilles nicht der Anlageperiode. Prognostiziert der Anleger steigende Zinssätze, dann wird er ein Portefeuille mit einer Duration wählen, die kürzer als die Planperiode ist. Erweist sich die Grundtendenz der Prognose als zutreffend, so werden die Kursverluste aus dem Zinsanstieg durch die verbesserten Wiederanlagemöglichkeiten überkompensiert. Treten die vom Anleger prognostizierten Zinsänderungen dagegen nicht ein, so kann die realisierte Rendite unter der Rendite liegen, die bei der Immunisierung des Portefeuilles möglich gewesen wäre.

Prognostiziert der Anleger dagegen niedrigere Zinssätze, so sollte die Duration des Portefeuilles länger sein als der Anlagezeitraum. Erweist sich die Prognose als zutreffend, so übersteigt der Kursgewinn aus der Marktzinssenkung die Ertragseinbußen aus den schlechteren Wiederanlagealternativen. Die realisierte Rendite ist höher als die im Ausgangszeitpunkt herrschende Verzinsung.

---

1) Neben den Duration-Strategien gibt es noch weitere aktive Strategien. Als Beispiel sei hier die Riding-the-Yield-Curve-Strategie aufgeführt. Der Anleger hat dabei eine relativ kurze Anlageperiode, investiert aber in längerfristigen Finanztiteln. Die Strategie, die bei ansteigenden Renditestrukturkurven sinnvoll sein kann, hat das Ziel, durch den höheren Kupon und mögliche Kursgewinne, die sich durch eine Verringerung der Restlaufzeit bei konstanter Zinsstruktur ergeben, eine höhere Rendite als bei der Anlage in kurzfristigen Titeln zu erzielen. In der Praxis finden wir diese Strategie in der Form der Laufzeitoptimierungs-Strategie und der Break-Even-Yield-Analysis-Strategie. Siehe hierzu Joehnk (1983). Für andere aktive Strategien siehe auch Schielke (1979).

Der Anleger wird meistens dann aktive gegenüber passiven Strategien bevorzugen, wenn er auf seine Informationen und sein Prognosesystem vertraut. Um wieviel "besser" seine Zinsprognose im Vergleich zu der des Marktes im Einzelfall sein muß, bevor der Anleger von der passiven zu der aktiven Strategie übergeht, hängt auch von seiner Risikoeinstellung ab.[1] Je sicherer die Zinsprognose und je mehr der Anleger bereit ist, Risiken einzugehen, um so stärker wird die Duration von der Planperiode abweichen und um so größer wird die vom Anleger angestrebte Rendite im Vergleich zur immunisierbaren Rendite sein.

Die Anleger werden sich häufig nicht für die gesamte Laufzeit zwischen passiver Immunisierung und aktiver Strategie entscheiden wollen, sondern eher bestrebt sein, diese beiden Strategien in Abhängigkeit von ihrer Zinserwartung sinnvoll miteinander zu verbinden. Dazu kann der Anleger das Gesamtportefeuille in einen aktiven und einen passiven Teil aufteilen, wobei die Anteile von der Zinsprognose und der Risikoeinstellung abhängen. Eine andere Möglichkeit besteht darin, mit dem Gesamtportefeuille entweder aktive oder passive Strategien durchzuführen.

2. Bedingte Immunisierung

Die Contingent Immunization oder bedingte Immunisierung folgt der zweiten Möglichkeit. Sie ist eine aktive Anlagestrategie für verzinsliche Finanztitel, die von Leibowitz und Weinberger[2] entwickelt wurde und in der Anlagepraxis verwendet wird. Das Ziel dieser Strategie liegt darin, daß der Anleger ein höheres Endvermögen erzielen möchte, als das, das er durch Immunisierung erreichen könnte.

---

1) Siehe hierzu den Ansatz von Bierwag (1987a), S. 117-134. Siehe auch Bierwag, Kaufman und Toevs (1983).

2) Leibowitz und Weinberger (1981), (1982) und (1983). Siehe auch Bierwag (1987a), S. 137-150.

Gleichzeitig wird das Risiko, das sich aus einer inkorrekten Zinsprognose ergibt, auf einen Höchstbetrag begrenzt, den man zu Beginn der Planperiode festlegt. Da der Anleger den Anfangsbetrag, das zu erzielende Endvermögen und die Anlageperiode bestimmt, läßt sich das Ziel auch als mindestens zu erzielende Rendite formulieren.

Der Anleger gibt bei dieser Strategie demnach eine zu erzielende Mindestrendite für den Planungszeitraum vor, die unterhalb der Rendite liegt, die durch Immunisierung erzielt werden könnte. Aufgrund seiner Zinsprognosen verfolgt der Anleger dann aktive Strategien. Treffen seine Zinsprognosen zu, so kann er weiterhin aktive Strategien verfolgen oder die dann herrschende Rendite sichern. Erweisen sich dagegen seine Zinsprognosen als nicht zutreffend, so wird der Handlungsspielraum des Anlegers eingeschränkt. Wenn der maximal zulässige Verlust eintritt, also die Gefahr besteht, daß die Mindestrendite unterschritten werden könnte, dann sind aktive Strategien nicht mehr erlaubt. Das Portefeuille ist auf eine reine Immunisierungsstrategie umzustellen. Dadurch wird der Grundgedanke der Immunisierung bei dieser Strategie berücksichtigt. Die bedingte Immunisierung ist also eine Strategie, die eine Mindestrendite für den Anleger bringt, die niedriger ist als die bei reiner Immunisierung, die aber bei richtiger Zinsprognose eine höhere Rendite abwerfen kann. Diese Strategie entspricht in gewissem Sinne der Stop-Loss-Strategie am Aktienmarkt.

3. Teilimmunisierung

Die Teilimmunisierung ist eine weitere Strategie, die die Anwendung des Duration-Konzeptes für das aktive Portefeuille-Management erlaubt. Das von Wondrak[1] entwickelte Konzept ist als Alternative zur bedingten Immunisierung zu verstehen. Wie bei der bedingten Immunisierung wird auch bei der Teilimmunisierung eine Mindest-

---

1) Wondrak (1986a); Siehe auch Rudolph und Wondrak (1986).

rendite oder ein Mindestendvermögen vorgegeben, das nicht unterschritten werden soll.

Die Duration des Portefeuilles ist so zu wählen, daß die Zinserwartungen des Anlegers berücksichtigt werden und daß die Mindestrendite auch bei ungünstiger Zinsentwicklung nicht unterschritten wird. Die Ermittlung dieses Portefeuilles erfolgt in der Weise, daß man bei einer gegebenen Portefeuillestruktur und einem gegebenen Planungshorizont das Minimumendvermögen errechnet. Es ist der Endwert, den dieses Portefeuille auch bei ungünstigster Zinsänderung, der kritischen Zinsänderung, aufweist. Das errechnete Minimumendvermögen ist nun mit dem vom Anleger vorgegebenen Mindestendvermögen zu vergleichen. Es ist die Portefeuillestruktur zu ermitteln, bei der das Minimumendvermögen dem Mindestendvermögen entspricht. Es handelt sich um ein iteratives Verfahren. Man nähert sich schrittweise dem Optimalportefeuille.

Ist das Portefeuille teilimmunisiert und treten die vom Anleger prognostizierten Zinsänderungen ein, dann resultiert daraus ein höheres Endvermögen als bei der Immunisierung. Wenn aber eine entgegengesetzte Zinsänderung eintritt, dann ist der Verlust auf den vorher festgelegten Betrag begrenzt. Dieser Betrag kann auch im ungünstigsten Fall, dem der kritischen Zinsänderung, nicht unterschritten werden. Bei größeren Zinsveränderungen in die Richtung, die vom Anleger gerade nicht angenommen wurde, wird das Endvermögen sogar wieder höher als das Mindestendvermögen sein.

Vergleicht man die Teilimmunisierung mit der bedingten Immunisierung, so stellt man fest, daß die zweite Strategie in der Regel zu einem aggressiveren Anlageverhalten führt. Daraus können erhebliche Kursgewinne resultieren. Treten die prognostizierten Zinsänderungen dagegen nicht ein, so muß das Portefeuille bei Erreichen der Mindestrendite erst noch immunisiert werden. Der Anleger kann natürlich auch vor Erreichen der Mindestrendite immunisieren oder das Risiko des Portefeuilles verringern. Aus diesem Grunde ist die bedingte Immunisierung eine sehr flexible Strategie. Der Anleger muß aber die Zinsentwicklung ständig beobachten und den aktuellen mit dem angestrebten Wertverlauf des Portefeuilles vergleichen, um sicherzustellen, daß wenigstens die Mindestrendite erreicht wird. Für institutionelle Anleger stellt das kein Problem dar. Der Privatanleger kann das meistens nicht leisten, so daß ihm daraus Nachteile erwachsen können. Für ihn mag die Teilimmunisierung vorteilhafter sein, da hier das Risiko durch die Vorgabe des Mindestendvermögens genau begrenzt ist.

Wie dieser kurze Überblick zeigt, kann man die Duration in verschiedener Weise für aktive Anlagestrategien im Bondportefeuille-Management nutzen. Bemerkenswert dabei ist nicht, daß sich dadurch möglicherweise höhere Renditen erzielen lassen, sondern vielmehr, daß der Anleger die potentiellen Verluste, die aus einer falschen Einschätzung der Zinsentwicklung entstehen können, verhältnismäßig genau erfassen kann. So kann er beispielsweise ein "worst-case-scenario" vorgeben und die möglichen Verluste ermitteln, die bei Eintritt dieses Umweltzustandes eintreten können. Auch läßt sich die maximale Zinsänderung errechnen, die während der verbleibenden Restlaufzeit eintreten darf, damit der Verlust einen bestimmten Höchstbetrag nicht überschreitet und somit die Mindestrendite noch erzielt werden kann.

Durch diese Möglichkeiten, potentielle Risiken verhältnismäßig einfach abschätzen zu können, wird die Duration auch für das Bankmanagement interessant. Es ist zu vermuten, daß auch Kreditinstitute die Duration einsetzen können, um die potentiellen Auswirkungen von Zinsänderungen zu erfassen, die daraus entstehen, daß sie in ihrer Funktion als Finanzintermediär bereit sind, Zinsrisiken zu übernehmen.

V. Zusammenfassung

Einen zentralen Aspekt dieses Kapitels bildete das Management von Zinsrisiken bei Anleihen und Anleiheportefeuilles, wobei insbesondere das Duration-Konzept erörtert wurde. Es galt, die Duration für die Preisveränderung von Anleihen und für die Immunisierung abzuleiten, die wichtigsten Anwendungsgebiete vorzustellen, die empirischen Untersuchungen zu diskutieren sowie die neueren Forschungsrichtungen bezüglich der Duration-Formeln und aktiver Anlagestrategien aufzuzeigen. Die Ergebnisse dieses Kapitels lassen sich folgendermaßen zusammenfassen:

- Mit der Duration lassen sich die endogenen Determinanten des Zinsrisikos von Finanztiteln berücksichtigen und in einer Zahl zusammenfassen.

- Insbesondere kann man mit der Duration die beiden Komponenten des Zinsrisikos, nämlich das Kursrisiko und das Wiederanlagerisiko, gleichzeitig berücksichtigen.

- Die Duration ist ein Konzept, mit dem man Zinsrisiken einzelner Anleihen und Anleiheportefeuilles ermitteln, beurteilen und steuern kann.

- Die Duration hilft, die Renditen von Bondportefeuilles gegen Marktzinsänderungen zu immunisieren, dient aber auch dazu, aktive Anlagestrategien zu formulieren.

- Empirische Untersuchungen weisen darauf hin, daß die Duration-Strategien im Regelfall den Maturity-Matching-Strategien überlegen sind. Die Tests zeigen auch, daß die Macaulay-Duration im Vergleich mit den anderen Duration-Formeln zu guten Ergebnissen führt. Es erscheint vertretbar, die Macaulay-Duration zu verwenden.

Das Duration-Konzept erweist sich somit als ein geeigneter Ansatz zum Management von Zinsrisiken. Die Vorzüge des Duration-Konzeptes wurden in diesem Kapitel anhand der Analyse einzelner Finanztitel und dem Management von Bondportefeuilles herausgearbeitet. Die Klärung der Frage, ob sich diese Anwendungsmöglichkeiten der Duration auch auf das Management von Zinsrisiken bei Kreditinstituten übertragen lassen, bedarf zusätzlicher Überlegungen. In einem weiteren Schritt ist daher zu untersuchen, inwieweit das Duration-Konzept zum Management von Zinsrisiken bei Finanzintermediären geeignet ist und ob es den anderen Ansätzen zum Management von Zinsrisiken in Kreditinstituten überlegen ist. Das ist die Aufgabe des dritten Teils.

Die bisherigen Ausführungen basieren auf der Annahme, daß das Management von Zinsrisiken in Bondportefeuilles ausschließlich durch den entsprechenden Kauf bzw. Verkauf von Finanztiteln am Kassamarkt erfolgte. Termingeschäfte eröffnen weitere Möglichkeiten, um Zinsrisiken zu steuern. In den beiden anschließenden Kapiteln werden Financial Futures und Optionen als Instrumente zum Zinsrisikomanagement vorgestellt. Dabei wird wiederum von einzelnen Finanztiteln und Anleiheportefeuilles ausgegangen.

C. Zum Management von Zinsrisiken mit Financial Futures

Financial Futures bieten sich als eine weitere Möglichkeit an, Zinsrisiken aus bereits bestehenden oder geplanten Positionen in verzinslichen Finanztiteln zu steuern. Wenn der Anleger beispielsweise das Preisrisiko vermindern möchte, das aus einem geplanten Kauf von Anleihen resultieren könnte, dann kann er das dadurch erreichen, daß er bereits heute eine entsprechende Terminposition eingeht. Diese Strategie wird von der Idee getragen, daß mögliche Verluste bei der Grundposition durch entsprechende Gewinne bei der Terminposition kompensiert werden. Ein perfektes Sicherungsgeschäft impliziert jedoch nicht nur die Festschreibung des Preises, sondern auch den Verzicht auf die Chance,[1] an vorteilhaften Preisentwicklungen zu partizipieren.[2]

Das Grundprinzip und die Anwendungsmöglichkeiten von Financial Futures werden in Artikeln[3], Monographien[4] und Lehrbüchern[5] eingehend dargestellt, so daß an dieser Stelle auf die Literatur verwiesen werden kann. Hier sollen spezielle Aspekte im Mittelpunkt der Untersuchung stehen. Im einzelnen werden die ökonomischen Funktionen von Terminmärkten diskutiert und grundlegende Vorüber-

---

1) Im Gegensatz dazu lassen sich mit Optionen die potentiellen Risiken begrenzen, ohne die Chance auf Gewinne aufzugeben. Allerdings ist dafür eine Prämie zu zahlen.

2) Jüttner (1984) hat auf die Problematik der Preisfestschreibung für ein Unternehmen hingewiesen, wenn die Konkurrenten keine Sicherungsgeschäfte durchführen.

3) Steinbichler (1982); Hochgürtel (1982); Claus (1982); Jetzer (1982); Stein und Groß (1982). Im angelsächsischen Schrifttum siehe Bacon und Williams (1976); Duncan (1977); Arak und McCurdy (1980); Lazar (1980).

4) Schwarz (1979); Loosigan (1980); Powers und Vogel (1981); Kolb (1982) und (1985); Fitzgerald (1983); Kobold (1986); siehe auch den Sammelband von Gay und Kolb (1982).

5) Siehe z.B. Sharpe (1981), S. 455-496; Reilly (1985), S. 801-830; Haugen (1986), S. 415-443.

legungen zum Hedging mit Financial Futures angestellt. Zentraler Aspekt dieses Kapitels ist die Ermittlung der optimalen Futures-Position.

I. Termingeschäfte

Termingeschäfte sind aus dem Bedürfnis der Wirtschaftssubjekte entstanden, die aus Preisveränderungen resultierenden Risiken zu reduzieren. Der wesentliche Unterschied zwischen Kassa- und Termingeschäften liegt in der Erfüllungsfrist. Kassageschäfte zeichnen sich dadurch aus, daß sie innerhalb einer Frist zu erfüllen sind, die für die dazu erforderlichen Arbeiten ausreicht. Bei Termingeschäften ist die Erfüllungsfrist wesentlich länger, wobei die Bedingungen, zu denen eine Lieferung oder Abnahme erfolgt, bereits bei Vertragsabschluß genau spezifiziert werden.[1)]

Termingeschäfte lassen sich nach verschiedenen Kriterien systematisieren. Schmidt[2)] unterteilt beispielsweise danach, ob für eine der beiden Parteien eine Wahlmöglichkeit bezüglich des Erfüllungszeitpunktes und der Art der Erfüllung besteht. Die beiden wichtigsten Termingeschäfte sind das Festgeschäft i.e.S. und das Optionsgeschäft. Im folgenden wird eine dreistufige Untergliederung nach der Organisationsform des Handels, der Vertragsart des Termingeschäftes und dem Geschäftsgegenstand vorgenommen. Durch diese Systematisierung werden die wichtigsten Kontrakte erfaßt. Einen Überblick bietet Abbildung 2.4:

---

1) Vgl. H. Schmidt (1981b), S. 169-184, und (1983b), Sp. 1809-1826.

2) H. Schmidt (1981b) und (1983b).

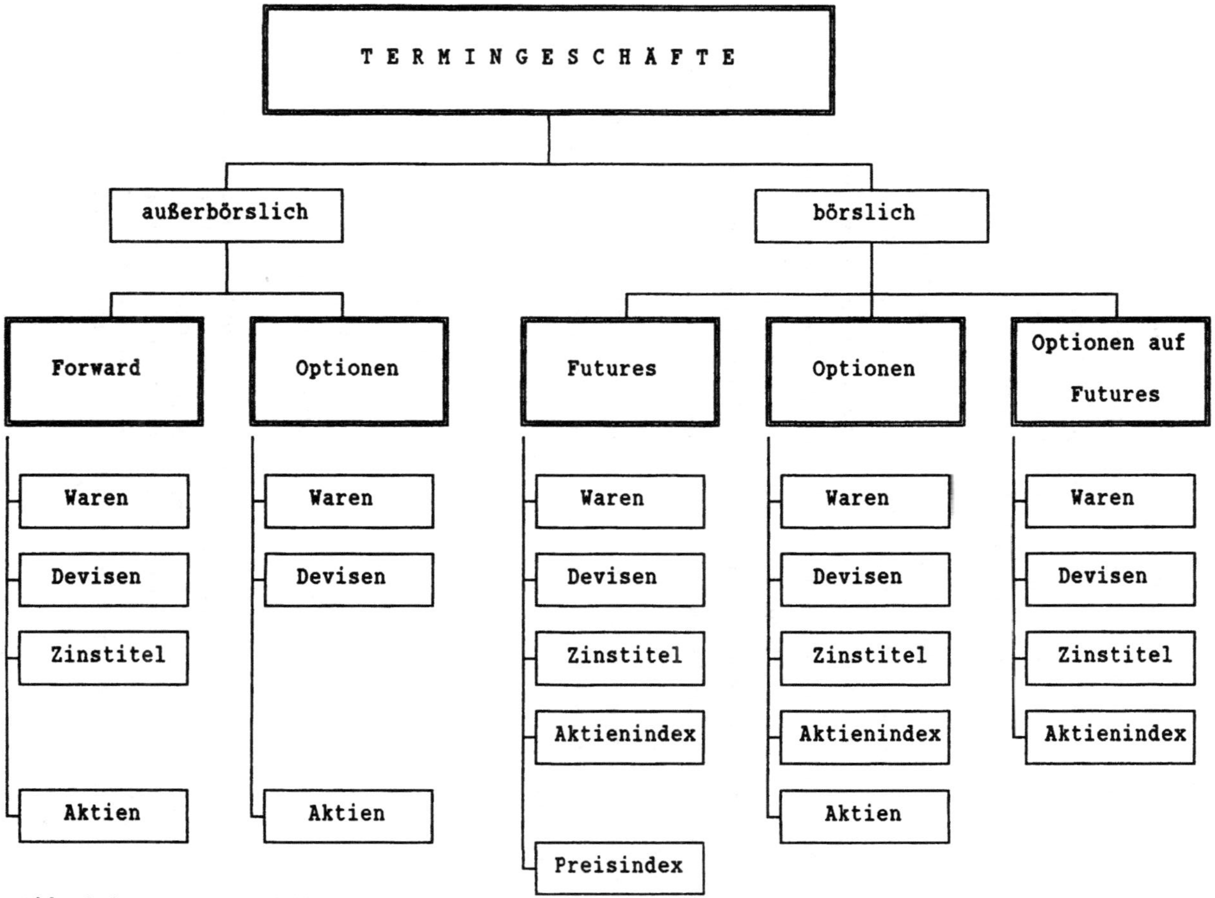

Abb. 2.4: Termingeschäfte

Termingeschäfte können börslich oder außerbörslich abgeschlossen werden.[1] Die außerbörslichen Geschäfte sind der Forward-Kontrakt (Festgeschäft) und die Option. Die börslichen Geschäfte sind Futures, Optionen auf Kassapositionen und Optionen auf Futures. Geschäftsgegenstand dieser Verträge können Waren, Devisen, Aktien, Aktienindices, Preisindices und Zinstitel sein.[2]

Der börsliche Handel zeichnet sich durch seine Standardisierung und Institutionalisierung aus, die beim außerbörslichen Handel weitgehend fehlt. Die örtliche und zeitliche Konzentration sowie die Homogenisierung von Angebot und Nachfrage, z.B. durch Standardisierung der Verträge und der Mindestbonität der Händler sind die Grundvoraussetzungen für einen effizienten Handel.[3] Durch das Clearinghaus werden die Beziehungen zwischen den Vertragsparteien weiter entpersonalisiert und die Erfüllung der Kontrakte grundsätzlich garantiert. Ein entscheidender Vorteil des börslichen Terminhandels ist darin zu sehen, daß ein organisierter Zirkulationsmarkt besteht. Dadurch können Positionen vor Fälligkeit durch Verkauf oder durch Eingehen einer entsprechenden Gegenposition aufgelöst werden.

Für das Management von Zinsrisiken bieten sich die börslich gehandelten Interest Rate Futures an. Sie stehen daher im Mittelpunkt der folgenden Ausführungen. Zusätzlich werden börslich gehandelte Optionen auf Kassatitel und auf Interest Rate Futures betrachtet.

---

1) Den Unterschied zwischen börslichen (Futures) und außerbörslichen (Forward) Festgeschäften machen Telser und Higinbothan (1977), S. 973, in einer Analogie sehr deutlich: "A futures contract is to a forward contract as currency is to a check drawn against a demand deposit in a commercial bank." Für eine detaillierte Analyse siehe Kane (1980); Cox, Ingersoll und Ross (1981); Jarrow und Oldfield (1981); Morgan (1981); Haugen (1986), S. 413-445.

2) Für einen Überblick über die Börsen und die gehandelten Kontrakte siehe Fitzgerald (1983), S. 187-191; Kasriel und Merris (1983); Rothstein (1984), S. 567-587; Futures and Options Directory, Euromoney, Corporate Finance, Supplement March 1988.

3) H. Schmidt (1970), S. 119-122.

Interest Rate Futures (Financial Futures)[1] sind Verträge über die Lieferung oder Abnahme einer bestimmten Anzahl von verzinslichen Finanztiteln zu einem festen Preis, zu einem bestimmten Termin oder innerhalb einer bestimmten Frist. Optionen beinhalten für den Käufer bestimmte Wahlrechte, für den Verkäufer dagegen bestimmte Verpflichtungen, wenn der Käufer seine Rechte ausübt. Für diese Rechte, die in der Abnahme oder Lieferung bestimmter Finanztitel bestehen, zahlt der Käufer dem Verkäufer bei Vertragsabschluß die Optionsprämie. Wird die Option ausgeübt, dann müssen bei Optionen auf Kassatitel bestimmte verzinsliche Finanztitel vom Stillhalter geliefert (Call) oder abgenommen (Put) werden. Optionen auf Financial Futures haben bei einem Call die "long position" und bei einem Put die "short position" in einem bestimmten Zinsterminkontrakt zum Gegenstand.

II. Zu den ökonomischen Funktionen von Futures-Märkten

Die börslich organisierten Financial-Futures-Märkte müssen wesentliche ökonomische Funktionen erfüllen, um langfristig existieren zu können. Das bedeutet, daß eine ausreichende Anzahl von Investoren mit einem bestimmten Geschäftsvolumen bereit sein muß, Positionen an diesen Märkten einzugehen. Das stetig steigende Umsatzvolumen und die Eröffnung neuer Märkte sind ein Indiz für die Bedeutung börslich organisierter Termingeschäfte.

Die Existenz von Terminmärkten läßt sich auf zwei Gegebenheiten zurückführen:[2] Erstens muß der Futures-Kontrakt die Einnahme von Positionen ermöglichen, die mit den bestehenden Instrumenten des

---

1) Im folgenden wird für den börslich organisierten Interest-Rate-Futures-Kontrakt die allgemeinere Bezeichnung Financial-Futures-Kontrakt verwendet. Grundsätzlich umfaßt der Begriff Financial Futures i.w.S. neben Interest Rate Futures auch Currency und Stock Index Futures.

2) Vgl. hierzu Spremann (1986), S. 454-456.

Geld- und Kapitalmarktes nicht erzielbar sind. Die sonst bestehenden Märkte sind also nicht vollständig, sie sind "incomplete".[1] Zweitens ist es für das Zustandekommen von Transaktionen erforderlich, daß die Marktteilnehmer entgegengesetzte Positionen bevorzugen. Sie halten oder planen also unterschiedliche Kassapositionen und wollen das Preisrisiko verringern (Hedging) oder sie haben unterschiedliche Erwartungen über die zukünftige Preisentwicklung und wollen ihre Prognosefähigkeit profitabel ausnutzen (Spekulation). Mit diesen Motiven läßt sich die Existenz von Terminmärkten erklären.

1. Systematisierung der wesentlichen Funktionen

Die ökonomischen Funktionen von Futures-Märkten lassen sich unter verschiedenen Gesichtspunkten betrachten. Streit[2] unterscheidet die einzelwirtschaftlichen Funktionen Risikominimierung, Kapitalbeschaffung und Informationshilfe von den gesamtwirtschaftlichen Funktionen intertemporale Allokation, Stabilisierung der Kassapreise und Wettbewerbsförderung. Telser[3] begründet die Existenz von Futures-Märkten mit der Informationsverbreitung und der Verringerung der Transaktionskosten.[4] Insgesamt wird in der Literatur dem Risikentransfer und dem informationsökonomischen Aspekt die größte Bedeutung beigemessen.

Für diese Arbeit bietet sich eine Sichtweise an, die die Interessen der Investoren und die der Finanzintermediäre in den Mittelpunkt der Analyse stellt. Danach erfüllen Interest-Rate-Futures-Märkte wesentliche ökonomische Funktionen dann, wenn sie ein effizientes

---

1) Zum Begriff des "complete market" siehe Haley und Schall (1979), S. 221-224; Copeland und Weston (1983), S. 111 f. Siehe auch Spremann (1986), S. 454 f., Fußnote 13.

2) Streit (1980), S. 518-522, und (1981), S. 477.

3) Telser (1981).

4) Zu den Funktionen vgl. auch Arrow (1981), S. 107.

und wirksames Instrumentarium zum Transfer bzw. zur Transformation von Zinsrisiken anbieten. Wenn man dem Schrifttum bei der Analyse des Effizienzproblems auf anderen Märkten folgt, findet man dort oftmals eine Unterscheidung zwischen der Effizienz in bezug auf die Handelsverfahren und der Effizienz in bezug auf den Informationsprozeß.[1] Für die Überlegungen an Futures-Märkten kommt eine weitere Dimension hinzu, die sich auf die Effektivität des Risikentransfers mit Termingeschäften bezieht.

Folgt man dieser Betrachtungsweise, dann kann man eine Analyse der ökonomischen Funktionen von Futures-Märkten gedanklich in verschiedene Aspekte unterteilen.[2] Die empirischen Untersuchungen zu Futures-Märkten lassen sich ebenfalls relativ genau diesen drei Bereichen zuordnen:

1) Die Effizienz des börsenorganisatorischen Verfahrens zum Risikentransfer (procedural efficiency), d.h. zu welchen Kosten und welchen Bedingungen können Futures-Kontrakte von einem Marktteilnehmer zum anderen transferiert werden?

---

1) Vgl. Reuter (1980), S. 58-62. Tinic und West (1979), S. 91-98, unterscheiden zwischen "operational" (internal) und "pricing (external) efficiency" der Märkte. Vgl. hierzu auch die Ausführungen zur Verfahrenseffizienz bei H. Schmidt (1977), S. 21-38, der eine etwas andere Systematisierung vornimmt.

2) Es lassen sich verschiedene Argumente dafür vorbringen, daß sich diese unterschiedlichen Aspekte im Grunde genommen einer getrennten Beurteilung entziehen. Insbesondere läßt sich keine eindeutig empirisch überprüfbare Aufteilung in "procedural" und "informational efficiency" vornehmen, denn der Informationsgehalt der Kurse und die Reaktionszeit der Kurse auf neue Informationen wird auch von der Effizienz der Handelsverfahren mitbestimmt. Auch wird die Effektivität des Hedgings durch die beiden anderen Bereiche beeinflußt, denn man kann sich gut vorstellen, daß nur ein gut organisierter Markt, an dem sich die Informationen relativ schnell in den Kursen widerspiegeln, geeignet ist, eine Parallelentwicklung von Kassapreisen und Futures-Preisen zu gewährleisten. Das ist in Krisenzeiten besonders schwer zu erreichen, wie die Entwicklungen an den amerikanischen Aktienmärkten im Oktober 1987 gezeigt haben.

2) Die Effizienz des Informationsbeschaffungs-, Informationsverarbeitungs- und Informationsdiffusionsprozesses (pricing efficiency), d.h. inwieweit reflektieren die quotierten Kurse alle bewertungsrelevanten Informationen?

3) Die Effektivität des Risikentransfers [1], d.h. inwieweit differiert die realisierte von der geplanten Risikoposition bei Sicherungsgeschäften mit Financial Futures?

Wenn diese drei Kriterien durch Financial-Futures-Märkte hinreichend erfüllt werden, dann ist zu erwarten, daß diese Märkte langfristig eine Existenzgrundlage haben. Dann sollte es auch den Kreditinstituten als wichtigstem Finanzintermediär erlaubt sein, sich im Rahmen bankaufsichtsrechtlicher und insbesondere solvenzsichernder Bestimmungen an diesen Märkten aktiv zu beteiligen.

Unterstellt man, daß sich diese Fragen getrennt untersuchen lassen, dann kann man sich bei der Beantwortung der ersten Frage im wesentlichen auf den Vergleich zwischen Forward- und Futures-Märkten konzentrieren.[2] Die Vorteile eines börslich organisierten Marktes gegenüber einem außerbörslich organisierten Markt ergeben sich vorwiegend aus den geringeren Transaktionskosten. Der Erfolg der Futures-Märkte deutet darauf hin, daß diese Märkte bestimmte Vorteile bieten. Die dritte Frage wird bei der Ableitung der optimalen Hedge Ratio erörtert. Die Frage nach der Informationseffizienz ist Gegenstand des nächsten Gliederungspunktes.

---

1) Im angelsächsischen Schrifftum wird dieser Aspekt als "hedging effectiveness" bezeichnet.

2) Vgl. hierzu Cox, Ingersoll und Ross (1981b); Jarrow und Oldfield (1981); Morgan (1981).

2. Betrachtung von informationsökonomischen Aspekten

Die zweite ökonomische Funktion bezieht sich auf die Qualität des Informationsprozesses. Ein Markt wird dann als informationseffizient bezeichnet, wenn die herrschenden Kurse alle bewertungsrelevanten Informationen entsprechend ihrer Bedeutung reflektieren und sich ohne Verzögerung an neue Informationen anpassen.[1] Um den Informationsgehalt der aktuellen Kurse testen zu können, wird zwischen drei verschiedenen Effizienzformen unterschieden. Die "weak-form efficiency" bezieht sich auf den Informationsgehalt vergangener Kurse, die "semi-strong-form" auf alle öffentlich verfügbaren Informationen und die "strong-form" auf alle Informationen.

In den letzten Jahren wurde eine Vielzahl von empirischen Untersuchungen zur Effizienz des Informationsprozesses auf dem Aktienmarkt[2], dem Rentenmarkt[3], dem Devisenmarkt[4], den Optionsmärkten[5] sowie den Commodity-[6] und Financial-Futures-Märkten durchgeführt. Diese intensive Forschung weist auf die einzel- und gesamtwirtschaftliche Bedeutung des Informationsprozesses für eine effiziente Allokation der Ressourcen hin. Im Hinblick auf den Effizienzgrad der einzelnen Märkte führen die empirischen Untersuchungen zu unterschiedlichen Schlußfolgerungen. Das mag in den verschiedenen

---

1) Fama (1970); vgl. auch Reuter (1980), S. 58-62; siehe auch Grossman (1980); Copeland und Weston (1983), S. 285-307 und S. 317-353; Reilly (1985), S. 163-211.

2) Einen Überblick geben Copeland und Weston (1983), S. 317-350; Haugen (1986), S. 486-493; für den deutschen Aktienmarkt siehe Mühlbradt (1979).

3) Siehe hierzu Roll (1970); Fama (1975); Tinic und West (1979), S. 370 f.; Reilly (1985), S. 610-612.

4) Einen Überblick gibt Kohlhagen (1978); siehe auch Levich (1979).

5) Vgl. Black und Scholes (1972); Galai (1977).

6) Siehe Kamara (1982), S. 285 ff., und die dort angegebene Literatur.

Testverfahren begründet sein, aber auch in der jeweiligen Zielsetzung des Betrachters.

Auch für Financial-Futures-Märkte wird der Frage nach der Effizienz ein hoher Stellenwert beigemessen.[1] Das zeigt sich in einer umfangreichen Literatur mit diversen Tests. Ein wesentliches Problem der "efficient market theory" ist ihre Operationalisierung und die Formulierung testbarer Hypothesen. Bei Financial-Futures-Märkten sind zusätzliche Besonderheiten zu berücksichtigen. Im Schrifttum sind verschiedene Wege beschritten worden, die Informationseffizienz zu untersuchen. Sie lassen sich nach verschiedenen Kriterien systematisieren. Hier wird zwischen statistischen und ökonomischen Tests unterschieden. Zusätzlich wird in Analogie zu anderen Märkten eine Trennung zwischen "weak-form", "semi-strong-form" und "strong-form tests" vorgenommen.

Es ist der Zweck der statistischen Tests, entweder die statistischen Abhängigkeiten in der Zeitreihe zu analysieren oder die Auswirkungen einer exogenen Variablen auf den Futures-Preis zu untersuchen. Die ökonomischen Tests haben das Ziel, profitable Arbitragemöglichkeiten zwischen Kassamarkt und Futures-Markt herauszufinden. Statistische Tests der "weak-form" führen Bearman und Kuhn[2] durch, indem sie die üblichen Verfahren des Autokorrelationstests, Run-Tests und Verteilungstests auf die Zeitreihe der Futures-Preise anwenden. Sie gelangen zu der Schlußfolgerung: "Our application of standard statistical tests of efficiency to both the cash and futures markets suggests, that the futures market may be considered efficient relative to the cash market."[3] Chance[4] führt einen "semi-strong-form test" durch, indem er die Auswirkungen der Veränderung

---

1) Vgl. Kolb, Gay und Jordan (1982), S. 217.

2) Bearman und Kuhn (1981).

3) Bearman und Kuhn (1981), S. 144.

4) Chance (1985).

der Inflationsrate, gemessen durch den Consumer Price Index, auf die Preisveränderungen des T-Bond Futures untersucht. "If the market is efficient there should be no economically significant price change on or before the event date."[1] Die Ergebnisse weisen darauf hin, daß die Informationen korrekt antizipiert werden und der Markt bezüglich der getesteten Hypothese als effizient anzusehen ist.

Das Ziel der ökonomischen Tests ist es, ausnutzbare Arbitragemöglichkeiten zwischen dem Kassamarkt und dem Futures-Markt herauszufinden. "The existence of a straight forward arbitrage opportunity constitutes a blatant violation of weak-form market efficiency."[2] "Inefficiency has been assumed to exist when there are profitable arbitrage opportunities."[3]

Die ökonomischen Tests zielen primär auf die Frage ab, ob die Terminzinssätze, die die Futures-Preise implizieren, den Terminzinssätzen entsprechen, die die Kassapreise implizieren.[4] Abweichungen eröffnen potentielle Arbitragegewinne. Die Arbeiten von Poole[5], Rendleman und Carabini[6] sowie Vignola und Dale[7] stützen die Hypothese, daß keine Arbitragemöglichkeiten bestehen. Zu entgegengesetzten Ergebnissen gelangen Puglisi[8], Branch[9], Lang und

---

1) Vignola und Dale (1980).

2) Gay und Kolb (1982), S. 82.

3) Vignola und Dale (1980), S. 164, Fußnote 1.

4) Dabei wird die Effizienz entweder direkt oder indirekt durch die empirische Überprüfung der Erwartungstheorie getestet. Vgl. hierzu Rendleman und Carabini (1979), S. 895.

5) Poole (1978).

6) Rendleman und Carabini (1979).

7) Vignola und Dale (1979).

8) Puglisi (1978).

9) Branch (1978).

Rasche[1], Chow und Brophy[2], Capozza und Cornell[3] sowie Vignola und Dale[4]. Durch die Formulierung der Hypothesen wird die Annahme gemacht, daß bei Effizienz die Terminzinssätze am Kassa- und Terminmarkt identisch sind. Diese Prämisse ist grundsätzlich nicht zu rechtfertigen, da auch auf einem effizienten Markt die entsprechenden Zinssätze differieren können.[5] Dies ist ein fundamentaler Kritikpunkt an diesen Untersuchungen. Außerdem wurden keine konkreten Arbitragestrategien mit überprüfbaren Handelsregeln durchgeführt,[6] so daß keine eindeutigen Aussagen über tatsächlich erzielbare Gewinne in der Praxis ableitbar sind. Für T-Bond Futures sind bisher nur wenige Tests durchgeführt worden, da die größere Komplexität von Kuponanleihen sowie institutionelle Faktoren[7] die Arbitragetests erschweren.[8]

Faßt man die bisherigen empirischen Untersuchungen zusammen, so ist auffällig, daß die Methoden und die Ergebnisse stark differieren. Verläßliche Tests zur "market efficiency" sind nur schwer zu konstruieren. Außerdem ist ein Futures-Kontrakt grundsätzlich kein

---

1) Lang und Rasche (1978).

2) Chow und Brophy (1978).

3) Capozza und Cornell (1979).

4) Vignola und Dale (1980).

5) Zu den grundsätzlichen Überlegungen siehe Black (1976); Kane (1980); Morgan (1981); Cox, Ingersoll und Ross (1981); Jarrow und Oldfield (1981); Kolb (1982); siehe auch Chow und Brophy (1982).

6) Die Untersuchung von Hegde und Nunn (1985) bildet hier eine Ausnahme. Sie erklären die möglichen Gewinne mit einer "futures convenience yield - a price that market participants are willing to pay for several advantages associated with trading futures contracts in comparison to forward and spot trading". S. 408.

7) Z.B. das Konversionsfaktorsystem. Vgl. hierzu Abschnitt V.2. dieses Kapitels.

8) Kolb, Gay und Jordan (1982) sowie Resnick und Hennigar (1983) stützen die Hypothese der Kapitalmarkteffizienz, während Klantosky und Lasser (1985) die Ergebnisse relativieren.

perfektes Substitut für eine Kassaposition, so daß Preisunterschiede die zwangsläufige Folge sind. Diese theoretisch erklärbaren Differenzen legen aber keineswegs die Schlußfolgerung nahe, daß der Futures-Markt nicht effizient ist. Man sollte vorerst den theoretisch überzeugenderen Tests und Erklärungen folgen, nach denen die Financial-Futures-Märkte als effizient anzusehen sind.

Abschließend erscheint eine grundsätzliche Bemerkung zur Informationseffizienz angebracht, da sie die bisher behandelte Vorgehensweise in einem anderen Licht erscheinen läßt.[1] Die empirischen Ergebnisse beziehen sich nicht auf die Effizienz des betrachteten Marktes, sondern auf die Effizienz des entsprechenden Informationsmarktes bzw. des Informationsprozesses. Ferner fällt auf, daß bei den Tests die Effizienz als Charakteristikum eines Marktes betrachtet wird. Mit Effizienz kann man aber auch den Informationsstand eines einzelnen Marktteilnehmers ausdrücken.[2] So mag für den einen Investor, z.B. einen Kleinanleger, der Markt bezüglich seines Informationsstandes als für ihn effizient erscheinen. Für einen anderen Investor mit besseren Informationen oder überlegenerem Informationsverarbeitungsmodell ist der Markt jedoch nicht effizient, wenn er diese Vorteile profitabel ausnutzen kann. Bei dieser Betrachtung, die man als relative oder individuelle Effizienz bezeichnen kann, wird realistischerweise asymmetrische Informationsverteilung unterstellt. Neben der Betrachtung der informationsökonomischen Aspekte hat der preisstabilisierende oder destabilisierende Einfluß der Futures-Märkte auf die Kassamärkte in der Forschung besondere Aufmerksamkeit gefunden.

---

1) Außerdem stellt sich insbesondere bei Anwendung der statistischen Verfahren die Frage, ob das Instrumentarium geeignet ist, das zu testen, was getestet werden soll. Vgl. für den Aktienmarkt Hansmann (1980), S. 84.

2) Siehe hierzu Burns (1983), S. 46.

3. Auswirkungen auf den Kassamarkt

Eine gesamtwirtschaftliche Funktion von Terminmärkten wird von einigen Autoren darin gesehen, daß sie die Preisschwankungen an Kassamärkten reduzieren, sie die Kassapreise also stabilisieren.[1] Es ist daher für eine gesamtwirtschaftliche Betrachtung wichtig, auf den Zusammenhang zwischen Kassamärkten und Futures-Märkten einzugehen und zu klären, welche Effekte die Einführung der Terminkontrakte auf die bestehenden Kassamärkte hatte. Burns vertritt dazu folgende Auffassung: "Futures markets grow out of efficient spot markets, usually become more efficient than the underlying spot market, and in the process tend to make the underlying spot market ... more efficient than they would otherwise be."[2] Informationsvorsprünge und Ungleichgewichte lassen sich unmittelbar durch Arbitrage ausnutzen und erhöhen dadurch die Effizienz der Märkte.

Bezüglich der preisstabilisierenden und -destabilisierenden Einflüsse der Futures-Märkte auf die Kassamärkte werden jedoch unterschiedliche Auffassungen vertreten. Die Erfahrung zeigt, daß Terminmärkte in der Regel an solchen Märkten entstehen und existieren, die durch eine große Preisvolatilität charakterisiert sind. Daraus kann jedoch nicht die Schlußfolgerung gezogen werden, daß die Futures-Märkte die Ursache für die Preisschwankungen sind, sondern: "The organization of a futures market is the response of an increase of price variability."[3]

Die Eröffnung und die Effizienz von Terminmärkten läßt sich gerade mit dem Bedürfnis der Wirtschaftssubjekte nach mehr Preissicherheit erklären. Wegen der erheblichen Preisunsicherheit und den daraus erwachsenden Risiken entstanden die Commodity-Futures-Märkte be-

---

1) Streit (1980), S. 518-522, und (1981), S. 477.

2) Burns (1983), S. 46.

3) Telser und Higinbothan (1977), S. 998.

reits Ende des letzten Jahrhunderts. Mit Aufhebung des Bretton-Woods-Abkommens und dem Übergang zu flexiblen Wechselkursen wurden Currency-Futures-Kontrakte eingeführt. Die erhöhte Zinsvolatilität seit Beginn der siebziger Jahre führte zum Terminhandel in verzinslichen Finanztiteln.[1] In aller Regel wird also an solchen Märkten der Handel in Futures aufgenommen, die eine erhöhte Unsicherheit aufweisen, an dem die Preisbildung dem freien Spiel von Angebot und Nachfrage überlassen wird und die grundsätzlich frei sind von staatlicher Interventionspolitik.[2] Eine wesentliche ökonomische Funktion kann man demnach auch in dem preisstabilisierenden Effekt für den Kassamarkt sehen. Außerdem werden durch den Handel in Futures die internationalen Kapitalmärkte stärker integriert.[3]

Eindeutige Aussagen bezüglich der Verringerung der Preisschwankungen sind jedoch nur schwer möglich. Vergleicht man die Preisschwankungen von zwei Perioden - eine Periode mit Futures-Markt und eine andere ohne Futures-Markt (Kontrollperiode) - dann kann es sein, daß diese Perioden unterschiedlichen Einflußfaktoren unterliegen und somit nicht direkt vergleichbar sind. Die vorliegenden umfassenden Untersuchungen für Commodity Futures unterstützen die Aussage, daß Futures-Märkte einen preisstabilisierenden Einfluß haben.[4] Die Reduktion der Preisvolatilität wird insbesondere mit der Rolle der Futures-Märkte als "clearing-center for information" er-

---

1) Vgl. hierzu Dufey und Giddy (1981); Silber (1981); Houthakker (1982); Frankel (1984); insbesondere die Veränderung der Geldpolitik im Oktober 1979 in den U.S.A. hat zu einem starken Anstieg der Umsätze geführt.

2) Telser und Higinbothan (1977), S. 998.

3) Vgl. Koen, Helms und Booth (1983).

4) Eine Zusammenfassung der empirischen Ergebnisse gibt Kamara (1981), S. 285-288. Für eine theoretische Begründung siehe Streit (1980), S. 495-500.

klärt.[1] Für die Financial-Futures-Märkte liegen nur wenige empirische Ergebnisse vor, die sich in ihren Aussagen nicht stützen.[2] Wenn man die bisherigen Untersuchungen zusammenfaßt, dann erscheint die Schlußfolgerung zulässig, daß die Eröffnung von Futures-Märkten in aller Regel keinen destabilisierenden Effekt auf den Kassamarkt hat, sondern eher die Preisvolatilität reduziert und somit eine zentrale ökonomische Funktion erfüllt.

---

1) Vgl. Powers (1970); Cox (1976); Danthine (1978). Aufgrund mehrerer Experimente kommen Friedman, Harrison und Salomon (1983), S. 124, zu folgenden Schlüssen: "a) The existence of active futures markets promotes a more efficient operation of spot markets ..., b) prices tend to converge to informationally efficient equilibrium when futures markets operate, ... c) spot prices tend to be less volatile."

2) Vgl. Forewiss (1978); Figlewski (1981); Simpson und Ireland (1982) und (1985); Bortz (1984). Forewiss kommt zu dem Ergebnis, daß der GNMA-Markt effizienter in bezug auf den Informationsprozeß geworden ist, daß eine stärkere Integration mit dem Bondmarkt stattgefunden hat und daß die zufälligen Preisschwankungen abgenommen haben. Bortz hat darauf hingewiesen, daß die Veröffentlichungen der Federal Reserve Bank am Freitag nachmittag zu einem spekulativen "money supply announcement game" geführt haben. Die Volatilität der Futures-Preise am Freitag war 22 % höher als an anderen Wochentagen. Figlewski begründet überraschenderweise sein Ergebnis damit, daß Informationsunterschiede zwischen beiden Märkten bestehen. Im Gegensatz zu den erfahrenen Händlern am Kassamarkt seien die Akteure am Futures-Markt relativ unerfahren und würden dadurch Schwankungen auf den Kassamarkt übertragen. Damit widerspricht Figlewski der in der Literatur vorherrschenden Meinung, daß durch die Arbeitsteilung im Informationsprozeß bei einer Erhöhung der Anzahl der Marktteilnehmer auch die Informationsqualität der Preise verbessert wird. Siehe hierzu auch Telser und Higinbothan (1977) und Arrow (1981). Es verwundert, daß gerade die besser informierten Händler am Kassamarkt ihren Informationsvorsprung oder ihre überlegene fachliche Qualifikation nicht durch Arbitrage profitabel ausnutzen würden.

III. Vorüberlegungen zum Hedging mit Financial Futures

1. Potentielle Anwendungsgebiete von Zinstermingeschäften

Financial Futures lassen sich in vielfältiger Weise zur Steuerung von Zinsrisiken verwenden. Die in der Literatur behandelten Einsatzmöglichkeiten stehen oft zusammenhanglos nebeneinander. Es erscheint daher angebracht, die wichtigsten Anwendungsgebiete von Zinsterminkontrakten zu systematisieren. In aller Regel ist das Ziel des Hedgings die Sicherung von Zahlungsströmen oder Beständen. Man kann deshalb bei der Systematisierung zunächst zwischen geplanten Einzahlungen und Auszahlungen oder geplanten Bestandsveränderungen unterscheiden. Gewinne und Verluste sollen dabei ausschließlich aus realisierten Transaktionen entstehen.[1] Ein Überblick über die wichtigsten Anwendungsmöglichkeiten ist in Abbildung 2.5 gegeben.[2]

Wenn Zinsrisiken relevant sind, dann kommt es meist darauf an, geplante Einzahlungen gegen die vermögensmindernden Auswirkungen eines Zinsanstiegs und geplante Auszahlungen gegen die negativen Konsequenzen eines Zinsrückgangs zu sichern. Einzahlungen resultieren aus einer Reduzierung der Aktiva (Verkauf von Finanztiteln) oder einer Erhöhung der Passiva (Emission von Finanztiteln oder Kreditaufnahme). Die finanziellen Auswirkungen eines Zinsanstiegs sind entweder ein Kursrückgang bis zum Verkaufs- oder Emissions-

---

1) Denkbar ist auch eine Situation, in der die Bestände abgesichert werden und die potentiellen Verluste in vorzunehmenden Abschreibungen bestehen (Buchverluste).

2) Eine andere Systematisierung bieten Toevs und Jacob (1986), S. 60 f.; sie unterscheiden zwischen a) im Bestand befindlichen und b) geplanten Kassapositionen und zwischen c) bestimmten und d) unbestimmten Zahlungszeitpunkten. Daraus folgen vier Grundtypen: ac) Inventory Hedge; ad) Immunization; bc) Weak Form und bd) Strong Form Anticipatory Hedge.

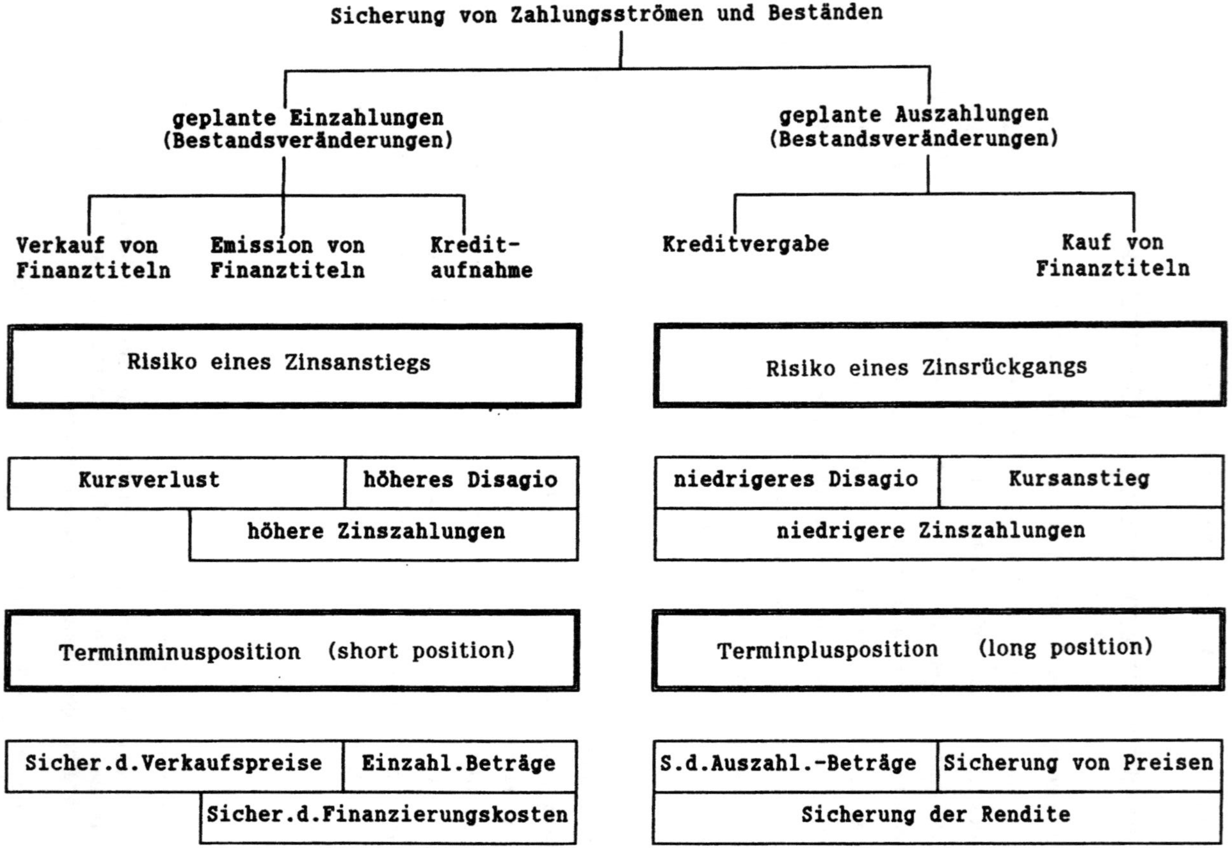

Abb. 2.5: Anwendungsgebiete von Termingeschäften

zeitpunkt[1], ein höheres Disagio bei der Kreditaufnahme oder höhere zukünftige Kupon- oder Zinszahlungen. Wenn man diese potentiellen Verluste bzw. Opportunitätsverluste verringern will, dann ist eine Terminminusposition (short position) in Futures einzugehen. Mit dem Verkauf von Zinsterminkontrakten lassen sich die Verkaufspreise, der Kreditbetrag oder allgemein die Finanzierungskosten sichern.

Auszahlungen ergeben sich aus einer Erhöhung der Aktiva (Kreditvergabe, Kauf von Finanztiteln) und einer Verringerung der Passiva (Kreditrückzahlung).[2] Die finanziellen Nachteile eines Zinsrückgangs sind entweder ein niedrigeres Disagio, ein höherer Kurs im Kaufzeitpunkt oder niedrigere zukünftige Kupon- oder Zinszahlungen. Will man diese Risiken verringern, dann ist eine Terminplusposition (long position) in Futures einzugehen. Mit dem Kauf von Futures-Kontrakten können die Einstandspreise, die Kreditbeträge oder allgemein die Renditen von Finanzinvestitionen gesichert werden.

Die wichtigsten Anwendungsgebiete von Zinsterminkontrakten sind somit die Sicherung

- der Verkaufserlöse noch zu veräußernder verzinslicher Finanztitel,
- der Verkaufserlöse noch zu emittierender Finanztitel,
- der Einstandskosten noch zu erwerbender Finanztitel,
- der Finanzierungskosten bei direkter und indirekter Finanzierung,
- der Rendite bei Anlage in Titeln der direkten und indirekten Finanzierung.

---

1) Ein Disagio bei Emissionen kann dann entstehen, wenn der Kupon bereits festgelegt ist.

2) Dieser Fall wird hier nicht weiter behandelt, da Verbindlichkeiten grundsätzlich zum Nominalwert zurückgezahlt werden müssen. Ein Anwendungsfall wäre jedoch die Tilgung von Anleihen durch Rückkauf an der Börse.

Mit dieser Systematisierung der Anwendungsgebiete lassen sich die für Kreditinstitute relevanten Transaktionen erfassen. Die Abbildung 2.5 und die o.a. Anwendungsmöglichkeiten sind so strukturiert, daß zwischen der Sicherung von "Preisen" und der Sicherung von "Zinssätzen" unterschieden wird. Der Unterschied ergibt sich daraus, daß die Struktur der Zahlungsreihe zu unterschiedlichen Konsequenzen führt. Preiseffekte, d.h. höhere Kaufkurse, Kursverluste und Kursopportunitätsverluste, entstehen vollständig bei Ausführung der geplanten Transaktion am Kassamarkt und am Futures-Markt. Im Idealfall sind die Wertänderungen der Kassaposition und der Futures-Position perfekt negativ korreliert, so daß sich die Kursgewinne und Kursverluste unmittelbar und vollständig ausgleichen. Das kann beim Kauf, Verkauf und der Emission von Finanztiteln zutreffen.

Beim Hedging der Finanzierungskosten und der Rendite schlagen sich die Vor- und Nachteile aus dem Kassageschäft nicht unmittelbar auf der Zahlungsmittelebene nieder, sondern verteilen sich über die Laufzeit der Kassaposition. Die Kursgewinne und -verluste aus dem Termingeschäft fallen dagegen vollständig bei Liquidation der Positionen an. Die Zahlungsströme beider Positionen sind somit inkongruent. Eine Situation mit Gewinnen bei der Terminminusposition oder der Terminplusposition in Financial Futures und Verlusten oder Opportunitätsverlusten bei der Kassaposition aufgrund höherer bzw. niedriger Zinssätze oder Kupons erscheint unproblematisch, da die Einzahlungen zeitlich vor den Auszahlungen anfallen. Treten jedoch Verluste in der Futures-Position auf, die durch höhere Renditen oder niedrigere Finanzierungskosten im Kassageschäft erst während der gesamten Laufzeit des Finanztitels ausgeglichen werden, so liegen die Auszahlungen der Futures-Position zeitlich vor den Einzahlungen der Kassaposition.

Die Sicherung von Zinssätzen kann somit auf der Zahlungsmittelebene und in der externen Rechnungslegung zu unerwünschten Konsequenzen führen. Auch wenn Kursänderungen nur die zeitpunktbezogenen Auswirkungen der periodenbetreffenden Änderungen der

Zinszahlungen sind, so bleibt doch ein Unterschied auf der Zahlungsmittelebene und in der Rechnungslegung bestehen. Die Problematik der divergierenden bilanziellen Behandlung von Kassapositionen und Futures-Positionen ist nicht Gegenstand dieser Untersuchung.[1] Im weiteren Verlauf der Arbeit stehen die Sicherung von Preisen und von Marktwerten im Mittelpunkt.

2. Basisrisiko

Mit Zinstermingeschäften kann man den bei Vertragsabschluß quotierten Futures-Preis nur dann sichern und damit das Preisrisiko eliminieren, wenn die effektive Lieferung der auf Termin gekauften oder verkauften Titel bei Fälligkeit erfolgt. Nur wenige Kurssicherungsgeschäfte erfolgen auf diese Weise. In der Regel werden die Kontrakte nicht bis zur Fälligkeit gehalten, sondern durch entsprechende Gegengeschäfte kompensiert. Der Grund für dieses Phänomen liegt nicht nur, wie oft irrtümlicherweise behauptet wird, in den Spekulanten, die an keiner effektiven Lieferung interessiert sind. Vielmehr ist ein Grund in der Standardisierung der Futures-Kontrakte zu sehen.

Wenn also keine effektive Lieferung der auf Termin gekauften oder verkauften Finanztitel erfolgt, dann sind die Basis und die unerwarteten Veränderungen der Basis, das Basisrisiko, relevant. Die Basis (B_t) ist die Differenz zwischen den Preisen des Kassatitels (S_t) und des Futures-Titels (F_t) zum Zeitpunkt t.

$$B_t = S_t - F_t .$$

Die Basis wird im wesentlichen von den "cost of carry" (Bestandshaltekosten) bestimmt. Das sind die Kosten, die mit dem Halten

---

1) Vgl. hierzu Goodman und Langer (1983); Adams (1984); Koppenhaver (1984b).

einer Kassaposition im Gegensatz zum Eingehen einer Terminposition verbunden sind. Die "cost of carry" lassen sich folgendermaßen verdeutlichen: Beabsichtigt der Anleger, eine Kuponanleihe zu einem zukünftigen Zeitpunkt zu erwerben und will er schon heute die Einstandskosten festlegen, dann ergeben sich für ihn zwei Möglichkeiten, dieses Ziel zu erreichen. Er kann entweder ein Termingeschäft abschließen und bei Fälligkeit Lieferung der Titel verlangen, oder er kann im Entscheidungszeitpunkt einen Kredit am Geldmarkt aufnehmen[1] und mit diesem Betrag die gewünschten Finanztitel sofort erwerben. Der Anleger hat in diesem Fall einerseits die Kreditzinsen zu zahlen und erhält andererseits die Kuponzahlungen aus dem Titel. Beide Alternativen müssen zu dem gleichen Ergebnis führen.

Ergeben sich Unterschiede, dann lassen sich Arbitragegewinne erzielen. Für diese Arbitrageüberlegungen sind die Differenz zwischen dem Kassapreis und dem Futures-Preis sowie die Unterschiede zwischen den Finanzierungskosten und den Erträgen aus der Anleihe wichtig.[2] Liegt beispielsweise eine ansteigende Zinsstrukturkurve vor und ist der Kassatitel mit dem Futures-Titel identisch, dann liegt der Futures-Preis unter dem Kassapreis. Im Gleichgewicht wird der Futures-Preis soweit unter dem Kassapreis liegen, daß beide Anlagestrategien zum gleichen Ergebnis führen. Allgemein gilt, daß bei ansteigender Zinsstrukturkurve die Terminpreise mit zunehmender Restlaufzeit des Futures-Kontraktes niedriger sind ("normal backwar-

---

1) Steht der Geldbetrag bereits zur Verfügung, dann bestehen die Alternativen darin, entweder den Kassatitel sofort zu erwerben oder einen Futures-Kontrakt zu kaufen und den Geldbetrag vorübergehend verzinslich anzulegen.

2) Für Beispielrechnungen siehe Schwarz, Hill und Schneeweis (1986), S. 140-144, und Chicago Board of Trade, Interest Rate Futures for Institutional Investors, Chicago 1987, S. 20-24. Büschgen (1988), S. 80-82, bezeichnet die zweite Differenz als Nettofinanzierungskosten. Im Gleichgewicht sollte dann der Futures-Preis dem Kassapreis vermindert um die Nettofinanzierungskosten entsprechen. Anstatt auf Beträge abzustellen, kann man auch relative Größen, d.h. Zinssätze und Renditen, betrachten. Vgl. hierzu Schwarz, Hill und Schneeweis (1986), S. 140-144.

dation"). Da in diesem Fall die Futures-Preise unter dem Kassapreis liegen, ist die Basis positiv. Bei fallenden Zinsstrukturkurven ist dagegen die Basis negativ. In aller Regel verringert sich die Basis, wenn sich die Restlaufzeit verkürzt.

Im Gleichgewicht hängt die Basis somit von den kurzfristigen Finanzierungskosten, den Erträgen der Kassaposition und der Restlaufzeit des Terminkontraktes ab. Das Basisrisiko ist nun die Gefahr und die Chance, daß sich die Basis im Zeitablauf über die Veränderung der "cost of carry" hinaus verändert. Die Basisveränderungen kann man in eine erwartete und eine unerwartete Komponente aufteilen. Erwartet sind die Veränderungen der Basis aufgrund der "cost of carry". Sie beinhalten kein Basisrisiko. Das eigentliche Basisrisiko entsteht aus den unerwarteten Veränderungen der Basis. Diese lassen sich mit der Standardisierung der Kontrakte und der Veränderung der Zinsstruktur erklären.

Die Standardisierung führt dazu, daß nur zu bestimmten Terminen und nur bestimmte Finanztitel geliefert werden können. Erst dadurch kann eine ausreichende Markttiefe entstehen. Dagegen ist die Wahrscheinlichkeit dafür, daß diese Vertragsbedingungen mit den Präferenzen der Marktteilnehmer vollständig übereinstimmen, sehr gering. In aller Regel werden sich daher der Kassatitel und der Futures-Titel unterscheiden, so daß ein Kompensationsgeschäft, d.h. die Auflösung des Futures-Kontraktes vor Fälligkeit, erforderlich ist. Diese Inkongruenz bezüglich der Fälligkeit und bezüglich der Finanztitel sind zwei Gründe für das eigentliche Basisrisiko. Ein weiterer Grund ist das Zinsstrukturrisiko.[1] Es resultiert daraus, daß sich die Zinssätze am Geldmarkt sowie die Zinssätze für den Kassatitel und für den Futures-Titel unterschiedlich verändern können.

---

1) Vgl. hierzu Leibowitz (1981a) und (1981b).

In der Literatur wird das Basisrisiko oft vernachlässigt, und in vielen Beispielrechnungen wird sogar von einer konstanten Basis ausgegangen. Dann kommt es zu einem "perfect hedge".[1] In der praktischen Anwendung von Terminkontrakten ist das Basisrisiko jedoch relevant. Es ist unbedingt zu beachten. Hedging führt nur dann zu einer Verringerung des Zinsrisikos, wenn das Basisrisiko kleiner ist als das Preisrisiko des Finanztitels. Die Varianz der Basis muß also geringer sein als die Preisvarianz des Finanztitels. Die Minimierung des Basisrisikos oder die Maximierung der Korrelation zwischen den Preisveränderungen der Kassaposition und denen der Futures-Position soll durch die Auswahl des Futures-Kontraktes und durch die Bestimmung der optimalen Anzahl von Futures-Kontrakten, der optimalen Hedge Ratio, erreicht werden. Die verschiedenen Ansätze zur Ermittlung der optimalen Hedge Ratio werden in Abschnitt V. vorgestellt.

3. Erwartete und unerwartete Marktzinsänderungen

Mit Financial Futures können die Risiken eliminiert werden, die sich aus Zinsänderungen ergeben. Es ist jedoch notwendig - und dieser Aspekt wird in der Literatur oft übersehen - zwischen erwarteten und unerwarteten Marktzinsänderungen zu differenzieren. Die erwarteten Zinssätze und Kassapreise spiegeln sich in der aktuellen "yield curve" und den Futures-Preisen wider. Mit dem Zinstermingeschäft lassen sich jedoch nur die Preise und Zinssätze sichern, die sich aus den herrschenden Futures-Preisen ergeben, und nicht, wie oft angenommen wird, die augenblicklichen Kurse und Renditen des Kassamarktes.

---

1) Ein "perfect hedge" ist in aller Regel dadurch charakterisiert, daß sich die Basis um die "cost of carry" verringert. Bleibt die Basis dagegen konstant, so ergeben sich Arbitragemöglichkeiten.

Werden beispielsweise vom Markt fallende Zinssätze für das nächste Jahr erwartet, so ist es bei einem geplanten Kauf von Finanztiteln im nächsten Jahr nicht möglich, die aktuellen höheren Zinssätze für die Finanzinvestition festzuschreiben. Für den entgegengesetzten Fall gilt: "If expectations of the market are for rising interest rates, the effectiveness of a strategy to lock in lower borrowing costs well in advance is nil."[1] Das Hedging mit Financial Futures verringert ausschließlich das aus unerwarteten Marktzinsänderungen resultierende Risiko. Zu dem gleichen Ergebnis führte die Immunisierung mit der Duration. Auch da war es nur möglich, das Risiko aus unerwarteten Marktzinsänderungen zu reduzieren.

4. Hedging und Spekulation

Einer detaillierten Klärung bedarf das Begriffspaar Hedging und Spekulation. Traditionell werden die Transaktionen an Futures-Märkten in Hedging und Spekulation unterteilt.[2] Nach dieser Auffassung, die als gedankliches Konstrukt hilfreich sein mag, erfolgt durch Termingeschäfte ein Risikentransfer vom Hedger zum Spekulanten.[3] Aus der Beobachtung der am Markt realisierten Transaktionen ist eine Unterscheidung der Geschäfte in Hedging und Spekulation kaum möglich.[4] Vielmehr ist es für die risikoanalytische Beurteilung des

---

1) Duncan (1977), S. 4; vgl. auch Bacon und Williams (1976), S. 35; McEnally und Rice (1979), S. 268; Kolb (1982), S. 138-142.

2) Siehe beispielsweise H. Schmidt (1983b), Sp. 1819-1822. Ein weiteres Motiv ist die Arbitrage.

3) Der Spekulant fordert ggf. für die Übernahme der Risiken eine Prämie. Siehe hierzu das "backwardation" von Keynes (1930) und die Liquiditätspräferenztheorie bei Hicks (1939). Wegen der Risikoprämie sind die Futures-Preise nach unten und die Renditen am Terminmarkt nach oben verzerrt.

4) Nach Spremann (1986), S. 445, ist der Spekulant der Kontraktpartner einer hedgenden Unternehmung. Diese Sichtweise erscheint kaum hilfreich, da Hedger-Hedger und Spekulant-Spekulant ebenfalls mögliche Kontraktpartner sind.

jeweiligen Geschäftes erforderlich, die individuelle Gesamtrisikoposition des einzelnen Marktteilnehmers zu betrachten.[1] Spekulation läßt sich dann als geplante Erhöhung und Hedging als geplante Verringerung des Gesamtrisikos definieren.

Da außerdem das Eingehen von Terminpositionen durch verschiedene Motive bestimmt wird, ist eine eindeutige Trennung von Hedging und Spekulation in der Regel auch rein gedanklich problematisch: "A hedger's optimal decision is a mixture of hedging and speculation."[2] Sehr weit gefaßt kann man beispielsweise mit Hedging dann alle Transaktionen bezeichnen, die die eigene Risikoposition verbessern[3] und dadurch den Marktwert der Unternehmung erhöhen.[4]

Folgt man dieser Betrachtungsweise, so steht der Abschluß von Termingeschäften im Zusammenhang mit den unternehmerischen Produktions- und Finanzierungsentscheidungen, wobei die Interdependenzen entweder sukzessive oder simultan berücksichtigt werden können. In den einfachen Ansätzen zum Hedging wird die optimale Futures-Position bestimmt, nachdem die Quantitäten der zu sichern-

---

1) Diese Sichtweise kommt in den portfoliotheoretischen Ansätzen zum Hedging explizit zum Ausdruck. Vgl. Johnson (1960); Stein (1961); Ederington (1979). Zur Analyse von Futures-Kontrakten mit dem CAPM siehe Dusak (1973); Black (1976); Stoll (1979).

2) Kamara (1983), S. 262. Spremann (1986), S. 450, führt dazu aus: "Der optimale Hedging Umfang ergibt sich aus dem Wunsch nach maximaler Absicherung des Erlösrisikos einerseits und der Spekulationsversuchung andererseits." Die spekulativen Elemente hebt auch Kamara (1983), S. 263, hervor: "...hedging and speculation are not the opposite of each other but similar activities with different prices serving as the basis of speculation: Hedgers speculate on both the basis and price levels while speculators speculate only on price levels."

3) Spremann (1986), S. 433.

4) Z.B. durch Risikoverringerung bei einem gegebenen Erwartungswert des Unternehmenswertes. "... hedging reduces the dependence of a firm value on changes on the state variable." Smith und Stulz (1985), S. 392.

den Position bereits determiniert sind.[1] Das Ziel besteht darin, das Preisrisiko zu minimieren. In komplexeren Ansätzen werden zusätzlich die Ungewißheit bezüglich der Volumina (Quantitäten) berücksichtigt, so daß Quantitäts- und Preisrisiko gleichzeitig auftreten[2] und simultan in den Entscheidungsprozeß mit einbezogen werden können. Schließlich kann die Existenz von Terminmärkten die Produktions- und Finanzierungsentscheidungen der hedgenden Unternehmung beeinflussen. Die simultane Bestimmung der Quantität und des Hedging-Volumens kann man dann als Entscheidungsproblem unter Risiko modellieren.[3]

Nach dieser Betrachtung der Grundprinzipien von Terminmärkten und Sicherungsgeschäften mit Financial Futures sollen in den nächsten Abschnitten die verschiedenen Verfahren vorgestellt werden, mit denen sich die optimale Hedge Ratio und die Anzahl der zu kaufenden oder zu verkaufenden Futures-Kontrakte ermitteln lassen.

---

1) Vgl. Peck (1975); Danthine (1978); Holthausen (1979); Feder, Just und Schmitz (1980); Rolfo (1980). Für das Zinsrisiko siehe Kolb und Chiang (1981); Gay und Kolb (1983a).

2) Vgl. Rolfo (1980).

3) Siehe hierzu den Ansatz von Spremann (1986).

IV. Zur Ermittlung von Futures-Positionen

Das Ziel des Hedging wird im allgemeinen darin gesehen, Preisrisiken aktueller oder geplanter Vermögenspositionen zu verringern. Die Sicherung von Rohstoff- und Warenpreisen mit Commodity Futures ist in der Literatur ausführlich analysiert und getestet worden.[1] Die dadurch gewonnenen Erkenntnisse kann man jedoch nicht ohne weiteres auf Zinstermingeschäfte übertragen, da beim Hedging von Finanztiteln zusätzliche Faktoren zu berücksichtigen sind. Diese ergeben sich im wesentlichen aus den besonderen Ausstattungsmerkmalen verzinslicher Finanztitel. Ferner ist zu beachten, daß es sich beim Hedging mit Financial Futures in aller Regel um einen "cross hedge" handelt. Bei einem "cross hedge" differieren die endogenen und meistens auch die exogenen Determinanten der Finanztitel. So reduziert sich beispielsweise die Restlaufzeit bei Kassapositionen während der Planungsperiode. Dagegen bleibt die Restlaufzeit des oftmals fiktiven Finanztitels, der dem Futures-Kontrakt zugrunde liegt, konstant. Vor allem für das Hedging von kurzfristigen Diskontpapieren ist das bedeutsam. Bei Kupontiteln sind zusätzlich die Auswirkungen des Konversionsfaktorsystems[2] und die endogenen Determinanten mit einzubeziehen.

Sicherungsgeschäfte mit Financial Futures haben meistens das Ziel, die Kassaposition und die Futures-Position so zu einer Gesamtposition zu kombinieren, daß sich - unabhängig von möglichen Marktzinsänderungen - die Preisveränderungen ausgleichen und somit die

---

1) Siehe hierzu Goss und Yamey (1976); Hieronymus (1980); Kolb (1985); die Handbücher von Kaufman (1983) und Rothstein (1984) sowie die Aufsatzsammlungen von Peck (1977a) und (1977b); siehe auch Sharpe (1981), S. 455-489.

2) Zum Konversionsfaktorsystem siehe Abschnitt V.2.b.

Gesamtposition im wesentlichen risikofrei ist.[1] Für ein erfolgreiches Hedging von Zinsrisiken mit Zinsterminkontrakten sind die folgenden fünf Bestimmungsfaktoren zu berücksichtigen:[2]

1) Restlaufzeit des Kassatitels und des Futures-Titels,
2) Kupons beider Titel,
3) geplante Hedging-Periode,
4) aktuelle Zeitstruktur der Zinssätze und mögliche Veränderungen,
5) Bonitätsstruktur der Zinssätze und mögliche Veränderungen.

Ein erfolgreiches Sicherungsgeschäft setzt zuallererst voraus, daß man die zu sichernde Einzel- oder Gesamtposition hinreichend genau ermitteln kann. Die Sicherung von einzelnen Finanztiteln wird als "micro hedging" bezeichnet. Werden Vermögens- und Schuldpositionen saldiert und nur die Differenz gesichert,[3] so handelt es sich um "macro hedging". Dabei ist der zu sichernde Betrag vielfach keinem konkreten Finanztitel zuzuordnen.

Ist der zu sichernde Betrag bestimmt, dann muß der Futures-Kontrakt bezüglich des Kontraktgegenstandes (Laufzeit, Finanztitel, Nominalbetrag) ausgewählt werden. Ein Futures-Kontrakt bietet sich für die Sicherung einer Kassaposition an, wenn die Preisveränderun-

---

1) Toevs und Jacob (1986), S. 60, definieren:" ... a hedge to be an activity that minimizes the variance of return" oder an anderer Stelle, S. 61, "the hedging goal to be the minimization of the variance of either the price or the total return of existing or anticipated cash positions". Auf der Basis dieser Definitionen läßt sich zeigen, daß die Zielsetzung bei den verschiedenen Ansätzen, und hier vor allem beim Portfolio-Ansatz und beim Preissensitivitäts-Ansatz, identisch sind.

2) Vgl. Kolb und Chiang (1981), S. 72; Gay und Kolb (1983b), S. 65 f.; die aus der Nichtbeachtung resultierenden Risiken erläutern Bacon und Williams (1976), S. 33-35, an Beispielen. Für die Bedeutung dieser Faktoren für die Preissensitivität vgl. Teil 2, Kapitel A.II.

3) D.h. die "natural hedges" in der Bilanz werden berücksichtigt. Siehe hierzu Keen (1980), S. 19; Fitzgerald (1983), S. 67-71; Powers und Weissman (1983), S. 158.

gen der Finanztitel weitgehend parallel verlaufen, d.h. stark positiv korreliert sind.[1] Alternativ kann man auch die Veränderungen der Zinssätze betrachten. Eine starke Korrelation bei den Zinssatzänderungen kann jedoch aufgrund der unterschiedlichen endogenen Determinanten der Finanztitel zu einer geringeren Korrelation bei den Preisen führen. Beide Titel sollten sich daher auch hinsichtlich der endogenen Determinanten weitgehend entsprechen. Wegen der unterschiedlichen Zinsschwankungen bei verschiedenen Laufzeiten und der Schwierigkeit, diese ex ante genau zu identifizieren, mag es zweckmäßig sein, die Restlaufzeiten des Kassatitels mit der Laufzeit des Futures-Titels abzustimmen.[2]

Die Auswahl des Kontraktmonats richtet sich nach der Länge der Periode, für die das Sicherungsgeschäft getätigt werden soll (Hedging-Periode) und nach der Höhe der Korrelationen, die zwischen den Preisen, Preisveränderungen oder Zinssätzen des zu sichernden Kassatitels und des Futures-Titels bestehen.[3] Sind der zu sichernde Betrag, die Kontraktart und der Kontraktmonat bestimmt, so ist schließlich die zu kaufende oder zu verkaufende Anzahl von Futures-Kontrakten zu ermitteln.

---

1) Vgl. Fitzgerald (1983), S. 51-54.

2) Eine detaillierte Analyse des Preisrisikos aufgrund der Zinsstrukturveränderung hat Leibowitz (1981a) und (1981b) vorgenommen. Da die Preisrelationen von Kassatitel und Futures-Titel sich aus Arbitrageüberlegungen und -strategien ableiten lassen, kann eine größere Volatilität der kurzfristigen Zinssätze zu erheblichen Risiken führen. Im wesentlichen handelt es sich hier um das Zinsstrukturrisiko (stochastic process risk), d.h. das Risiko, daß sich die Form der Zinsstruktur verändert.

3) Siehe hierzu Fitzgerald (1983), S. 67-88; Palm (1984).

V. Ansätze zur Ermittlung der optimalen Anzahl von Futures-Kontrakten

Die Risikoverringerung mit Zinsterminkontrakten kann dann als erfolgreich bezeichnet werden, wenn sich die Preisveränderungen der Kassaposition und die der Terminposition stets ausgleichen. Da die Preisveränderungen des Kassatitels und des Futures-Titels bei einer Zinsänderung meistens jedoch nicht die gleiche Höhe aufweisen, hängt der Erfolg des Hedging somit entscheidend davon ab, wieviel Futures-Kontrakte bei einer gegebenen Kassaposition gekauft oder verkauft werden. Die Anzahl der Futures-Kontrakte, die erforderlich ist, um das Risiko der Kassaposition zu kompensieren, läßt sich folgendermaßen errechnen:

$$K = \frac{N_S}{N_F} \text{ Hedge Ratio }, \qquad (2.38)$$

wobei K die Anzahl der Futures-Kontrakte angibt. N_S und N_F sind die Nominalwerte der Kassaposition und der Futures-Position. Der entscheidende Bestimmungsfaktor ist die Hedge Ratio. Sie gibt an, wieviel Finanztitel der Terminposition erforderlich sind, um einen Titel der Kassaposition abzusichern. Die Hedge Ratio kann man allgemein als Quotienten aus der möglichen Veränderung des Kassapreises und des Futures-Preises errechnen, wobei noch zu spezifizieren bleibt, welche Annahmen über die potentiellen Preisveränderungen gemacht werden oder wie diese Preisveränderungen zu ermitteln sind.

Die Hedge Ratio, die das Risiko aus der Kassaposition am stärksten reduziert, wird als "minimum risk hedge ratio" oder "optimal hedge ratio" bezeichnet. In den letzten Jahren sind verschiedene Verfahren zur Bestimmung der optimalen Hedge Ratio entwickelt worden. Die hier vorzustellenden Verfahren sind der naive Ansatz, der Konversionsfaktor-Ansatz, der Portfolio-Ansatz und der Preissensitivitäts-Ansatz. Die Qualität der einzelnen Verfahren wird durch das

Ausmaß der Risikoverringerung, der "hedging effectiveness"[1], erkennbar.

1. Naiver Ansatz

Das einfachste Verfahren zur Bestimmung der Hedge Ratio ist der naive Ansatz. Hierbei wird unterstellt, daß die Preisveränderungen des Kassatitels und des Futures-Titels identisch sind. Die Hedge Ratio ist deshalb gleich eins. Die Anzahl der Futures-Kontrakte errechnet sich, indem man den Nominalwert der Kassaposition durch den Nominalwert des Futures-Kontraktes dividiert. Diese Vorgehensweise kann kaum zu befriedigenden Lösungen führen. Denn eine Hedge Ratio von eins kann in aller Regel nur dann optimal sein, wenn die durch den Futures-Kontrakt gekauften oder verkauften Finanztitel auch effektiv abgenommen oder geliefert werden.

Bei einer Variante dieses Ansatzes wird die Annahme aufgegeben, daß die Hedge Ratio immer gleich eins ist. Stattdessen wird angenommen, daß sie von den aktuellen Preisen der Finanztitel abhängt. Die Hedge Ratio ergibt sich dann aus dem Preisverhältnis von Kassapreis und Futures-Preis. Diese Vorgehensweise unterstellt, daß das Preisverhältnis ein geeigneter Indikator für das Verhältnis möglicher Preisveränderungen von Kassatitel und Futures-Titel ist. Tendenziell lassen sich dadurch wohl bessere Ergebnisse erzielen. Weichen jedoch die Preise in der Ausgangslage stark voneinander ab, was darauf

---

1) Sie drückt aus, inwieweit das vorgegebene Ziel, die Minimierung des Risikos, erreicht werden kann, wenn man die optimale Hedge Ratio verwendet. Die "hedging effectiveness" wird ermittelt, indem man die Risikoverringerung, die durch die gesicherte Gesamtposition zu erzielen ist, ins Verhältnis setzt zum Risiko der ungesicherten Kassaposition.

$$e = \frac{\mathrm{Var}\,(S) - \mathrm{Var}\,(G)}{\mathrm{Var}\,(S)} = 1 - \frac{\mathrm{Var}\,(G)}{\mathrm{Var}\,(S)}\;.$$

hindeutet, daß sich auch die endogenen Determinanten unterscheiden, so können daraus erhebliche Ungenauigkeiten resultieren. Wegen dieser Annahmen über mögliche Preisveränderungen bietet sich der naive Ansatz weder für das "micro hedging" noch für das "macro hedging" an. Er kommt daher für das Hedging von Zinsrisiken in Bondportefeuilles und für das Hedging von Zinsrisiken in Kreditinstituten mit Financial Futures nicht in Betracht.[1]

2. Konversionsfaktor-Ansatz

Das Hedging von Kuponanleihen mit Financial Futures ist schon wegen der Standardisierung der Vertragsbedingungen in aller Regel ein "cross hedge". Das wird beim Konversionsfaktor-Ansatz[2], dem zweiten Verfahren zur Ermittlung der optimalen Hedge Ratio, berücksichtigt. Bevor dieser Ansatz dargestellt werden kann, ist das Konversionsfaktorsystem zu erläutern.

a) Konversionsfaktoren

Bei Fälligkeit des Futures-Kontraktes hat der Inhaber der "short position" das Wahlrecht, welche Titel er zur Erfüllung seiner Verpflichtung liefert. Er kann die Anleihe liefern, die Gegenstand des Futures-Kontraktes[3] ist (Standard-Anleihe), oder er kann andere im

---

1) Zur Kritik siehe Toevs und Jacob (1986), S. 62; Vgl. auch Gay und Kolb (1983b), S. 66.

2) Siehe hierzu Fitzgerald (1983), S. 57-60; Gay und Kolb (1983b), S. 66; Toevs und Jacob (1986), S. 62.

3) Den Kontraktgegenstand kann man sich als ein gedachtes standardisiertes Instrument vorstellen. Oft wird auch von einem fiktiven, hypothetischen oder synthetischen Finanztitel gesprochen. Ob dieser Titel mit den entsprechenden Ausstattungsmerkmalen derzeit existiert oder vielleicht nur bei der Eröffnung des Kontraktes existiert hat, spielt dabei keine Rolle. Vgl. hierzu Palm (1984), S. 12.

Lieferverzeichnis aufgeführte Finanztitel andienen. Diese Standard-Anleihe ist beispielsweise beim Treasury-Bond-Kontrakt der Chicago Board of Trade eine U.S. Regierungsanleihe mit einem Kupon von 8% und einer Restlaufzeit von 20 Jahren.[1] Die sonstigen lieferbaren Titel können verschiedene Kupons und unterschiedliche Restlaufzeiten aufweisen. Die Restlaufzeit muß jedoch mindestens 15 Jahre betragen. Finanztitel mit unterschiedlichen Ausstattungsmerkmalen weichen üblicherweise im Preis voneinander ab. Sie sind daher keine perfekten Substitute für die Erfüllung einer Verbindlichkeit. Es ist daher ein Ausgleich zu schaffen, wenn Finanztitel mit abweichenden Kupons und verschiedenen Restlaufzeiten geliefert werden. Dieser Ausgleich erfolgt über den Rechnungsbetrag, den der Käufer zu zahlen hat. Pro Terminkontrakt sind in den U.S.A. in aller Regel nominal $100.000 zu liefern.[2] Wenn der Inhaber der "short position" sich für die Lieferung ganz bestimmter T-Bonds entscheidet, muß der Inhaber der "long position" für die Abnahme dieser Titel einen entsprechenden Rechnungsbetrag zahlen. Dieser bestimmt sich wie folgt:

$$\text{Rechnungsbetrag} = \text{Futures-Preis} * 1.000 * \text{Konversionsfaktor}.$$

Ist der Futures-Preis beispielsweise 86,375 und der Konversionsfaktor 0,9144 dann ergibt sich daraus ein Rechnungsbetrag von $78.981,30. Für die Ermittlung dieses Betrages wird ein Konversionsfaktor ver-

---

1) Bei Einführung des Kontraktes im Jahre 1977 entsprach der Kupon von 8% dem herrschenden Marktzinsniveau dieses Laufzeitbereichs. Da bei der Emission die Festlegung des Kupons und oftmals auch die der Restlaufzeit vom Marktzinsniveau abhängt, wird es im Regelfall so sein, daß Titel mit genau diesen Ausstattungsmerkmalen nicht immer verfügbar sind und damit auch nicht geliefert werden können.

2) Einen aktuellen Überblick über die gehandelten Kontrakte findet sich in Futures und Options Directory, Euromoney, Corporate Finance, Supplement March 1988.

wendet, der den einzelnen Titel der Standard-Anleihe anpassen soll. Der Konversionsfaktor Q läßt sich wie folgt ermitteln:[1]

$$(2.39) \qquad Q = [\ \Sigma\ C_t\ (1{,}08)^{-t} + T_n\ (1{,}08)^{-n}\ ]\ /\ 100\ ,$$

wobei C_t die Kuponzahlungen und T_n der Rückzahlungsbetrag sind. Der Nominalwert der Anleihe beträgt 100. In dem Beispiel handelt es sich um einen Finanztitel mit einem Kupon von 7%, einer Restlaufzeit von 15 Jahren und einem Rückzahlungsbetrag von 100. Der Konversionsfaktor ist:

$$0{,}9144 = [\ \Sigma\ 7\ (1{,}08)^{-t} + 100\ (1{,}08)^{-15}\ ]\ /\ 100$$

Vereinfacht läßt sich sagen: Der Konversionsfaktor ergibt sich aus dem Barwert des Titels bei einem Diskontierungssatz von 8%. Demzufolge ist der Konversionsfaktor größer als eins, wenn der Kupon größer als 8% ist und kleiner als eins, wenn der Kupon kleiner als 8% ist. Der Diskontierungssatz ist 8%, da die Standard-Anleihe einen Kupon von 8% aufweist. Der Konversionsfaktor dieser fiktiven Anleihe ist eins.

Der Konversionsfaktor wird demnach so errechnet, daß bei horizontaler Zinsstruktur die Rendite des Titels 8% ist.[2] Unter dieser Annahme sind die lieferbaren Titel perfekte Substitute. Bei nicht horizontaler Zinsstruktur ist es vorteilhaft, den Titel zu liefern, der den jeweils niedrigsten angepaßten Kurswert aufweist (Kurs am Kassamarkt * Konversionsfaktor). Der Titel wird als "cheapest-to-deliver bond" bezeichnet. "Under factor pricing the cheapest-to-deliver bond

---

1) Für die Berechnungsmethoden der Chicago Board of Trade und der London International Financial Futures Exchange siehe Fitzgerald (1983), S. 57-60.

2) Siehe zur Berechnung Fitzgerald (1983), S. 57.

will depend upon bond coupon level, maturity, and upon the term structure of interest rates."[1]

In der Literatur[2] divergieren die Auffassungen darüber, welchen Einfluß diese Faktoren haben und wie ein Konversionsfaktorsystem aufgebaut sein müßte, um zu gewährleisten, daß die Titel perfekte Substitute sind.[3] Auch wenn man ein Konversionsfaktorsystem mit der Macaulay-Duration konstruiert, die die endogenen Faktoren in einer Zahl zusammenfaßt, führt das zu keiner befriedigenden Lösung, da auch hier mit einem Durchschnittszinssatz gerechnet wird.

Die empirische Ermittlung des Titels mit dem niedrigsten Rechnungsbetrag ist dagegen ohne Schwierigkeiten möglich. Ist der Futures-Markt effizient, dann wird sich der quotierte Futures-Preis immer an dem "cheapest-to-deliver bond" orientieren. "The cheapest-to-deliver bond drives futures prices. Therefore, the shift in cheapest-to-deliver from one issue to another can alter the relationship between futures prices and cash security prices."[4] Das kann weitreichende Auswirkungen auf die Errechnung der optimalen Hedge Ratio und in besonderem Maße auf die "hedging effectiveness" haben. Die Berücksichtigung des "cheapest-to-deliver bond" und des Konversionsfaktors ist somit ein wesentliches Element für eine wirksame Risikoverringerung. Bei den beiden weiteren noch zu behandelnden Verfahren zur Berechnung der optimalen Hedge Ratio wird dieser Aspekt zu berücksichtigen sein.

---

1) Livingston (1984), S. 161.

2) Fitzgerald (1981); Yardeni (1981); Kilcollin (1982); Kane und Marcus (1984); Livingston (1984); Meisner und Labuszewski (1984); Jones (1984).

3) Darüber hinaus zeigt sich, daß die "short position" mehrere Optionen beinhaltet, die eigentlich auch zu bewerten sind. Siehe hierzu Meisner und Labuszewski (1984); Vgl. auch Cox, Ingersoll und Ross (1981b); Kolb und Chiang (1982), S. 354; Benninga und Smirlock (1985).

4) Meisner und Labuszewski (1984), S. 577.

b) Berechnung der optimalen Hedge Ratio

Der Konversionsfaktor-Ansatz geht von der Annahme aus, daß die unterschiedlichen Preisveränderungen von Kassatitel und Futures-Titel in dem Konversionsfaktor zum Ausdruck kommen. Die Hedge Ratio entspricht daher dem Konversionsfaktor.

Der Konversionsfaktor beispielsweise für einen 12%igen T-Bond mit 20 Jahren Restlaufzeit beträgt nach dem Konversionsfaktorsystem der Chicago Board of Trade[1] 1,3959. Das bedeutet, daß dieser Titel ungefähr 40% mehr wert sein sollte, als der fiktive T-Bond mit dem 8%igen Kupon und 20 Jahren Restlaufzeit. Ferner wird unterstellt, daß die Preisreagibilität des 12%igen Titels um ca. 40% größer sein sollte als die des 8%igen Titels. Ist das Preisrisiko dieses Finanztitels zu sichern, dann sind für $ 10.000.000 Nominalwert des Kassatitels 14 Futures-Kontrakte über je Nominal $ 100.000 zu kaufen oder zu verkaufen.

Obwohl der Konversionsfaktor-Ansatz eine Erweiterung gegenüber dem naiven Ansatz darstellt, bietet er Anlaß für Kritik und sollte daher nur mit gebotener Vorsicht eingesetzt werden. Die Probleme resultieren aus der Annahme einer 8%igen horizontalen Zinsstruktur für die Errechnung der Konversionsfaktoren. Liegen ansteigende oder fallende Zinsstrukturen vor, so läßt sich das nicht berücksichtigen. Es unterbleibt auch die Erfassung unterschiedlicher Zinsvolatilitäten. Aus diesem Grund können erhebliche Ungenauigkeiten auftreten, die ein erfolgreiches Hedging verhindern. Der Konversionsfaktor-Ansatz dürfte daher kaum geeignet sein, stets die Hedge Ratio zu liefern, die das Risiko minimiert und damit optimal wäre.

---

1) Siehe hierzu: Treasury Bond Futures and Treasury Note Futures Conversion Factors. Financial Publishing Co., Boston 1980.

3. Portfolio-Ansatz

Der Portfolio-Ansatz ist ein weiteres Verfahren zur Bestimmung der optimalen Hedge Ratio. Bei ihm werden die Überlegungen der modernen Portfolio-Theorie[1] auf das Hedging mit Commodity Futures und Financial Futures übertragen. Das Ziel dieses Ansatzes besteht darin, die Kassaposition und die Futures-Position so zu kombinieren, daß die möglichen Preisschwankungen des Portfolios oder der Gesamtposition -bestehend aus Kassaposition und Terminposition - minimiert werden. Die optimale Hedge Ratio ist daher so zu bestimmen, daß die Variabilität der Preisschwankungen der Gesamtposition auf das niedrigste Ausmaß reduziert wird.

Johnson und Stein[2] waren die ersten, die diese Überlegungen verwendeten, um die optimale Hedge Ratio bei Commodity Futures zu ermitteln. Die Herleitung einer "historically optimal hedge ratio" von McEnally und Rice[3] ist der Versuch, dieses Verfahren für die Preissicherung von verzinslichen Finanztiteln mit Financial Futures einzusetzen. Ederington[4] erkannte ebenfalls, daß man die Portfolio-Theorie für das Hedging mit T-Bill Futures und GNMA Futures nutzen kann. Er ermittelte die varianzminimale Hedge Ratio b^* für Interest Rate Futures und Commodity Futures und verglich danach ihre "hedging effectiveness". Nachfolgend gilt es, b^* abzuleiten und zu untersuchen, inwieweit sich der Portfolio-Ansatz für das Management von Zinsrisiken einsetzen läßt.

---

1) Markowitz (1959); Tobin (1959); siehe auch Sharpe (1981), S. 116-138; Elton und Gruber (1981); Copeland und Weston (1983), S. 142-184; Haugen (1986), S. 52-69.

2) Johnson (1960); Stein (1961).

3) McEnally und Rice (1977).

4) Ederington (1979).

a) <u>Ableitung der optimalen Hedge Ratio</u>

Ein zentrales Element der Portfolio-Theorie ist es, Finanztitel durch die beiden Parameter Erwartungswert und Varianz der Rendite oder der Preise zu charakterisieren, wobei die Varianz ein Maß für das Risiko darstellt. Effiziente Portfolios zeichnen sich dadurch aus, daß bei einem gegebenen Erwartungswert das Risiko minimal und bei einem gegebenen Risiko der Erwartungswert maximal ist.

Der Erwartungswert des Gewinns oder Verlustes aus einer bestehenden oder geplanten Kassaposition E(S), der zwischen zwei Zeitpunkten entsteht, errechnet sich, indem man den Erwartungswert der Preisveränderung mit der Anzahl der Finanztitel multipliziert.

(2.40) $$E(S) = X_S \, E(S_t - S_o) ,$$

wobei X_S die Anzahl der Kassatitel sowie S_o und S_t die Kassapreise zu den Zeitpunkten O bzw. t angeben. Für die Ermittlung der optimalen Hedge Ratio wird weiterhin auf einen Finanztitel der Kassaposition abgestellt, so daß X_S gleich eins ist.

Der Erwartungswert des Gewinns oder Verlustes aus einer Gesamtposition E(G) - bestehend aus Kassa- und Terminposition - ist durch Gleichung (2.41) gegeben:

(2.41) $$E(G) = X_S \, E(S_t - S_o) - X_F \, E(F_t - F_o) ,$$

wobei X_F die Anzahl der Futures-Titel sowie F_o und F_t die Futures-Preise zu den Zeitpunkten O bzw. t angeben. Das negative Vorzeichen für die Futures-Position deutet darauf hin, daß zum Hedging eine der Kassaposition entgegengesetzte Terminposition einzugehen ist. Bezeichnet man den Erwartungswert der Preisveränderungen des Kassatitels und des Futures-Titels mit ΔS bzw. ΔF, so kann man auch schreiben:

(2.42) $$E(G) = X_S \Delta S - X_F \Delta F \ .$$

Aus den Gleichungen (2.41) und (2.42) erkennt man, daß das Preisrisiko ausgeschlossen ist, wenn die Preisveränderungen des Kassatitels und des Futures-Titels sowie deren Anzahl sich entsprechen. Aber gerade parallele Preisentwicklungen sind bei Finanztiteln nur selten zu beobachten. Auch wenn man die Veränderung der "cost of carry" berücksichtigt und nur die unerwarteten Basisveränderungen betrachtet, so bleibt das eigentliche Basisrisiko bestehen. Das angestrebte Ziel, die Preisveränderungen der Gesamtposition bei allen möglichen Umweltzuständen auf null zu reduzieren, wird daher nicht mit Sicherheit zu erreichen sein. Vielmehr ist es mit Risiken behaftet.

In der Portfolio-Theorie wird das Risiko durch die Varianz gemessen. Die Varianz der Kassaposition Var(S) und die der Gesamtposition Var(G) sind:

(2.43) $$Var(S) = X_S^2 \sigma_S^2 \ ,$$

(2.44) $$Var(G) = X_S^2 \sigma_S^2 + X_F^2 \sigma_F^2 + 2 X_S X_F Cov(S,F) \ ,$$

wobei σ_S^2 und σ_F^2 die Varianzen der Preisveränderung eines Kassatitels bzw. eines Futures-Titels sind. Die Kovarianz Cov(S,F) ist gleich $\rho_{SF} \sigma_S \sigma_F$, wobei ρ_{SF} den Korrelationskoeffizienten angibt. Man kann daher (2.44) auch schreiben:

(2.45) $$Var(G) = X_S^2 \sigma_S^2 + X_F^2 \sigma_F^2 + 2 X_S X_F \rho_{SF} \sigma_S \sigma_F \ .$$

Aus Gleichung (2.45) ist zu erkennen, daß das Risiko für den Fall ausgeschlossen ist, daß die Preisveränderungen des Kassatitels und des Futures-Titels perfekt negativ korreliert sind, ρ_{SF} also gleich -1 ist und X_S und X_F sich entsprechen. Bei Finanztiteln ist dieses in aller Regel nur zu erreichen, wenn Kassatitel und Futures-Titel identisch sind. In den meisten Fällen handelt es sich jedoch um einen "cross hedge". Für das Hedging einer bestimmten Kassaposition ist dann der Futures-Kontrakt geeignet, bei dem der Kassatitel und der Futures-Titel die stärkste Korrelation aufweisen.

Im Rahmen der Portfolio-Theorie wäre nun die Portefeuillestruktur zu ermitteln, die dem Entscheidenden den größten Nutzen verspricht. Das ist beim Hedging üblicherweise nicht das Ziel. Vielmehr gilt es, die Portefeuillestruktur zu ermitteln, die das geringste Risiko, also die minimale Varianz, aufweist.[1] Bei einem gegebenen Kassatitel reduziert sich das Problem auf die Bestimmung der Anzahl der Futures-Titel pro Kassatitel. Sie läßt sich in diesem Ansatz folgendermaßen ermitteln:

Den Ausgangspunkt bildet Gleichung (2.44). Definiert man b[2] als X_F/X_S - als Anzahl der Futures-Titel dividiert durch Anzahl der Kassatitel, wobei X_S annahmegemäß gleich eins ist - und löst diesen Ausdruck nach X_F auf, so ergibt sich $X_F = bX_S$. In Gleichung (2.45) eingesetzt erhält man:

(2.46) $$Var(G) = X_S^2\sigma_S^2 + b^2X_S^2\sigma_F^2 + 2bX_S^2\rho_{SF}\sigma_S\sigma_F \ .$$

Klammert man X_S^2 aus, folgt:

(2.47) $$Var(G) = X_S^2 \left[\sigma_S^2 + b^2\sigma_F^2 + 2b\rho_{SF}\sigma_S\sigma_F \right].$$

Es ist nun von Interesse, bei welchem b, also bei welcher Anzahl von Futures-Titeln pro Kassatitel, das Risiko minimiert ist. Die

---

1) Benninga, Eldor und Zicha (1984) zeigen, daß die varianzminimale Hedge Ratio auch die optimale Hedge Ratio ist, und zwar unabhängig von der Nutzenfunktion des Entscheidungsträgers.

2) In diesem Ansatz steht b für die Hedge Ratio. Geht man von Gleichung (2.42) aus, so gilt: $b = X_F/X_S = \Delta S/\Delta F$. Das ist die oben definierte Hedge Ratio, nämlich der Quotient aus Preisveränderung des Kassatitels und Preisveränderung des Futures-Titels.

varianzminimale Hedge Ratio b* erhält man, indem man die Funktion in Gleichung (2.47) nach b ableitet und danach diese Ableitung gleich null setzt. Es ergibt sich:

(2.48) $$X_S^2 \, [\, 2b\sigma_F^2 + 2\rho_{SF}\sigma_S\sigma_F \,] = 0 \, .$$

Die optimale Hedge Ratio b* ist:

(2.49) $$b^* = \rho_{SF}\sigma_S\sigma_F \, / \, \sigma_F^2 \, ,$$

oder anders geschrieben:

(2.50) $$b^* = Cov(S,F) \, / \, Var \, (F).$$

Die optimale Hedge Ratio ist der Quotient aus Kovarianz (S,F) und Varianz (F). Der Vorteil des Portfolio-Ansatzes kann darin gesehen werden, daß sich die Hedge Ratio empirisch ermitteln läßt. Dazu ist eine Regression zwischen den historischen Preisen S_t und F_t (2.51) oder den Preisveränderungen ΔS_t und ΔF_t (2.52) des Kassatitels und des Futures-Titels durchzuführen:[1)]

(2.51) $$S_t = \beta_0 + \beta_1 F_t + e_t \, ;$$

(2.52) $$\Delta S_t = \beta_0 + \beta_1 \Delta F_t + e_t \, .$$

In mehreren empirischen Untersuchungen[2)] hat sich gezeigt, daß der Regressionskoeffizient β_1 einen guten Anhaltspunkt für die Hedge Ratio b* liefert. Betrachtet man darüber hinaus den Korrelationskoeffizienten und das Bestimmtheitsmaß dieser Regression, dann kann man Aussagen darüber treffen, wie stark die Preise oder Preisver-

1) Toevs und Jacob (1986), S. 63 und S. 70, zeigen, daß beide Vorgehensweisen möglich sind.

2) Siehe beispielsweise Hegde (1982); Hill und Schneeweis (1982) und (1984); Hegde und Nunn (1985b).

änderungen des Kassatitels und des Futures-Titels korreliert sind und wie gut der betrachtete Futures-Kontrakt geeignet ist, das Risiko der Kassaposition zu reduzieren. Ein Maß dafür ist die oben erörterte "hedging effectiveness".[1] Im Portfolio-Ansatz läßt sich diese relative Risikoverringerung durch das Bestimmtheitsmaß der Regression schätzen.[2]

b) Empirische Ergebnisse

Die empirischen Untersuchungen zum Hedging mit dem Portfolio-Ansatz liefern für Zinsterminkontrakte keine übereinstimmenden Ergebnisse. Ederingtons[3] Untersuchungen weisen Mängel auf und sind daher wenig aussagekräftig. Nach Korrektur dieser Mängel kommen Franckle[4] sowie Cicchetti, Dale und Vignola[5] zu überzeugenderen Ergebnissen beim Hedging mit T-Bill Futures. Hill und Schneeweis[6], die Kuponanleihen mit T-Bill Futures und GNMA Futures absichern, sehen historische Daten als nützlich an, um b^* und e für zukünftige Perioden zu prognostizieren. In einer anderen Untersuchung, bei der zwischen Perioden mit steigenden und fallenden Zinssätzen differenziert wird, zweifeln sie jedoch die Nützlichkeit historischer Daten an.[7] Auch Senchak und Easterwood[8] fanden

---

1) Vgl. auch Ederington (1979); für Erweiterungen siehe Cicchetti (1984) sowie Howard und D'Antonio (1984).

2) Schwarz, Hill und Schneeweis weisen darauf hin, daß dieses Maß nur korrekt ist, wenn die Hedge Ratio gleich eins ist. Ansonsten ist der Zähler der Gleichung mit der Hedge Ratio zu multiplizieren. Vgl. Schwarz, Hill und Schneeweis (1986), S. 185-187.

3) Ederington (1979).

4) Franckle (1980).

5) Cicchetti, Dale und Vignola (1981).

6) Hill und Schneeweis (1982) und (1984).

7) Hill, Liro und Schneeweis (1983).

8) Senchak und Easterwood (1983); siehe auch Maness (1981b).

nur wenig Unterschiede zwischen dem Portfolio-Ansatz und dem naiven Ansatz. Hegde sowie Hegde und Nunn[1] haben dagegen gute Resultate mit dem Portfolio-Ansatz erzielt. In einer weiteren Untersuchung gelangen sie zu folgendem Resümee: "The portfolio approach to cross hedging performs as well as the duration based price sensitivity approach."[2]

Wie diese kurze Zusammenfassung der empirischen Untersuchungen zeigt, läßt sich eine eindeutige Aussage über die Qualität des Portfolio-Ansatzes nicht treffen. Das mag daran liegen, daß die untersuchten Perioden nicht identisch sind. Vor allem die Änderung der Geldpolitik in den Vereinigten Staaten im Oktober 1979 hat dazu geführt, daß die historischen Preiszusammenhänge an Stabilität verloren haben.

c) Anmerkungen zum Portfolio-Ansatz

Der Portfolio-Ansatz ist ein theoretisch fundiertes Verfahren, um die optimale Hedge Ratio zu ermitteln.[3] Bei der Sicherung von Rohstoff- und Warenpreisen lassen sich gute Ergebnisse erzielen. Will man diesen Ansatz allerdings auf das Hedging von verzinslichen Finanztiteln mit Zinstermingeschäften übertragen, können einige Probleme auftreten, die kurz zu skizzieren sind.

---

1) Hegde (1982); Hegde und Nunn (1985b); siehe auch McCabe und Franckle (1983).

2) Hegde und Nunn (1985a), S. 155.

3) Hegde und Nunn (1985a), S. 147, weisen darauf hin, daß die für den Portfolio-Ansatz erforderliche Annahme, daß die Preisveränderungen mit konstanter Varianz normalverteilt sind, in der Regel nicht erfüllt ist, so daß sich verzerrte Schätzwerte ergeben. Siehe hierzu auch die Untersuchungen zum "mixed diffusion jump process" von Akgiray und Booth (1986). Schon Samuelson (1976) hatte auf die Veränderungen der Preisschwankungen von Futures bei verringerter Restlaufzeit hingewiesen.

Die optimale Hedge Ratio ist mit diesem Ansatz aus den beobachtbaren historischen Preisen oder Preisveränderungen von Kassatitel und Futures-Titel zu ermitteln. Deshalb gehen die Kenntnisse über die Bewertung und die Wertänderungen von Finanztiteln nicht in die Analyse ein. So wird beispielsweise die unterschiedliche Preissensitivität der Titel nicht gesondert berücksichtigt, denn mit der Regression lassen sich die endogenen und exogenen Determinanten des Zinsrisikos von Finanztiteln nicht getrennt erfassen. Franckle[1] zeigt für Diskontpapiere eine Möglichkeit auf, um die erwarteten Kursveränderungen des Kassatitels und die Verringerung der Kursvariabilität im Zeitablauf mit einzubeziehen. Allerdings zeichnet sich noch keine Lösung ab, wie dieses Problem bei Kuponanleihen anzugehen ist.

Neben diesen endogenen Determinanten ist zu berücksichtigen, daß nicht die fiktive Anleihe, sondern der "cheapest-to-deliver bond" den relevanten Termintitel darstellt, der in der Regression zu verwenden wäre. Da er in aller Regel beim Abschluß des Termingeschäftes nicht bekannt ist, muß man eine Annahme über diese Variable der Regressionsgleichung treffen.

Aber gerade bei der Ermittlung des Regressionskoeffizienten werden die Schwächen dieses Ansatzes für die Praxis offenkundig. Zum einen sind die für die Ermittlung dieses Parameters erforderlichen Zeitreihen oftmals nicht verfügbar. Beispielhaft seien hier die Emission von bisher nicht gehandelten Titeln genannt oder das Hedging mit einem neu eröffneten Futures-Kontrakt. Für diese Fälle wären andere Zeitreihen als Substitute zu verwenden. Weiterhin ist allgemein bekannt, daß sich die "spreads" in den verschiedenen konjunkturellen Phasen verändern.[2] Die Stärke des Zusammenhangs zwischen den beiden

---

1) Franckle (1980); Siehe auch Cicchetti, Dale und Vignola (1981) und zur Kritik an deren Vorgehensweise Dew (1981) und Goldberg (1983).

2) So beispielsweise die "spreads" aufgrund von Bonitätsunterschieden. Zur Bonitätsstruktur der Zinssätze siehe Van Horne (1984), S. 163-202, und die dort angegebene Literatur.

Variablen kann darüber hinaus von der Zinsentwicklung und deren Einfluß auf die Aktivitäten der Marktteilnehmer abhängen. Ebenso kann sich die Hedge Ratio während eines Zinszyklus verändern oder dadurch beeinflußt werden, daß beispielsweise die Notenbank ihre Geldpolitik grundlegend verändert.[1] Das sind Schwierigkeiten, die darauf hinweisen, daß die aus historischen Zusammenhängen abgeleiteten Parameter mit Vorsicht zu verwenden sind.

An dieser Stelle erscheint noch eine weitere Anmerkung angebracht. Weisen der Kassatitel und der Futures-Titel unterschiedliche Restlaufzeiten auf oder unterscheiden sie sich hinsichtlich der Struktur des Einzahlungsstroms, dann können Zinsstrukturveränderungen zu unterschiedlichen Preisveränderungen führen, die in der Vergangenheit nicht beobachtbar waren. Darüber hinaus erweist sich der Portfolio-Ansatz im Prinzip nur dann als geeignet, wenn man Einzelpositionen (micro hedging) sichern will. Für Sicherungsgeschäfte bei Gesamtpositionen (macro hedging) ist es im Regelfall wegen der "Einmaligkeit" der Zahlungsreihe kaum möglich, die Hedge Ratio empirisch mittels einer Regression zu bestimmen. Daher ergeben sich Schwierigkeiten, wenn man den Portfolio-Ansatz zum Hedging von Gesamtpositionen bei Kreditinstituten anwenden will.

Für die Portfolio-Theorie spricht sicherlich die relativ einfache Ermittlung der Hedge Ratio, wenn die Daten vorhanden und die Grundannahmen erfüllt sind. Aber gerade hier liegen die Schwächen. Ob die daraus resultierenden Abweichungen in der Praxis tolerierbar sind, ist nur schwer zu beurteilen. Eine abschließende Beantwortung der Frage hängt auch von den anderen Methoden zur Berechnung der Hedge Ratio ab. Die hier angestellten Betrachtungen legen trotz der Mängel den Schluß nahe, daß der Portfolio-Ansatz in aller Regel bessere Ergebnisse aufweisen sollte als der naive Ansatz und der Konversionsfaktor-Ansatz. Die umfangreiche Literatur zum Hedging deutet auf die Relevanz dieses Themenbereichs hin und auch darauf,

---

1) Hill, Liro und Schneeweis (1983).

daß die Frage nach dem besten Verfahren zur Ermittlung der optimalen Hedge Ratio noch lange nicht zufriedenstellend beantwortet ist.

4. Preissensitivitäts-Ansatz

Der Preissensitivitäts-Ansatz ist ein weiteres Verfahren, um die optimale Hedge Ratio zu ermitteln. Bei diesem Verfahren gehen die Kenntnisse über den Zusammenhang zwischen Zinsänderungen und Barwertänderungen von Finanztiteln mit in die Analyse ein. Das Ziel des Preissensitivitäts-Ansatzes ist es, die Kassa- und Terminposition so zu kombinieren, daß sich die Wertänderungen beider Positionen ausgleichen und somit das vom Anleger für einen bestimmten Zeitpunkt geplante Vermögen auch bei Marktzinsänderungen erreicht werden kann.

Dieses Verfahren, das auf dem Duration-Konzept beruht, wurde zuerst als "duration hedge strategy"[1] abgeleitet und später zum "price sensitivity approach"[2] weiterentwickelt. Der Preissensitivitäts-Ansatz wird von der Überlegung getragen, daß die Preisveränderung eines verzinslichen Finanztitels bei einer gegebenen Zinssatzänderung vom Kupon, von der Restlaufzeit und vom Zinsniveau abhängt. Mit der Duration lassen sich diese endogenen und exogenen Determinanten zusammenfassen. Es ist daher nur konsequent, ein Verfahren zur Ermittlung der optimalen Hedge Ratio zu entwickeln, das die Duration einbezieht.

---

1) McEnally und Rice (1979), S. 268-270.

2) Kolb und Chiang (1981) und (1982); Gay und Kolb (1983); siehe auch Kolb (1982) und (1985).

a) Ableitung der optimalen Hedge Ratio

Der Grundgedanke des Preissensitivitäts-Ansatzes - die Preissensitivitäten der Kassaposition und der Futures-Position so aufeinander abzustimmen, daß die Vermögensveränderung der Gesamtposition null ist - kommt in der folgenden Gleichung (2.54) zum Ausdruck:[1]

$$X_S \Delta S - X_F \Delta F = 0 \,, \tag{2.54}$$

wobei ΔS und ΔF die möglichen Preisveränderungen symbolisieren. X_S und X_F geben die Anzahl der Kassatitel und der Futures-Titel an. Wenn X_S wiederum gleich eins ist, dann gibt X_F die Anzahl der Futures-Titel pro Kassatitel an, die erforderlich sind, um einen Kassatitel zu sichern.[2] Durch Umformen von Gleichung (2.55) erhält man als Hedge Ratio:

$$\text{Hedge Ratio} = \frac{X_F}{X_S} = \frac{\Delta S}{\Delta F} \tag{2.55}$$

Bei einer gegebenen Marktzinsänderung hängen die Preisveränderungen von S und F von den Zinssensitivitäten der Finanztitel ab. Wie bereits gezeigt wurde, ist die Duration ein mögliches Maß, um die Zinssensitivität von verzinslichen Finanztiteln zu erfassen. Man kann dann S und F mit folgenden Gleichungen abschätzen:

1) Für eine ausführliche Ableitung siehe Kolb und Chiang (1981), S. 78 f. und (1982), S. 356-362; Kolb und Chiang (1983), S. 189-191.

2) An dieser Stelle sei auf den Unterschied zwischen der Immunisierung mit der Duration und dem Hedging hingewiesen. Die Immunisierung ist ein Ansatz, bei dem das Portefeuille, bestehend aus Kassapositionen, so strukturiert wird, daß sich Kurs- und Wiederanlagerisiko kompensieren. Beim Hedging mit Financial Futures soll das Kursrisiko durch eine entsprechende Gegenposition am Terminmarkt ausgeschlossen werden.

scheitert, daß nur wenige verschiedenartige Futures-Kontrakte verfügbar sind, ist es erforderlich, diese Determinanten bei der Ermittlung der Hedge Ratio zu berücksichtigen. Gleichung (2.58) ist daher zu erweitern.

b) <u>Erweiterungen des Ansatzes</u>

Der Preissensitivitäts-Ansatz läßt sich in zwei Punkten erweitern. Zum einen kann man den standardisierten Futures-Kontrakt durch den aktuellen oder erwarteten "cheapest-to-deliver bond" ersetzen und zum anderen kann man die Relation der Zinsveränderungen als Zufallsvariable spezifizieren und aus historischen Daten schätzen.

Es wurde bereits beim Konversionsfaktor-Ansatz und beim Portfolio-Ansatz ausgeführt, daß für die Ermittlung der optimalen Hedge Ratio beispielsweise nicht der hypothetische T-Bond mit einem Kupon von 8% und einer Restlaufzeit von 20 Jahren maßgeblich ist, sondern der beim Auflösen der Terminposition "cheapest-to-deliver bond". Es ist daher die Duration dieses "billigsten lieferbaren Titels" zu verwenden, da dieser den Futures-Preis bestimmt. Diese Überlegungen lassen sich in der Gleichung (2.58) berücksichtigen, indem man die Standard-Anleihe F durch die "billigste lieferbare Anleihe" V ersetzt. Der Zusammenhang zwischen den beiden Finanztiteln F und V wird durch den Konversionsfaktor Q_V bestimmt. Es gilt $V=F \cdot Q_V$, oder umgeformt $F=V/Q_V$. Der relevante Zinssatz für den Termintitel ist jetzt r_V. In Gleichung (2.58) eingesetzt erhält man:

(2.59) $$\text{Hedge Ratio} \approx \frac{(1+r_S)^{-1}\, D_S\, S}{(1+r_V)^{-1}\, D_V\, V}\, Q_V\ .$$

Der Kassatitel und der Futures-Titel weisen oftmals unterschiedliche Restlaufzeiten auf. In diesen Fällen sind vielfach die Veränderungen der Abzinsungssätze für beide Titel nicht identisch. Dieses Problem kann man angehen, indem man die Relation der möglichen Zinsveränderungen schätzt. Unterstellt man dabei, daß historische Zinsveränderungen ein geeigneter Indikator für zukünftige Veränderungen sind, dann kann man den Zusammenhang zwischen den Zinsveränderungen mittels Regression ermitteln.[1] Die entsprechende Regressionsgleichung lautet:

(2.60) $$\Delta r_{St} = a_0 + a_1 \Delta r_{Vt} + e_t.$$

Der Zusammenhang zwischen der Zinsveränderung für den Kassatitel und den Futures-Titel wird durch den Regressionskoeffizienten a_1 ausgedrückt. Gleichung (2.59) läßt sich dann erweitern:

(2.61) $$\text{Hedge Ratio} \approx \frac{(1+r_S)^{-1}\, D_S\, S}{(1+r_V)^{-1}\, D_V\, V}\, Q_V\, a_1 .$$

In der erweiterten Form hängt die optimale Hedge Ratio beim Preissensitivitäts-Ansatz von einem bewertungstheoretischen und einem empirischen Faktor ab. Damit geht dieser Ansatz das Problem differenzierter an als der Portfolio-Ansatz, der ausschließlich auf der Analyse historischer Preise oder Preisveränderungen beruht. Man sollte erwarten, daß sich dadurch bessere Ergebnisse erzielen lassen.

c) Empirische Ergebnisse und Kritik

In mehreren empirischen Untersuchungen und Simulationen ist versucht worden, die Vorteilhaftigkeit des Preissensitivitäts-Ansatzes im Vergleich mit den anderen Verfahren - vor allem mit dem Portfolio-Ansatz - herauszustellen.[2] Trotz dieser auf den ersten Blick überzeugenden Ergebnisse scheint eine gewisse Zurückhaltung angebracht.

---

1) Es sei darauf hingewiesen, daß hier die gleichen Vorbehalte bezüglich der Verwendbarkeit historischer Daten gelten wie beim Portfolio-Ansatz.

2) Kolb und Gay (1982); Gay, Kolb und Chiang (1983).

So ergibt sich die Überlegenheit des Preissensitivitäts-Ansatzes gegenüber dem Portfolio-Ansatz immer dann, wenn die Veränderungen der Zinsstruktur korrekt antizipiert wurden. Das ist nicht überraschend. Denn verändern sich die historischen Zusammenhänge und werden diese vom Entscheidenden richtig prognostiziert, dann muß der Duration-Ansatz dem Portfolio-Ansatz überlegen sein, da dieser von der Stabilität der historischen Zusammenhänge ausgeht. Eine abschließende Klärung, welcher Ansatz bessere Ergebnisse, also eine größere "hedging effectiveness", aufzuweisen hat, steht noch aus, da bei der empirischen Überprüfung der Ansätze bisher unterschiedliche Perioden betrachtet wurden.

Erwägt man die Ermittlung der optimalen Hedge Ratio mit dem Preissensitivitäts-Ansatz für das Bondportefeuille-Management, so ist zu bedenken, daß verschiedene Definitionen für die Duration existieren. Sie hängen von der Zinsstruktur und dem angenommenen Zinsänderungsprozeß ab. Ferner sind die relativen Zinsveränderungen von Kassatitel und Futures-Titel zu prognostizieren. Die Qualität oder die "hedging effectiveness" dieses Ansatzes ist demnach von der verwendeten Duration und der Prognose der relativen Zinsveränderungen abhängig. Hier liegen Fehlerquellen, die verhindern können, daß das Risiko der Gesamtposition vollständig eliminiert werden kann.

Vergleicht man die vier vorgestellten Verfahren, so deutet vieles darauf hin, daß der naive Ansatz und der Konversionsfaktor-Ansatz aus theoretischer Sicht wohl kaum zu befriedigenden Ergebnissen führen können. Auch der Portfolio-Ansatz wird nur unter bestimmten Voraussetungen optimale Lösungen anbieten. Optimale Lösungen sind vor allem dann nicht zu erwarten, wenn die Kassaposition nicht nur aus identischen Finanztiteln besteht, sondern aus einem Portefeuille, das verschiedene Finanztitel umfaßt. Darüber hinaus sind Schwierigkeiten zu erwarten, wenn diese Titel nicht effektifiziert sind. Historische Preise sind dann nicht vorhanden. Mit Blick auf das Hedging von zinsrisikobehafteten Positionen bei Kreditinstituten, die in aller Regel keine effektifizierten Finanztitel sind, ist daher kaum mit zufriedenstellenden Ergebnissen zu rechnen. Es ist eher zu vermuten, daß der Preissensitivitäts-Ansatz hier Vorteile bieten könnte.

D. Zum Management von Zinsrisiken mit Optionen

Optionen auf verzinsliche Finanztitel und Optionen auf Financial Futures sind weitere Instrumente zum Management des Zinsrisikos, und zwar sowohl für einzelne Anleihen und Anleiheportefeuilles als auch für Vermögensgesamtheiten, wie beispielsweise Kreditinstitute. Dabei erweisen sich Optionen gegenüber Financial Futures als ein flexibleres Instrument, um die Risikoposition zu verändern.[1] Das zeigt sich vor allem, wenn Quantitätsrisiken zu berücksichtigen sind. Bei Optionen ist allerdings die Optionsprämie zu zahlen, so daß die Kosten für Optionen höher sind als für Futures.[2] Die wesentlichen Grundgedanken von Optionen, die möglichen Anwendungsgebiete und Strategien sowie die Bewertung von Optionen wurden bereits an anderer Stelle ausführlich dargestellt, so daß nachfolgend nur kurz darauf eingegangen werden soll.[3]

Optionen unterscheiden sich von Futures durch die Rechte und Verpflichtungen der Vertragsparteien. Der Käufer einer Option hat das Recht, aber nicht die Verpflichtung, bestimmte Finanztitel zu einem vorher festgelegten Preis innerhalb eines bestimmten Zeitraums oder zu einem bestimmten Zeitpunkt zu kaufen (Call) oder zu verkaufen

---

1) Siehe hierzu Bookstaber und Clarke (1981); Bookstaber (1982a) und (1982b); Bookstaber und McDonald (1985).

2) Vgl. Moriaty, Philips und Tossini (1981). Bei Futures-Kontrakten fällt dagegen keine Prämie an. Dafür sind die "margin requirements" zu erfüllen. Zur Liquiditätsplanung der gegebenenfalls zu leistenden Einschüsse (margin requirements) siehe Kolb, Gay und Hunter (1985).

3) Vgl. H. Schmidt (1981b) und (1983b); Bookstaber (1982a); Jarrow und Rudd (1983); Cox und Rubinstein (1985); Kolb (1985).

(2.56) $\Delta S \approx (1+r_S)^{-1}\, D_S\, S\, \Delta r_S$,

(2.57) $\Delta F \approx (1+r_F)^{-1}\, D_F\, F\, \Delta r_F$,

wobei $(1+r_S)$ und $(1+r_F)$ die Abzinsungsfaktoren, D_S und D_F die Durations sowie S und F die Preise jeweils für den Kassatitel und den Futures-Titel angeben. Die Zinsänderungen werden durch Δr_S und Δr_F erfaßt.[1] Setzt man die Gleichungen (2.56) und (2.57) in (2.55) ein und unterstellt, daß die Zinsänderungen Δr_S und Δr_F identisch sind, so folgt daraus die optimale Hedge Ratio:

(2.58) $$\text{Hedge Ratio} \approx \frac{(1+r_S)^{-1}\, D_S\, S}{(1+r_F)^{-1}\, D_F\, F} .$$

Die optimale Hedge Ratio wird in diesem Ansatz durch die Durations, die Preise und die Abzinsungsfaktoren des Kassatitels und des Futures-Titels bestimmt. Bei horizontaler Zinsstruktur und additivem Zinsänderungsprozeß ist es nicht wichtig, welche Restlaufzeiten der Kassatitel und der Futures-Titel aufweisen. Man könnte beispielsweise einen T-Bond mit 15 Jahren Restlaufzeit mit einem 3-monatigen T-Bill sichern. Allerdings würde sich dann mit Gleichung (2.58) eine sehr große Hedge Ratio errechnen. Da man weiß, daß die Zinsstruktur und der Zinsänderungsprozeß meistens nicht horizontal bzw. additiv sind, sichert man gewöhnlich T-Bonds nicht mit T-Bills, sondern versucht, die Restlaufzeiten aufeinander abzustimmen. Dann unterliegen der Kassatitel und der Futures-Titel nahezu den gleichen exogenen Einflüssen. Wenn darüber hinaus der Futures-Kontrakt so gewählt wird, daß auch die endogenen Determinanten ähnlich sind, dann ist auch bei beliebigen Zinsstrukturen und Zinsänderungsprozessen mit guten Hedging-Ergebnissen zu rechnen. Da eine genaue Abstimmung der exogenen und endogenen Determinanten oftmals daran

---

1) Sind die Zinsänderungen identisch, dann sind nur die Zinssensitivitäten der Titel für den Abstimmungsprozeß relevant.

(Put). Der Verkäufer (Stillhalter) hat die Verpflichtung, bei Ausübung der Option die entsprechende Gegenleistung (Finanztitel bzw. Geld) zu erbringen. Für dieses Wahlrecht zahlt der Käufer dem Verkäufer bei Abschluß des Vertrages die Optionsprämie.

Seit dem 1. April 1986 werden in der Bundesrepublik Deutschland Optionen auf verzinsliche Finanztitel gehandelt.[1] Der Rentenoptionshandel entspricht in seiner Struktur und technischen Abwicklung weitgehend dem Aktienoptionshandel und bedarf hier keiner gesonderten Erläuterung. Optionen auf Financial Futures, die in den Vereinigten Staaten gehandelt werden, weisen dagegen einige Besonderheiten auf. Der Käufer einer Kaufoption (Verkaufsoption) erhält bei Ausübung der Option eine "long (short) position" in Financial Futures. Der Verkäufer bekommt bei Ausübung der Option eine "short (long) position" zugeordnet.[2]

Die Vorteile von Optionen zum Management von Zinsrisiken liegen in der asymmetrischen Erfolgsstruktur. Dadurch kann man die negativen Auswirkungen, die sich aus Marktzinsänderungen ergeben, weitgehend ausschließen. Gleichzeitig bleiben jedoch die Gewinnmöglichkeiten, die aus einer bestimmten Zinsentwicklung entstehen, erhalten. Außerdem sind Optionen das zweckmäßigere Instrument, wenn die Höhe und die Zeitpunkte der Ein- und Auszahlungen unsicher sind. Neben dem Preisrisiko lassen sich dann auch die negativen Auswirkungen des Quantitätsrisikos verringern.[3]

---

1) Siehe Müller und Steuer (1986).

2) Vgl. Kolb (1985) und Koppenhaver (1986).

3) Black und Scholes (1973); Cox, Ross und Rubinstein (1979).

Zur Bewertung von Optionen sind verschiedene Modelle abgeleitet und getestet worden.[1] Das Optionsbewertungsmodell von Black und Scholes, das sich auf Aktienoptionen und in erweiterter Form auch auf Devisenoptionen anwenden läßt, kann in der Form nicht für verzinsliche Finanztitel verwendet werden.[2] Ein wesentlicher Grund ist darin zu sehen, daß die Wahrscheinlichkeitsverteilung der zukünftigen Bondpreise oder Renditen im Zeitablauf nicht konstant ist, sondern sich verändert, wenn sich beispielsweise c.p. die Restlaufzeit verringert. Eine Annahme dieses Modells ist jedoch die einer konstanten Varianz. Außerdem ist das Modell nur für die Berücksichtigung eines Risikos, des Preisrisikos abgeleitet. Das Zinsrisiko setzt sich jedoch aus zwei Komponenten, dem Kursrisiko und dem Wiederanlagerisiko, zusammen. Hier ist auch nicht die Bewertung von Optionen zu untersuchen, sondern es sind die Möglichkeiten zu prüfen, die Optionen bei der Steuerung von Zinsrisiken bieten.

Es interessiert deshalb nur, wie sich Optionen in einem Ansatz zum Management von Zinsrisiken in Anleiheportefeuilles und zum Management von Zinsrisiken in Kreditinstituten integrieren lassen. Im allgemeinen kann man Optionen genauso wie Financial Futures in das Duration-Konzept einfügen. Mit einem Call wird die Duration eines bestimmten Finanztitels gekauft und mit einem Put die Duration eines bestimmten Finanztitels verkauft, wobei der Käufer der Option das Wahlrecht hat, die Option auszuüben oder verfallen zu lassen. Diese Wahlrechte sind für Kreditinstitute besonders dann interessant, wenn die Höhe der Positionen von dem zukünftigen Zinssatz abhängt. Diesem Bereich sind die Ausführungen am Schluß der Arbeit gewidmet.

---

1) Für einen Überblick siehe Copeland und Weston (1983) sowie die dort angegebene Literatur. Siehe auch Smith (1976).

2) Für Ableitungen und Anwendung auf verzinsliche Finanztitel siehe Brennan und Schwarz (1980); Courtadon (1982); Pitts (1985a) und (1985b); Schöbel (1987); Bühler (1987).

E. Zusammenfassung

Die Aufgabe der letzten beiden Kapitel war es, das Management von Zinsrisiken bei Anleihen mit Financial Futures und mit Optionen vorzustellen und zu untersuchen. Zentrale Aspekte waren dabei die Analyse der ökonomischen Funktionen und die Effizienz von Futures-Märkten, die möglichen Anwendungsgebiete und vor allem die verschiedenen Ansätze zur Bestimmung der optimalen Hedge Ratio. Durch diese Vorgehensweise sollte auch Aufschluß darüber gewonnen werden, inwieweit es den Kreditinstituten erlaubt sein sollte, an diesen Märkten Positionen einzugehen. Die Untersuchung legt den Schluß nahe, daß Financial Futures ein geeignetes Instrument zur Steuerung des Zinsrisikos bei Anleihen sind. Wenn man sie sachgerecht einsetzt, lassen sich damit die Auswirkungen von Marktzinsänderungen verringern und im Idealfall sogar ausschließen. Im einzelnen kann man folgende Schlußfolgerungen ziehen:

- Die Terminmärkte erfüllen wichtige einzel- und gesamtwirtschaftliche Funktionen. Sie haben im Regelfall nicht nur einen preisstabilisierenden Effekt auf die bestehenden Kassamärkte, sondern bieten auch die Möglichkeit, das Preisrisiko aus bestehenden oder geplanten Kassapositionen zu verringern. Darüber hinaus vervollständigen Futures-Märkte den Kapitalmarkt, indem sie Finanztitel mit bisher nicht verfügbaren Risikostrukturen anbieten.

- Die empirischen Untersuchungen weisen auf die Effizienz der Futures-Märkte hin, d.h. die quotierten Preise reflektieren die bewertungsrelevanten Informationen. Arbitragemöglichkeiten zwischen Kassamärkten und Futures-Märkten existieren in aller Regel nicht. Financial-Futures-Märkte erfüllen insgesamt ökonomisch wichtige Aufgaben. Es sprechen daher wenig Argumente dafür, den Kreditinstituten das Engagement an diesen Märkten zu verwehren.

- Der naive Ansatz und der Konversionsfaktor-Ansatz weisen konzeptionelle Mängel auf und sind daher nur bedingt geeignet, die Risikostruktur in der gewünschten Weise zu verändern. Der Portfolio-Ansatz und der Preissensitivitäts-Ansatz führen zu überzeugenderen Ergebnissen und bieten sich daher für die Ermittlung der optimalen Hedge Ratio an.

- Obwohl der Portfolio-Ansatz aus theoretischer Sicht fundiert ist, ergeben sich einige Probleme, wenn man ihn zum Hedging von verzinslichen Finanztiteln einsetzen will. Mit der Regressionsanalyse lassen sich die endogenen und exogenen Determinanten nicht isoliert erfassen, sondern nur zusammenhängend bei der Schätzung der Parameter aus historischen Daten. Schon wegen der "Einmaligkeit" der Zahlungsreihe ist der Portfolio-Ansatz kaum für das Hedging von Gesamtpositionen geeignet.

- Der Preissensitivitäts-Ansatz erscheint überzeugender und sollte daher für die Ermittlung der optimalen Hedge Ratio bei verzinslichen Finanztiteln besser geeignet sein.

- Optionen auf verzinsliche Finanztitel stellen ein flexibles Instrument dar, um Zinsrisiken zu steuern. Sie bieten sich vor allem für Situationen an, in denen Quantitätsrisiken zu berücksichtigen sind.

Es war die Aufgabe des zweiten Teils, das Duration-Konzept und Zinstermingeschäfte als Techniken und Instrumente zum Management von Zinsrisiken vorzustellen und zu untersuchen, inwieweit sie sich zum Zinsrisikomanagement eignen. Beide Ansätze erweisen sich als mögliche Konzepte, um Zinsrisiken im Bondportefeuille zu steuern. Sie scheinen daher auch für das Management von Zinsrisiken in Kreditinstituten wichtig zu sein. Diese Möglichkeiten werden im vierten Teil herausgearbeitet. Zunächst wird im folgenden Teil das Zinsrisiko bei Kreditinstituten näher beleuchtet und die im Schrifttum vorgestellten Konzepte zum Zinsrisikomanagement erörtert.

Dritter Teil:

Ansätze zur Ermittlung, Beurteilung und Steuerung von Zinsrisiken in Kreditinstituten

A. Zur Analyse von Zinsrisiken in Kreditinstituten

I. Komponenten des Zinsrisikos

Im Rahmen einer eingehenden Untersuchung von Zinsrisiken in Kreditinstituten erscheint es zweckmäßig, zwischen Zinsrisiken aus dem festverzinslichen und aus dem variabel verzinslichen Geschäft zu unterscheiden. Zinsrisiken aus dem Festzinsgeschäft resultieren aus der Transformation von Zinsbindungsfristen. Im variabel verzinslichen Geschäft entstehen Zinsrisiken aus den divergierenden Zinsanpassungselastizitäten und Zinsreagibilitäten für Aktiva und Passiva.

1. Zinsrisiko bei Festzinspositionen

Fristentransformationsrisiko und Zinsrisiko sind zwei Seiten einer Medaille. Wenn eine Bank Zinsbindungsfristen transformiert, dann entstehen bei Marktzinsänderungen Veränderungen der Refinanzierungskosten oder der Wiederanlagesätze, die sich auf die Höhe des Zinsüberschusses auswirken. Ferner entstehen Marktwertänderungen bei den einzelnen Positionen, wenn diese marktgerecht bewertet werden.

Eine Analyse des Zinsrisikos bei Festzinspositionen kann sich zunächst ausschließlich auf den Geld- und Kapitalmarkt konzentrieren, da es zur Erzielung eines Erfolgsbeitrages aus der Fristentransformation nicht erforderlich ist, Aktiv- und Passivgeschäfte mit Kunden abzuschließen. Ein Finanzintermediär kann diesen Ertrag auch erwirtschaften, indem er Fristen ausschließlich mit Geld- und Kapitalmarktgeschäften transformiert.

In der Regel wird die Transformation von Zinsbindungsfristen der Kreditinstitute allerdings nicht durch Transaktionen am Geld- und Kapitalmarkt erfolgen, sondern durch die bankgeschäftliche Tätigkeit im Aktiv-und Passivgeschäft mit Kunden. Daher ist die Unterteilung in ein kapitalmarktspezifisches oder transformationsbedingtes und ein bankspezifisches oder marktbedingtes Festzinsrisiko nur ein gedankliches Konstrukt zur detaillierteren Analyse von Zinsrisiken.

Der Erfolg aus der Transformation von Zinsbindungsfristen schlägt sich im Periodenergebnis nieder und läßt sich als sogenanntes Fristentransformationsergebnis darstellen. Eine Bank kann ein Fristentransformationsergebnis deshalb erzielen, weil meistens für verschiedene Zinsbindungsfristen unterschiedliche Zinssätze gelten. Die nachfolgende Abbildung 3.1 verdeutlicht diesen Zusammenhang. Nimmt eine Bank beispielsweise Finanzmittel mit einer einjährigen Zinsbindungsfrist zu 5% am Geld- und Kapitalmarkt auf und legt sie diese Mittel mit einer vierjährigen Zinsbindungsfrist zu 8% dort wieder an, so erzielt sie aus dem Geschäft eine Marge von drei Prozentpunkten für das erste Jahr. Bei einem Volumen von 1 Million GE ergibt sich daraus ein Beitrag zum Fristentransformationsergebnis von 30.000 GE.

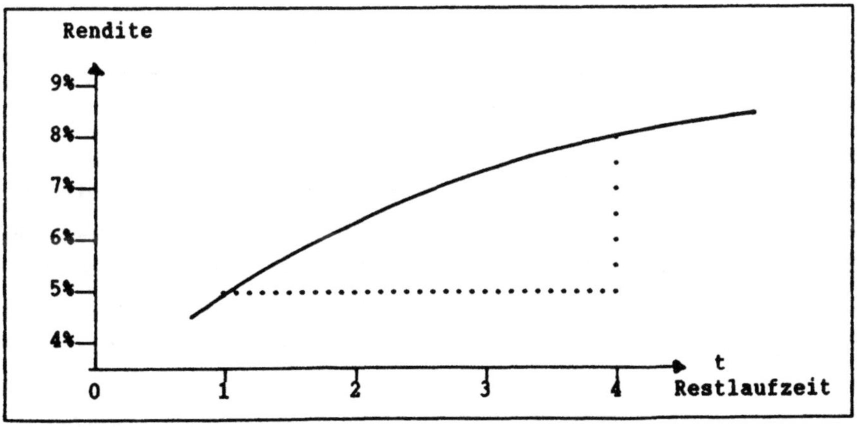

Abb.3.1: Transformation von Zinsbindungsfristen

In der Fristentransformation können für Banken allerdings erhebliche Gefahren liegen, und zwar dann, wenn sich die Zinssätze im Zeitablauf verändern. Das kapitalmarktspezifische Zinsrisiko[1] hat demnach seinen Ursprung in Veränderungen der Zinsstruktur. Steigen z.B. in dem eben dargestellten Fall der positiven Fristentransformation die kurzfristigen Zinssätze im Zeitablauf an und liegen sie in späteren Perioden über dem im Ausgangszeitpunkt vereinbarten längerfristigen Zinssatz der Aktivposition, so verringert sich der Erfolg aus der Fristentransformation in den nachfolgenden Jahren. In den ersten Perioden wird der Beitrag aus der Fristentransformation zwar geringer, wohl aber noch positiv sein. In den darauf folgenden Perioden können sich jedoch auch Verluste ergeben.

Ein weiterer Aspekt des Zinsrisikos bei Festzinspositionen tritt dann auf, wenn die Bank alle Positionen marktgerecht mit den herrschenden Marktzinssätzen bewertet. Steigen nämlich die Zinssätze, so fallen die Barwerte der Finanztitel. Da Finanztitel mit längeren Restlaufzeiten und sonst gleichen Ausstattungsmerkmalen bei identischen Marktzinsänderungen einen vergleichsweise größeren Kursverlust aufweisen, führt das bei positiver Fristentransformation in aller Regel dazu, daß der Wertverlust der Aktiva den der Passiva übersteigt und somit das Eigenkapital sich verringert. Zinsrisiken aus der Fristentransformation kommen folglich in dem Zinsüberschuß der Periode und in den zinsänderungsbedingten Marktwertänderungen der Aktiva und Passiva zum Ausdruck.

Hinzu kommt das bankspezifische oder marktbedingte[2] Zinsrisiko. Es entsteht dadurch, daß sich die Differenz zwischen dem Geld- und Kapitalmarktzins und dem im Kundengeschäft zu vereinbarenden Zinssatz verändern kann. Dadurch können beispielsweise die Refinanzierungskosten oder die Diskontierungssätze für die Aktiva stärker

---

1) Schierenbeck (1988), S. 46, bezeichnet es auch als transformationsbedingtes Zinsrisiko.

2) Siehe hierzu Schierenbeck (1988), S. 44-47.

ansteigen, als es aufgrund der Zinsveränderung am Geld- und Kapitalmarkt geboten wäre.[1]

2. Zinsrisiko bei variabel verzinslichen Positionen

Zinsrisiken resultieren nicht nur aus Festzinspositionen, sondern auch aus variabel verzinslichen Positionen. Dieses Risiko wird im folgenden in Anlehnung an die bankbetriebliche Literatur als variables Zinsrisiko bezeichnet. Das variable Zinsrisiko läßt sich definieren als die Chance und die Gefahr, daß aufgrund einer Marktzinsänderung der Zinsüberschuß oder die Zinsspanne bei variabel verzinslichen Positionen sich c.p. vergrößert oder verringert. In jüngster Zeit hat das variable Zinsrisiko wieder verstärkte Aufmerksamkeit in der Literatur gefunden.[2]

Variable Zinsrisiken entstehen immer dann, wenn die Bank die Zinssätze im variabel verzinslichen Aktiv- und Passivgeschäft nicht gleichzeitig und im gleichen Ausmaß verändern kann. Als Vergleichsmaßstab fungieren hierbei die Veränderungen der Geld- und Kapitalmarktzinssätze, die nachfolgend als Marktzinssatz bezeichnet werden. Das variable Zinsrisiko besteht somit aus zwei Komponenten, der Zinsanpassungselastizität und der Zinsreagibilität. Die Zinsanpassungselastizität drückt die Zeitdauer (time lag) zwischen einer Marktzinsänderung und der Veränderung des Zinssatzes für den betreffenden Titel aus. Die Zinsreagibilität beschreibt das Ausmaß der Zinssatzänderung für einen einzelnen Titel aufgrund einer Marktzinsänderung. Die Auswirkungen des variablen Zinsrisikos zeigen sich im Zinsüberschuß und in der Zinsspanne. Marktwerteffekte, die durch

---

1) Analog zum variablen Zinsrisiko könnte man diese Effekte auch mit unterschiedlichen Zinsreagibilitäten und Zinsanpassungselastizitäten erklären.

2) Jacob (1978a); Baker (1981); Binder (1982); Schierenbeck (1985) und (1987); Rolfes (1985a).

die unterschiedliche Zinsanpassungselastizität und Zinsreagibilität entstehen können, sind wegen der kurzen Laufzeit der Titel in aller Regel vernachlässigbar.

Das variable Zinsrisiko stellt in den praxisbezogenen Ansätzen zum Bankmanagement ein wesentliches Element dar. Es spiegelt die Erfahrung der Banker wider, daß die Zinssätze für Kredite und Einlagen unterschiedlich schnell und in unterschiedlicher Höhe auf allgemeine Marktzinsänderungen reagieren. Das variable Zinsrisiko erlangt dadurch in den verschiedenen Phasen des Zins- und Konjukturzyklus an Bedeutung. In einer Phase steigender Zinssätze verringert sich oftmals die Zinsspanne, in der Phase fallender Zinssätze vergrößert sie sich. Es gehört daher zu den Aufgaben des Bankmanagements, die Entwicklung der Soll- und Habenzinssätze genau zu analysieren und mögliche Veränderungen der Zinsspanne zu antizipieren, um dann geeignete geschäftspolitische Maßnahmen zur Steuerung des Zinsrisikos zu ergreifen.

II. Zielvariablen zur Quantifizierung des Zinsrisikos

Ein erfolgreiches Risikomanagement setzt im Prinzip voraus, daß der Risikobegriff genau definiert und eine geeignete Steuerungsgröße abgeleitet wird. Es ist das Ziel der folgenden Ausführungen, eine solche Zielvariable zu entwickeln, mit der sich Zinsrisiken erfassen, beurteilen und steuern lassen. Ausgehend von der allgemeinen Risikodefinition werden zunächst die im Schrifttum verwendeten Zielvariablen diskutiert und anschließend das ökonomische Einkommen als Variable vorgestellt. Dabei ist auch auf die Konsequenzen einzugehen, die sich aufgrund der verschiedenen Zielvariablen für die Solvenzsicherung ergeben. Zusätzlich gilt es zu untersuchen, inwieweit es gerechtfertig ist, Zinsrisiken anders zu behandeln als die sonstigen bankbetrieblichen Risiken.

1. Zur Definition des Zinsrisikos

Risiko wird im Schrifttum allgemein als Abweichung möglicher Werte oder des realisierten Wertes vom Erwartungswert definiert.[1] Aus dieser Definition lassen sich verschiedene Risikomaße herleiten.[2] Zinsrisiken könnte man demnach als die Chance und die Gefahr definieren, daß die im Zeitpunkt t_1 realisierten Zinssätze von den im Ausgangszeitpunkt t_0 erwarteten Zinssätzen abweichen.

Obwohl diese Definition auf den ersten Blick sachgerecht erscheint, ist es wenig hilfreich, Zinsrisiken als Abweichung von erwarteten Zinssätzen zu definieren.[3] Bedeutender sind die Auswirkungen von Marktzinsänderungen auf die Erreichung bestimmter Ziele. Es dürfte daher von Nutzen sein, einen ökonomisch sinnvollen Ursache-Wirkung-Zusammenhang zwischen der unabhängigen Variablen Marktzinsänderung und einer abhängigen Zielvariablen herauszuarbeiten. Sehr weitgefaßte Definitionen wie die von Kugler[4], der das Zinsänderungsrisiko als partielles Bankrisiko ansieht, dessen Entstehungsursache in Änderungen relevanter Zinssätze liegt, erweisen sich meistens als zu allgemein und wenig hilfreich.[5] Um Zinsrisiken erfassen, beurteilen und steuern zu können, ist das Ziel genauer zu spezifizieren.

---

1) Zum Risikobegriff siehe Kugler (1985), S. 11-18, und die dort angegebene Literatur.

2) Z.B. Varianz, Semivarianz, Quartile, Variationskoeffizient.

3) Uhlir und Steiner (1983), S. 633.

4) Kugler (1985), S. 136.

5) Auch in der amerikanischen Literatur wird das Zinsrisiko oftmals sehr allgemein definiert. So bei Stigum und Branch (1983), S. 233: "Interest rate exposure is the uncertainty introduced into a bank's earnings by possible changes in interest rates."

2. Im Schrifttum vorgeschlagene Zielvariablen

Die in der deutschen bankbetrieblichen Literatur zur Definition von Zinsrisiken vorgeschlagenen Zielvariablen sind die Bruttozinsspanne[1], der Zinsüberschuß[2] und der Reinvermögenswert[3]. In der angelsächsischen Literatur sind es analog die "net income margin" oder der "spread"[4], das "net interest income"[5], der "market value of bank capital" und das "economic income"[6]. Zinsrisiken werden dabei jeweils in der marktzinsänderungsbedingten Abweichung des realisierten vom erwarteten Wert der Zielvariablen gesehen.

Die verschiedenen Definitionen des Zinsrisikos sind bereits ausführlich an anderer Stelle diskutiert worden.[7] Es ist hier aber zu untersuchen, inwieweit diese Zielvariablen die im vorherigen Abschnitt abgeleiteten Komponenten des Zinsrisikos berücksichtigen. Die Entscheidung für die eine oder andere Zielvariable hängt maßgeblich vom Standpunkt des Betrachters oder des Adressatenkreises ab. So stehen für das Bankmanagement, das den Periodengewinn verstetigen möchte, der Zinsüberschuß und die Zinsspanne im Vordergrund. Für die mehr an der Solvenz orientierte Bankenaufsicht sind der Reinvermögenswert und bestimmte Bilanzkennzahlen wichtig. Dadurch gewinnen diese Größen auch für die Bankleitung an Bedeutung. Die Anteilseigner dagegegen sind an einer risikogerechten Rendite ihres eingesetzten Kapitals interessiert. Da die Qualität und Leistungsfähigkeit des Bankmanagements nicht nur an den Gewinnausschüttungen

---

1) Siehe hierzu Rolfes (1985a); Schierenbeck (1985a), S. 213-225.

2) Z.B. Scholz (1979) und (1984).

3) H. Schmidt (1981a); Rudolph (1981).

4) Angotti und Maurer (1980).

5) Hempel, Coleman und Simonson (1983), S. 485-487.

6) Maisel (1981); Bierwag und Kaufman (1985); Benston (1985).

7) Vgl. Rolfes (1985a), S. 9-20; Kugler (1985), S. 132-136.

gemessen werden kann, sondern auch durch den Kurs der Aktie zum Ausdruck kommt, ist der Aktienkursverlauf auch für die Bankleitung eine wichtige Größe.

Diese Zielvariable läßt sich natürlich nur für solche Banken ermitteln, die am Kapitalmarkt täglich bewertet werden. Darüber hinaus ist die Verwendung der Rendite oder des Aktienkurses als bankunternehmerische Zielvariable für das Zinsrisiko mit weiteren Problemen verbunden, die hier näher beleuchtet werden sollen. Dazu bietet es sich an, die Zinssensitivität von Bankaktienkursen als Zielvariable zu untersuchen. Mit dieser Vorgehensweise lassen sich grundlegende Zusammenhänge einer kapitalmarktorientierten Betrachtungsweise aufzeigen und die Schwierigkeiten verdeutlichen, die bei der Ermittlung von Zinsrisiken durch externe Analysten entstehen können.

a) Zinssensitivität von Bankaktienkursen

Aktienkurse sind Preise besonderer Qualität und zeichnen sich insbesondere durch einen hohen Informationsgehalt aus.[1] Für die Aktienkursverläufe von Kreditinstituten, die traditionell als marktzinssensitiv gelten, könnte man daraus die Schlußfolgerung ziehen, daß sich Zinsrisiken auf effizienten Märkten in dem Kursverhalten widerspiegeln. Die marktzinsänderungsbedingte Kursvariabilität wäre somit ein Indikator für die übernommenen Zinsrisiken. Je größer der Umfang der Fristentransformation ist, desto stärker sollte der Aktienkurs auf Marktzinsänderungen reagieren.[2] Diese Zielvariable hätte den Vorteil, daß sowohl die Veränderungen des Zinsüberschusses als auch die Marktwerteffekte aufgrund von Zinsänderungen risikogerecht bewertet werden würden.[3]

---

1) Reuter (1980), S. 8-12.

2) Flannery und James (1984), S. 1144.

3) Zu den Vorteilen des "market value accounting" siehe Dermine (1985b).

Die Marktzinssensitivität von Bankaktienkursen wurde in mehreren empirischen Untersuchungen analysiert,[1] so beispielsweise mit einem multiplen Regressionsmodell:[2]

$$R_t = \beta_0 + \beta_1 AX_t + \beta_2 BX_t + e_t \ ,$$

wobei R_t, AX_t und BX_t die Renditen der Bankaktie, eines Aktienindex bzw. eines Bondindex sind. Es galt die Hypothese zu testen, daß β_2 ungleich null ist. Ist β_2 signifikant von null verschieden, dann haben Marktzinsänderungen einen über den normalen Umfang[3] hinausgehenden Einfluß auf die Rendite der Bankaktie. Dieser sollte um so größer sein, je stärker die Bank Zinsbindungsfristen transformiert.[4]

Die Ergebnisse von Lynge und Zuwalt, Santoni sowie Flannery und James[5] können die Hypothese stützen, daß Marktzinsänderungen einen über den normalen Umfang hinausgehenden Einfluß auf die Kurse von Bankaktien haben. Chance und Lane gelangen dagegen zu der Schlußfolgerung: "Neither security analysts nor portfolio managers need to be concerned with the effects of interest rates on the returns of common stock of financial institutions."[6] Die Bedeutung

---

1) Chance und Lane (1980); Lynge und Zuwalt (1980); Beedles und Buschmann (1981); Göppl (1983); Santoni (1984); Flannery und James (1984); Gilberto (1985).

2) Stone (1974).

3) Jede Marktzinsänderung hat auch einen Einfluß auf den Aktienindex und die Renditen der Aktien. Daraus folgt das Problem der Multikollinearität der unabhängigen Variablen bei der Regression. Siehe hierzu Johnston (1972), S. 159-168.

4) Flannery und James (1984), S. 1144.

5) Lynge und Zuwalt (1980); Santoni (1984); Flannery und James (1984).

6) Chance und Lane (1980), S. 54.

von Marktzinsänderungen ist demnach für Banken nicht größer als für andere Unternehmen.[1]

Obwohl eine Analyse von Aktienkursverläufen oder Aktienrenditen im Rahmen eines kapitalmarktorientierten Ansatzes plausibel erscheint und geeignet sein sollte, die aufgeführten Komponenten des Zinsrisikos zu erfassen, erweist sich dieser Ansatz als zu allgemein. Eine isolierte Erfassung der marktzinsänderungsbedingten Renditeeffekte erscheint kaum möglich, da auch Bonitätsrisiken die Rendite beeinflussen. Darüber hinaus ist davon auszugehen, daß Zinssatzänderungen nicht nur Auswirkungen auf den Bondindex haben, sondern auch auf den Aktienindex. Aus diesem Grunde erscheint es wenig aussagekräftig, Zinsrisiken bei Kreditinstituten über die Analyse von Aktienkursveränderungen zu ermitteln.

b) Bruttozinsspanne

Die in der neueren Literatur am häufigsten verwendeten Zielvariablen sind der Zinsüberschuß und die Bruttozinsspanne. Unter Zinsrisiko wird dann oft die negative Abweichung der sich aus dem Festzinsgeschäft ergebenden Bruttozinsspanne von einer Periode zur nächsten verstanden. Es wird dabei die Annahme gemacht, daß die Bruttozinsspannen in zwei aufeinanderfolgenden Perioden c.p. identisch sind. Scholz[2] spricht dagegen erst dann von Risiko, wenn der Zinsüberschuß, bzw. unter Einbeziehung der Betriebskosten, das Teilbetriebsergebnis, negativ wird.

Bei diesen Definitionen werden Zinsrisiken ausschließlich in Festzinspositionen gesehen. In der deutschen Literatur erweitert Schieren-

---

1) Die widersprüchlichen Ergebnisse sind zum Teil auch auf die unterschiedlichen statistischen Verfahren zurückzuführen. Siehe hierzu Gilberto (1985).

2) Scholz (1979) und (1984).

beck[1] diese Sichtweise, indem er explizit auch die Risiken aus dem variabel verzinslichen Geschäft mit einbezieht. Darauf aufbauend versucht Rolfes eine sehr umfassende Definition zu geben. Er versteht unter Zinsrisiko die Gefahr, daß die erzielte (zinsänderungsabhängige) Bruttozinsspanne aufgrund von Zinsänderungen negativ von der erwarteten und angestrebten abweicht.[2]

Obwohl diese Betrachtungsweise Festzinspositionen, variabel verzinsliche Positionen und den Abschreibungsbedarf auf die Wertpapiere des Umlaufvermögens berücksichtigt,[3] führt sie zu keiner genauen Erfassung des Zinsrisikos, wenn man die bisher abgeleiteten Komponenten als Maßstab wählt. Es fällt vor allem auf, daß die verschiedenen Komponenten nicht hinreichend genau untersucht werden. So umfaßt die (zinsänderungsabhängige) Bruttozinsspanne auch Anteile, deren Variabilität von Zinssatzänderungen unabhängig sein können. Zu nennen ist hier beispielsweise die Prämie für das Bonitätsrisiko. Außerdem sind Zinssatzänderungen im Kundengeschäft auch darauf zurückzuführen, daß bestimmte Geschäftsarten vorübergehend in gewissem Umfang gefördert oder gemieden werden sollen.[4] Die vorgebrachte Definition und das daraus abgeleitete Risikomaß enthalten somit nicht alle Komponenten des Zinsrisikos, jedoch Elemente, die nicht dem Zinsrisiko zuzurechnen sind.

c) Reinvermögenswert

Eine von den bisherigen Ansätzen abweichende Analyse von Zinsrisiken nehmen Schmidt und Rudolph[5] vor, die ihre Sichtweise aus dem

---

1) Schierenbeck (1985a).

2) Rolfes (1985a) und (1985b).

3) Rolfes (1985a), S. 19 f.

4) Als Beispiel sei hier der Zinszuschlag auf Spareinlagen genannt, der gewährt wurde, um in einer Hochzinsphase die Umschichtung größerer Beträge in höher verzinsliche Termingelder zu verhindern.

5) H. Schmidt (1979) und (1981a); Rudolph (1979), (1981a) und (1981b).

Marktwert- und Duration-Konzept ableiten. Sie verstehen unter Zinsrisiko die sich aus einer Zinssätzänderung ergebende Veränderung des Reinvermögenswertes des Kreditinstitutes zu einem bestimmten Zeitpunkt. Zinsrisiken entstehen in diesem Ansatz aus Festzinspositionen. Das zeigt sich darin, daß hier eine Zeitpunktbetrachtung des Altgeschäftes vorgenommen wird und keine Periodenbetrachtung, wie in den anderen oben vorgestellten Konzepten.

Sowohl die ausschließlich periodenbezogene Betrachtung über die Bruttozinsspanne und den Zinsüberschuß als auch die stichtagsbezogene Sichtweise über Reinvermögenseffekte können nicht vollständig befriedigen, da nur Teilaspekte des Zinsrisikos erfaßt und berücksichtigt werden. Um zu einer umfassenderen Analyse von Zinsrisiken in Kreditinstituten zu gelangen, empfiehlt es sich, die Auswirkungen von Marktzinsänderungen auf den Zinsüberschuß und auf den Reinvermögenswert zu betrachten.

3. Ökonomisches Einkommen

Eine umfassendere Zielvariable zur Erfassung, Beurteilung und Steuerung von Zinsrisiken in Kreditinstituten ist deshalb das ökonomische Einkommen.[1] Es beinhaltet die Zinseinzahlungen und Zinsauszahlungen der Periode und die marktzinsänderungsbedingten Marktwertänderungen der Aktiva und Passiva. Das ökonomische Einkommen besteht also nicht nur aus dem bilanziell ausgewiesenen Periodenergebnis, sondern zusätzlich aus den Wertänderungen der Bilanzpositionen bei marktgerechter Bewertung. Da sich die Veränderungen des Zinsüberschusses und der Marktwerte in aller Regel nicht kompensieren, sondern eher addieren, ist davon auszugehen, daß die Varia-

---

1) Vgl. hierzu Maisel (1981b); Benston (1985); Bierwag und Kaufman (1985); Sinkey (1986); Hempel, Coleman und Simonson (1986). Siehe auch die Einlegerschutzbilanz von Stützel (1964) und das Konzept der Liquidität von Finanztiteln von H. Schmidt (1979).

bilität dieser Zielvariablen c.p. größer ist als die Variabilität der Bruttozinsspanne oder des Reinvermögenswertes.

Wie bereits erwähnt, verfolgen Banken traditionell das Ziel eines stetigen Gewinnausweises. Es ist daher verständlich, daß die Verwendung und die Offenlegung des ökonomischen Einkommens und des Solvenzstatus bei Bankern nur wenig Unterstützung findet. Banker wollen vielmehr mit stillen Reserven oder anderen Maßnahmen den ausgewiesenen Gewinn nivellieren. Wenn schon die Bankleitung aus naheliegenden Gründen nicht an einem detaillierten Ausweis ihrer finanziellen Verhältnisse interessiert sein mag - also an der Verwendung des ökonomischen Einkommens und der marktgerechten Bewertung des Bankeigenkapitals - so sollte doch die Bankenaufsicht an diesem Konzept aus Gründen der Solvenzsicherung verstärktes Interesse zeigen.

Die Vernachlässigung dieses Aspektes ist beispielsweise ein wesentlicher Kritikpunkt an den bankaufsichtsrechtlichen Regelungen in den Vereinigten Staaten. "Most critics of current capital regulation contend that the banking authorities should devote more effort to the concept and measurement of economic values and the relevant components of risk."[1] Dieses Ziel läßt sich mit einer marktgerechten Bewertung erreichen. "Market values should be used to the amount feasible."[2] Betrachtet man die Studien zu Bankinsolvenzen während der letzten Jahre, gelangt man zu ähnlichen Schlußfolgerungen.[3] Es sei noch angemerkt, daß es nicht das Ziel dieser Überlegungen ist, die externe Rechnungslegung zu verändern. Vielmehr betreffen diese Überlegungen die Entwicklung eines internen Rechenwerkes, das beispielsweise im Sinne der Einlegerschutzbilanz zu interpretieren wäre.

---

1) Sinkey (1986), S. 551.

2) Benston (1985), S. 3.

3) Vgl. hierzu Sinkey (1979).

Folgt man der hier vorgetragenen Sichtweise, so ist das ökonomische Einkommen die Zielvariable, die das Zinsrisiko am vollständigsten abbildet. Die Entscheidung für das ökonomische Einkommen als Zielvariable zur Ermittlung, Beurteilung und Steuerung von Zinsrisiken in Kreditinstituten wird vielleicht noch verständlicher, wenn man die Bedeutung der einzelnen Zielvariablen für die Solvenzsicherung betrachtet und darüber hinaus untersucht, wie die anderen bankbetrieblichen Risiken, das Bonitätsrisiko und das Devisenkursrisiko, zu erfassen sind.

4. Bedeutung der Zielvariablen für die Solvenzsicherung

In der wissenschaftlichen Diskussion zur Solvenz lassen sich drei Lösungsansätze erkennen, die im Prinzip auf die drei letztgenannten Zielvariablen zurückgeführt werden können. Das ertragsorientierte Bankmanagement[1], das auf einer Controlling-Konzeption basiert, sieht die Existenz eines Kreditinstitutes dann als gesichert an, wenn der strukturelle Gewinnbedarf erwirtschaftet werden kann. Die Zielvariable ist dabei oftmals die Bruttozinsspanne. Im Konzept der Liquidität von Finanztiteln[2], hinter dem eine kapitalmarktorientierte Sichtweise steht, ist eine Bank dann solvent, wenn die Summe der Liquidationsdisagios kleiner oder gleich dem Eigenkapital inklusive Haftungszusagen Dritter ist. Die Zielvariable ist hier der Reinvermögenswert.

Diese beiden Lösungsansätze analysieren jeweils ein wichtiges Teilproblem der Solvenzsicherung. Der erste Ansatz beinhaltet eine zukünftige Periodenbetrachtung, vernachlässigt aber die Marktwertrisiken der Bilanzpositionen, während der zweite Ansatz eine Risikobetrachtung der Aktiva und der Passiva zu einem bestimmten Zeitpunkt

1) Schierenbeck (1983b), (1984a), (1984b) und (1987); Schierenbeck und Rolfes (1984a).

2) H.Schmidt (1979); siehe auch Stützel (1959) und (1964); Bieg (1983).

einschließt, dafür aber den Wert der Gewinnmöglichkeiten aus dem zukünftigen Geschäft unberücksichtigt läßt. Außerdem stellt der erste Ansatz auf die Gefahren ab, die bei Normalablauf eintreten können, der zweite bezieht sich dagegen auf den Maximalbelastungsfall im Sinne einer maximal erwarteten Marktzinsänderung. Der dritte Lösungsansatz, die Verwendung des ökonomischen Einkommens als Zielvariable, verbindet beide Sichtweisen, indem die Marktwertänderungen der bestehenden festverzinslichen Aktiv- und Passivpositionen, der Zinsüberschuß aus dem Altgeschäft und die zukünftigen Gewinnmöglichkeiten bei Fortbestehen des Bankbetriebes erfaßt werden.[1] Damit erweist sich dieser Ansatz als für die Solvenzsicherung besonders interessant.[2]

Die Forderung nach einer marktgerechten Erfassung des Zinsrisikos erscheint angemessen, zumal die anderen bankbetrieblichen Risiken, das Bonitätsrisiko und das Devisenkursrisiko, ebenfalls marktgerecht erfaßt werden sollten. So bewerten Banken auf Fremdwährung lautende Finanztitel in aller Regel zu Stichtagskursen.[3] Der mögliche Verlust ist unmittelbar zu erfassen und nicht auf die nächsten Perioden aufzuteilen. Ähnlich sollte beim Bonitätsrisiko verfahren werden. Bei einer Verschlechterung der Bonität des Kreditnehmers sollte der Kredit nicht mit dem Nominalwert bilanziert und über die nächsten Perioden bis zur Fälligkeit abgeschrieben, sondern unmittelbar mit dem ihm tatsächlich beizulegenden Wert angesetzt werden. Wie

---

1) Folgt man der hier vorgenommenen Einteilung in festverzinsliche und variabel verzinsliche Positionen, dann können bei Festzinspositionen nur Marktwertänderungen und bei variabel verzinslichen Positionen nur Veränderungen der Zinszahlungen eintreten. Die zukünftigen Gewinnmöglichkeiten für die Planperiode ergeben sich aus der Prolongation oder Substitution der variabel verzinslichen Positionen und aus dem Neugeschäft.

2) Maisel (1981b), S. 6-8; Guttentag und Herring (1981); Sinkey (1983), S. 422-429; Dermine (1985a) und (1985b).

3) Siehe hierzu Bieg (1983), S. 387 f. Bei der Bewertung zu Stichtagskursen sind allerdings die nicht realisierten Gewinne in einem zweiten Schritt auszusondern.

Scheidl bemerkt, wird in der Praxis nicht immer dieser vorsichtigen Bewertung gefolgt.[1] Natürlich kann es im Zeitablauf zu einer vorteilhaften Devisenkursänderung kommen, oder die Bonität des Kreditnehmers kann sich so verbessern, daß die vorsichtige Bewertung nicht mehr notwendig ist. Der Wertansatz könnte somit korrigiert und die mögliche Zuschreibung als Erfolg ausgewiesen werden.

Was für Devisenkursrisiken und Bonitätsrisiken angemessen erscheint, sollte auch für Zinsrisiken vertretbar sein. Mit einem Blick auf die Probleme und Insolvenzen einiger Kreditinstitute in den Vereinigten Staaten läßt sich feststellen, daß diese letztlich auf den zinsänderungsbedingten Abschreibungsbedarf der Festzinspositionen zurückzuführen sind. Dieser wurde erst in der Krisensituation offenkundig. Es zeigte sich, daß die Marktwerte der Aktiva, vor allem bei den Hypothekenbanken, weit unter den in der Bilanz angesetzten Buchwerten lagen.[2] Eine marktgerechte Bewertung hätte hier rechtzeitig auf Probleme aufmerksam machen können.

So wie sich bei Devisenkurs- und Bonitätsrisiken der vorsichtige Wertansatz als nicht erforderlich herausstellen kann, so kann auch bei Zinsrisiken ein Marktzinsrückgang zu einer Wertaufholung, zu einem positiven Marktwerteffekt führen. Da die zukünftige Zinsentwicklung nur schwer zu prognostizieren ist, wäre es jedoch nicht ratsam, auf die vorsichtige Bewertung zu verzichten. Für diese Bewertung der einzelnen Finanztitel sind jeweils die aktuellen Zinssätze zu verwenden. Es darf eben gerade nicht darauf vertraut werden, daß die Titel bei Fälligkeit zum Nominalwert zurückgezahlt werden. Im Interesse des Gläubigerschutzes und der Solvenzsicherung ist Vorsicht oberstes Gebot.

Abschließend sei noch auf einen weiteren Aspekt hingewiesen, der die Bedeutung des ökonomischen Einkommens als Zielvariable unter-

---

1) Scheidl (1985), S. 239 f.

2) Vgl. hierzu Benston (1985).

streicht und in hohem Maße für die Bankenaufsicht relevant sein könnte. Hat eine Bank größere Verluste aus bestimmten Aktivitäten hinnehmen müssen, so bieten sich aus der Sicht des Bankmanagements oft nur spekulative Geschäfte oder das Eingehen nicht tragbarer Risiken als letzte Lösung[1] an. Der damit konfrontierte Banker steht vor der Alternative: "If I make a big bet and earnings improve, I will keep my job. If, on the other hand, the bet costs the bank a ton of money, I will loose my job, which would have happened anyway."[2] Diese Go-for-broke-Denkweise läßt sich aus dem Konzept des Moral Hazard, der Agency Theory[3] und der Optionsbewertungstheorie[4] herleiten und begründen.

Es sollte das Ziel einer effektiv operierenden Bankenaufsicht sein, solche Aktivitäten rechtzeitig zu erkennen und einzugreifen, bevor spekulative Positionen zur Kompensation von erwarteten oder aktuellen Verlusten eingegangen werden können. Eine marktgerechte Bewertung könnte ein entscheidender Schritt sein, um die Solvenz der Bank zu überprüfen und falls erforderlich, rechtzeitig geeignete Maßnahmen zu ergreifen.

Zusammenfassend läßt sich feststellen, daß für die Risikoanalyse und Solvenzsicherung die Bewertung der einzelnen Positionen zu Marktwerten und nicht zu Buchwerten erfolgen sollte. Außerdem ist der Wert der Bank als "going concern" maßgeblich. "It should not be necessary to argue before economists that the banking system is a going concern and it should be treated as such."[5] Das ökonomische

---

1) So hat das Bankhaus Schröder, Münchmeyer, Hengst & Co. nach Erkennen der möglichen Verluste mit dem Bonitätsrisiko spekuliert; das Bankhaus I.D. Herstatt hat mit Devisenkursen spekuliert; First Pennsylvania Bank hat auf das Zinsrisiko (Zinsänderungschance) gesetzt. Alle Spekulationen gingen nicht auf.

2) Stigum und Branch (1983), S. 259.

3) Jensen und Meckling (1976).

4) Black und Scholes (1973); Siehe auch Copeland und Weston (1983), S. 412-417.

5) Samuelson (1945), S. 24.

Einkommen erfüllt diese Anforderungen und es bietet sich daher an, dieses als Zielvariable bei der Analyse von Zinsrisiken zu verwenden.

III. Zur Analyse von zinsänderungsbedingten Voluminaveränderungen

Für eine sachgerechte und vollständige Erfassung der Auswirkungen von Marktzinsänderungen erscheint es erforderlich, neben transformationsbedingten und marktbedingten Zinsrisiken auch die zinsänderungsbedingten Veränderungen der Höhe und zeitlichen Struktur von Ein- und Auszahlungsströmen zu berücksichtigen. Diese werden nachfolgend als Quantitätsrisiken bezeichnet. Das Quantitätsrisiko beinhaltet die Gefahr, daß der tatsächliche Ein- und Auszahlungsstrom vom geplanten abweicht. Dieses Risiko wird im bankbetrieblichen Schrifttum oft als Liquiditätsrisiko bezeichnet. Für eine Bank mit ausreichender Bonität besteht in aller Regel jedoch kein Liquiditätsrisiko im Sinne von Mangel an liquiden Mitteln. Vielmehr wird diese Bank sich jederzeit refinanzieren können, um etwaige Liquiditätsengpässe zu überbrücken. Das scheinbare Liquiditätsproblem wird zum Rentabilitätsproblem, wenn die Refinanzierungskosten gestiegen sind. Bei negativer Fristentransformation ergeben sich Nachteile aufgrund gesunkener Anlagezinssätze. Aus der Unsicherheit über den zukünftigen Zahlungsstrom können demnach negative Effekte für den Periodenerfolg der Bank entstehen. Darüber hinaus führen ungeplante Voluminaveränderungen bei Festzinspositionen zu veränderten Zinssensitivitäten der Aktiva und Passiva und können sich bei Zinsänderungen negativ auf das Eigenkapital der Bank auswirken.

Eine Analyse von Quantitätsrisiken kann unter verschiedenen Aspekten erfolgen. Im Hinblick auf das Management von Zinsrisiken in Kreditinstituten bietet es sich an, zwischen Alt- und Neugeschäft und zwischen Aktiv- und Passivgeschäft zu unterscheiden. Darüber hinaus kann man die Voluminaveränderungen als autonom oder als zinsänderungsbedingt klassifizieren.

1. Altgeschäft

Das Altgeschäft umfaßt alle bereits abgeschlossenen Geschäfte und kommt in der aktuellen Bilanzstruktur zum Ausdruck. Das Aktivgeschäft der Banken besteht aus dem Kreditgeschäft und der Anlage am Geld- und Kapitalmarkt. Aus der Sicht der Bank entstehen Quantitätsrisiken im Aktivgeschäft durch vorzeitige oder verspätete Einzahlungen und vereinbarte, aber nicht in Anspruch genommene Auszahlungen. Im Passivgeschäft resultieren Quantitätsrisiken aus dem vorzeitigen Einlagenabzug und der Umschichtung von Einlagen in andere Anlageformen und andere Laufzeitbereiche. Diese Unsicherheiten erschweren ein erfolgreiches Management von Zinsrisiken.

a) Aktivgeschäft

Die Entscheidung des Kreditnehmers für eine außerplanmäßige Tilgung kann entweder autonom oder zinsänderungsbedingt sein. Obwohl die Handlungsmotive oft nicht erkennbar sind, soll hier diese gedankliche Unterscheidung vorgenommen werden. Eine autonome vorzeitige Tilgung erfolgt beispielsweise, wenn der Kreditnehmer den Kapitalbetrag teilweise oder vollständig nicht mehr benötigt. Zinsänderungsbedingte Sondertilgungen werden möglicherweise dann vorgenommen, wenn das Zinsniveau gesunken ist. Der Kreditnehmer kann sich in dieser Situation oftmals zu den dann herrschenden niedrigeren Zinssätzen refinanzieren und dadurch seine Kapitalkosten senken. Die Kreditinstitute können sich den vorzeitigen Rückzahlungen kaum verschließen, um die Kundenbeziehungen nicht zu belasten und ihr angestrebtes Standing zu wahren. In solchen Situationen ist es allerdings üblich, eine Ablösungsentschädigung zu verlangen. Ob diese den eingetretenen Schaden ausgleicht, ist hier nicht zu untersuchen.

Die Gründe für eine vorzeitige Rückzahlung eines Festzinskredites bei fallenden Zinssätzen sind aus der Sicht des Schuldners leicht zu erklären. Hier interessieren aber die Auswirkungen auf die Bank. Hat die Bank einen Kredit mit festem Zinssatz vereinbart, so fallen zunächst einmal durch die vorzeitige Rückzahlung die erwarteten Zinseinzahlungen aus. Darüber hinaus verringert sich der Zinsüberschuß, wenn dieser Kredit fristenkongruent mit festen Konditionen finanziert wurde, da jetzt die zurückgezahlten Mittel nur zu schlechteren Konditionen angelegt werden können. Somit sind auch die Erfolge aus dem Festzinsgeschäft mit Risiken behaftet. Sie hängen davon ab, inwieweit der Kunde die ihm gewährten Wahlrechte nutzt.

Aufgrund dieser Wahlrechte ergibt sich eine asymmetrische Verteilung des zinsänderungsbedingten Quantitätsrisikos. Die Bank trägt im Fall einer kongruenten Zinsbindungsfrist der Aktiva und Passiva das Risiko, daß bei fallenden Zinssätzen der Kredit zurückgezahlt wird und sich damit der Zinsüberschuß verringert. Sie kann aber nicht an den positiven Effekten eines Zinsanstiegs partizipieren, da in dieser Situation Kredite nicht zurückgezahlt werden. Eine Anlage in verzinslichen Effekten kann zu ähnlichen Problemen wie im Kreditgeschäft führen, wenn außerplanmäßige Tilgungen oder die vorzeitige Kündigung in den Anleihebedingungen vorgesehen sind und der Emittent sein Recht ausübt.

Ein weiteres Risiko im Kreditgeschäft resultiert daraus, daß der Kreditnehmer einen zugesagten Kredit möglicherweise nicht in Anspruch nimmt. Das läßt sich auch als unmittelbare vollständige Rückzahlung interpretieren. In diesem Fall macht der Kunde von der Möglichkeit Gebrauch, entweder den Kreditbetrag in Anspruch zu nehmen oder darauf zu verzichten. Eine dafür in Rechnung zu stellende Bereitstellungsgebühr kann man als Prämie für die Wahlmöglichkeit des Kreditnehmers interpretieren. Diese Kundenentscheidungen lassen sich ebenfalls als autonom oder als zinsänderungsbedingt klassifizieren. Im ersten Fall wird der Kreditbetrag teilweise oder insgesamt nicht mehr benötigt. Eine Nichtinanspruchnahme eines Kredits mit festem Zinssatz läßt sich dann als zinsänderungsbedingt interpretieren, wenn die Zinssätze seit der Kreditvereinbarung gesunken sind und der Kunde sich zu günstigeren Konditionen finanzieren kann. In dieser Situation ergibt sich - ebenso wie im oben dargestellten Fall der vorzeitigen Tilgung - eine asymmetrische Risikoverteilung zu Ungunsten der Bank. Fallen die vertraglich vereinbarten Zahlungen aus dem Kreditvertrag teilweise oder ganz aus oder werden sie verspätet geleistet, so handelt es sich dabei um das Bonitätsrisiko, das jedoch nicht Gegenstand dieser Arbeit ist.

b) Passivgeschäft

Die zeitliche Struktur und die Höhe der Ein- und Auszahlungsströme der Kreditinstitute sind nicht nur im Aktivgeschäft, sondern auch im Passivgeschäft unsicher. Die Unsicherheit resultiert aus der im Regelfall bestehenden Möglichkeit der Kunden, Einlagen vor Fälligkeit abzuziehen. Die Höhe der Einlagen und die Refinanzierungskosten sind daher trotz vereinbarter Laufzeit und Zinsbindungsfrist unsicher, wenn die Bank den Rückzahlungswünschen nachkommt. Oftmals wird zwar ein Strafzins (z.B. Vorschußzinsen) berechnet oder ein Zinsabschlag vorgenommen, es bleibt allerdings offen, ob diese "Prämien" das Rentabilitätsrisiko der Bank im Durchschnitt abdecken.

Auch im Passivgeschäft kann die Entscheidung der Wirtschaftssubjekte entweder autonom oder zinsänderungsbedingt sein. Als zinsänderungsbedingt läßt sich beispielsweise in einer Hochzinsphase der Abzug von Bankeinlagen zur Anlage in Rentenwerten klassifizieren. Es werden der Bank Einlagen entzogen, die dann durch andere Mittel zu ersetzen sind. Zusätzlich zum Einlagenabzug kann es in dieser Situation zu zinsänderungsbedingten Umschichtungen von kurzfristigen zu längerfristigen Einlagenformen kommen. Diese interne Umschichtung kann die Bank in gewissem Umfang vermeiden, indem sie - beispielsweise bei höheren Kapitalbeträgen - zuzüglich zu den marktgerechten kurzfristigen Zinssätzen vorübergehend einen Bonus zahlt. Auch in diesem Fall wird deutlich, daß sich das scheinbare

Liquiditätsproblem bei genauer Analyse als Rentabilitätsproblem darstellt.

2. Neugeschäft

Auf den ersten Blick könnte der Eindruck entstehen, daß das Management der Bilanzstruktur durch das Neugeschäft einfach ist. Die Bankleitung könnte durch eine gezielte Steuerung des Neugeschäfts versuchen, die bestehenden Risiken des Altgeschäfts zu verringern – falls das gewünscht ist – und somit die zukünftige Geschäftsstruktur entsprechend den eigenen Präferenzen gestalten. Die Bank würde dann nur insoweit Risiken übernehmen, wie es ihren eigenen Vorstellungen entspricht. Diese ideale Situation dürfte nur dann zu realisieren sein, wenn die Bank ihre Präferenzen sowohl im Kundengeschäft als auch am Interbankenmarkt vollständig und unmittelbar durchsetzen kann und die notwendigen Anpassungsmaßnahmen jederzeit durchführbar sind.[1] Diese vollständige Realisierung der geplanten Bilanzstruktur wird nicht immer möglich sein, so daß die Bank häufig neben den geplanten noch weitere Risiken eingehen muß. Das Neugeschäft beinhaltet somit ebenfalls Risiken bezüglich der Volumina, der Zinssätze und der Geschäftsstruktur.[2]

Es ist daher zweckmäßig, die potentiellen Veränderungen der Geschäftsstruktur in den verschiedenen Phasen des Zins- und Konjunkturzyklus in das Zinsrisikomanagement mit einzubeziehen. Die Auswirkungen von Zinsänderungen auf das Geschäftsvolumen und auf die Geschäftsstruktur der Bank seien hier noch einmal zusammengefaßt:

---

1) Verfolgt die Bank beispielsweise ein zyklisches Bilanzstrukturmanagement, d.h. eine negative Fristentransformation bei erwarteten ansteigenden Zinssätzen und eine positive Fristentransformation bei erwarteten fallenden Zinssätzen, dann kann sie Überrenditen auf Dauer nur zum Nachteil der anderen Marktteilnehmer erzielen.

2) Siehe hierzu Sinkey (1986), S. 297-302.

Bei fallenden Zinssätzen wird im Regelfall die Laufzeit im Kreditgeschäft kürzer sein als vereinbart, so daß bei konstanten Finanzierungskosten die Zinsspanne sinkt. Im Passivgeschäft wird es bei ansteigenden Zinssätzen zu einer Verschiebung zu höher verzinslichen Einlagen kommen, so daß die Kosten bei konstanten Erlösen ansteigen. Den Nachteil hat die Bank zu tragen, wenn sie dem Kunden für die ihm gewährten Wahlrechte keine risikogerechte Prämie berechnet.

Diese Ausführungen sollten die Notwendigkeit verdeutlichen, die Auswirkungen von Zinsrisiken in geeigneter Weise zu erfassen. Es bietet sich jetzt an, das risikopolitische Instrumentarium, das den Banken zum Risikomanagement zur Verfügung steht oder von ihnen möglicherweise genutzt werden könnte, näher zu untersuchen. Dabei ist auch die Frage zu klären, inwieweit die Kundenpräferenzen bei den verschiedenen Maßnahmen berücksichtigt werden.

IV. Bankgeschäftspolitische Maßnahmen zum Management von Zinsrisiken

Banken verfügen über verschiedene Möglichkeiten zum Gewinn- und Risikomanagement. Sie bestehen in der Bildung eines Risikoausgleichsfonds, der Steuerung der Bilanzstruktur durch Maßnahmen im Kundengeschäft und dem Abschluß von Termingeschäften. Diese Alternativen schließen sich gegenseitig nicht aus, sondern ergänzen sich.

Die Bildung eines Risikoausgleichsfonds ist eine geschäftspolitische Maßnahme oder Strategie, mit der ein intertemporaler Gewinnausgleich vorgenommen werden kann. Dieser Fond ermöglicht es, Gewinnschwankungen zu nivellieren, die sich aus der willkürlichen Festlegung von Rechnungsperioden ergeben können. Das Kundengeschäft bleibt bei dieser Alternative unberührt. Die Steuerung der Bilanzstruktur ist dagegen eine Maßnahme, von der das Kundengeschäft primär betroffen ist. Sie beinhaltet alle erforderlichen Maßnahmen, um die Geschäftsstruktur im Kundengeschäft zu beeinflussen, darüber hinaus auch alle Transaktionen am Geld- und Kapitalmarkt, die zur Steuerung der Bilanzstruktur erforderlich sind. Schließlich kann durch den Abschluß börslicher Termingeschäfte eine Veränderung der bankbetrieblichen Risikoposition vorgenommen werden, so daß sie den Präferenzen der Bank entspricht. Nachfolgend werden diese drei bankgeschäftspolitischen Maßnahmen einzeln erläutert.

1. Risikoausgleichsfond

Ein intertemporaler Gewinnausgleich, der zur Stabilisierung des Periodenergebnisses beiträgt, kann durch stille und offene Reserven sowie durch einen Risikoausgleichsfond[1] erfolgen. Der Vorteil dieser Politik ist darin zu sehen, daß die typischen Ertragsschwankungen des Bankgeschäftes - für den Außenstehenden kaum erkennbar - ausgeglichen werden können und darüber hinaus eine periodengerechte Zurechnung der Erträge möglich sein könnte. Das Für und Wider von stillen Reserven ist intensiv im Schrifttum diskutiert worden.[2]

Ein kapitalmarktorientierter Ansatz zum Risikomanagement in Banken, wie er auch in dieser Arbeit vertreten wird, muß die Prämien für die übernommenen Risiken sachgerecht periodisieren. Dazu ist ein Risikoausgleichsfond erforderlich. Obwohl sich die Notwendigkeit dieses Risikoausgleichsfonds aus Theorien zur Zeitstruktur der Zinssätze ergibt, ist sie bisher nicht erkannt worden, was zum Ausweis unrealisierter Gewinne führen kann. Gilt die Erwartungstheorie, die auch der Liquiditätspräferenztheorie zugrunde liegt, so sollte bei positiver Fristentransformation und ansteigender Zinsstrukturkurve das vollständige Fristentransformationsergebnis aus dem Neugeschäft

---

1) Siehe hierzu Hesberg (1983).

2) Siehe hierzu Stützel (1959); Güde (1977); Süchting (1981) und (1988); Wielens (1984a) und (1984b); Revell (1984). Siehe auch Hesberg (1983), S. 538 f. und die dort angegebene Literatur.

in einen - gegen Ausschüttung und Besteuerung gesperrten - Fond[1] eingestellt werden. Die Bank könnte so in den folgenden Perioden die aus den erwarteten höheren Refinanzierungskosten resultierenden geringeren Überschüsse oder Verluste aus diesen Geschäften ausgleichen. Das Ziel dieser Vorgehensweise ist die sachgerechte Bereinigung des ausgewiesenen Periodenergebnisses um die zinszyklusabhängigen und fristentransformationsbedingten Schwankungen des Zinsüberschusses. Die Auswirkungen möglicher Kursverluste auf den Ertrag werden hierbei nicht berücksichtigt und beeinflussen, falls sie eintreten, das Periodenergebnis.

Bei der Transformation von Zinsbindungsfristen an einem Markt mit Liquiditätsprämien sollte die Bank zusätzlich diese Prämie für die Übernahme des Zinsrisikos in den Fond einstellen. Dadurch kann sie den Zinsüberschuß sachgerecht nivellieren und den zinsänderungsbedingten Abschreibungsbedarf auf Finanztitel ertragsmäßig steuern.

---

1) Ob dieser Fond als Rückstellung oder Rücklage zu bilanzieren wäre, sei an dieser Stelle offen gelassen. Es bietet sich hier aber an, auf einige im Schrifttum vorgetragene Auffassungen zur bilanziellen Erfassung unrealisierter Erfolge aus dem Zinsgeschäft hinzuweisen. So bemerkt Hesberg (1983), S. 542: "Nur eine ... aus dem Vorsichtsprinzip konkret nachvollziehbare und insoweit dem Imparitätsprinzip entsprechende Modifikation des Realisationsprinzips wird die Passivierung eines Fonds als Rückstellung statt als Rücklage rechtfertigen, aber auch postulieren können." Biehl und Reuter (1984), S. 277, argumentieren dagegen: "Für die Bildung von Rückstellungen ist hier in Anbetracht der bestehenden Bilanzierungsgrundsätze kein Raum." Es liegt daher nahe, in diesem Zusammenhang über neue Wege nachzudenken. Bieg und Rübel (1988), S. 428-431, schlagen beispielsweise für unrealisierte Erfolge aus Fremdwährungspositionen vor, eine gegen Besteuerung und Ausschüttung gesperrte Rücklage zu bilden, die, wie sie selber ausführen, ein Novum für die deutsche Bilanzierungspraxis darstellen würde. Durch diese Rücklage sollte auch für Außenstehende erkennbar werden, "daß die darin erfaßten Gewinne das Realisationsstadium und damit die Ausschüttungsreife noch nicht erreicht haben und sie dieses - soweit sie aus offenen Positionen stammen - möglicherweise auch nie erreichen werden." Bieg und Rübel (1988), S. 431. Im Zusammenhang mit dem Zinsrisiko und den Theorien zur Zeitstruktur der Zinssätze könnte es daher vertretbar erscheinen, diese Überlegungen auch auf einen Fond für noch nicht realisierte Erfolge aus der Fristentransformation zu übertragen.

Die Liquiditätsprämie läßt sich als Entgelt für die Übernahme von potentiellen zinsänderungsbedingten Kursrisiken interpretieren. Die erhaltenen und in den Fond eingestellten Prämien können zur Kompensation der - oftmals nur vorübergehenden - Kursverluste verwendet werden und somit die Auswirkungen schlagend werdender Risiken auf den Periodenerfolg, das Eigenkapital und die Solvenz der Bank vermindern.

Nach vollständiger Abwicklung der entsprechenden Geschäfte kann man die "verdienten Prämien" dem Fond entnehmen und als Gewinn ausweisen. Die Bildung dieser Reserven in einem Risikoausgleichsfond kann neben dem genaueren Ausweis des Periodenergebnisses dazu dienen, das Insolvenzrisiko der Bank zu verringern. Eine Beurteilung, ob die Fristentransformation zu einem insgesamt positiven Ergebnis über die gesamte Laufzeit des Geschäftes geführt hat und damit erfolgreich war, kann man demnach erst nach vollständiger Abwicklung des gesamten Geschäftes vornehmen.[1]

Dieser Zusammenhang läßt sich am folgenden Beispiel verdeutlichen. Dazu wird angenommen, daß die Erwartungstheorie gilt. Die Anlage über 1 Mio. GE in einem vierjährigen Titel wird über diesen Zeitraum jeweils mit einjährigen Titeln refinanziert, wobei in der Ausgangslage die langfristigen Zinssätze höher sind als die kurzfristigen. Zu diesem Zeitpunkt beträgt der marktgerechte Zinssatz für einjährige Titel 5% und der für vierjährige Titel 6,5%. Gilt die Erwartungstheorie, so folgt aus der gegebenen Zinsstruktur, daß die Zinssätze, in diesem Fall also die Refinanzierungskosten, im Zeitablauf ansteigen. Es sei angenommen, daß für einjährige Anlagen die Zinssätze

1) Man mag nun diesem Vorschlag entgegenhalten, daß eine genaue Zuordnung von Positionen der Aktiva und der Passiva in aller Regel nicht möglich ist und daß es gerade das Ziel der neueren Überlegungen zum Zinsrisikomanagement ist, keine Bilanzschichtung vorzunehmen. Darauf kommt es hier auch nicht an. Vielmehr soll mit diesen Ausführungen verdeutlich werden, daß bei einer positiven Fristentransformation eben noch nicht der gesamte Zinsüberschuß als Erfolg ausgewiesen werden darf.

jeweils zu Beginn des zweiten, dritten und vierten Jahres 6%, 7% bzw. 8% betragen. Die Daten für das Beispiel sind in Abbildung 3.2 aufgeführt.

Jahr	Zinssätze $_0r_1$[1]	$_0r_4$[2]	Zins-marge	Zinsaus-zahlungen	Zinsein-zahlungen	Zinsüber-schuß[3]
1	5%	6,5%	1,5%	5000	6500	1500
2	6%	6,5%	0,5%	6000	6500	500
3	7%	6,5%	-0,5%	7000	6500	-500
4	8%	6,5%	-1,5%	8000	6500	-1500
				26000	26000	0

Abb. 3.2: Fristentransformation und Zinsüberschuß

Eine Betrachtung der Ergebnisse zeigt, daß die Bank in den ersten beiden Perioden ein positives Fristentransformationsergebnis erreichte, das in den folgenden Perioden jedoch durch negative Ergebnisse wieder aufgezehrt wurde. Solange das Festzinsgeschäft noch in den Büchern steht, ist der Zinsüberschuß, zu dem es beiträgt, strenggenommen noch nicht realisiert. Würden die Erfolge aus der Fristentransformation in den ersten beiden Jahren dem Fond zugeführt und die Verluste der letzten beiden Jahre durch den Fond ausgeglichen, dann wäre der ausgewiesene Gewinn der Bank unabhängig vom Transformationsergebnis.

Das Beispiel deutet auch an, daß unter Annahme der Erwartungstheorie die Bank aus der Fristentransformation nur dann auf Dauer einen positiven Erfolgsbeitrag erzielen kann, wenn ihre eigenen Zinsprognosen besser sind als die des Marktes und somit die in der Zinsstruktur enthaltenen Erwartungen nicht realisiert werden.

---

1) Zinssatz für jeweils einjährige Anlagen am Beginn jedes Jahres.

2) Zinssatz für vierjährige Anlagen im Ausgangszeitpunkt.

3) Beitrag zum Fristentransformationsergebnis.

Folgt man diesem Beispiel, dann erscheint es nicht sachgerecht, ein positives Fristentransformationsergebnis einer Periode schon vollständig als Gewinn auszuweisen. Das gilt in verstärktem Maße dann, wenn beispielsweise bei starker positiver Fristentransformation eine stark ansteigende Zinsstrukturkurve vorliegt, d.h. die zukünftigen höheren Refinanzierungskosten schon durch die Terminzinssätze zum Ausdruck kommen. Das Zinsrisiko besteht eben nicht nur in möglichen Veränderungen des Zinsüberschusses in einer Periode, sondern auch in den erwarteten Veränderungen des Zinsüberschusses in den folgenden Perioden. Mit einem Risikoausgleichsfond kann die Bank diese intertemporalen Gewinnschwankungen steuern, ohne die Kundenpräferenzen beeinflussen zu müssen.

2. Bilanzstrukturpolitische Maßnahmen im Kundengeschäft

Die Bilanzstrukturpolitik ist eine Management-Strategie mit dem Ziel, die geplante Geschäftsstruktur der Bank im Kundengeschäft durchzusetzen. Die Bank ist dabei jedoch von den Präferenzen der Kunden und der Wettbewerbssituation abhängig. Deshalb verfügt sie eigentlich nur über ein begrenztes Instrumentarium, um ihre Vorstellungen zu realisieren. Zusätzlich engen rechtliche Rahmenbedingungen ihren Handlungsspielraum ein.

Um einige Probleme für die Bankgeschäftspolitik besser beurteilen zu können, wird im folgenden auf die entgegengesetzten Interessen der Gläubiger und der Schuldner während der verschiedenen Phasen eines Zinszyklus und auf die Veränderung der Kundenpräferenzen in der jüngsten Vergangenheit eingegangen. Anschließend werden die bankgeschäftspolitischen Maßnahmen aufgezeigt, mit denen Banken die Kundenpräferenzen beeinflussen könnten. Hierbei handelt es sich vor allem um das Angebot neuer Anlage- und Finanzierungsalternativen sowie um die bilanzstrukturpolitische Gestaltung der Konditionen.

Die Vorstellungen der Gläubiger und Schuldner über die zu vereinbarende Zinsbindungsfrist oder Laufzeit stimmen in den verschiedenen Phasen des Zinszyklus häufig nicht überein. So ist zu vermuten, daß Einleger in der Hochzinsphase meistens längere, die Kreditnehmer dagegen kürzere Zinsbindungsfristen bevorzugen. In der Niedrigzinsphase gilt das Umgekehrte. Die Bank steht zwischen diesen entgegengesetzten Interessen ihrer Kunden. So soll sie den Kundenwünschen entsprechen und Zinsbindungsfristen transformieren. Gleichzeitig muß sie im eigenen Interesse das Gesamtgeschäft so gestalten, daß das Risiko auf ein tragbares Maß begrenzt ist und die Bankziele möglichst erreicht werden können.

Neben diesen Veränderungen der Kundenwünsche im Verlauf eines Zinszyklus haben sich in den vergangenen Jahren weitere Veränderungen gezeigt, die die Intermediäre zu einer Ausweitung der Anlage- und Finanzierungsalternativen veranlaßten. Diese Entwicklung sei hier beispielhaft skizziert. Das zinsbewußtere Anlageverhalten der privaten Geldvermögensbesitzer[1] seit Anfang der siebziger Jahre erforderte von den Kreditinstituten eine flexiblere Gestaltung des Passivgeschäftes und eine kapitalmarktorientierte Konditionenpolitik, um den kontinuierlichen Mittelzufluß sicherzustellen. Bedingt durch die Kundenwünsche nahm der Anteil der höher verzinslichen langfristigen Anlageformen in der Bilanz zu. Dadurch verteuerte sich die Refinanzierung und verlängerten sich die Zinsbindungsfristen. Zur Begrenzung des daraus resultierenden Zinsrisikos wurden vor allem bei den Sparkassen neue Strategien für das Aktiv- und Passivgeschäft entwickelt.[2]

---

1) Vgl. Büschgen (1985); Monatsbericht der Deutschen Bundesbank (10/1985), S. 26-38; P. Schmidt (1985); Möhle (1985); Steinbrink und Hermanns (1986).

2) Vgl. Lehner (1977) und (1981); Kessler (1982); Hermanns (1983); Knorr (1983); Weber (1983); Schäfer und Xylander (1983); Heitmann und Grahl (1983); Eckmeier und Vierhöfer (1983); Stratmann (1984); Pfad (1984); Möhle (1985); P. Schmidt (1985); Steinbrink und Hermanns (1986). Zum Passivmanagement siehe auch Dierolf (1981), (1984a) und (1985).

In der ersten Hochzinsphase (1973-75) boten die Sparkassen zur Sicherung ihrer Refinanzierung den Kundenpräferenzen entsprechend langfristige festverzinsliche Anlageformen an (Sparkassenbriefe und -obligationen). Um eine zu starke Transformation von Zinsbindungsfristen aus Risikoüberlegungen zu vermeiden, erfolgte eine Anlage der Mittel unter anderem in fristenkongruenten Festzinshypotheken.[1] Die Ausweitung des Festzinsgeschäftes bedeutete jedoch für die Sparkassen eine Erhöhung des Zinsrisikos[2] und prima facie gleichzeitig eine Verschlechterung der Ertragslage, da die Marge im Festzinsgeschäft geringer ist als im variabel verzinslichen Geschäft.[3]

Ein kapitalmarktorientiertes Angebot im zinsvariablen Kontensparen sollte den Trend zu Festzinspassiva abbremsen und gleichzeitig wieder die Möglichkeit eröffnen, zinsvariable Hypotheken zu vergeben. Im Einlagenbereich wurde daher die Angebotspalette mit der Absicht erweitert, eine Förderung des zinsvariablen Geschäftes zu erreichen.[4] Diese geschäftspolitischen Maßnahmen als Konsequenz aus dem veränderten Kundenverhalten veranschaulichen die Möglichkeiten der Kreditinstitute, die Bilanzstruktur im Kundengeschäft zu steuern.

Diese Gedanken lassen sich weiterführen. Will die Bank eine bestimmte Bilanzstruktur realisieren, dann kann sie dieses Ziel in der Weise verfolgen, daß sie die Konditionen für einzelne Geschäfte nicht nur vom Geld- und Kapitalmarktzins abhängig macht, sondern auch geschäftsstrukturpolitische Überlegungen berücksichtigt.[5] Die Differenz zwischen dem Geld- und Kapitalmarktzins und den von der Bank gestellten Konditionen - insbesondere dem Zinssatz - ist dann

---

1) P. Schmidt (1985), S. 340 f.

2) Möhle (1985), S. 455.

3) Möhle (1985), S. 459.

4) Büschgen (1985), S. 298.

5) Vgl. hierzu Knorr (1983); Hermanns (1983); Stubbe (1984).

für bestimmte Geschäfte im Zinszyklus so zu variieren, daß die ursprünglichen Kundenwünsche in bezug auf die Zinsbindungsfrist im Sinne der Bank beeinflußt werden.

In Hochzinsphasen dürfte für die Bank mittelfristig eine - im Vergleich zum Geld- und Kapitalmarktzins und den üblichen Konditionsmargen - relativ höhere Verzinsung der variabel verzinslichen Spareinlagen sowie der kurzfristigen Festzinseinlagen und eine relativ niedrigere Verzinsung der längerfristigen Einlagenformen vorteilhaft sein, um so die Refinanzierungskosten nicht langfristig auf dem hohen Zinsniveau festzuschreiben. In Niedrigzinsphasen ist eine zum Geld- und Kapitalmarktzins relativ niedrigere Verzinsung der variabel verzinslichen und kurzfristig festverzinslichen Einlagenformen und eine relativ höhere Verzinsung der längerfristigen Festzinseinlagen zweckmäßig, um die günstige Refinanzierung längerfristig sicherzustellen.[1] Verhältnismäßig teuer ist dann beispielsweise in der Hochzinsphase die variabel verzinsliche Hypothek gegenüber der Festzinshypothek.[2] Inwieweit diese Überlegungen unter den Wettbewerbsbedingungen des Marktes zu realisieren sind, ist von der Konkurrenzsituation und der Kundenstruktur abhängig.

Aus der Sicht der Bankleitung sind die Konditionen im variabel verzinslichen und im Festzinsgeschäft so festzulegen, daß sich Mittelherkunft und -verwendung ausgleichen, das Zinsrisiko eine vorgegebene Höchstgrenze nicht überschreitet und die Bank ihre Ziele erreicht. Diese Ziele lassen sich durch das Kundengeschäft oftmals nicht realisieren. Durch Geschäfte am Geld- und Kapitalmarkt kann jedoch in gewissem Umfang eine Veränderung der Bilanzstruktur erfolgen. Außerdem bieten sich zur Risikosteuerung Zinstermingeschäfte an. Sie sind Inhalt des nächsten Abschnitts.

---

1) Hermanns (1983), S. 385.

2) Vgl. Knorr (1983), S. 5; Möhle (1985), S. 455.

Es sei darauf hingewiesen, daß das Ziel dieser geschäftspolitischen Maßnahmen darin gesehen werden könnte, die Kundenwünsche durch eine gezielte Preispolitik im Sinne der Bankzielsetzung zu beeinflussen. Es ist demnach nicht das Ziel, den Kunden hinsichtlich ihrer gewünschten Anlage- und Finanzierungsdauern in jedem Fall zu entsprechen. Die Bankkunden müssen - falls sie der Bankstrategie folgen - in gewisser Weise Zinsrisiken übernehmen. Das mag in vielen Fällen keine befriedigende Lösung sein. "Das Zinsrisiko kann und soll vor allem im Kreditgeschäft der Banken nicht eliminiert werden, zumal die Banken im Regelfall besser gerüstet sind, es innerhalb bestimmter Grenzen zu tragen als ihre Kunden. Wollen es die Banken völlig auf ihre Kunden abwälzen, vorausgesetzt, der Wettbewerb ließe das zu, so könnte sich herausstellen, daß es verwandelt - als Ausfallrisiko - auf den Kreditgeber zurückschlägt."[1]

3. Termingeschäfte

Die Finanzinnovationen[2] an den Geld- und Kapitalmärkten während der letzten Jahre haben den Banken neue Perspektiven für Kundengeschäft und Eigengeschäft eröffnet. Vor allem der Abschluß von Termingeschäften scheint eine interessante Alternative für das Risikomanagement in Kreditinstituten zu sein. Die Möglichkeiten, die Zinstermingeschäfte für das Management von Zinsrisiken im Bondportefeuille bieten, wurden bereits im zweiten Teil dieser Untersuchung herausgearbeitet. Nachfolgend sind die Anwendungsgebiete im Bankbereich aufzuzeigen.[3] Zinstermingeschäfte umfassen hier

---

1) Scheidl (1985), S. 249.

2) Z.B. Swaps, Floating Rate Notes, RUF`s. Vgl. hierzu Reuter: Instrumente des Eurokreditmarktes, 8. Auflage, Dresdner Bank, Frankfurt 1987.

3) Als einführende Literatur siehe Keen (1980); Picou (1981); Drabenstott und McDonley (1984).

Financial Futures sowie Optionen auf Financial Futures und auf verzinsliche Finanztitel.

Die Bankleitung kann Financial Futures und Optionen in unterschiedlicher Weise und mit verschiedenen Zielsetzungen zum Management von Zinsrisiken einsetzen.[1] Dabei ist zwischen der Sicherung von Einzelpositionen (micro hedging) und von Gesamtpositionen (macro hedging) zu unterscheiden, wobei die zweite Möglichkeit sich auf den Zinsüberschuß oder das Eigenkapital beziehen kann.[2] Daraus lassen sich die nachfolgenden Zielinhalte der Bank beim Abschluß von Termingeschäften ableiten:[3]

1. Die Sicherung von Marktwerten einzelner Positionen, also der Einstands- und Verkaufspreise einzelner Finanztitel. Es sei hier beispielhaft die Festschreibung zukünftiger Kauf- und Verkaufspreise von Wertpapieren genannt. Sind für die Bank nicht Kurse,

---

1) Für eine Erfassung der aktuellen und potentiellen Anwendungsgebiete bei Banken siehe Booth, Smith und Stolz (1984). Ausführliche Anwendungsbeispiele für Banken finden sich bei Kolb (1982), S.159-195, und Fitzgerald (1983), S. 89-118. Siehe auch Barter und Rendleman (1979); McCabe und Blackwell (1981); Parker und Daigler (1981); Batlin (1982) und (1983); Jacobs (1982) und (1983); Speakes (1983); Ho und Saunders (1983); Kobold (1985).

2) Im Schrifttum finden sich unterschiedliche Auffassungen bezüglich der Vor- und Nachteile des "micro and macro hedgings".Vgl. hierzu Koch u.a. (1982), S. 13; Drabenstott und McDonley (1982), S. 29; Barth (1984); Kolb, Timme und Gay (1984); Koppenhaver (1984b), S. 5. Überwiegend wird jedoch das Hedging von Gesamtpositionen bevorzugt. "The essential trading strategy directed by the guidelines is that institutions should establish positions that hedge their overall exposure to interest rate risk." Martin (1985), S. 513. Bei differenzierter Betrachtung stellt man fest, daß es kein entweder oder geben muß, sondern das sich vielmehr beide Konzeptionen verbinden lassen, wenn man das Hedging von Einzel- und Gesamtpositionen mit der Duration angeht.

3) Es wird überwiegend die Meinung vertreten, daß es das Ziel von Banken sein sollte, die Risiken zu verringern."The regulators have been very clear on this point: Financial Institutions should use interest rate futures only to reduce their interest rate exposure." Koch u.a. (1982), S. 10. Siehe auch Koppenhaver (1984b), S. 3; Drabenstott und McDonley (1982a), S. 26 f.

sondern die Verzinsung relevant, dann kann sie die Refinanzierungskosten und Anlagezinssätze einzelner Titel sichern, so z.B. die Konditionen für einzelne Einlagen und Kredite.

2. Die Sicherung des Zinsüberschusses für eine Periode, also die Differenz zwischen den Zinsauszahlungen und Zinseinzahlungen aus allen Positionen während einer vorgegebenen Zeitspanne. Die Bank stellt hierbei nicht auf Einzelpositionen ab, sondern nimmt eine Globalbetrachtung vor.

3. Die Sicherung des marktgerecht bewerteten Eigenkapitals der Bank. Hier handelt es sich ebenfalls um eine Analyse der Gesamtposition der Bank, wobei allerdings die Zielvariable nicht der Periodenerfolg, sondern das Eigenkapital ist. Zinsrisiken entstehen hierbei aus Marktwertänderungen. Mit Zinstermingeschäften kann man die effektive Laufzeit der Aktiva verlängern oder verkürzen und damit die Zinssensitivität der Eigenkapitalposition erhöhen bzw. verringern.

Die Unterscheidung dieser drei möglichen Zielsetzungen wird in der bankbetrieblichen Literatur zu Financial Futures[1)] nur selten deutlich. Die hier vorgeschlagene Systematisierung erscheint jedoch geeignet, die Anwendungsmöglichkeiten von Zinstermingeschäften zu erklären, die sich für die verschiedenen Zielvariablen ergeben können: Die Sicherung von Einzelpositionen (1) ist bei allen drei Zielvariablen[2)] möglich. Die Bruttozinsspanne ist dem Zielinhalt (2), der Reinvermögenswert dem Zielinhalt (3) zuzuordnen. Das ökonomische Einkommen betrifft die Zielinhalte von (2) und (3).

---

1) Vgl. hierzu Arak und McCurdy (1979); Menish (1980); Koch, Steinhager und Wigham (1982); Drabenstott und McDonley (1982a), (1982b) und (1984); Chalupa (1982); Goodman (1983); Koppenhaver (1983) und (1984b); Belongia (1983); Belongia und Gregory (1984); Brewer (1985).

2) Bruttozinsspanne, Reinvermögenswert, ökonomisches Einkommen.

Setzt die Bank Zinstermingeschäfte in der hier aufgezeigten Weise ein, dann kann sie dadurch das Kursrisiko und das Risiko, daß der Zinsüberschuß sich verändert, im Regelfall nur dann zufriedenstellend reduzieren, wenn die Zahlungsströme der Kassaposition sicher sind.[1] Gerade das ist im Bankgeschäft nicht der Fall, es bestehen vielmehr Quantitätsrisiken. Wie bereits ausgeführt, sind das im Kreditgeschäft das Risiko, daß zugesagte Kredite nicht in Anspruch genommen werden,[2] die vorzeitige Tilgung von Krediten[3] sowie die verspätete Rückzahlung. Im Passivgeschäft sind es der vorzeitige Abzug von Einlagen und die Umschichtung in andere Laufzeitbereiche. Weichen die tatsächlichen Ein-und Auszahlungen von den vereinbarten ab, kann das dazu führen, daß Financial Futures das Risiko nicht verringern, sondern erhöhen.

Im Schrifttum sind verschiedene Lösungsvorschläge dafür unterbreitet worden, wie die Auswirkungen des Quantitätsrisikos zu reduzieren seien. Ho und Saunders schlagen beispielsweise vor, neben Interest Rate Futures auch Stock Index Futures zu verwenden.[4] Eine andere Möglichkeit besteht darin, die Quantitätsrisiken bereits bei der

---

1) Beim Hedging treten meistens das Preisrisiko und Quantitätsrisiko gleichzeitig auf. Für Commodity Futures wurde diese Problematik früh erkannt und in der Literatur ausführlich behandelt. Siehe hierzu McKinnon (1967); Holthausen (1979); Anderson und Danthine (1980); Fedder, Just und Schmitz (1980); Rolfo (1980); Batlin (1983). Ein Beispiel soll diese Problematik verdeutlichen. Ein Farmer, der den Verkaufspreis seiner erwarteten Weizenernte am Futures-Markt sichert (short position), weiß bei Abschluß des Vertrages nicht, wie groß seine Ernte sein wird. Nach Auflösung der Unsicherheit, d.h. nach der Ernte, stellt sich heraus, ob er zu viel oder zu wenig Futures-Kontrakte verkauft hat. Das Beispiel läßt sich auf den Bankbetrieb übertragen, denn die Volumina der einzelnen Positionen ergeben sich oft erst, nachdem die Futures-Position eingegangen wurde.

2) Vgl. hierzu Barter und Rendleman (1979); Ho und Saunders (1983).

3) Vgl. hierzu McCabe und Blackwell (1981); Batlin (1983).

4) Ho und Saunders (1983). Die Autoren unterstellen bei ihrer Analyse, daß die Voluminaveränderungen im Kredit- und Einlagengeschäft von der konjunkturellen Entwicklung bestimmt werden und der Aktienindex ein geeigneter Indikator ist, diese zukünftige Geschäftsentwicklung zu beschreiben.

Gesamtplanung der Bilanzstruktur zu berücksichtigen. Diesen Weg beschreibt Koppenhaver[1] in mehreren Modellen. Dabei trifft die Bankleitung ihre Entscheidungen über die Höhe der Kassa- und Terminpositionen gleichzeitig.[2]

Wegen der asymmetrischen Risikostruktur beim Quantitätsrisiko bietet es sich meistens an, Optionen anstelle von Futures zu verwenden. Es zeigt sich, daß in dieser Situation der Bank Optionen auf Financial Futures nützen können, die Auswirkungen von Quantitätsrisiken zu verringern, obwohl für diesen Fall Financial Futures versagen. Die Bank kann die Auswirkungen der negativen Rentabilitätseffekte, die aus dem Quantitätsrisiko entstehen, auch begrenzen, indem sie dem Kunden für seine Wahlrechte eine Prämie in Rechnung stellt. Bei größeren Positionen wird häufig vorgeschlagen, daß anstelle der Bank der Kunde das Sicherungsgeschäft abschließen soll.[3]

Termingeschäfte sind für die Intermediation und damit auch für das Management von Zinsrisiken in Kreditinstituten aus zwei Gründen vorteilhaft. Zum einen gleichen sich die zinsänderungsbedingten Gewinne und Verluste der Termin- und Kassaposition in aller Regel unmittelbar aus. Ein Risikoausgleichsfond wäre dann nicht erforderlich.[4] Zum anderen braucht die Risikosteuerung der Bank nicht im Kundengeschäft zu erfolgen, so daß die oben aufgezeigten bilanzstrukturpolitischen Maßnahmen häufig nicht nötig sind. Damit kann der Intermediär der Forderung entsprechen, den Kundenwünschen überwiegend entgegenzukommen. Banken eröffnen sich durch Termin-

---

1) Koppenhaver (1983), (1984a), (1985a), (1985b) und (1985c).

2) In den meisten Ansätzen wird dagegen die Futures-Position bestimmt, nachdem die Kassageschäfte bereits abgeschlossen wurden.

3) Morris (1981); Dew und Martell (1981); Batlin (1983); Jacob (1983).

4) Hier sind allerdings die Vorschriften der Rechnungslegung zu beachten, wenn Verluste bei der Terminposition und Gewinne bei der Kassaposition entstehen. Die Problematik der Rechnungslegung von Termingeschäften ist in der Literatur intensiv diskutiert worden. Für viele siehe Edwards (1981); Carney (1981); Asay, Gonzalez und Wolkowitz (1981); Goodman und Langer (1983); Koppenhaver (1984b); Adam (1984); Strasser (1984).

geschäfte somit die Möglichkeit, ihre eigene Risikoposition weitgehend unabhängig vom Kundengeschäft so zu gestalten, daß sie ihre eigenen Ziele erreichen können.

Der Abschluß von Termingeschäften bietet Kreditinstituten somit eine vielversprechende Handlungsalternative für das Zinsrisikomanagement. In den Vereinigten Staaten sind Financial Futures und Optionen daher zu einem wesenlichen Bestandteil des risikopolitischen Instrumentariums von größeren Kreditinstituten geworden.[1] In der Bundesrepublik Deutschland wurde der internationalen Entwicklung nur zögernd gefolgt, da die Bundesbank, die Bankenaufsicht und teilweise auch Banker diesen Finanzinnovationen lange Zeit kritisch gegenüber standen.[2] Mittlerweile wird in der Bundesrepublik Deutschland die Eröffnung einer Terminbörse, der German Options and Futures Exchange vorbereitet. Mit der Eröffnung dieser Börse wären Termingeschäfte dann als eine weitere bankpolitische Alternative zum Zinsrisikomanagement verfügbar, die nicht nur in theoretischen Überlegungen und Modellen ihren Platz hätte, sondern auch im praktischen Bankmanagement von Bedeutung wäre.[3]

---

1) Siehe hierzu Koch, Steinhager und Whigham (1982); Drabenstott und McDonley (1982b); Veit und Reiff (1983); Goodman und Langer (1983); Booth, Smith and Stolz (1984); Martin (1985).

2) Vgl. Köhler (1986); Carstensen (1986); Geiger (1986). Von einigen Kritikern wird ein negativer Einfluß auf die Geldpolitik befürchtet. Siehe hierzu Bofinger (1986) und die dort angegebene Literatur sowie Lusser (1986), der auf S. 56 zu dem folgenden Fazit gelangt. "Die neuen Finanzinstrumente erfüllen eine wesentliche volkswirtschaftlich sinnvolle Aufgabe. Sie schaffen für die Geldpolitik ... keine nennenswerten Probleme." Ein weiteres oft vorgebrachtes Argument gegen Financial Futures ist, daß es sich hierbei um spekulative Geschäfte handle. Die Ausführungen im zweiten Teil haben gezeigt, daß diesem Einwand keine große Bedeutung beizumessen ist.

3) Rose (1981), S. 185: "Banks are damaging their own and their customer's profit potential by failing to see the possibilities of the financial futures markets." Koppenhaver (1984b), S. 12, kommt zu dem Ergebnis: "There may come a time when an institution`s failure to use the risk shifting potential of financial futures is an unsafe and unsound banking practice."

B. Ansätze zum Management von Zinsrisiken

Die erhöhten Zinsschwankungen an den Geld- und Kapitalmärkten und die daraus folgenden Risiken haben dazu geführt, daß in den letzten Jahren eine Vielzahl von Ansätzen zum Management von Zinsrisiken in Kreditinstituten entwickelt wurde. Diese Ansätze lassen sich in theoretisch fundierte und praxisorientierte Verfahren unterteilen. Zu der Auseinandersetzung um diese beiden Sichtweisen bemerkt Wondrak: "Die in der Theorie entwickelten Ansätze zur Beurteilung und Begrenzung der Zinsänderungsrisiken werden von den Bankpraktikern in der Regel mit dem Hinweis auf die realitätsfernen Prämissen der Modelle abgelehnt, während die in der Praxis durchgeführten Zinsänderungsrechnungen wegen mangelnder theoretischer Fundierung oder zu spezieller Ausrichtung der Rechenwerke keine allgemeine Akzeptanz finden können."[1]

Nachfolgend wird zunächst auf die praxisorientierten Ansätze eingegangen. Anschließend sind die theoretisch fundierteren Duration-Modelle zu diskutieren. Obwohl die praxisorientierten Ansätze zur Erfassung von Zinsrisiken erst in den letzten Jahren entwickelt wurden, sind sie wegen ihrer aktuellen bankgeschäftspolitischen Relevanz und ihrer umfassenden Diskussion in wissenschaftlichen Arbeiten[2], aber auch in bankbetrieblichen Lehrbüchern[3] bereits als Gemeingut der Bankbetriebslehre zu betrachten. Aus diesem Grunde wird auf eine ausführliche Darstellung der einzelnen Ansätze verzichtet und auf die einschlägige deutsche und amerikanische Literatur verwiesen. Es sei aber an dieser Stelle versucht, die verschiedenen Vorschläge einzuordnen und zu würdigen. Es lassen sich dann Schlußfolgerungen ziehen, die im Zusammenhang mit den bisherigen

---

1) Wondrak (1986a), S. 401.

2) Zuletzt Kugler (1985); Rolfes (1985a).

3) Gup (1984); Hempel, Coleman und Simonson (1986); Sinkey (1986); Schierenbeck (1987); Koch (1988).

Ergebnissen und den noch zu behandelnden Duration-Modellen den Ausgangspunkt bilden für die Entwicklung eines Duration-Ansatzes zum Management von Zinsrisiken in Kreditinstituten.

Da die praxisorientierten Verfahren und Untersuchungen zum Zinsrisikomanagement von den jeweiligen Rahmenbedingungen der Kreditinstitute geprägt sind und ihre Entwicklung auch in einem historischen Kontext gesehen werden muß, erscheint es für die weitere Vorgehensweise zweckmäßig, zwischen deutscher und amerikanischer Literatur zu unterscheiden.[1] Wenn man allerdings - ausgehend von einem höheren Abstraktionsniveau - an der Theorie orientierte Ansätze zum Zinsrisikomanagement untersuchen und entwickeln will, wird diese Unterscheidung hinfällig.

I. Ansätze in der deutschen Literatur

Die Gestaltung der Aktiv- und Passivstruktur eines Kreditinstitutes stellt sich in Zeiten relativ konstanter Marktzinssätze und überschaubarer Zinssatzänderungen überwiegend als Liquiditätsmanagement dar.[2] Die Analyse der Fristentransformation, das Befolgen bestimmter Dispositionsregeln und die Steuerung der Aktiv- und Passivfristen erhalten dann unter Liquiditätsaspekten besondere Bedeutung für das Bankmanagement.[3] Die ausführliche Behandlung der Liquiditätspolitik als Zentralproblem der Bankpolitik bei Mülhaupt[4] weist auf diese traditionelle Denkweise hin. Sie kommt auch im § 11

---

1) Bei genauer Analyse der Literatur fällt auf, daß die meisten der in den U.S.A. entwickelten Konzepte Eingang in die deutsche Literatur gefunden haben.

2) Das wird besonders in den banktheoretischen Modellen sowie in den bankbetrieblichen Planungsmodellen deutlich. Vgl. hierzu Baltensperger und Milde (1987) bzw. R. Schmidt (1983).

3) Vgl. hierzu Hoffmann (1967); Krümmel (1969); Scheidl (1970); Czech (1972); Kinast (1976); Benner (1978).

4) Mülhaupt (1983).

KWG und in den Grundsätzen II und III des Bundesaufsichtsamtes für das Kreditwesen[1] zum Ausdruck.[2]

In früherer Zeit hatte nur Stützel[3] mit der Einlegerschutzbilanz - eine aus der Handelsbilanz abzuleitende, aber nicht zu veröffentlichende Sonderbilanz zur Ermittlung und Beurteilung potentieller Vermögensverluste - den Versuch gemacht, die marktzinsänderungsbedingten Effekte durch Vorsichtsabschreibungen zu erfassen und damit sicherzustellen, daß die Bank ihren Verpflichtungen jederzeit, d.h. auch im Maximalbelastungsfall, nachkommen kann.[4] Stützel berücksichtigt in seiner Dispositionsregel damit explizit die zinsänderungsbedingten Kursrisiken von Finanztiteln. Diese Überlegungen sind später von Krümmel[5] aufgenommen und modifiziert worden, indem er auch zukünftige potentielle Zinsänderungen durch einen ausreichenden Zuschlag zum Festzinssatz (Abzinsungssatz) erfaßt.

Erst die erhöhten Zinsschwankungen seit Mitte der siebziger Jahre offenbarten vielen Kreditinstituten in schmerzhafter Deutlichkeit die Rentabilitätsrisiken, die sich aus der Inkongruenz von Aktiv- und Passivfristen ergeben können. Neben dem in der Regel fristentransformationsbedingten Liquiditätsrisiko mußte jetzt zusätzlich den Rentabilitätsrisiken, die aus der Transformation von Zinsbindungsfristen resultieren, verstärkte Aufmerksamkeit gewidmet werden. Das Ergebnis dieser Bemühungen ist eine Vielzahl theoretischer und

---

1) Für eine Darstellung der Grundsätze siehe Staehr (1977); Müller (1980); Dierolf (1984a). Auf das Entstehen von Zinsrisiken aufgrund der Vorschriften des KWG haben Müller (1980) und Staehr (1982) hingewiesen.

2) Auch die Finanzflußrechnung des Bundesaufsichtsamtes für das Kreditwesen orientiert sich an der Liquiditätsposition und wird daher nicht weiter untersucht. Vgl. hierzu H. Schmidt (1981a), S. 48-52; Kugler (1985), S. 236-240.

3) Stützel (1959) und (1964); vgl. auch H. Schmidt (1981a), S. 53-56.

4) Vgl. hierzu auch Benner (1978), S. 375.

5) Krümmel (1968), vgl. insbesondere S. 300.

praxisorientierter Konzepte zur Analyse und Steuerung von Zinsrisiken in Kreditinstituten.

Zahlreiche Ansätze haben dabei ihren Ausgangspunkt in den auf den Grundgedanken der Schichtenbilanz[1] aufbauenden Zinsänderungsbilanzen. Eine Zinsänderungsbilanz ist eine Gegenüberstellung sämtlicher aktivischer und passivischer Festzinspositionen künftiger Perioden. Scholz[2] hat eine Grundkonzeption zur Erstellung von Zinsänderungsbilanzen vorgeschlagen, bei der eine Messung und Steuerung des Zinsrisikos über "offene Festzinspositionen" erfolgt.[3] Für den Sparkassensektor wurden ebenfalls auf Zinsänderungsbilanzen aufbauende Planungsmodelle zur Quantifizierung, Steuerung und Kontrolle von Zinsrisiken entwickelt, wobei auch hier als Zielvariable die Zinsspanne (Zinsüberschuß) verwendet wird.[4] Hasenkamp[5] schlägt ein System zur Gewinnung von zinsrisikorelevanten Informationen vor, das aus Schichtenbilanz, Kapitalaufbaurechnungen und Wertpapierbewegungen besteht. Weitere Ansätze unterbreiten beispielsweise Bühler und Ippisch.[6]

Die wesentlichen Nachteile dieser Konzepte ergeben sich aus der allgemeinen Kritik an der Bilanzschichtung, aus der unzureichenden Differenzierung des Zinsüberschusses (Zinsspanne) in einzelne Komponenten und aus der unvollständigen Erfassung des Zinsrisikos. Im

1) Zur Schichtenbilanz siehe Bühler (1970); Flechsig (1985).

2) Scholz (1979) und (1984).

3) Zur Kritik an diesem Konzept siehe H. Schmidt (1981a); Rudolph (1981a); Kugler (1985), S. 221-227; Rolfes (1985a), S. 136-142.

4) Vgl. hierzu Abels und Virgin (1978); Benölken, Reuter und Schaperjahn (1978); Kranz (1981); Abels und Klünder (1981) und (1984); Eufinger (1983) und (1984); Biehl und Reuter (1984); Klünder (1985). Vgl. auch die allgemeinen Ausführungen bei Staehr (1982) und Starke (1983).

5) Hasenkamp (1982).

6) Bühler (1979); Ippisch (1984).

einzelnen werden die Komponenten des Zinsrisikos bei variabel verzinslichen Positionen und die marktzinsänderungsbedingten Marktwerteffekte vernachlässigt.

Einen wesentlichen konzeptionellen Beitrag zur differenzierten Erfassung von Zinsrisiken leisten die mehr aus den erfolgsrechnerischen Überlegungen des Internen Rechnungswesens abgeleiteten Verfahren,[1] da sie eine detaillierte Analyse der Komponenten des Periodenerfolges, insbesondere des Fristentransformationsergebnisses, ermöglichen. Da diese Rechenwerke nur spezielle Teilprobleme berücksichtigen und hinsichtlich der Abbildung des Zinsrisikos außerdem aus theoretischer Sicht Mängel aufweisen, sind sie, wie bereits ausgeführt, in der vorgestellten Form nur mit Einschränkungen zur Steuerung von Zinsrisiken in Kreditinstituten geeignet. Sie enthalten aber wesentliche Grundgedanken zum Aufbau eines umfassenden Instrumentariums.

Eine Erweiterung erfahren die vorstehend genannten Ansätze durch das Konzept der sogenannten "Zinserfolgselastizität" von Rolfes.[2] Unter bestimmten Bedingungen ist danach eine Erfassung und Steuerung von Zinsrisiken sowohl vollständig als auch disaggregiert, d.h. über Einzelgeschäfte, möglich. Ein umfassendes Gesamtkonzept für eine integrierte ertragsorientierte Banksteuerung, das auch Controlling-Aspekte des Bilanzstrukturmanagements beinhaltet,[3] leitet Schierenbeck mit der Vorgabe eines strukturellen Gewinnbedarfs als

---

1) Vgl. Droste u.a. (1983); Schlenzka (1984); Dreher (1985); Kunze (1984); Schimmelmann und Hille (1984); W. Schmidt (1984); Remmers (1985); Dutschke und Haberkorn (1985). Siehe auch Flechsig und Flesch (1982); Flesch, Piaskowski und Sievi (1984).

2) Rolfes (1985a), (1985b) und (1985c).

3) Siehe hierzu Schierenbeck (1987), S. 1-12; vgl. auch Flechsig (1983); Starke (1983); Schüller (1984) und (1985); Benölken und Wings (1984); sowie die Beiträge in Mülhaupt, Schierenbeck und Wielens (1981). Es sei darauf hingewiesen, daß der Begriff des Controlling in der bankbetrieblichen Literatur sehr unterschiedlich verwendet wird.

Zielgröße ab.[1] Die Vorzüge dieses Ansatzes liegen in der Berücksichtigung des variablen Zinsrisikos und in der Integration in ein umfassenderes Gesamtsystem der Unternehmensführung. Die Kritik an diesem Modell bezieht sich im wesentlichen auf die Orientierung am erforderlichen Periodenerfolg und auf die Vernachlässigung der Solvenzerhaltung. Auf eine detaillierte Kritik soll an dieser Stelle verzichtet werden.

Der zentrale Kritikpunkt an den praxisorientierten Ansätzen zum Management von Zinsrisiken, die im deutschen Schrifttum vorgestellt wurden, liegt darin, daß die Erfassung von Zinsrisiken in aller Regel nicht vollständig ist. Es werden vorwiegend Zinsüberschüsse betrachtet. Marktwertänderungen bleiben meistens unberücksichtigt. Das Ziel eines umfassenden Ansatzes zum Management von Zinsrisiken dürfte es jedoch sein, möglichst alle gegenwärtigen und zukünftigen zinsänderungsbedingten Verlustmöglichkeiten zu erfassen. Nur dann lassen sich existenzgefährdende Entwicklungen rechtzeitig erkennen und geeignete Maßnahmen ergreifen.

---

1) Schierenbeck (1983a), (1983b) und (1984); Schierenbeck und Rolfes (1984a) und (1984b).

II. Interest-Rate-Sensitivity-Analyse und Gap-Management

In der angelsächsischen Literatur sind verschiedene Verfahren zum Asset-Liability-Management[1] vorgestellt worden, die ebenfalls auf den Grundgedanken der Bilanzschichtung und der Zinsertragsbilanz[2] basieren. Das Management von Zinsrisiken beruht dabei auf der Analyse von Zinssensitivitäten und der Steuerung von zinsvariablen und zinsfixen Positionen, wobei die Zielvariable entweder der Zinsüberschuß, die Zinsspanne oder die Zinsmarge ist.[3] Das bankunternehmerische Ziel besteht meistens darin, eine langfristig hohe und relativ stabile Zinsspanne zu erreichen.[4]

---

1) Hohe Inflationsraten, erhebliche Marktzinsschwankungen und eine starke Rezession während der Mitte der letzten Dekade führten dazu, daß die amerikanischen Kreditinstitute sich verstärkt auf das abgestimmte und gleichzeitige Gestalten der Aktiv- und Passivgeschäfte, also das Asset-Liability-Management, konzentrierten. Von ca. 1940 bis 1960 stand das Asset-Management im Vordergrund. In den sechziger und zu Beginn der siebziger Jahre wurde dem Liability-Management verstärkte Aufmerksamkeit gewidmet. Vgl. hierzu Sinkey (1986), S. 295 f.; Nadler (1986).

2) Eine Diskussion der verschiedenen Verfahren findet sich bei Baker (1978a), (1978b), (1978c), (1978d), (1978e) und (1981); vgl. auch Gildea (1985); Brewer (1985). Für eine zusammenfassende Darstellung des Asset-Liability-Managements siehe Hempel, Coleman und Simonson (1983), S. 485-507; Stigum und Branch (1983); Graddy, Spencer und Brunsen (1985), S. 495-512; Sinkey (1986), S. 292-320; Koch (1988), S. 112-128.

3) Zur Definition dieser Variablen siehe Hempel, Coleman und Simonson (1983), S. 485-487. Die Zielgröße "net interest margin" differiert von der im deutschen Schrifttum gebräuchlichen Bruttozinsspanne, da der Zinsüberschuß durch die Summe der rentierlichen Titel (earning assets) und nicht durch die Bilanzsumme dividiert wird.

4) Vgl. Hempel, Coleman und Simonson (1983), S. 491; Sinkey (1986), S. 294 und S. 298.

1. Analyse der Zinssensitivitäten

Ausgangspunkt der verschiedenen Verfahren ist die Analyse historischer Erfolgsentwicklungen in den einzelnen Phasen des Konjunktur- und Zinszyklus.[1] Dabei wird erkannt, daß die Höhe und die Veränderung der Zinsspanne von verschiedenen endogenen und exogenen Faktoren abhängen.[2] Insbesondere werden in den Ansätzen die Bedeutung der unterschiedlichen Zinsanpassungselastizitäten[3] und der Zinsreagibilitäten sowie die Volumina- und Bilanzstrukturveränderungen für das Zinsrisiko hervorgehoben und explizit erfaßt. Die zusätzliche Verknüpfung mit einem Basis- oder Referenzzinssatz erleichtert die Simulations- und Szenariorechnungen.

Im Interest-Rate-Sensitivity-Konzept führt man die Zinsspannenveränderung während eines Konjunkturzyklus auf die drei Einflußfaktoren Zinssatz (rate), Volumina (volume) und Struktur (mix) zu-

---

1) Vgl. Clifford (1975); Cates (1978); Olson, Simonson, Reber und Hempel (1980).

2) Die endogenen Faktoren, die das Bankmanagement in bestimmtem Umfang beeinflussen kann, sind die Qualität und die Laufzeit von Krediten, die Kosten und die Laufzeit von Einlagen sowie die Volumina der einzelnen Positionen. Die exogenen Faktoren, die das Bankmanagement nicht steuern, sondern nur prognostizieren oder antizipieren kann, sind beispielsweise die Kredit-und Einlagennachfrage, die Fiskal- und Geldpolitik, sonstige ökonomische Rahmenbedingungen sowie Konjunkturzyklus und Zinsniveau.

3) Auf die Bedeutung der Zinsanpassungselastizitäten, der "time lags" bei der Anpassung von Zinssätzen und dem daraus folgenden "variablen Zinsänderungsrisiko", wie es Schierenbeck (1985), S. 216, definiert, ist schon in früherer Zeit hingewiesen worden. Vgl. hierzu z.B. McLeod und McCabe (1980), S. 48; McCabe und Blackwell (1981), S. 115 f; Binder (1981b), S. 56. Siehe auch das "standardized gap" bei Brewer (1985), S. 14 f. In der deutschen Literatur siehe z.B. Jacob (1978a) und (1978b).

rück.[1] Zinsspannenveränderungen lassen sich dann durch die Variabilität der einzelnen Faktoren erklären. Die Rate-Effekte entstehen aufgrund der unterschiedlichen Zinsreagibilität und Zinsanpassungselastizität einzelner Zinssätze während eines Zinszyklus. Die Volume-Effekte sind beispielsweise das Ergebnis der erhöhten oder geringeren Kreditnachfrage in der konjunkturellen Aufschwungs- bzw. Abschwungsphase. Die Mix-Effekte können daraus resultieren, daß die Bank ihre Geschäftspolitik verändert, so z.B. im Konjunkturaufschwung höher verzinsliche Aktiva[2] bevorzugt und verstärkt kurzfristig refinanziert. In entsprechender Weise können sich die Kundenpräferenzen verändern.

Wenn die Bankleitung diese Zusammenhänge erkennt und versteht, sollte sie in der Lage sein, ein effektives Bilanzstrukturmanagement zu konzipieren. Der grundlegende Vorteil dieses analytischen Grundkonzeptes ist darin zu sehen, daß sowohl die Rendite als auch das Risiko - in diesem Fall die Variabilität der einzelnen Faktoren - in die Betrachtung mit einbezogen werden. Sind die einzelnen Komponenten, die die Zinsspanne bestimmen, ermittelt und ist damit das Zinsrisiko in Form der Zinsspannenveränderung erfaßt, so kann im nächsten Schritt die Steuerung der Bilanzstruktur unter vorgegebener bankunternehmerischer Zielsetzung erfolgen. Eine mögliche Umsetzung des Interest-Rate-Sensitivity-Konzeptes für die Praxis ist das Gap-Management.

2. Gap-Management

Das primäre Ziel des Asset-Liability-Managements oder Gap-Managements ist die kontrollierte Gestaltung der Differenz (Gap) zwischen

---

1) Vgl. hierzu Olson und Stollenberger (1978); Olson, Simonson, Reber und Hempel (1980); Olson und Simonson (1982). Einen alternativen Ansatz bieten Angotti und Maurer (1982). Siehe auch Hempel, Coleman und Simonson (1986), S. 531-559.

2) Z.B. Verkauf von Wertpapieren und Anlage in Krediten.

zinssensitiven Aktiva (RSA) und zinssensitiven Passiva (RSL), d.h. das Management der Aktiva und Passiva in den verschiedenen Phasen des Zinszyklus in der Weise, daß eine relativ hohe Zinsspanne erzielt werden kann. Ein weiteres Ziel kann es sein, eine vorgegebene Zinsspanne zu sichern. Im Schrifttum[1] wurden verschiedene praxisorientierte Vorschläge für ein effektives Gap-Management unterbreitet und diskutiert. Als Steuerungsgröße für das Zinsrisiko wird im Regelfall entweder das Gap oder die Gap Ratio verwendet:[2]

$$\text{Gap} = \text{RSA} - \text{RSL} \; ;$$

$$\text{Gap Ratio} = \text{RSA} \,/\, \text{RSL} \; .$$

Will die Bank das vorstehend definierte bankunternehmerische Ziel erreichen, dann ist ein zyklisches Asset-Liability-Management erforderlich. Das Gap ist entsprechend der antizipierten Zinsentwicklung zu variieren. In der Phase steigender (fallender) Marktzinssätze ist das Gap positiv (negativ) oder die Gap-Ratio größer (kleiner) als eins.[3] Dieses Gap-Management, das mit dem geplanten Eingehen von Risiken verbunden ist, wird oftmals von Bankpraktikern als notwendig angesehen. "If we don't gap, we can't make enough money."[4]

---

1) Vgl. Allan (1978); Cramer (1978); Baker (1980) und (1981); Binder (1980a), (1980b), (1981a) und (1981b); Nadler (1980); Ahlers (1980); Miller (1981); Dew (1981); Kung (1981); Galerin (1982); Binder und Lindquist (1982). Für allgemeine Ausführungen siehe auch Moskowitz (1979); Brewer (1980); Stigum und Branch (1983). Siehe auch den Sammelband von Hempel (1981).

2) Eine genauere Erfassung des Zinsrisikos kann durch das "effective" oder "standardized gap" erfolgen. Vgl. hierzu Dew (1981); Brewer (1985), S. 14 f.

3) Es sei darauf hingewiesen, daß oftmals auch ein Gap von null oder eine Gap-Ratio von eins das Zinsrisiko nicht vollständig ausschließen kann. Baker (1978d), S. 124 f.; Binder (1981b), S.58.

4) Rose (1980), S. 86.

Diese Grundkonzeption des Gap-Managements und die darin enthaltenen Prämissen fordern verschiedene Überlegungen heraus. So ist anzuerkennen, daß die geplante positive oder negative Transformation von Zinsbindungsfristen, die in Abhängigkeit von der jeweils prognostizierten Zinsentwicklung zu erfolgen hat, ein wesentliches Element eines auf Gewinn ausgerichteten Bilanzstrukturmanagements ist. Ein erfolgreiches zyklisches Gap-Management setzt allerdings voraus, daß das Bankmanagement Zinsprognosen erstellt und diese zutreffender sind als die der anderen Marktteilnehmer. Weil "superior forecasting" eine sehr spekulative Strategie ist, müssen die Kreditinstitute aus Vorsichtsgründen die potentiellen negativen Konsequenzen einer Fehlprognose möglichst vollständig erfassen und auf denkbare Folgen oder zu ergreifende Maßnahmen vorbereitet sein. Die Problemfälle in der Kreditwirtschaft liefern genügend Beispiele für nicht sachgerechtes Bankmanagement und für eine Überschätzung der eigenen Fähigkeit, zutreffende Zinsprognosen zu erstellen. "First Pennsylvania and First Chicago are two examples of ALM[1] where the large size of the interest-rate bets caused them to finish last rather than first. Regarding the size of the interest-rate bet, the objective should be to protect the bank and not to bet the bank."[2]

Die Übernahme von Zinsrisiken kann demnach nur in einem Umfang zugelassen werden, der die Solvenz der Bank zu keinem Zeitpunkt gefährdet. Aus diesem Grunde ist es sowohl für die Bankenaufsicht als auch für das Bankmanagement wichtig, ein an der Solvenzsicherung orientiertes Risikokonzept zu verwenden oder zumindest über ein zusätzliches Rechenwerk die jederzeitige Solvenz zu überwachen. Wenn die Bank Zinsrisiken übernimmt - und das wird meistens der Fall sein - dann muß sie auch in der Lage sein, die möglichen Risiken hinreichend genau abzuschätzen. Die vorgestellten Verfahren des Gap-Managements erfüllen diese Anforderungen nicht zufriedenstellend.

---

1) ALM = Asset-Liability-Management; Anmerkung des Verfassers.

2) Sinkey (1986), S. 307.

Ein weiteres Problem des Gap-Managements, das erhebliche praktische Auswirkungen haben kann, ist die Bestimmung des Planungshorizontes. Durch die Vorgabe der Periodenlänge klassifiziert die Bank das Gesamtgeschäft in variabel verzinsliche Positionen und in Festzinspositionen, wobei die ersteren Zinsrisiken enthalten und die letzteren als zinsrisikofrei gelten. Da die Kursrisiken der Festzinspositionen vernachlässigt werden und die Analyse des Zinsrisikos auf die Betrachtung der Zinsspanne beschränkt bleibt, werden die Risiken um so unvollständiger erfaßt, je kürzer der Planungshorizont ist.

Diese Ungenauigkeiten lassen sich verringern, indem man eine längere Planperiode vorgibt und diese in Teilperioden untergliedert. Analog ist das Gap in Teil-Gaps aufzuteilen. Eine betragsmäßige Abstimmung der variabel verzinslichen Aktiva und Passiva hat dann für die einzelnen Teilperioden zu erfolgen.[1] Will die Bank keine Zinsrisiken eingehen, müssen alle Teil-Gaps gleich null sein. Will sie dagegen Zinsrisiken übernehmen, ist jedes Teil-Gap entsprechend ihrer Zinsprognose zu gestalten. Diese Vorgehensweise läßt sich auch so beschreiben, daß zunächst Teilperioden zu bilden sind, die, aneinandergereiht, die gesamte Planperiode ergeben. Da zu vermuten ist, daß die einzelnen Finanztitel innerhalb eines Gaps, z.B. des Gaps mit Restlaufzeiten von 3-6 Monaten, nicht identische Ausstattungsmerkmale aufweisen, kann die Bank auch dann dem Zinsrisiko ausgesetzt sein, wenn jedes Teil-Gap gleich null ist. Diese Risiken lassen sich mit der unvollständigen Abstimmung der Zinssensitivitäten innerhalb eines Gaps erklären.[2]

In der Literatur wird vielfach darauf hingewiesen, daß eine optimale Bilanzstruktur sowie geplante Veränderungen durch Geschäfte mit Kunden nicht immer zu realisieren sind. Interbankengeschäfte und Zinstermingeschäfte bieten hier mögliche Handlungsalternativen, um die Bilanzstruktur zu optimieren. Sollen Zinsrisiken in diesem Ansatz

1) Vgl. Brewer (1985).

2) Vgl. Simonson und Hempel (1982); Brewer (1985).

durch Zinstermingeschäfte gesteuert werden, dann muß die Bank zuerst jedes Teil-Gap ermitteln, das Zinsrisiko beurteilen und anschließend den Futures-Kontrakt so wählen, daß die Laufzeitbereiche aufeinander abgestimmt sind. Weil aber nur wenige verschiedenartige Kontrakte gehandelt werden, wird eine vollständige Abstimmung der Laufzeiten kaum möglich sein. Es ist allerdings denkbar, eine Anpassung über die Hedge Ratio vorzunehmen, so wie es im zweiten Teil erörtert wurde. Bei der Ermittlung der optimalen Hedge Ratio treten jedoch Probleme auf, denn die zu sichernde Nettoposition (Gap) ist in aller Regel keinem konkreten Finanztitel zuzuordnen. Eine Regressionsanalyse, die für den Portfolio-Ansatz erforderlich wäre, läßt sich dann oftmals nicht durchführen. Auch den Preissensitivitäts-Ansatz kann man kaum anwenden, da die zu sichernde Position nicht durch eine Duration zu beschreiben ist. Der Bank bleibt dann oft nur der naive Ansatz mit einer Hedge Ratio von eins. Insgesamt können Zinsrisiken so nur unzureichend ermittelt und gesteuert werden.

Trotz dieser kritischen Anmerkungen zum Gap-Management sollen die möglichen positiven Seiten dieses Konzeptes nicht unberücksichtigt bleiben. Sie könnten sich vor allem in der praktischen Anwendung zeigen. Als ein Vorteil des Gap-Managements ist zu erwähnen, daß die benötigten Daten relativ einfach aus dem Rechnungswesen der Bank zu ermitteln sein dürften. Die Verwendung des Zinsüberschusses als Zielvariable ist außerdem für jeden Banker leicht verständlich. Auch läßt sich der Ansatz so erweitern, daß man die unterschiedlichen Zinsreagibilitäten und Zinsanpassungselastizitäten mit in die Analyse des Zinsrisikos einbeziehen kann. In der Literatur wird dann vom "effective gap" gesprochen.[1] Darüber hinaus kann die Bank die Auswirkungen der zinsänderungsbedingten Voluminaveränderungen auf den Zinsüberschuß durch Erfahrungswerte relativ gut abschätzen und berücksichtigen. Auch wenn soeben die möglichen Vorteile aus der Sicht der Praktiker hervorgehoben wurden, so resultieren weitere Kritikpunkte gerade aus der Praxis. Beim Gap-Management handelt es

1) Vgl. hierzu Dew (1981) und (1984); Brewer (1985), S. 14 f.

sich um eine Globalanalyse, die die einzelnen Bestandteile der Zinsspanne nicht hinreichend differenziert.[1] Dieser Ansatz scheint daher für die Steuerung von Einzelgeschäften und für die Bestimmung von Preisobergrenzen und Preisuntergrenzen nur wenig geeignet zu sein.[2]

Der zentrale Kritikpunkt am Gap-Management-Konzept bezieht sich jedoch auf die Definition des Zinsrisikos und auf die dadurch bedingte unvollständige Erfassung dieses Risikos. Beim Gap-Management orientiert sich die Bank an der Zinsspanne oder dem Zinsüberschuß als Zielvariable. Dadurch vernachlässigt sie einen wichtigen Teil des Zinsrisikos. Man kann an diesem Ansatz in der vorgestellten Form daher kritisieren, daß nur die Zinssensitivität der Zahlungsströme während der Planperiode betrachtet wird. Die zinsänderungsbedingten Marktwertänderungen der Festzinsaktiva und -passiva, also die Zinssensitivität der Zahlungen nach Ablauf der Planperiode, werden dagegen vernachlässigt. Sie werden als nicht zinssensitiv klassifiziert.[3] Ein wesentlicher Aspekt der Solvenzsicherung bleibt somit weitgehend unberücksichtigt. Will man dagegen das Zinsrisiko vollständiger erfassen, bietet es sich beispielsweise an, das ökonomische Einkommen als Zielgröße zu verwenden.

C. Zinsrisikomanagement mit der Duration

Mit der Duration kann man die Rendite eines Bondportefeuilles bei vorgegebenem Planungshorizont immunisieren. Die Grundprinzipien des Duration-Konzeptes wurden anhand dieses Forschungsgebietes im

---

1) Eine Differenzierung der Zinsspanne oder des Zinsüberschusses erfolgt z.B. in dem im vorherigen Abschnitt erörterten Verfahren des Internen Rechnungswesens.

2) Vgl. jedoch für die Bestimmung einer Mindestmarge Hempel, Coleman und Simonson (1983), S. 501-506.

3) Hempel, Coleman und Simonson (1983), S. 493; vgl. auch Simonson und Hempel (1982).

zweiten Teil dargestellt. Die verschiedenen, voneinander unabhängigen Ableitungen der Duration[1] weisen freilich auch auf die Bedeutung anderer Zielsetzungen und Anwendungsmöglichkeiten hin.[2]

Den zweiten Forschungsschwerpunkt kann man in der Bestimmung der optimalen Bilanzstruktur von Unternehmen (Vermögensgesamtheiten) unter Risiko sehen.[3] Da Banken und Versicherungen überwiegend Finanztitel halten, deren Wert vom herrschenden Marktzins abhängt, überrascht es nicht, daß die Anwendung der Duration für Vermögensgesamtheiten sich fast ausschließlich auf die beiden Finanzintermediäre Versicherung und Bank konzentriert. Es erscheint hilfreich, den Unterschied zwischen diesen beiden Anwendungsgebieten noch einmal hervorzuheben.

Der Grundgedanke der Immunisierung von Anleiheportefeuilles ist folgender: Die Finanztitel sollen so kombiniert werden, daß sich für einen vorgegebenen Planungshorizont das Kurs- und Wiederanlagerisiko bei einer gegebenen Marktzinsänderung, im Idealfall sogar bei allen möglichen Marktzinsänderungen, ausgleichen. Der wesentliche Unterschied bei der Anwendung für Vermögensgesamtheiten liegt

---

1) Die Ableitung von Macaulay (1938) bezieht sich auf die Volatilität von Bondpreisen, die von Hicks (1939) auf die Elastizität des Barwertes, bezogen auf eine Zinssatzänderung, die von Samuelson (1945) auf die Eigenkapitalveränderung bei Banken und die von Redington (1952) auf die Immunisierung bei Versicherungen. "The concept of duration has been around for almost 50 years, has been independently developed by at least three Nobel Price Winners, John R. Hicks in 1939, T. Koopman in 1942 and Paul Samuelson in 1945." Kaufman (1984), S. 161.

2) Einen Überblick über die Anwendungsgebiete geben Reilly und Sidhu (1980). Zur Anwendung in der Investitionsrechnung siehe Durand (1974); Blocher und Stickney (1979), S. 180: "The duration of a capital project is precisely the elasticity number relating percentage changes in net present value of the project to changes in the discount rate." Die Barwertänderungen können bei Zinssatzerhöhungen minimiert werden, wenn man bei sonst identischen Projekten das mit der geringeren Duration wählt.

3) Siehe Grove (1974).

darin, daß kein Planungshorizont vorgegeben werden muß. Bei Vermögensgesamtheiten sollen sich die zinsänderungsbedingten Marktwertänderungen der Aktiva und der Passiva kompensieren, so daß der Marktwert des Eigenkapitals konstant bleibt. Es besteht dann kein Zinsrisiko. Diese Überlegungen implizieren eine Zeitpunktbetrachtung beim Management von Vermögensgesamtheiten im Gegensatz zur Periodenbetrachtung beim Zinsrisikomanagement von Bondportefeuilles.

Im folgenden werden die Grundlagen für die weitere Vorgehensweise geschaffen, indem zunächst die Anwendungsmöglichkeiten der Duration bei Finanzintermediären aufgezeigt werden. Im einzelnen wird der Einsatz der Duration in der Versicherungs- und Bankbetriebslehre dargestellt und diskutiert. Abschließend wird die im deutschen Schrifttum vorgebrachte Kritik an diesem Konzept erörtert.

I. Anwendung des Duration-Konzeptes bei Finanzintermediären

1. Immunisierung bei Versicherungsunternehmen

Die Bilanzen von Versicherungsunternehmen sind dadurch charakterisiert, daß die Verbindlichkeiten aufgrund der Struktur der Versicherungsverträge in aller Regel eine lange Laufzeit haben.[1] Da die Passivseite eine Duration von 20 bis 25 Jahren aufweisen kann, sind Versicherungsunternehmen aufgrund ihrer Geschäftsstruktur in extremer Weise dem Zinsrisiko ausgesetzt.[2] Für den Versicherer ist die Bestimmung der Anlagedauer der eingenommenen Prämien daher von besonderer Relevanz. Die Sensitivität der Eigenkapitalposition bei Marktzinsänderungen hängt somit auch von den getroffenen Anlageentscheidungen ab. Aus diesem Grunde ist die Suche nach einer

---

1) Ezra (1979), S. 156 f.

2) Ezra (1979), S. 150: "They are usually long term liabilities, but the length of the term cannot be predicted in advance, because the exact time of death, surrender of the policy, or the change of the employment cannot be predicted for any individual."

risikovermindernden Anlagestrategie verständlich, und es überrascht nicht, daß der Begriff "immunization" von einem Versicherungsmathematiker bezüglich der Fristigkeit von Finanzanlagen geprägt wurde.[1] "I use the word immunization to signify the investment of the assets in such a way that the existing business is immune to a general change in the rate of interest."[2]

Eine Immunisierung des Eigenkapitals läßt sich dann erreichen, wenn sich die Marktwertänderungen der Aktiva (dA_o) und der Passiva (dL_o) bei einer Zinssatzänderung ausgleichen, d.h. $dA_o = dL_o$. Dieses Ziel, das Eigenkapital gegen infinitesimale Marktzinsänderungen zu immunisieren, ist dann erreicht, wenn folgende Bedingung erfüllt ist:

(3.1) $$\Sigma\ t\ A_t(1+r)^{-t} = \Sigma\ t\ L_t(1+r)^{-t}\ ,$$

wobei A_t und L_t die Ein- bzw. Auszahlungen, t die Zahlungszeitpunkte und (1+r) die Abzinsungsfaktoren wiedergeben.[3] Erweitert man die linke Seite und die rechte Seite mit den Ausdrücken (3.2) bzw. (3.3), die beide gleich eins sind, so wird erkennbar, daß die erweiterte Gleichung die Duration enthält. Die Immunisierungsbedingung in Gleichung (3.4) setzt sich jetzt aus den Marktwerten der Aktiva und der Passiva und deren Durations D_A bzw. D_L zusammen:

(3.2) $$A_o\ /\ \Sigma\ A_t(1+r)^{-t}\ ;$$

(3.3) $$L_o\ /\ \Sigma\ L_t(1+r)^{-t}\ ;$$

(3.4) $$D_A\ A_o = D_L\ L_o\ .$$

---

1) Für die Anwendung der Duration in der Versicherungsbetriebslehre siehe Redington (1952); Wallas (1960); Vanderhoof (1972); Durand (1974); Haugen und Wichern (1974); Shedden (1977); Ezra (1977); Boyle (1978); Albrecht (1985) und (1986).

2) Redington (1952), S. 289.

3) Außerdem ist erforderlich, daß die Konvexität der Aktiva größer ist als die der Passiva. Redington (1952), S. 291.

Mit dieser Ableitung hat Redington den entscheidenden Schritt von einer einfachen Matching-Strategie der Aktiva und Passiva[1] zu einer finanzmathematisch überzeugenden Immunisierungsstrategie bei Vermögensgesamtheiten geleistet.

2. Duration für Kreditinstitute

Samuelson[2] leitet die Duration bei seiner Untersuchung über den Einfluß von Marktzinsänderungen auf den Marktwert des Eigenkapitals bei Banken ab. Sein spezielles Interesse galt den Auswirkungen von Zinserhöhungen auf einzelne Banken und auf das gesamte Bankensystem. In seiner Analyse differenziert er die Barwertfunktionen der Aktiva und der Passiva nach dem Diskontierungssatz und erhält die Duration, die er als "average time period" bezeichnet. Seine Schlußfolgerung lautet: "Increased interest rates will help any organization whose weighted average time period of disbursement is greater than the average time period of it's receipts."[3] Samuelson geht von einer größeren Duration der Passiva als der Aktiva bei Kreditinstituten aus.

Das entspricht zwar der typischen Situation eines Versicherungsunternehmens, trifft aber für einen Bankbetrieb oftmals nicht zu. Vielmehr ist durch die in aller Regel positive Fristentransformation der Kreditinstitute die Duration der Aktiva größer als die der Passiva, so daß sich bei einem Zinsanstieg die Eigenkapitalposition verringert. Samuelsons Ergebnis kann man aus seiner Annahme über die Duration einzelner Bilanzpositionen erklären. So wird bei Sicht- und Spareinlagen von einer effektiven Laufzeit oder vom Bodensatz ausgegangen, jedoch nicht von der vereinbarten Laufzeit oder Zinsbindungsfrist.

---

1) Eine einfache Matching-Strategie ist das Gap-Management in seinen verschiedenen Varianten.

2) Samuelson (1945).

3) Samuelson (1945), S. 19.

Dieser Vorgehensweise ist nicht zuzustimmen. Die Duration für einzelne Bilanzpositionen sollte so ermittelt werden, daß die Zeitspanne bis zur nächsten Zinsanpassung die maximale Restlaufzeit der Titel bildet. Die Weiterentwicklungen der Duration-Modelle für Banken basieren im allgemeinen auf Samuelsons Ausgangsgleichung.

Samuelson wirft in seiner Analyse noch einen weiteren wichtigen Aspekt auf, der lange unberücksichtigt blieb. Er beschreibt zutreffend, daß aus den Marktzinsänderungen nicht nur Marktwertänderungen resultieren, sondern auch Veränderungen des zukünftigen Zinseinkommens. Der Verlust aus den Verminderungen der Marktwerte kann durch einen höheren Zinsüberschuß in der Zukunft ausgeglichen werden. Samuelson betrachtet die Bank somit als "going concern", d.h. er berücksichtigt auch die zukünftigen Ertragsaspekte. Die nachfolgende Literatur vernachlässigt diesen Aspekt und konzentriert sich ausschließlich auf die Solvenzeffekte. Erst Dermine[1] greift diesen Gedanken wieder auf und erweitert die Gleichung um einen "charter value", der den Barwert der Bankunternehmung als "going concern" ausdrückt.

3. Anwendungsvorschläge in der deutschen Literatur

In der deutschen Literatur wurde die Anwendung der Duration zur Ermittlung von Zinsrisiken bei Kreditinstituten erstmals von Schmidt[2] und Rudolph[3] behandelt. Für Schmidt hat die Ermittlung von Rentabilitätseffekten oder Solvenzeffekten bei vorgegebenen Marktzinsänderungen zentrale Bedeutung. Mit dem Solvenzeffekt ermittelt man "... die Auswirkungen der Marktzinsänderungen auf den Marktwert verbriefter oder unverbriefter Forderungen und Verbind-

1) Dermine (1985a) und (1985b).

2) H. Schmidt (1979) und (1981a).

3) Rudolph (1979), (1981a), (1981b) und (1981c).

lichkeiten und damit auf das Reinvermögen oder Eigenkapital der Bank."[1]

Rudolph will die von der Bank eingegangenen Festzinspositionen hinsichtlich ihres Risikogehaltes beurteilen und eine Kontrollrechnung für Zinsänderungsrisiken aufbauen. Mit der Vorgabe einer als maximal erwarteten Marktzinsänderung sowie eines kritischen, gerade noch hinnehmbaren Kapitalwertverlustes ist es möglich, den Umfang des Festzinsrisikos eines Kreditinstitutes auf seine Tragbarkeit zu prüfen.[2] Die Vorgehensweisen beider Autoren sind grundsätzlich identisch und stehen in Einklang mit den Ergebnissen von Samuelson und Redington.

Bei einer Beurteilung der vorstehend skizzierten Arbeiten sollte man berücksichtigen, daß die Darstellung des Duration-Konzeptes im wesentlichen als konstruktive Kritik an den von Scholz[3] und dem Bundesaufsichtsamt für das Kreditwesen (BAKred)[4] vorgeschlagenen Verfahren zur Ermittlung von Zinsrisiken erfolgte. Der entscheidende Beitrag der Autoren besteht darin, die Schwächen dieser Verfahren aufgezeigt zu haben. Außerdem wurde durch sie ein finanzmathematisch fundiertes Verfahren in die deutsche Literatur eingeführt, mit dem sich Zinsrisiken umfassender und genauer ermitteln lassen.

In der dargestellten Form kann das Duration-Konzept noch keine Anwendung im Bankbetrieb finden, da für die Realisierung wesentliche Teilsaspekte nicht angesprochen werden. So betrachten Schmidt und Rudolph ebenso wie Scholz und das BAKred nur die Zinsrisiken in Festzinspositionen, aber keine bankspezifischen Risiken im varia-

---

1) H. Schmidt (1981a), S. 34 f.

2) Rudolph (1981a), S. 554.

3) Scholz (1979).

4) Bundesaufsichtsamt für das Kreditwesen, Schreiben vom 30. Januar 1980 an die Verbände der Pfandbriefinstitute. Zur kritischen Auseinandersetzung siehe insbesondere H. Schmidt (1981a), S. 48-52.

bei verzinslichen Geschäft. Aus diesem Grunde sollte man die vorgestellten Arbeiten als theoretisch fundierte Ansätze werten, mit denen man Zinsrisiken bei Finanzintermediären mit der Duration ermitteln, beurteilen und steuern könnte, nicht aber als einen umfassenden Lösungsvorschlag zum praktischen Management von Zinsrisiken im Bankbetrieb. Eine Kritik, die das Anliegen dieser Arbeiten nicht angemessen berücksichtigt, kann daher ihr Ziel verfehlen.

II. Anmerkungen zum Duration-Konzept

Wie bereits ausgeführt, wurden in den letzten Jahren verschiedene Ansätze zum Management von Zinsrisiken in Kreditinstituten vorgelegt. Einige dieser Arbeiten beinhalten eine kritische Auseinandersetzung mit dem Duration-Konzept. Hier wird auf die Ausführungen von Rolfes[1], Dieckhöner[2] und Kugler[3] eingegangen.

1. Die Kritik von Rolfes

Die Kritik von Rolfes bezieht sich im wesentlichen auf die Arbeiten von Schmidt und Rudolph, jedoch nicht auf die neuere amerikanische Literatur zur Duration.[4] Die "systemimmanenten" Prämissen der Duration werden von Rolfes kritisiert und als "realitätsfern" bezeichnet.[5] Auf einige ältere Arbeiten und auf die mehr aus didaktischen Gründen veröffentlichten Modelle mag das zutreffen. Dieser ablehnenden Schlußfolgerung bezüglich der Duration kann man sich jedoch nicht anschließen, wenn man auch neuere Forschungsarbeiten und die

1) Rolfes (1985a), (1985b) und (1985c).

2) Dieckhöner (1985).

3) Kugler (1985).

4) Einen Überblick geben Bierwag, Kaufman und Toevs (1983a).

5) Rolfes (1985a), S. 76-97, und (1985b), S. 538-544.

Erweiterungen zu "realitätsnäheren" Modellen[1] berücksichtigt. Nachfolgend sind die Kritikpunkte einzeln zu behandeln.

Horizontale Zinsstrukturkurve

Zuerst kritisiert Rolfes die Annahme einer "flachen Zinsertragskurve".[2] Dieser Einwand ist in bezug auf die deutsche Literatur nur teilweise berechtigt. Schmidt[3] und Rudolph[4] gehen in ihren Arbeiten von der Macaulay-Duration aus, bei der als Abzinsungssatz die Effektivverzinsung verwendet wird. Rudolph weist aber auf die Fisher-Weil-Duration[5] hin, bei der der Abzinsungsfaktor für den einzelnen Zahlungszeitpunkt dem geometrischen Mittel aller bis zu diesem Zeitpunkt geltenden einperiodigen Zinsfaktoren entspricht (spot rates).[6] Die einzelnen Zahlungen werden jeweils mit dem Zinssatz bewertet, der für Zero-Coupon-Bonds mit der entsprechenden Laufzeit anzuwenden ist. Wenn ansteigende oder fallende Zinsstrukturkurven vorliegen, dann werden bei dieser Vorgehensweise Zahlungen, die zu unterschiedlichen Zeitpunkten anfallen, mit verschiedenen Zinsfaktoren abgezinst. Auch wenn Rolfes[7] diese Erweiterungen erkennt, so übersieht er doch, daß darüber hinaus auch unterschiedliche Zinsreagibilitäten berücksichtigt werden können. Einige Duration-Ansätze[8] erlauben es, größere Schwankungen der kürzerfristigen Zinssätze gegenüber den längerfristigen Zinssätzen zu

---

1) Toevs (1983); Kaufman (1984); Bierwag und Kaufman (1985).

2) Rolfes (1985b), S. 538.

3) H. Schmidt (1981a), S. 57.

4) Rudolph (1979), S. 198-200.

5) Fisher und Weil (1971), S. 430.

6) Rudolph (1979), S. 199; siehe auch Roll (1987), S. 5.

7) Rolfes (1985b), S. 538.

8) Khang (1979). Siehe auch Bierwag (1987a), S. 253-286.

erfassen. Somit kann auch der Übergang von einer ansteigenden in eine fallenden Zinsstrukturkurve und vice versa beim Zinsrisikomanagement mit der Duration berücksichtigt werden.

Die Argumente und Ausführungen von Rolfes lassen vermuten, daß er die Theorien zur Zeitstruktur der Zinssätze in seinen Überlegungen vernachlässigt.[1] Die verschiedenen Erklärungsansätze können aber hilfreich sein, wenn man Zinsrisiken ermitteln, beurteilen und steuern will. Man sollte bedenken, daß die Qualität der Aussagen über Zinsrisiken und die "Realitätsnähe" der Modelle prinzipiell auch vom Erkenntnisstand über die Zeitstruktur der Zinssätze abhängt. Es überrascht daher nicht, daß die grundlegenden Arbeiten zur Duration sich anfänglich auf die Zinsstruktur und die Zinsänderungsprozesse konzentrierten.[2] Dabei weisen die meisten Untersuchungen darauf hin, daß man das Zinsrisiko besser abbilden kann, wenn man mehrere

---

1) So unterstellt Rolfes (1985c), S. 472, daß .."jeder, der sein Kapital auf längere Sicht anlegt, eine Laufzeitprämie" erhält. Hinter dieser Prämie könnte man eine Liquiditätsprämie vermuten und somit annehmen, daß Rolfes von der Liquiditätspräferenztheorie ausgeht. Rolfes führt dazu an gleicher Stelle weiter aus: "Diese Laufzeitprämie stellt die Belohnung dafür dar, daß der Geldgeber sein Kapital, anstatt es für eventuell profitablere Geschäfte zu einem späteren Zeitpunkt jederzeit verfügbar zu halten, für eine mehr oder weniger lange Zeit bindet." Diese Sichtweise verkennt beispielsweise, daß an organisierten Finanzmärkten in aller Regel jederzeit eine Liquidation der Anlage möglich ist, falls sich dem Anleger attraktive Alternativanlagen eröffnen. Eine Unsicherheit besteht allerdings bezüglich des zu erzielenden Verkaufskurses. Es handelt sich in diesem Fall also um Kursrisiken und nicht um etwaige Liquiditätsprobleme. Wenn man dieser Auffassung folgt, dann lassen sich die möglichen Prämien in aller Regel als ein Entgelt für die Übernahme von Kursrisiken interpretieren.

2) Bierwag (1977) und (1978); Cooper (1977); Bierwag und Kaufman (1977); Khang (1979); Cox, Ingersoll und Ross (1979).

Variablen verwendet.[1] Die Ergebnisse der empirischen Untersuchen haben aber auch immer wieder verdeutlicht, daß die Macaulay-Duration geeignet ist, Zinsrisiken hinreichend genau zu erfassen.

Einzige und unmittelbare Marktzinsänderung

Der zweite Kritikpunkt bezieht sich auf die Annahme einer "einzigen und unmittelbaren Marktzinsänderung".[2] Diesem Einwand ist ebenfalls nicht zuzustimmen, da bei korrekter Anwendung des Konzeptes mehrfache Marktzinsänderungen berücksichtigt werden können.[3] Bekanntlich verändert sich die Duration durch Reduzierung der Restlaufzeit und Veränderung der Diskontierungssätze. Zusätzlich verschieben sich dadurch die prozentualen Anteile der einzelnen Finanztitel im Portefeuille. Zur vollständigen Immunisierung ist daher die Duration der Gesamtposition kontinuierlich an die neuen Gegebenheiten anzugleichen. Die Notwendigkeit einer permanenten Anpassung besteht in allen periodenbezogenen Modellen zur Sicherung gegen Risiken bei Finanztiteln.[4] Die nächste Marktzinsänderung ist deshalb immer die einzige und unmittelbare. Auch mehrfache Veränderungen der Diskontierungssätze während der Planperiode lassen sich so sachgerecht mit der Duration erfassen.

---

1) Vgl. hierzu Bierwag (1987b), Bierwag, Kaufman und Latta (1987). Will man allerdings diese Modelle für die Immunisierung in der Praxis verwenden, dann sind die verschiedenen Parameter zunächst zu ermitteln. Die damit verbundenen Ungenauigkeiten können eine vollständige Immunisierung verhindern.

2) Rolfes (1985a), S. 115-120, und (1985b), S. 538-540.

3) Bierwag, Kaufman und Toevs (1983a).

4) Siehe z.B. das Optionsbewertungsmodell von Black und Scholes (1972) und (1973). Die Struktur des Hedge-Portefeuilles und damit die Hedge Ratio ist im Zeitablauf und bei Veränderung der Variablen anzupassen.

Identische Marktzinssätze und -änderungen

Als dritten Kritikpunkt führt Rolfes an, "daß die gegenwärtige Marktrendite und die erwartete Zinssatzänderung der aktivischen und passivischen Festzinsposition strenggenommen übereinstimmen müssen."[1] Diese Aussage wird hier zur weiteren Analyse in eine horizontale und eine vertikale Komponente aufgegliedert.

Wie bereits ausgeführt, implizieren die verschiedenen Formen der Zinsstrukturkurve und die unterschiedlichen Zinsänderungsprozesse, daß die Renditen von Titeln mit unterschiedlichen Laufzeiten (horizontal) nicht identisch sein müssen. Darüber hinaus sind laufzeitabhängige Marktzinsänderungen in diesen Modellen zulässig.[2] Es müssen daher weder die Zinssätze noch die Zinssatzänderungen übereinstimmen. Zu klären bleibt allerdings, ob es bei identischen Laufzeiten nur einen einzigen Zinssatz und eine einheitliche Marktzinsänderung geben kann oder ob eine Differenzierung zwischen Aktiva und Passiva (vertikal) bezüglich der Zinssätze und der Zinssatzänderungen zulässig ist.

Betrachtet man ausschließlich das aus der Transformation von Zinsbindungsfristen resultierende kapitalmarktspezifische Zinsrisiko, so kann es für jede Laufzeit nur einen Zinssatz geben. Diese Aussage steht im Einklang mit der Kapitalmarkttheorie und dem Opportunitätskostenansatz der Marktzinsmethode. Werden zusätzlich bankspezifische Zinsrisiken betrachtet, so können sich die vereinbarten Zinssätze im Aktiv- und Passivgeschäft unterscheiden. Wenn man zusätzlich die unterschiedlichen Zinsanpassungselastizitäten und Zinsreagibilitäten der Diskontierungssätze mit in die Analyse einbezieht, so können sich auch die Zinssatzänderungen unterscheiden. Wie man das mit der Duration erfassen könnte, ist im nächsten Teil herzuleiten.

---

1) Rolfes (1985b), S. 540, und (1985a), S. 117 f.

2) Siehe hierzu Khang (1979).

Identische Marktwerte der Aktiva und Passiva

Im weiteren meint Rolfes aus dem Duration-Konzept ableiten zu können, daß "die Barwerte der Ein- und Auszahlungen (vor Zinsänderungen) gleich hoch"[1] sein müssen. Die Aussage ist nicht zutreffend. "Es kommt nicht auf die Abstimmung von Beträgen an, auch nicht auf die Abstimmung von Fristen, sondern allein darauf, daß die potentiellen Marktwertänderungen sich innerhalb der Gesamtfestzinsposition kompensieren."[2] Der grundlegende Vorteil des Duration-Konzeptes liegt gerade darin, daß die Unterschiede der Volumina bei Festzinspositionen durch unterschiedliche Durations der Aktiva und der Passiva ausgeglichen werden können.

Solvenzsicherung versus Liquiditätssicherung

Rolfes versucht anhand eines Beispiels aufzuzeigen, daß eine Bank, die bei den gegebenen Daten erfolgreich und solvent erscheint, in ihrer Existenzgrundlage gefährdet sein kann.[3] Die Gefährdung wird darin gesehen, daß in der ersten Periode wegen der Struktur der Festzinsvereinbarungen ein negativer Zinsüberschuß eintritt. In den folgenden Perioden ist der Zinsüberschuß dagegen hinreichend groß.[4] Für Rolfes ist es trotzdem fraglich, "... ob das Kreditinstitut in dieser Situation noch Gelegenheit findet, die späteren positiven Zinsüberschüsse zu realisieren."[5] Diese Schlußfolgerung verwundert,

---

1) Rolfes (1985b), S. 540.

2) H. Schmidt (1981a), S. 282 f.

3) Rolfes (1985b), S. 540-544. Vgl. auch Rolfes (1985a), S. 133-136.

4) So beträgt die Zinsspanne ab der dritten Periode sechs Prozentpunkte, obwohl in dem Beispiel angenommen wird, daß die Zinsspanne gewöhnlich nur einen Prozentpunkt beträgt.

5) Rolfes (1985b), S. 543.

wenn man das Beispiel genauer betrachtet und erkennt, daß sich Liquiditätssicherung und Solvenzsicherung unterscheiden können.

Rolfes Sichtweise ist ein Hinweis darauf, daß ein Denken in Marktwerten und Solvenzsicherungskonzepten unüblich ist und deshalb wohl immer wieder zu Mißverständnissen führt.[1] Es bietet sich deshalb an, die Gedankengänge, die hinter einer kapitalmarktorientierten Sichtweise zum Bankmanagement stehen, an dem von Rolfes gewählten Beispiel deutlicher aufzuzeigen. Die Bank hat in dem Beispiel festverzinsliche Aktivpositionen über 20.000 DM, die sich zu 7% verzinsen. Jeweils 10.000 DM werden am Ende des ersten und des zweiten Jahres zurückgezahlt. Die Passiva verzinsen sich mit 6% und bestehen aus zwei Positionen über je 10.000 DM. Die eine Position ist variabel verzinslich, die andere festverzinslich mit einer Restlaufzeit von 6 Jahren. Die Bank betreibt demnach insgesamt eine negative Fristentransformation.[2] Rolfes unterstellt, daß die Zinssätze für die Aktiva und die Passiva unmittelbar am Anfang der ersten Periode auf 12% bzw. 11% ansteigen. Man würde zunächst einmal vermuten, daß die Bank von dieser Zinsänderung profitiert. Denn es ist, wie bereits ausgeführt, für die Bank vorteilhaft, bei steigenden Zinssätzen die Bilanzstruktur so zu gestalten, daß die Zinssensitivität der Passiva größer ist als die der Aktiva. Rolfes kommt aber überraschenderweise zu einer entgegengesetzten Schlußfolgerung, obwohl er selbst darlegt, daß sich für die Bank ein positiver Solvenzeffekt in Höhe von 823,80 DM errechnet.

---

1) Auch Wondrak (1986b), S. 412, verkennt anscheinend die Handlungsalternativen der Bankleitung, wenn er in seiner Kritik an Rolfes einräumt, daß die Duration-Analyse durch eine Zinsüberschußrechnung zu ergänzen wäre.

2) Wenn man allerdings die Geschäfte gedanklich aufteilt und für die Analyse eine Zuordnung von Aktiva und Passiva vornimmt, dann zeigen sich eine positive Fristentransformation (variabel verzinslich in einjährige Titel) und eine negative Fristentransformation (sechsjährige Titel in zweijährige Titel) für jeweils 10.000 DM.

Wie Rolfes ausführt, hat die Bank in der ersten Periode einen negativen Zinsüberschuß von DM 300. Er folgert daraus, daß dies möglicherweise ein existenzgefährdender Verlust sei. Dem ist aber nicht in jedem Fall zuzustimmen.[1] Rolfes weist in seinen Ausführungen nämlich nicht darauf hin, daß das Ergebnis keineswegs zwangsläufig ist und daß er nur auf eine von mehreren Handlungsalternativen der Bank abstellt, die sich nach der Marktzinsänderung bieten. Hier sei exemplarisch eine weitere Möglichkeit aufgezeigt. Hierzu sei angenommen, daß die festverzinslichen Passiva börsennotierte Bankschuldverschreibungen sind und die Anleihebedingungen das Recht beinhalten, diese Titel durch freihändigen Rückkauf zu tilgen. Die Bank realisiert beim Rückkauf dieser Titel, die einen Nominalwert von 10.000 DM und einen Börsenkurs von 7.884,70 DM haben, einen a.o. Ertrag von 2.115,30 DM. Den Rückkauf würde die Bank im Kundengeschäft, am Interbankenmarkt oder durch Emission von Schuldverschreibungen über nominal 10.000 DM zu dem marktgerechten Zinssatz von 11% finanzieren. Durch diese Transaktionen erzielt die Bank auch einen Einzahlungsüberschuß von 2.115,30 DM.

Nach dem Rückkauf der 6%igen Titel und der Refinanzierung zu 11% stellt sich das Ergebnis für die erste Periode folgendermaßen dar: die Zinseinzahlungen betragen weiterhin 1.400 DM[2], die Zinsauszahlungen sind dagegen auf 2.200 DM[3] gestiegen; hinzu kommt der a.o. Ertrag aus dem Rückkauf der Titel in Höhe von 2.115,30 DM, der bereits am Periodenanfang entsteht und den man für die erste Periode verzinslich anlegen könnte. Die Bank realisiert demnach

1) Rolfes Argumentation überrascht, wenn man das Beispiel anhand der Investitionsrechnung betrachtet. Man würde ein Projekt mit einem positiven Nettobarwert nicht schon deshalb als unrentabel bezeichnen und ablehnen, weil eine Zahlung negativ ist. Ein negatives Periodenergebnis eines Kreditinstitutes kann allerdings eine stärkere Signalwirkung haben als z.B. Verluste bei Industrieunternehmen.

2) 7% auf 20.000 DM.

3) 11% auf 20.000 DM.

unmittelbar einen Einzahlungsüberschuß und hat dann für die erste Periode einen Zinsunterschuß in Höhe von 800 DM zu decken. In der zweiten Periode errechnet sich aufgrund der höheren Finanzierungskosten ein Auszahlungsüberschuß von 400,00 DM[1], der sich aber leicht durch den Einzahlungsüberschuß der ersten Periode ausgleichen läßt. Folgt man weiterhin Rolfes Annahmen, dann beträgt der Zinsüberschuß in den folgenden vier Perioden jeweils 100,00 DM[2]. Es deutet somit unter den gegebenen Bedingungen nichts darauf hin, daß die Bank in ihrer Existenzgrundlage gefährdet sein könnte. Daran dürfte sich auch nichts ändern, wenn der Bankbetrieb seine Kosten aus diesem Überschuß zu decken hat. Es überrascht, wenn Rolfes ausführt, daß der negative Zinsüberschuß in der ersten Periode durchaus ausreichen könnte, "... das Eigenkapital und damit die Existenzgrundlage der Bank vollständig aufzuzehren."[3] Ein an der Solvenzsicherung orientiertes Bankmanagement würde unter Beachtung der Handlungsalternativen in diesem Fall gerade zu entgegengesetzten Schlußfolgerungen gelangen. Die von Rolfes vermuteten Probleme könnten eigentlich nur dann entstehen, wenn die Bankleitung der Zins- und Geschäftsentwicklung untätig zuschaut und ihre Handlungsalternativen nicht kennt. Davon kann man in Kreditinstituten wohl kaum ausgehen.

---

1) 7% auf 10.000 DM minus 11% auf 10.000 DM.

2) Anlage von 10.000 DM zu 12% und Refinanzierung zu 11%. Wenn man die Beispielrechnung und die Alternativen konsequent aufbauen will, dann liegt es nahe, erstens das anfängliche Geschäftsvolumen von 20.000 DM für den gesamten Betrachtungszeitraum beizubehalten und zweitens die Überschüsse rentierlich anzulegen. Die Bank erzielt dann ab der zweiten Periode einen zusätzlichen jährlichen Zinsüberschuß von 100 DM (12% auf 10.000 DM minus 11% auf 10.000 DM). Werden darüber hinaus der a.o. Ertrag und die jährlichen Zinsüberschüsse zu dem herrschenden Zinssatz von 12% angelegt, dann hat die Bank am Ende der sechs Jahre insgesamt einen Erfolg von 3.249,17 DM aus diesen Geschäften erzielt.

3) Rolfes (1985b), S. 543 f.

Unter dem Aspekt der Solvenzsicherung lohnt es sich auch, die Position der Gläubiger für das hier vorgestellte Beispiel zu betrachten. Den Einlegern würden selbst bei Untätigkeit der Bankleitung keine Nachteile entstehen, weil bei den gegebenen Daten andere Banken jederzeit bereit wären, die scheinbar "gefährdete" Bank zu übernehmen. Die übernehmende Bank müßte dafür mindestens den Barwert des Bankportefeuilles zahlen, der dem marktgerecht bewerteten Eigenkapital entsprechen sollte. Hierbei wird aber deutlich, daß es gar keinen Grund gibt, die Bank zu verkaufen. Denn, wie Rolfes selbst ausführt, errechnet sich bei dem Zinsanstieg ein positiver Solvenzeffekt, der das Eigenkapital erhöht. Diese Zusammenhänge wären bei marktgerechter Bewertung aller Positionen von Anfang an sichtbar.

Zu der hier aufgezeigten Schlußfolgerung - eine Bank, die eine negative Fristentransformation betreibt, wird in aller Regel von gestiegenen Zinssätzen profitieren und es wird sich deshalb für diese Bank das Risiko einer Insolvenz gerade nicht erhöhen - könnte man auch durch einfache Plausibilitätsüberlegungen gelangen. Denn es erscheint leicht einsehbar, daß eine Bank, die die Möglichkeit genutzt hat, sich in einer Niedrigzinsphase für die nächsten 6 Jahre zu einem Festzinssatz von 6% zu refinanzieren ceteris paribus besser dastehen sollte, wenn die Zinssätze sehr stark ansteigen. Vergleicht man diese Bank mit einer anderen Bank, die keine Fristentransformation vornimmt, die sich zudem kurzfristig refinanziert und die nach dem extremen Zinsanstieg daher den dann marktüblichen Zinssatz von 11 % zahlt, dann erscheint die fristentransformierende Bank als relativ "erfolgreich" und nicht als "gefährdet".

Die von Rolfes vorgetragene Argumentation überrascht auch, wenn man bedenkt, daß sich eine solvente Bank in einem hochentwickelten Finanzsystem jederzeit refinanzieren kann. "Bekanntlich folgt die Liquidität der Solvenz, und nicht umgekehrt."[1] Ein wesentlicher

---

1) Stützel (1964), S. 34-51; Benner (1978), S. 375 f.; H. Schmidt (1981a), S. 35.

Beitrag der Diskussion um das Duration-Konzept besteht gerade darin, die Relevanz der Solvenzsicherungstheorien[1] wieder stärker in den Blickpunkt gestellt zu haben und die Liquiditätsplanung als ein wichtiges, aber der Solvenz untergeordnetes Prinzip zu betrachten. Eine scheinbar ausreichende Zahlungsbereitschaft kann nicht vor der Insolvenz schützen, aber eine jederzeit gegebene Solvenz bewahrt die Bank vor der Illiquidität.

Festzinsrisiko versus Zinsrisiko aus variabel verzinslichen Positionen

Ein wichtiger Kritikpunkt an den behandelten Duration-Modellen bezieht sich auf die ausschließliche Betrachtung von Festzinsrisiken und die Vernachlässigung von Zinsrisiken in variabel verzinslichen Positionen. Die Kritik trifft grundsätzlich auf die deutsche und überwiegend auch auf die amerikanische Literatur zu. Das bedeutet jedoch nicht, daß man Zinsrisiken aus dem variabel verzinslichen Geschäft mit der Duration nicht sachgerecht erfassen kann.

In der neueren Literatur zur Duration finden sich daher Ansätze zur Immunisierung gegen Zinsrisiken im variabel verzinslichen Geschäft. Im wesentlichen geht es hier um die Sicherung des Zinseinkommens für eine vorgegebene Planperiode.[2] Rolfes Kritik müßte sich demnach auf dieses Modell konzentrieren, nicht aber auf die Modelle zur Immunisierung von Reinvermögenswerten. Die Sicherung des Zinsüberschusses für eine vorgegebene Periode und die Sicherung des Reinvermögenswertes für einen bestimmten Zeitpunkt sind zwei getrennte Ziele, die man nicht vermischen sollte. Mit der Duration lassen sich diese Ziele getrennt erfassen und entsprechende Siche-

---

1) Siehe hierzu z.B. Stützel (1959) und (1964); Hoffmann (1967); Krümmel (1968); Scheidl (1970); Mülhaupt (1983).

2) Toevs (1983); Brewer (1985).

rungsstrategien entwickeln.[1] Im weiteren Verlauf der Arbeit soll gezeigt werden, wie sich die Sicherung von Marktwerten und die Sicherung eines vorgegebenen Periodenüberschusses in einem Duration-Ansatz zusammenfassen lassen.

Zusammenfassung der Kritik

Die von Rolfes vorgebrachte Kritik und die sich darin widerspiegelnden Mißverständnisse über die Anwendungsmöglichkeiten des Duration-Konzeptes können teilweise auf unterschiedliche Vorstellungen zum Bankmanagement zurückgeführt werden, die den Ansätzen von Schmidt und Rudolph sowie dem Ansatz von Rolfes[2] zugrunde liegen. Vor allem werden verschiedene Bankziele verfolgt.

Das Ziel der von Schmidt und Rudolph vorgestellten Duration-Analyse ist die Solvenzerhaltung der Bank. Dazu werden für einen vorgegebenen Zeitpunkt ausschließlich die zinsänderungsbedingten Marktwertänderungen der Aktiva und der Passiva aus dem Altgeschäft bei einer potentiellen oder maximal vorgegebenen Marktzinsänderung untersucht. Rolfes betrachtet dagegen Periodenergebnisse. Die Solvenzerhaltung soll über die Erwirtschaftung einer gegebenen Bruttozinsspanne erfolgen, die aus dem strukturellen Gewinnbedarf bzw. der Mindesteigenkapitalrentabilität abgeleitet wird.

Die bisherigen Ausführungen sollten verdeutlichen, daß die Kritik von Rolfes in den meisten Fällen nicht aufrechtzuerhalten ist. Die vorgebrachten Kritikpunkte erscheinen jedenfalls dann ungerechtfertigt, wenn man die amerikanische Literatur berücksichtigt und erkennt, daß bezüglich des Zinsrisikos unterschiedliche Ziele bestehen können.[3]

---

1) Toevs (1983); Kaufman (1984a) und (1984b); Bierwag und Kaufman (1985); Brewer (1985).

2) Siehe auch Schierenbeck (1987).

3) Zur Kritik an Rolfes siehe auch Wondrak (1986b).

2. Kritik von Dieckhöner

Dieckhöner[1], der die Rentabilitätsrisiken von Kreditinstituten aus dem Hypothekarkreditgeschäft untersucht, testet die bankspezifische Anwendung der Macaulay-Duration mit einem dynamischen Simulationsmodell. Seine Ergebnisse sind überzeugend für den Test, bei dem das Bankziel die Sicherung des Reinvermögenswertes ist. Wertänderungen der Aktiva und der Passiva bei Marktzinsänderungen gleichen sich annähernd aus, so daß "per Saldo dem Kreditinstitut kein Vermögensverlust entsteht."[2] Die Ergebnisse weisen auf die Möglichkeiten der Solvenzsicherung bei Banken mit dem Duration-Konzept hin.

In einem weiteren Schritt zeigt Dieckhöner auf, wie sich Marktzinsänderungen auf den Periodenüberschuß und die Rentabilität der Bank auswirken. Dabei geht er von einer Geschäftsstruktur aus, die die Immunisierung des Reinvermögens im Ausgangszeitpunkt sicherstellt. Bei dieser Struktur ergeben sich bei einer Periodenbetrachtung für den Zinsüberschuß ähnliche Ergebnisse wie in der Beispielrechnung von Rolfes. Aufgrund der gewählten Struktur verringert sich bei einem einmaligen Zinsanstieg der Zinsüberschuß in den ersten Perioden; in den späteren Perioden erhöht er sich. Dieckhöner weist in diesem Zusammenhang ebenfalls auf mögliche Solvenzprobleme hin, aber auch darauf, daß diese zukünftigen Gewinne nicht gesichert sind, wenn man bedenkt, daß weitere Zinsänderungen auftreten können.

Hierzu erscheinen zwei Anmerkungen angebracht. Erstens zeigt sich, daß man mit dem für die Immunisierung und für die Ermittlung von Solvenzeffekten abgeleiteten Duration-Ansatz (Macaulay-Duration) in aller Regel keine Immunisierung des Periodenüberschusses erreichen kann. Er ist daher für diese Zielvariable nicht zu verwenden. Will

---

1) Dieckhöner (1984).

2) Dieckhöner (1984), S. 324.

man den Periodenüberschuß immunisieren oder gezielt Zinsrisiken im variabel verzinslichen Geschäft übernehmen, sind dazu andere Duration-Ansätze[1] zu verwenden, die dann zu befriedigenderen Ergebnissen führen. Zweitens lassen sich auch mehrfache Marktzinsänderungen beim Zinsrisikomanagement mit Duration-Modellen berücksichtigen. Es ist dazu erforderlich, die Positionen nach jeder Zinsänderung so anzupassen, daß die Immunisierungsbedingung erfüllt ist.

Zusammenfassend läßt sich zu den Ergebnissen und zur Kritik von Dieckhöner bemerken, daß offensichtlich keine Immunisierung erreicht werden kann, wenn man die Macaulay-Duration auf andere Zielsetzungen oder unter anderen Bedingungen anwendet. Diese Schlußfolgerung ist grundsätzlich nicht als Kritik zu werten, obwohl Dieckhöner sie als solche versteht.

3. Kritik von Kugler

Kugler[2] setzt sich ebenfalls kritisch mit dem Duration-Konzept auseinander. Er weist bei dem Vergleich verschiedener Ansätze[3] zur Analyse und Gestaltung von Zinsänderungsrisiken in Kreditinstituten auf einige Problembereiche des Konzeptes hin. In seiner Kritik führt er aus, daß neben dem "horizontalen Zinsgefälle auch eine vertikale Zinsdifferenzierung aufgrund unterschiedlicher Laufzeiten" besteht. Außerdem würden sich Kredit- und Einlagenzins in ihrer Reagibilität unterscheiden.[4] Wenn man das kapitalmarktspezifische Zinsrisiko betrachtet, dann wird offensichtlich, daß die Kritik nicht zutreffend sein kann, da sich der Zinssatz in der Ausgangslage und die Zinsänderungen für gleiche Restlaufzeiten entsprechen müssen.

---

1) Toevs (1983); Brewer (1984).

2) Kugler (1985).

3) Duration-Analyse, Finanzflußrechnung, Zinsänderungsbilanz.

4) Kugler (1985), S. 259.

Zur Verwirrung trägt scheinbar auch hier das Marktwertprinzip bei. Das Management von Zinsrisiken mit der Duration kann dabei in der Weise mißverstanden werden, daß eine unmittelbare Liquidation der Positionen nach Marktzinsänderungen erfolgen müßte. Das ist aber nicht der Fall, sondern die einzelnen festverzinslichen Positionen werden lediglich neu bewertet, und zwar marktgerecht mit den herrschenden Zinssätzen. Das Marktwertprinzip bedeutet folglich ein Abweichen von den herkömmlichen Wertansätzen. Das ist verständlich, denn Solvenzerhaltungstheorien basieren in ihren Grundzügen auf den zu realisierenden Liquidationswerten.[1] Gerade dadurch wird das Ziel der Solvenzsicherung, nämlich die Vermeidung des Run-Falls und damit die Vermeidung der Liquidation von Vermögenspositionen, deutlich.

Kuglers Hinweis auf die Unsicherheit der Zahlungsströme, d.h. auf die Verweildauern von Einlagen und auf die materiellen Restlaufzeiten von Krediten, die beide ex ante unbekannt sind, ist gerechtfertigt.[2] Der Mangel an Sicherheit über diese Größen betrifft aber nicht ausschließlich die Duration-Modelle, sondern in gleichem Maße auch andere Konzepte, wie beispielsweise das Gap-Management und die Zinsablaufbilanzen. Hier könnte sich die Bank helfen, indem sie zuerst das Quantitätsrisiko, wie oben dargelegt, analysiert und danach die möglichen autonomen und zinsänderungsbedingten Voluminaveränderungen schätzt. Zusammenfassend kommt Kugler trotz seiner kritischen Anmerkungen zu dem Ergebnis, daß die Duration ein theoretisch überzeugender Ansatz zur Analyse von Zinsrisiken ist.[3]

---

1) Stützel (1959) und (1964).

2) Kugler (1985), S. 259.

3) Kugler (1985), S. 260.

III. Erweiterungen des Duration-Konzeptes in der angelsächsischen Literatur

Im angelsächsischen Schrifttum hat das Duration-Konzept in den letzten Jahren wieder verstärkte Aufmerksamkeit gefunden. Die grundlegenden Ansätze von Samuelson[1] und Redington[2] zum Management von Zinsrisiken in Kreditinstituten bzw. in Versicherungsunternehmen sind durch die Arbeiten von Bierwag, Dermine, Kaufman, Malliaris und Toevs[3] ausgebaut worden. Die Erweiterungen beziehen sich dabei auf die Ableitung von alternativen Zielvariablen und auf die Analyse spezieller Aspekte.

Bierwag und Kaufman (1985) leiten beispielsweise Duration-Kennzahlen für verschiedene bankspezifische Ziele ab. Das ist zweckmäßig, denn oftmals unterscheiden sich die Ziele der Anteilseigner, der Bankleitung und der Bankenaufsicht. "Theory holds that bankers ... should maximize shareholders` wealth. In practice, many bankers prefer to maximize or stabilize annual net income or the income-to-asset ratio, whereas bank regulators may be interested in measuring the impact of interest rate changes on a bank's capital-to-asset ratio."[4] Die entsprechenden Zielvariablen sind das Eigenkapital, der Zinsüberschuß, die capital-to-asset ratio (Eigenkapitalquote) und die "net-income-to-asset ratio" (Zinsspanne).

Es zeigt sich, daß die Duration-Formeln für verschiedene Ziele differieren. Dadurch schließt die vollständige Immunisierung einer Zielvariablen die gleichzeitige Immunisierung aller anderen Zielvariablen aus, d.h. aus der Immunisierung einer Zielvariablen folgt konsequen-

---

1) Samuelson (1945).

2) Redington (1952).

3) Bierwag, Kaufman und Toevs (1979); Bierwag und Toevs (1981); Toevs (1983); Kaufman (1984) und (1985); Kaufman und Malliaris (1985); Bierwag und Kaufman (1985); Dermine (1985a) und (1985b).

4) Bierwag und Kaufman (1985), S. 68.

terweise das Eingehen von Zinsrisiken bezüglich der übrigen Ziele. Die Bank muß deshalb in diesen Ansätzen ihre Zielhierarchie genau definieren und Prioritäten setzen. Die verschiedenen Duration-Kennzahlen eigenen sich sowohl für die Immunisierung als auch für die Risikoermittlung bei der Übernahme von Zinsrisiken in bezug auf die definierte Zielvariable.

Dermine[1] erweitert das Duration-Konzept zum Management der Gesamtvermögensposition von Kreditinstituten dadurch, daß er den "goodwill" oder "charter value" bei den potentiellen zinsänderungsbedingten Marktwertänderungen und Solvenzeffekten berücksichtigt. Bierwag, Kaufman und Toevs[2] wiederum leiten eine Immunisierungsstrategie für mehrfache Auszahlungen ab. Toevs[3] entwickelt einen Ansatz zum Management des Zinsüberschusses, wobei jedoch die einzelnen Bilanzpositionen mit den Buchwerten erfaßt werden. Dadurch bleiben Marktwertänderungen unberücksichtigt. Kaufman[4] erweitert das Duration-Modell um Financial Futures. Kaufman und Malliaris[5] leiten schließlich ein Duration-Modell bei kontinuierlicher Verzinsung ab.

Insgesamt sind diese Modelle in ihrer Struktur verhältnismäßig einfach gehalten und verdeutlichen das Duration-Konzept sowie mögliche Erweiterungen und Anwendungsgebiete. So werden beispielsweise die unterschiedlichen Zinsanpassungelastizitäten und Zinsreagibilitäten sowie das Quantitätsrisiko vernachlässigt. Zinsanpassungen während der Planperiode sind nicht zulässig. Somit wird unterstellt, daß keine Zinsrisiken bei variabel verzinslichen Positionen bestehen. In der vorgestellten Form führen die Modelle zwar zu theoretischen

---

1) Dermine (1985a) und (1985b).

2) Bierwag, Kaufman und Toevs (1983d).

3) Toevs (1983).

4) Kaufman (1984).

5) Kaufman und Malliaris (1985).

Erkenntnissen, wegen ihrer einschränkenden Annahmen und der isolierten Erfassung spezieller Probleme ist jedoch zu vermuten, daß die Modelle für das Management von Zinsrisiken in Kreditinstituten kaum zweckmäßig sind.

Um die hier vorgestellten Duration-Ansätze abschließend einzuordnen, bieten sich einige grundsätzliche Bemerkungen an. Betrachtet man die im angelsächsischen Schrifttum vorgestellten Erweiterungen der ursprünglichen Duration-Modelle von Samuelson und Redington, so fällt auf, daß diese interessante Aspekte, aber kaum neue Wege für das Bankmanagement aufzeigen. Das mag darin begründet sein, daß die mehr theoretisch ausgerichteten Duration-Modelle und die praxisorientierteren Ansätze der Interest-Rate-Sensitivity-Analyse als zwei verhältnismäßig getrennte Forschungsgebiete nebeneinander stehen. Eine ähnliche Trennung ist auch in der deutschen Literatur zu beobachten. So vermißt man gerade in den Duration-Ansätzen eine an den praktischen Problemen der Kreditinstitute orientierte Ermittlung, Beurteilung und Steuerung von Zinsrisiken, wie sie beispielsweise in den Gap-Management-Konzepten oder in dem integrierten Konzept des ertragsorientierten Bankmanagements zu erkennen sind. Die Weiterentwicklung der Konzepte und die konkrete Anwendung der Duration zeichnen sich daher eher beim Bondportefeuille-Management als beim Management von Zinsrisiken in Kreditinstituten ab.

D. Zusammenfassung

Die Aufgabe des dritten Teils bestand darin, die Komponenten des Zinsrisikos in Kreditinstituten differenziert herauszuarbeiten und die bankgeschäftspolitischen Maßnahmen zum Management von Zinsrisiken zu betrachten. Ferner galt es, die verschiedenen Ansätze zum Zinsrisikomanagement vorzustellen und auf die in der Literatur geführte Auseinandersetzung um diese Ansätze einzugehen sowie abschließend diese Konzepte zu würdigen. Die wichtigsten Ergebnisse lassen sich in den folgenden Thesen zusammenfassen:

- Das Zinsrisiko in Kreditinstituten setzt sich aus zwei Komponenten zusammen, nämlich dem Zinsrisiko aus dem variabel verzinslichen Geschäft und dem Zinsrisiko aus dem festverzinslichen Geschäft. Marktzinsänderungen führen zu Veränderungen des Zinsüberschusses und zu Marktwertänderungen der verzinslichen Positionen. Der Erfolg und die Risiken aus der Fristentransformation lassen sich als kapitalmarktspezifisches Zinsrisiko darstellen und im Fristentransformationsergebnis erfassen.

- Die im Schrifttum vorgestellten Zielvariablen zum Management von Zinsrisiken sind die Zinssensitivität von Bankaktienkursen, die Bruttozinsspannne, der Reinvermögenswert und das ökonomische Einkommen. Das ökonomische Einkommen bietet sich als Zielvariable an, um Zinsrisiken zu ermitteln, zu beurteilen und zu steuern, da es neben dem Zinsüberschuß auch die zinsänderungsbedingten Marktwertänderungen beinhaltet.

- Finanzintermediären stehen verschiedene geschäftspolitische Alternativen zum Zinsrisikomanagement zur Verfügung. Es sind die Bildung von Reserven, z.B. in einem Risikoausgleichsfond, die geschäftsstrukturpolitischen Maßnahmen im Kundengeschäft und der Abschluß von Termingeschäften. Diese Alternativen müssen sich gegenseitig nicht ausschließen, sondern können sich sinnvoll ergänzen.

- Die in der deutschen und angelsächsischen Literatur vorgestellten Ansätze zum Management von Zinsrisiken können nicht vollständig überzeugen, da sie entweder das Risiko aus dem variabel verzinslichen Geschäft oder die zinsänderungsbedingten Marktwertänderungen vernachlässigen.

- Bei einer genaueren Betrachtung der gegen das Duration-Konzept vorgebrachten Kritik zeigt sich, daß diese in den meisten Punkten nicht aufrechtzuerhalten ist und darüber hinaus ihr Ziel verfehlt, wenn man erkennt, daß bezüglich der Definition des bankbetrieblichen Zinsrisikos unterschiedliche Auffassungen bestehen können.

Auch wenn die Duration ein geeignetes Konzept zum Management von Zinsrisiken darstellt, so lassen die bisher entwickelten Duration-Modelle für Banken einige Fragen offen. In der Regel werden Zeitpunktbetrachtungen vorgenommen und somit die Risiken, die aus dem variabel verzinslichen Geschäft entstehen, nicht erfaßt. Das Ziel des abschließenden vierten Teils ist es, einen Duration-Ansatz zum Management von Zinsrisiken in Kreditinstituten zu entwickeln, der die in diesem Teil aufgezeigten Überlegungen berücksichtigt.

Vierter Teil:

Entwicklung eines Duration-Ansatzes für Kreditinstitute

Es ist das Ziel der folgenden Ausführungen, einen Duration-Ansatz zu entwickeln, mit dem sich Zinsrisiken in Kreditinstituten ermitteln, beurteilen und steuern lassen. Als Ausgangspunkt dafür dienen die bereits erwähnten Arbeiten von Samuelson, Redington, Schmidt und Rudolph, die zeigen, wie man die Eigenkapitalposition eines Finanzintermediärs gegen Marktzinsänderungen immunisieren kann. Mit der Duration läßt sich ferner untersuchen, wie sich Zinsänderungen auf die Höhe des Eigenkapitals auswirken, wenn die Bank nicht immunisiert ist, sondern Zinsrisiken übernimmt. In den o.a. Ansätzen wird unterstellt, daß sich der Zinssatz und damit das Eigenkapital unmittelbar im Ausgangszeitpunkt t_0 verändert. Zinsrisiken resultieren somit ausschließlich aus den zinsänderungsbedingten Barwertänderungen der verzinslichen Aktiva und Passiva.[1)]

Im folgenden wird versucht, dieses Konzept zu erweitern, indem die Eigenkapitalveränderungen, die durch Marktzinsänderungen hervorgerufen werden, nicht mehr im Ausgangszeitpunkt t_0, sondern im Zeitpunkt t_m, dem Periodenende, betrachtet werden. Will man Zinsrisiken für eine bestimmte Periode oder für das Ende der Planperiode analysieren, dann ist es erforderlich, zwischen den Zinsrisiken zu unterscheiden, die aus Festzinspositionen resultieren und denen, die sich aus dem variabel verzinslichen Geschäft ergeben. Als variabel verzinslich gelten solche Positionen, die entweder in der Planperiode fällig werden oder bei denen der Zinssatz sich während der Periode verändern kann. Finanztitel, deren Zinsbindungsfrist über den Planungshorizont hinausreicht, werden dagegen als Festzinspositionen bezeichnet. Die Zuordnung der einzelnen Titel zu der Gruppe der zinsvariablen Positionen oder Festzinspositionen wird demnach durch

---

1) Es sei angenommen, daß die Bank außer verzinslichen Forderungen und Verbindlichkeiten sowie dem Eigenkapital keine weiteren Aktiva bzw. Passiva habe.

die Länge der Planperiode m bestimmt. Je größer m ist, desto mehr Positionen sind variabel verzinslich und umgekehrt. Dieses variable Zinsrisiko schlägt sich im Zinsüberschuß der Periode nieder.

Erachtet die Bankleitung sowohl das variable Zinsrisiko als auch das Festzinsrisiko für wichtig, bietet es sich an, diese Risiken nicht getrennt zu untersuchen, sondern sie in einem Ansatz zum Management von Zinsrisiken zusammenzufassen. Verwendet man dazu die Duration, dann kann man die beiden Sichtweisen zum Zinsrisikomanagement - die Orientierung am Zinsüberschuß und die Ausrichtung auf Marktwertänderungen - verbinden. Für diesem Fall hat die Bank dann das ökonomische Einkommen[1] als Zielvariable zu verwenden, das neben dem Zinsüberschuß auch die Marktwertänderungen von t_0 nach t_m erfaßt. Schließlich läßt sich der Duration-Ansatz um Zinstermingeschäfte (Financial Futures und Optionen) erweitern.

A. Duration-Ansätze für verschiedene Zielvariablen

Die Abbildung 4.1 bietet einen Überblick über die Duration-Ansätze, die in diesem Teil vorgestellt und abgeleitet werden sollen. Die Ansätze unterscheiden sich zunächst einmal hinsichtlich der Zielvariablen. Mögliche Zielvariablen sind der Reinvermögenswert in der Ausgangslage, der Reinvermögenswert am Periodenende,[2] der Zinsüberschuß der Planperiode und das ökonomische Einkommen. Darüber hinaus unterscheiden sich diese Ansätze bezüglich der Annahmen über die Zinssätze, Zinsreagibilitäten und Zinsanpassungselastizitäten.

---

1) Siehe hierzu S. 161-163 dieser Arbeit.

2) Diese beiden Variablen werden in den einzelnen Abschnitten vereinfachend als Eigenkapital bezeichnet, sofern sich daraus keine Mißverständnisse ergeben. Vgl. hierzu H. Schmidt (1981a), S. 35, und (1979), S. 714.

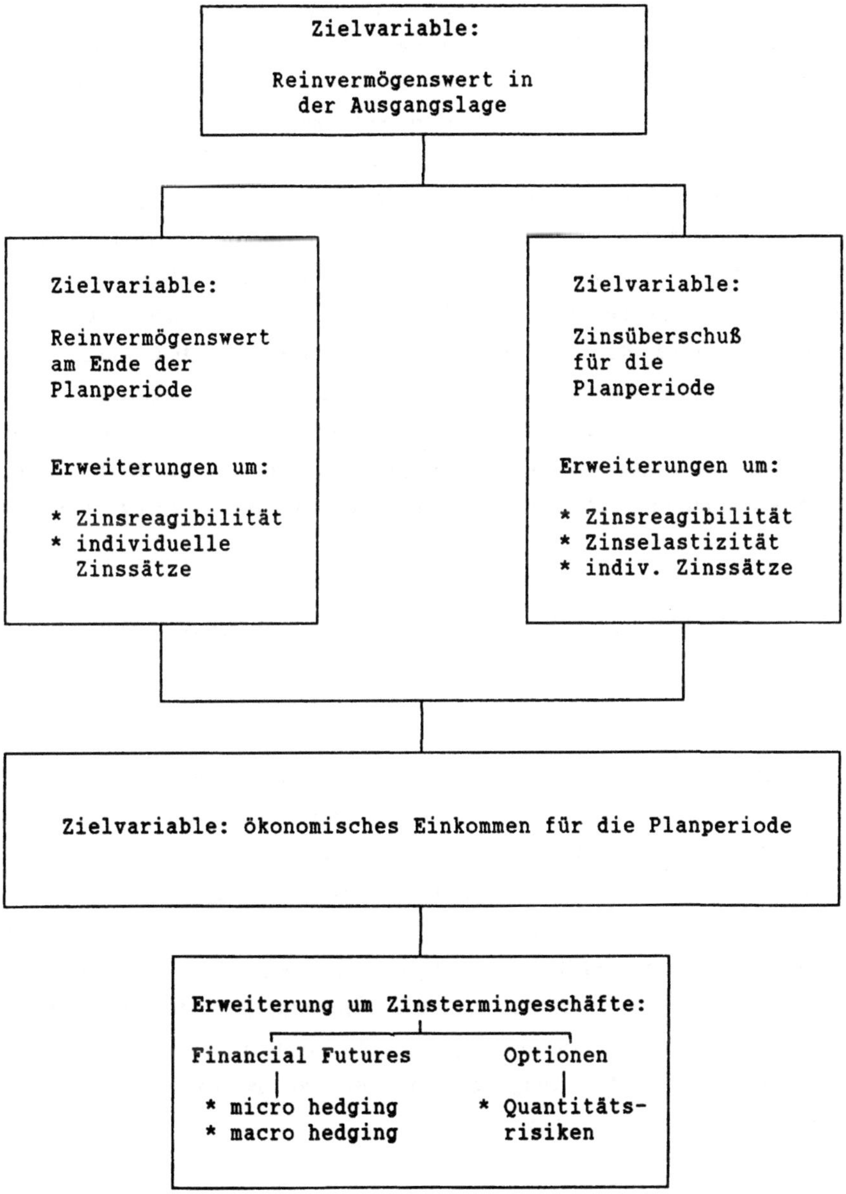

Abb. 4.1: Überblick über die Duration-Ansätze

Diese Ansätze lassen sich sowohl zur Immunisierung der jeweiligen Zielvariablen als auch zur Risikoermittlung bei der Übernahme von Zinsrisiken verwenden. In der Abbildung 4.1 wird auf eine derartige Unterscheidung verzichtet. In allen Ansätzen kann die Bank zusätzlich zu den Transaktionen im Kundengeschäft und am Geld- und Kapitalmarkt Zinstermingeschäfte zur Risikosteuerung einsetzen. Diese Alternativen zur Steuerung von Zinsrisiken werden zunächst nicht detailliert behandelt, um die Ausführungen überschaubar zu halten. Die Möglichkeit, Zinsrisiken mit Termingeschäften zu steuern, wird erst dann betrachtet, wenn der Duration-Ansatz zum Management des ökonomischen Einkommens abgeleitet worden ist. Es bleibt dann zu zeigen, wie Banken mit Financial Futures und Optionen den geplanten Periodenerfolg gegen Zinsrisiken sichern können oder wie sich das Zinsrisiko auf ein tragbares Maß verringern läßt.

I. Die Steuerung des Reinvermögenswertes im Ausgangszeitpunkt

1. Ableitung

Die bisher im Schrifttum zum Zinsrisikomanagement vorgestellten Konzepte, die die Duration verwenden, haben oftmals das Ziel, die Eigenkapitalposition des Finanzintermediärs im Ausgangszeitpunkt t_0 gegen eine unmittelbare Marktzinsänderung zu immunisieren. Wenn man vom Duration-Konzept spricht, meint man gewöhnlich diesen Ansatz. Für eine ausführliche Darstellung, Diskussion sowie Beispielrechnungen für Banken sei auf die einschlägige Literatur verwiesen.[1] Es sind an dieser Stelle jedoch die Grundgedanken zusammenzufassen, da sie die Ausgangsbasis für den im folgenden zu entwickelnden Duration-Ansatz bilden.

---

1) H. Schmidt (1981a); Rudolph (1981a) und (1981b); Cordell (1981); Kaufman (1984); Brewer (1985).

Bei der Bewertung von Finanztiteln im zweiten Teil wurde bereits gezeigt, daß sich die Barwertänderung eines Finanztitels bei einer gegebenen Änderung des Abzinsungssatzes durch die Gleichung (4.1) approximieren läßt:

(4.1) $$\Delta P_0 \approx -(1+r)^{-1} P_0 D \Delta r ,$$

wobei ΔP_0 die Barwertänderung, P_0 den Barwert in der Ausgangslage, D die Duration des Finanztitels, (1+r) den Abzinsungsfaktor und Δr die Zinsänderung darstellen.

Die Marktwertänderung von mehreren Finanztiteln ΔPP_0 erhält man durch Addition der Wertänderungen der einzelnen Titel:

(4.2) $$\Delta PP_0 \approx -\Sigma (1+r)^{-1} P_{0i} D_{Pi} \Delta r ,$$

wobei P_{0i} den Barwert und D_{Pi} die Duration des einzelnen Finanztitels i vor der Zinsänderung angeben. Zusätzlich wurde für Gleichung (4.2) unterstellt, daß für alle Titel der Zinssatz r gilt und identische Zinsänderungen Δr eintreten. Wendet man diese Überlegungen auf die Aktiva und Passiva von Banken an, dann lassen sich die zinsänderungsbedingten Barwertänderungen der Aktiva ΔA_0 und der Passiva ΔL_0 zum Zeitpunkt t_0 folgendermaßen ermitteln:

(4.3) $$\Delta A_0 \approx -\Sigma (1+r_A)^{-1} A_{0i} D_{Ai} \Delta r_A ,$$

(4.4) $$\Delta L_0 \approx -\Sigma (1+r_L)^{-1} L_{0j} D_{Lj} \Delta r_L ,$$

wobei jetzt in den Formeln A für Aktiva und L für Passiva stehen; i und j sind die Laufindices für die einzelnen Positionen. Ferner können sich die Zinssätze und Zinssatzänderungen der Aktiva und Passiva unterscheiden.

Erhöhen sich beispielsweise die Zinssätze um Δr_A und Δr_L, so verringern sich die Barwerte um ΔA_0 bzw. ΔL_0. Es kommt zu negativen

Barwerteffekten bei Aktiva und Passiva. Zinssatzsenkungen führen dagegen zu höheren Barwerten, zu positiven Barwerteffekten. Diese Barwertänderungen von Aktiva und Passiva haben bei einer gegebenen Zinsänderung entgegengesetzte Auswirkungen auf die Eigenkapitalposition. Unter sonst gleichen Umständen führt eine Werterhöhung der Aktiva zu einem größeren Eigenkapital, eine Werterhöhung der Passiva dagegen zu einem geringeren Eigenkapital und vice versa. Die Auswirkungen von Marktzinsänderungen auf das Eigenkapital der Bank hängen nun davon ab, wie die Aktiva und Passiva strukturiert sind, vor allem wie zinssensitiv sie sind. Saldiert man die beiden Barwertänderungen, dann erhält man als Differenz die Veränderung des Eigenkapitals ΔE_0 aufgrund einer Marktzinsänderung.[1]

(4.5) $$\Delta E_0 \approx \Delta A_0 - \Delta L_0 \ .$$

Die Zinssensitivität des Eigenkapitals läßt sich nicht direkt, sondern nur indirekt als Residualgröße ermitteln. Aus Gleichung (4.5) ist zu erkennen, daß der Wert des Eigenkapitals von Marktzinsänderungen unabhängig, d.h. gegen Marktzinsänderungen immunisiert ist, wenn sich die Wertänderungen der Aktiva und der Passiva kompensieren. Gleichen sich die Änderungen nicht aus, so ist das Eigenkapital der Bank dem Zinsrisiko ausgesetzt. Zinsänderungen führen dann zu Gewinnen oder Verlusten, je nachdem, wie die Geschäftsstruktur aufgebaut ist.

Die zinsänderungsbedingten Eigenkapitalveränderungen lassen sich durch Einsetzen der Gleichungen (4.3) und (4.4) in (4.5) abschätzen:

(4.6) $$\Delta E_0 \approx - \Sigma\ (1+r_A)^{-1}\ A_{0i}\ D_{Ai}\ \Delta r_A + \Sigma\ (1+r_L)^{-1}\ L_{0j}\ D_{Lj}\ \Delta r_L \ .$$

---

1) H.Schmidt (1981), S. 37, spricht in diesem Zusammenhang von Solvenzeffekten.

Unter der Voraussetzung, daß die Marktzinsänderungen für Aktiva Δr_A und Passiva Δr_L identisch und gleich Δr sind, vereinfacht sich Gleichung (4.6) zu:

$$(4.7) \qquad \Delta E_0 \approx - [\ \Sigma\ (1+r_A)^{-1}\ A_{0i}\ D_{Ai} - \Sigma\ (1+r_L)^{-1}\ L_{0j}\ D_{Lj}\ ]\ \Delta r\ .$$

Das negative Vorzeichen weist auf den besonderen Zusammenhang zwischen der Zinssatzänderung und der Marktwertänderung des Eigenkapitals hin. Die Teilsummen in Gleichung (4.7) sind die Zinssensitivitäten der Aktiva und der Passiva. Sie werden im folgenden auch als $DAMW_0$ bzw. $DLMW_0$ bezeichnet. Der Ausdruck in der eckigen Klammer ist das Duration-Gap[1] der Festzinspositionen (Marktwerte) im Zeitpunkt t_0. Es beschreibt die Zinssensitivität[2] des Eigenkapitals für den Ausgangszeitpunkt und wird als $DGMW_0$ bezeichnet, wobei gilt: $DGMW_0 = DAMW_0 - DLMW_0$. Für die Eigenkapitalveränderung läßt sich dann schreiben:

$$(4.8) \qquad \Delta E_0 \approx - [\ DGMW_0\ ]\ \Delta r\ .$$

Die Eigenkapitalveränderung hängt somit vom $DGMW_0$ und der Zinsänderung Δr ab. Ein positiver Klammerausdruck, d.h. die Zinssensitivität der Aktiva ist größer als die der Passiva, führt wegen des negativen Vorzeichens bei einem Zinsanstieg zu einer Verringerung des Eigenkapitals und bei einem Zinsrückgang zu einer Eigenkapitalerhöhung. Das Umgekehrte gilt, wenn der Klammerausdruck $DGMW_0$ negativ ist.

---

1) Im allgemeinen versteht man unter dem Gap die Differenz zwischen zinsvariablen Forderungen und Verbindlichkeiten. Man spricht dann auch vom Funding Gap. Das Duration-Gap beschreibt dagegen die Zinssensitivität der Eigenkapitalposition. Siehe hierzu Koch (1988), S. 128.

2) Die Zinssensitivität ist ein Anhaltspunkt dafür, welche Auswirkungen Zinsänderungen auf den Barwert der Aktiva, der Passiva und der Eigenkapitalposition haben.

Nur dann, wenn die Bank Aktiva und Passiva so strukturieren kann, daß deren Zinssensitivitäten sich entsprechen und damit das $DGMW_0$ gleich null ist, entstehen keine zinsänderungsbedingten Eigenkapitalveränderungen. Das Eigenkapital der Bank ist gegen Marktzinsänderungen immunisiert. In aller Regel ergeben sich jedoch Zinsrisiken aus der normalen Geschäftstätigkeit von Banken, da sie Zinsbindungsfristen transformieren. Das $DGMW_0$ ist entweder positiv oder negativ, und die Bank ist dem Zinsrisiko ausgesetzt. Will die Bank dieses Zinsrisiko vermeiden oder auf ein tragbares Maß reduzieren, so kann sie das $DGMW_0$ verändern, indem sie beispielsweise Geschäfte am Interbankenmarkt tätigt oder Zinstermingeschäfte abschließt.

2. Immunisierung

In welcher Weise die Bank das Eigenkapital in t_0 gegen die Auswirkungen von Zinsrisiken immunisieren kann, soll an einem Beispiel erläutert werden. Dabei sind die Überlegungen in diesem Abschnitt so einfach wie möglich gehalten, um zunächst das Prinzip der Immunisierung und anschließend das Prinzip der Risikoermittlung bei der Übernahme von Zinsrisiken zu verdeutlichen. Im weiteren Verlauf der Untersuchung werden diese vereinfachenden Annahmen schrittweise aufgehoben, da es ein Ziel der Arbeit ist, das Duration-Konzept so zu erweitern, daß es sich unter weniger restriktiven Annahmen anwenden läßt.

Es wird unterstellt, daß sich die Aktiva mit 8% und die Passiva mit 6% verzinsen. Die Zinssätze sind jeweils für alle Laufzeiten identisch und verändern sich bei Marktzinsänderungen um gleiche Prozentpunkte. Weiterhin besteht Sicherheit über die Zahlungsreihe, d.h. es bestehen keine Bonitätsrisiken; ferner sind vorzeitige Tilgungen sowie Einlagenabzüge ausgeschlossen. Die betrachteten Finanztitel sind kuponlose Titel,[1] so daß die Duration der einzelnen Titel deren Restlaufzeit entspricht. Die Finanztitel, die Durations und die Zinssätze der Aktiva und Passiva sind in Abbildung 4.2 aufgeführt.

i	A_i	D_{Ai}	r_{Ai}	j	L_j	D_{Lj}	r_{Lj}
1	272	2	8%	1	1000	2	6%
2	528	3	8%	2	800	6	6%
3	1200	4	8%	E	200		
Σ	2000			Σ	2000		

Abb. 4.2: Ausgangsdaten für die Immunisierung des Eigenkapitals im Ausgangszeitpunkt t_0

Die Aktiva bestehen aus den drei Positionen A_1, A_2 und A_3, die sich derzeit mit 8% verzinsen. Sie weisen Durations von 2, 3 bzw. 4 Jahren auf. Die Passiva umfassen die Einlagen L_1 und L_2, die sich mit 6% verzinsen. Die entsprechenden Durations betragen 2 bzw. 6 Jahren. Die Differenz in Höhe von 200 GE ist das Eigenkapital.

Das Duration-Gap der Festzinspositionen läßt sich ermitteln, indem man die Ausgangsdaten in Gleichung (4.7) einsetzt. Für die einzelnen Positionen und Teilsummen errechnen sich gerundet folgende Werte:

$$DAMW_0 : \quad 504 + 1467 + 4444 = 6415$$
$$DLMW_0 : \quad 1887 + 4528 = 6415$$

1) Als kuponlose Finanztitel bezeichnet man im allgemeinen Titel, die keine Zinszahlungen zu bestimmten regelmäßig wiederkehrenden Zeitpunkten aufweisen, sondern nur eine Zahlung am Laufzeitende. Die Verzinsung erfolgt über niedrigere Ausgabe- oder höhere Rücknahmepreise. Man findet deshalb hierfür auch die Bezeichung Titel mit Aufzinsung bzw. mit Abzinsung, je nachdem, wie man die Wertbasis definiert. Beispiele hierfür sind aufgezinste und abgezinste Sparbriefe, Diskontkredite und Zero-Coupon-Bonds.

Das Duration-Gap $DGMW_0$ ist die Differenz zwischen den beiden Teilsummen $DAMW_0$ und $DLMW_0$.

$$DGMW_0 = 6415 - 6415 = 0$$

Das Ergebnis weist darauf hin, daß die Bank bei dieser Geschäftsstruktur gegen die Auswirkungen von Zinsänderungen immun sein sollte. Das läßt sich überprüfen, indem man eine bestimmte Marktzinsänderung vorgibt und die Barwerte der Aktiva und Passiva bei dem neuen Zinsniveau berechnet. Ist die Bank gegen Zinsrisiken immunisiert, dann sollte das Eigenkapital trotz der Barwertänderungen unverändert 200 GE betragen. Steigt das Zinsniveau beispielsweise um einen Prozentpunkt an, so sind die neuen Diskontierungssätze 9% für die Aktiva und 7% für die Passiva. Die Ausgangswerte sowie die Marktwerte nach der Zinsänderung sind in Abbildung 4.3 aufgeführt:[1]

A_i	t_0	t_0^*	L_j	t_0	t_0^*
A_1	272,00	267,03	L_1	1000,00	981,40
A_2	528,00	513,60	L_2	800,00	756,18
A_3	1200,00	1156,57	E	200,00	199,62
Σ	2000,00	1937,20	Σ	2000,00	1937,20

Abb. 4.3: Marktwerte im Ausgangszeitpunkt ohne und mit Marktzinsänderung bei Immunisierung des Eigenkapitals

Betrachtet man das Ergebnis, so fallen die geringeren Marktwerte der Aktiva und der Passiva im Vergleich zur Ausgangssituation auf.

1) Es werden folgende Symbole für die Beschreibung des Betrachtungszeitpunktes und des Umweltzustandes benutzt: t_0 beschreibt die Marktwerte der Positionen in der Ausgangssitutation und t_m die geplanten Marktwerte zum Periodenende bei unveränderten Zinssätzen. t_0^* und t_m^* beschreiben die Marktwerte zu den entsprechenden Betrachtungszeitpunkten, die sich bei Zinsänderungen errechnen.

Der Marktwert des Eigenkapitals verändert sich dagegen unwesentlich von 200 GE auf 199,62 GE. Diese Eigenkapitalveränderung von −0,38 GE läßt sich damit begründen, daß die Barwertfunktionen für die Forderungen und Verbindlichkeiten nicht parallel verlaufen. Aufgrund der hier gewählten Geschäftsstruktur weist die Funktion der Passiva gegenüber der der Aktiva eine stärkere Konvexität auf, mit der Folge, daß sich die zinsänderungsbedingten Marktwertänderungen nur bei infinitesimalen, nicht aber bei größeren Marktzinsänderungen kompensieren.[1] Trotz dieser Abweichung liegt es nahe, von einer Immunisierung des Eigenkapitals gegen Zinsrisiken zu sprechen. Wenn man bei der Interpretation des Ergebnisses darüber hinaus bedenkt, daß die Duration ein Konzept ist, mit dessen Hilfe man die zinsänderungsbedingten Barwertänderungen, die sich bei finanzmathematisch genauer Bewertung ergeben, abschätzen will, dann erscheint die Schlußfolgerung zulässig, daß eine Abstimmung der Zinssensitivitäten der Aktiva und der Passiva und damit eine Immunisierung des Eigenkapitals gegen Zinsrisiken mit der Duration möglich ist.

3. Übernahme von Zinsrisiken

Die Immunisierung gegen Zinsrisiken wird nur dann eine optimale Strategie sein, wenn die Bankleitung sehr risikoscheu ist oder sich nicht in der Lage sieht, verläßliche Zinsprognosen zu erstellen. In aller Regel werden Banker jedoch bereit sein, zumindest über die Richtung der Zinsentwicklung eine Aussage zu treffen. Das erscheint hinreichend, denn für erfolgreiche Strategien ist es oftmals nicht erforderlich, das genaue Ausmaß der Zinsänderung vorauszusagen. Ein

---

1) Die Immunisierungsbedingung ist erfüllt, wenn Aktiva und Passiva so strukturiert sind, daß die Steigung beider Barwertfunktionen (Differentialquotienten) bei den herrschenden Zinssätzen identisch sind. Zu Abweichungen von einer perfekten Immunisierung kommt es jedoch bei größeren Zinsänderungen, beispielsweise einem Zinsanstieg um einen Prozentpunkt, wenn die Differenzenquotienten beider Funktionen sich unterscheiden. Für eine Immunisierung muß außerdem die Konvexität der Aktiva größer sein als die der Passiva. Vgl. hierzu schon Redington (1952), S. 291.

$DGMW_0$ von ungleich null wird bei Kreditinstituten daher nicht die Ausnahme, sondern häufig den Regelfall darstellen.

Banken können die Duration bei der Übernahme von Zinsrisiken verwenden, um deren mögliches Ausmaß abzuschätzen. Sie eignet sich beispielsweise dazu, für ein gegebenes $DGMW_0$ die Veränderung des Eigenkapitals bei verschiedenen Marktzinsänderungen zu untersuchen. Auch läßt sich für eine vorgegebene Marktzinsänderung - gegebenenfalls die maximal zu erwartende Marktzinsänderung - die Eigenkapitalveränderungen bei unterschiedlichen Duration-Gaps $DGMW_0$ untersuchen.

Ein Beispiel soll die Verwendung der Duration bei der Übernahme von Zinsrisiken veranschaulichen. Die Annahmen des vorherigen Beispiel bleiben dabei bestehen. Auch die Daten der Aktivseite sind unverändert. Die Passivseite verändert sich dagegen in der Weise, daß die Einlagen in Höhe von 1.800 GE jetzt aus einer einzigen Position bestehen, die eine Duration von 2 Jahren aufweist. Sie wird weiterhin zu 6% verzinst. Aus der Veränderung der Passivstruktur folgt ein positives Duration-Gap:

$$DGMW_0 = 6415 - 3396 = 3019$$

Die Bank nimmt in diesem Beispiel eine positive Fristentransformation vor und ist dadurch dem Risiko steigender Zinssätze ausgesetzt. Erhöhen sich alle Zinssätze um einen Prozentpunkt auf 9% für die Aktiva und 7% für die Passiva, so kann man die Veränderung des Eigenkapitals mit Gleichung (4.8) abschätzen:

$$\Delta E_0 \approx - 3019 * 0{,}01 = - 30{,}19$$

Das Eigenkapital reduziert sich danach ungefähr um 30,19 GE auf 169,81 GE. Berechnet man die Barwertänderungen finanzmathematisch genau, so wie es bereits in dem vorherigen Beispiel erläutert wurde, dann ergibt sich eine Eigenkapitalveränderung von −29,31 GE. Diese Abweichung zwischen den beiden Rechnungen läßt sich damit begründen, daß die Duration nur ein Annäherungsverfahren ist. Das Ergebnis weist aber insgesamt darauf hin, daß sich mit der Duration eine verhältnismäßig genaue Annäherung an die tatsächliche Veränderung erzielen läßt. Diese Zusammenhänge werden noch differenzierter betrachtet, wenn es im nächsten Abschnitt gilt, die Marktwertänderungen für das Ende der Planperiode zu ermitteln.

II. Die Steuerung des Reinvermögenswertes für das Periodenende

1. Vorüberlegungen

Betrachtet man den oben vorgestellten Duration-Ansatz zum Management von Zinsrisiken, so läßt sich kritisch anmerken, daß sich die Zinssätze in aller Regel nicht von einem Tag zum anderen um einen oder um mehrere Prozentpunkte verändern. Vielmehr treten größere Marktzinsänderungen erst über einen längeren Zeitraum auf. Beim Management von Zinsrisiken ist nun gerade auf diese größeren Zinsänderungen abzustellen. Es bietet sich daher an, eine bestimmte Planperiode vorzugeben und alle in diesem Zeitraum zu erwartenden Zinsänderungen zusammenzufassen. Dann sind allerdings auch nicht mehr die verhältnismäßig geringen Marktwertänderungen relevant, die aus jeder unmittelbaren Marktzinsänderung resultieren, sondern nur noch die Marktwertänderungen, die insgesamt über diesen längeren Zeitraum entstehen.

Für die Analyse von Zinsrisiken erscheint es dann vertretbar, nur die Zinssatzänderungen und Marktwertänderungen zu betrachten, die insgesamt während der Periode erwartet werden oder maximal eintreten können. Anstatt jede einzelne Änderung zu untersuchen, kann man bei Festzinspositionen unterstellen, daß alle Änderungen am Periodenende eintreten. Es ist dann der Abzinsungssatz von Bedeutung, der beim Verkauf oder bei der Bewertung der Finanztitel am Planungshorizont als marktgerecht erachtet wird.

Will die Bank die Duration zu Planungszwecken einsetzen, dann dürfte es sogar erforderlich sein, eine Planperiode einzuführen und die Auswirkungen von Zinsänderungen für das Periodenende zu untersuchen. Für die Steuerung von Zinsrisiken erscheint es darüber hinaus zweckmäßig, die Untersuchung auf verschiedene Periodenlängen auszuweiten,[1] um neben taktischen Erwägungen auch strategische Überlegungen mit in den Entscheidungsprozeß einfließen lassen zu können.

Die relevanten Daten sind demnach die Marktwerte der Aktiva und der Passiva sowie die entsprechenden Durations am Periodenende. Die Zielvariable für die Immunisierung und für die Risikoermittlung bei der Übernahme von Zinsrisiken ist nicht mehr das Eigenkapital im Ausgangszeitpunkt t_0, sondern das am Planungshorizont t_m. Das Eigenkapital, das sich bei einer gegebenen Geschäftsstruktur und unveränderten Zinssätzen am Periodenende aus heutiger Sicht ergeben würde, wird als geplantes Eigenkapital bezeichnet. Der im vorherigen Abschnitt vorgestellte Ansatz ist entsprechend zu erweitern.

2. Grundmodell

a) Ableitung

Hat die Bankleitung die Länge der Planperiode m festgelegt, so kann sie die Marktwerte für die einzelnen Positionen der Aktiva und der Passiva ermitteln, die sich bei unveränderten Zinssätzen am Perio-

---

1) Siehe hierzu beispielsweise die Planungsmodelle von Meyer zu Selhausen (1977) und (1987), der als Planperioden 3 Monate, 1 Jahr und 5 Jahre wählt.

denende ergeben würden. Diese Werte errechnen sich, indem man die Positionen im Ausgangszeitpunkt mit den marktgerechten Zinssätzen auf das Periodenende aufzinst, d.h. $A_{0i}(1+r_A)^m$ für die Aktiva und $L_{0j}(1+r_L)^m$ für die Passiva. Das geplante Eigenkapital in t_m ist die Differenz zwischen den Marktwerten der Aktiva und der Passiva am Periodenende. Die Veränderung des Eigenkapitals von t_0 nach t_m entspricht bei dieser vereinfachenden Betrachtung dem Periodenüberschuß des Zinsgeschäftes.

Darüber hinaus ist bei einer Periodenbetrachtung zu berücksichtigen, daß sich die Zinssensitivitäten der Finanztitel bis zum Periodenende verringern, da sich die Restlaufzeiten verkürzen. Das muß in den Abstimmungsprozeß der Zinssensitivitäten mit einfließen. Wenn die Bank diesen Abstimmungsprozeß mit der Duration angeht, dann folgen aus den kürzeren Restlaufzeiten auch geringere Durations für die einzelnen Positionen, und zwar verringern sie sich vom Anfang bis zum Ende der Periode genau um die Periodenlänge m. Die Reduzierung um m folgt aus der Annahme kuponloser Finanztitel. Die Durations am Planungshorizont betragen somit $D_{Ai}-m$ für die Aktiva und $D_{Lj}-m$ für die Passiva.

Diese Überlegungen lassen sich in den Ansatz integrieren, indem man die Marktwerte der Aktiva und der Passiva am Periodenende sowie die Verringerung der Durations in die Gleichung (4.7) einsetzt:

$$(4.9) \qquad \Delta E_m \approx - \left[\; \Sigma\, (1+r_A)^{-1}\, A_{0i}\, (1+r_A)^m\, (D_{Ai}-m) - \Sigma\, (1+r_L)^{-1}\, L_{0j}\, (1+r_L)^m\, (D_{Lj}-m) \right] \Delta r \,.$$

Faßt man jeweils die beiden Ausdrücke $(1+r_A)^m(1+r_A)^{-1}$ zu $(1+r_A)^{m-1}$ und $(1+r_L)^m(1+r_L)^{-1}$ zu $(1+r_L)^{m-1}$ zusammen, so vereinfacht sich die Gleichung (4.9) zu:

$$(4.10) \qquad \Delta E_m \approx - \left[\; \Sigma\, (1+r_A)^{m-1}\, A_{0i}\, (D_{Ai}-m) - \Sigma\, (1+r_L)^{m-1}\, L_{0j}\, (D_{Lj}-m) \right] \Delta r.$$

Der Ausdruck in der eckigen Klammer ist wiederum die relevante Steuerungsgröße für das Zinsrisikomanagement. Sie gibt Anwort auf die Frage, inwieweit die Bank aufgrund der eingegangenen Festzinspositionen Zinsrisiken übernommen hat. Um den Umfang der Zinsrisiken abschätzen zu können, dem eine Bank ausgesetzt ist, ist zusätzlich eine Angabe über die potentielle Marktzinsänderung Δr erforderlich. Mit Gleichung (4.10) läßt sich dann die Veränderung des marktgerecht bewerteten Eigenkapitals ermitteln. Möglich ist auch die Vorgabe verschiedener Zinssatzänderungen, um so die Auswirkungen verschiedener Zinsszenarien zu untersuchen. Der Klammerausdruck, der die relevante Größe für den Abstimmungsprozeß darstellt, wird als $DGMW_m$, als Duration-Gap der Festzinspositionen (Marktwerte) für das Periodenende t_m, bezeichnet. Gleichung (4.10) läßt sich daher schreiben:

$$(4.11) \qquad \Delta E_m \approx - \left[\, DGMW_m \, \right] \Delta r \; .$$

Diesen Ausdruck kann die Bankleitung in ähnlicher Weise interpretieren wie Gleichung (4.8) im vorherigen Abschnitt. Ist das $DGMW_m$ gleich null, dann ist das Eigenkapital der Bank für das Periodenende gegen Marktzinsänderungen immunisiert. Ist $DGMW_m$ dagegen größer oder kleiner null, dann ist die Bank dem Zinsrisiko ausgesetzt. Für diesen Fall der Übernahme von Zinsrisiken lassen sich die zinsänderungsbedingten Eigenkapitalveränderungen ebenfalls mit der Gleichung (4.11) abschätzen. Diese Überlegungen sollen an einem Beispiel verdeutlicht werden.

b) Immunisierung

Die Bank verfolgt das Ziel, das geplante Eigenkapital in t_m gegen Zinsrisiken zu immunisieren. Dabei gelten weiterhin die bereits getroffenen Annahmen. Die Planperiode beträgt ein Jahr. Kürzere oder längere Zeitspannen lassen sich ebenfalls mit dem Ansatz erfassen. Die Geschäftsstruktur ist in dem Beispiel so aufgebaut, daß das

Eigenkapital gegen Marktzinsänderungen immun sein sollte. Sie weist die in Abbildung 4.4 aufgeführten Finanztitel, Durations und Zinssätze auf.

i	A_i	D_{Ai}	r_{Ai}	j	L_j	D_{Lj}	r_{Lj}
1	200	2	8%	1	1000	2	6%
2	600	3	8%	2	800	6	6%
3	1200	4	8%	E	200		
Σ	2000			Σ	2000		

Abb. 4.4: Ausgangsdaten für die Immunisierung des Eigenkapitals zum Periodenende

Vergleicht man zunächst einmal diese Ausgangsdaten mit denen des vorherigen Beispiels zur Immunisierung, so fällt die unterschiedliche Struktur der Aktivseite auf. Die Passivseite ist dagegen unverändert. Auch A_3 ist gleich geblieben. Die Anpassung der Beträge von A_1 und A_2 ist erforderlich, um die Immunisierungsbedingung zu erfüllen. Die Aktiva müssen jetzt im Durchschnitt eine längere Restlaufzeit aufweisen, um den Zinssensitivitäten der Passiva am Planungshorizont zu entsprechen. Entscheidend ist hier nicht das Ausmaß der Veränderung, sondern die Tatsache, daß die Geschäftsstruktur in aller Regel anzupassen ist, wenn man dasselbe Ziel zu einem anderen Zeitpunkt erreichen will. Denn eine bestimmte Geschäftsstruktur garantiert die Immunisierung lediglich für einen bestimmten Planungshorizont. Wird von diesem Horizont abgewichen, führt das zwangsläufig zur Übernahme von Zinsrisiken. Es gilt hier der gleiche Zusammenhang wie bei der Immunisierung von Anleiheportefeuilles im zweiten Teil.

Es bleibt zu prüfen, ob die gewählte Geschäftsstruktur die für die Immunisierung notwendige Bedingung, nämlich daß das $DGMW_1$ gleich null ist, tatsächlich erfüllt. Dazu sind die Ausgangsdaten in Gleichung (4.10) einzusetzen. Als Zwischenergebnisse erhält man:

$DAMW_1$:	200 + 1200 + 3600	= 5000
$DLMW_1$:	1000 + 4000	= 5000

$DGMW_1 = DAMW_1 - DLMW_1$ ist hier null. Das weist darauf hin, daß die Zinssensitivitäten der aktivischen und passivischen Festzinspositionen für den Planungshorizont aufeinander abgestimmt sind. Ob das Eigenkapital der Bank gegen Zinsänderungen immun ist, läßt sich feststellen, indem man eine bestimmte Marktzinsänderung vorgibt und die Barwerte der Aktiva und der Passiva errechnet, die sich bei diesen neuen Diskontierungssätzen am Periodenende ergeben. Das Zinsniveau soll hier beispielhaft wiederum um einen Prozentpunkt ansteigen. Hat die Modellbank ihre Geschäftsstruktur erfolgreich immunisiert, dann müßte trotz der Barwertänderungen das realisierte Eigenkapital dem geplanten entsprechen. In der Abbildung 4.5 sind die Marktwerte der Positionen in der Ausgangslage (t_0), die geplanten Marktwerte zum Periodenende bei unveränderten Zinssätzen (t_m) und die Marktwerte, die sich bei dem neuen Zinsniveau errechnen (t_m^*), aufgeführt:

A_i	t_0	t_m	t_m^*	L_j	t_0	t_m	t_m^*
A_1	200	216,00	214,02	L_1	1000	1060,00	1050,09
A_2	600	648,00	636,16	L_2	800	848,00	809,11
A_3	1200	1296,00	1260,66	E	200	252,00	251,64
	2000	2160,00	2110,84		2000	2160,00	2110,84

Abb. 4.5: Marktwerte in der Ausgangslage sowie zum Periodenende ohne und mit Marktzinsänderung bei Immunisierung des Eigenkapitals

Die Ergebnisse dieses Beispiels zeigen, daß sich die Werte der einzelnen Positionen von t_0 nach t_m um die Zinserträge erhöht haben. Das geplante Eigenkapital, das bei unveränderten Zinssätzen am Periodenende erzielbar wäre, beträgt 252,00 GE. Erhöhen sich die Zinssätze für die Festzinsaktiva von 8% auf 9% und für die Festzinspassiva von 6% auf 7%, so resultieren hieraus geringere Marktwerte in t_m. Der Marktwert aller Forderungen fällt von 2160,00 GE auf 2110,84 GE. Dieser Rückgang der Aktiva um 49,16 GE erscheint auf den ersten Blick gravierend, denn er entspricht fast dem geplanten Periodengewinn von 52,00 GE. Aber nicht nur die Marktwerte der Aktiva, sondern auch die der Passiva verringern sich, und zwar bei korrekter Immunisierung um den gleichen Betrag.

Betrachtet man das geplante und das realisierte Eigenkapital, so ergibt sich eine marginale Veränderung von 252,00 GE auf 251,64 GE infolge der Marktzinsänderung, also ein zinsänderungsbedingter Rückgang des Eigenkapitals um 0,36 GE bei marktgerechter Bewertung der einzelnen Positionen. Diese Abweichung läßt sich wiederrum mit den nicht parallel verlaufenden Barwertfunktionen der Aktiva und Passiva erklären.

Die Ergebnisse verdeutlichen auch die Bedeutung der endogenen Determinanten für das Zinsrisiko. Die Positionen mit längeren Restlaufzeiten und mit niedrigerer Verzinsung weisen die größten relativen Wertverluste auf. Das läßt sich mit den längeren Durations dieser Titel begründen. Eine Aussage über die relativen Wertschwankungen einer Position im Verhältnis zu einer anderen Position ist allein aufgrund ihrer Durations dann möglich, wenn die bisher getroffene Annahme zutrifft, daß alle Titel identischen Marktzinsänderungen unterliegen. Genau diese Annahme und ebenso die Annahme, daß für alle Positionen der Aktiva und der Passiva jeweils identische Zinssätze herrschen, sind im folgenden Abschnitt aufzuheben.

3. Erweiterungen des Grundmodells

a) Unterschiedliche Zinssätze und Zinsreagibilitäten

Zum Duration-Konzept ist im bankbetrieblichen Schrifttum mehrfach kritisch angemerkt worden, daß bei der Berechnung der Duration alle Zahlungen mit einem einheitlichen Abzinsungssatz diskontiert werden. Wie beispielsweise Uhlir und Steiner sowie Roll[1] dazu ausführen, läßt sich daraus die Annahme einer horizontalen Zinsstruktur ableiten. Flache Zinsstrukturen sind aber nur selten zu beobachten. Oftmals steigen die Zinssätze mit zunehmender Restlaufzeit an. Auch fallende Zinsstrukturkurven treten in jüngerer Zeit zunehmend auf. Das wird meistens in den Perioden der Fall sein, die durch ein relativ hohes Zinsniveau gekennzeichnet sind.[2] Es bietet sich daher an, das bisher vorgestellte Grundmodell in der Weise zu erweitern, daß sich die Finanztitel hinsichtlich der marktgerechten Verzinsung unterscheiden. Dabei beruhen die Renditeunterschiede ausschließlich auf unterschiedlichen Laufzeiten und nicht auf Bonitätsunterschieden oder anderen Einflußfaktoren.[3]

Für kuponlose Finanztitel ist die Bewertung mit "spot rates" einleuchtend. Für Titel mit regelmäßigen Zinszahlungen mag es dagegen auf den ersten Blick überraschen, unterschiedliche Zinssätze für die Bewertung der Zahlungsreihe zu verwenden. Aber jede einzelne Fälligkeit, jede einzelne Zahlung, läßt sich als eigenständiger Finanztitel auffassen. Dieses gedankliche Vorgehen hat auch ein praktisches

---

1) Uhlir und Steiner (1986), S. 6; Roll (1987), S. 5 f.

2) Siehe hierzu beispielsweise die Abbildungen in den Monatsberichten der Deutschen Bundesbank, (1/1983), S. 22. Wiederabgedruckt auch in Uhlir und Steiner (1986), S. 28.

3) Z.B. Markttiefe und steuerliche Behandlung.

Äquivalent und wird als "coupon stripping" bezeichnet.[1] Es handelt sich dabei um die Aufteilung eines Zahlungsstroms mit mehreren Zahlungszeitpunkten in mehrere Zahlungsströme mit jeweils nur einem Zahlungszeitpunkt.[2] Die Bank kann diese Überlegungen für das Management von Zinsrisiken nutzen, indem sie sich an den einzelnen Zahlungszeitpunkten orientiert und diese als Ausgangspunkt für die Analyse wählt. Die Zahlungen, die zu einem Zeitpunkt anfallen, lassen sich zu einer Summe zusammenfassen und sind dann mit dem Abzinsungssatz zu diskontieren, der genau für diese entsprechende Restlaufzeit gilt.

Mit Hilfe dieser Überlegungen ist es nicht nur möglich, verschiedene Formen der Zinsstrukturkurve zu berücksichtigen, sondern es lassen sich auch unterschiedliche Zinssatzänderungen, also die Zinsreagibilitäten der Finanztitel, in die Betrachtung mit einbeziehen. Hierdurch muß nicht - wie in den meisten Duration-Modellen - unterstellt werden, daß sich alle Zinssätze gleichermaßen verändern. Denn das ist in der Realität nur selten zu beobachten. In der Mehrzahl der Fälle schwanken gerade die kürzerfristigen Zinssätze stärker als die längerfristigen.

Für die Annahme unterschiedlicher Zinsänderungen sprechen auch kapitalmarkttheoretische Überlegungen. Es eröffnen sich nämlich

---

1) Die Trennung von Rückzahlungsbetrag und Zinszahlungen wurde ursprünglich von Investment-Banken entwickelt, um die Nachfrage der Investoren nach Zero-Coupon-Bonds zu befriedigen. Mittlerweile bietet auch das U.S. Treasury ein STRIPS-Programm an. STRIPS bedeutet "Separate Trading of Registered Interest and Principal of Securities". "Under the STRIPS program, Treasury securities with maturities of ten years or more can be submitted to the Treasury for stripping. The Treasury provides PO and IO strips in book-entry form to the investors and stands ready to reconstitute the STRIPS by exchanging the underlying Treasury securities for the pieces of the STRIPS." Becketti (1988), S. 23. Dabei bedeutet PO "principal-only" und IO "interest-only". Der Bestand an STRIPS betrug im Februar 1988 $ 48,2 Mrd.

2) Die Barwerte beider Zahlungsreihen müssen jedoch übereinstimmen, sonst eröffnen sich Arbitragemöglichkeiten.

Arbitragemöglichkeiten, wenn alle Zinssatzänderungen übereinstimmen.[1] "If a flat term structure shifts up or down by a constant amount everywhere, there always exist zero-cost hedges that return only positive cash flows and have no chance of giving negative cash flows, regardless of interest rate movements."[2] Dieses Ergebnis läßt sich noch verallgemeinern. "The initial term structure does not have to be flat. It merely must shift upward or downward predictably by a constant amount at all maturities; if this happens, it is possible to construct reliable zero-cost hedges that return only positive cash flows."[3] Solche Arbitragemöglichkeiten können an effizienten Märkten nicht lange bestehen.[4] Sie würden durch entsprechende Transaktionen ausgenutzt und eliminiert werden.

Die laufzeitabhängigen Zinsreagibilitäten lassen sich im Duration-Ansatz berücksichtigen, indem man die Zinsreagibilitäten der einzelnen Positionen mit einem Referenzzinssatz oder Basiszinssatz verknüpft.[5] Die einzelnen Zinsänderungen betragen dann ein Vielfaches der Veränderungen dieses Referenzzinssatzes, das durch z_{Ai} für die Aktiva und z_{Lj} für die Passiva beschrieben wird und Werte von

---

1) Wondrak (1986a), S. 39, führt dazu aus: "Modelle zur Zinsimmunisierung von Festzinsanlagen, die auf der Annahme stochastisch additiver oder multiplikativer Zinsänderungen um einen von der Restlaufzeit unabhängigen Faktor Φ aufbauen, ermöglichen nach Eintreten der Zinsänderung risikolose Arbitragegewinne durch Laufzeittransformation." Vgl. auch Bierwag, Kaufman, Schweitzer und Toevs (1981).

2) Roll (1987), S. 9.

3) Roll (1987), S. 9. Vgl. auch Ingersoll, Skelton und Weil (1978).

4) Außerdem sind sie nicht mit der in den Duration-Modellen unterstellten Annahme eines vollkommenen Kapitalmarktes vereinbar. Vgl. hierzu Ingersoll, Skelton und Weil (1978), S. 634-644.

5) Eine weitere Möglichkeit besteht darin, für jede einzelne Bilanzposition den Zinsänderungsprozeß zu ermitteln, der die Zinsänderung bestimmt. Die Vorgehensweise scheint aber nicht zu überzeugenderen Ergebnissen zu führen, da die Ermittlung dieser Prozesse - wie im zweiten Teil dargelegt - erhebliche Probleme aufwirft.

größer, kleiner oder gleich eins annehmen kann. Als Referenzzinssatz dient der Zinssatz für Titel mit einer Restlaufzeit von einem Jahr. Er wird im folgenden als Marktzinssatz r_M bezeichnet. Die Zinsreagibilitäten der Finanztitel mit kürzeren Restlaufzeiten werden häufig größer als eins sein und die der Titel mit längeren Restlaufzeiten kleiner als eins. Darin zeigt sich, daß Titel mit kürzeren Restlaufzeiten erfahrungsgemäß größeren Zinsschwankungen unterworfen sind als solche mit längeren Restlaufzeiten.

Die Prognose der Renditeschwankungen für verschiedene Laufzeitbereiche oder für einzelne Finanztitel ist sicherlich schwierig. Könnte der Entscheidende die Veränderungen nämlich mit Sicherheit vorhersagen, dann wäre die Strategie der Bank leicht zu entwickeln. Es wäre nicht notwendig, zu immunisieren oder das Risiko bei der Übernahme von Zinsrisiken abzuschätzen. Die hier betrachtete Situation ist aber gerade durch Ungewißheit gekennzeichnet. Ferner hängen die Zinsreagibilitäten von dem aktuellen Marktzinsniveau und der möglichen Zinsentwicklung, also steigendem oder fallendem Zinsniveau, ab. Auch deshalb mag es zweckmäßig sein, Alternativrechnungen durchzuführen. Im wesentlichen sollte man aber davon ausgehen können, daß die in die Rechnung eingehenden Zinsreagibilitäten der einzelnen Positionen auf Erfahrungswerten beruhen und hinreichend genau zu prognostizieren sind.

Will man diese Überlegungen in den Duration-Ansatz integrieren, so sind in die Gleichung (4.10) des vorherigen Abschnitts zunächst der zu jeder Position gehörige Zinssatz einzusetzen. Weiterhin ist die Gleichung um die Zinsreagibilitäten und die Verknüpfung mit dem Marktzinssatz zu erweitern. Die Erweiterung um den individuellen Zinssatz ist unproblematisch. Anstelle von r_A und r_L sind jetzt r_{Ai} und r_{Lj} die marktgerechten Zinssätze sowie Δr_{Ai} und Δr_{Lj} die entsprechenden Zinsänderungen. Die Einführung der Zinsreagibilitäten und des Marktzinssatzes erfolgt dadurch, daß die mögliche Veränderung des Diskontierungssatzes für den Finanztitel der Festzinsaktiva i, nämlich Δr_{Ai}, durch $z_{Ai}\,\Delta r_M$ ersetzt wird, wobei $\Delta r_{Ai} = z_{Ai}\,\Delta r_M$

ist. Das gleiche trifft für die Festzinspassiva j zu. Wenn beispielsweise bei einer Veränderung des Marktzinssatzes um einem Prozentpunkt sich die Verzinsung der Passiva j um 0,75 Prozentpunkte verändert, dann ist die Zinsreagibilität dieser Position z_{Lj} = 0,75.

Setzt man diese Modifikationen in die Gleichung (4.10) ein, so folgt daraus:

$$(4.12) \qquad \Delta E_m \approx - [\ \Sigma \ (1+r_{Ai})^{m-1} A_{0i} \ (D_{Ai}-m) \ z_{Ai} - \Sigma \ (1+r_{Lj})^{m-1} L_{0j} \ (D_{Lj}-m) \ z_{Lj} \ ] \ \Delta r_M \ .$$

Der gesamte Klammerausdruck, der wiederum die relevante Steuerungsgröße darstellt, ist das $DGMWrz_m$, das Duration-Gap der Festzinspositionen (DGMW) zum Periodenende (t_m) mit unterschiedlichen Zinssätzen (r) und unterschiedlichen Zinsreagibilitäten (z). Indem man den Ausdruck in der eckigen Klammer als $DGMWrz_m$ bezeichnet, läßt sich Gleichung (4.12) auch schreiben:

$$(4.13) \qquad \Delta E_m \approx - [\ DGMWrz_m \ ] \ \Delta r_M \ .$$

Jede Position, die in die Berechnung des $DGMWrz_m$ eingeht, ist durch die Duration, die marktgerechte Verzinsung in der Ausgangslage und die Zinsreagibilität charakterisiert. Wie sich die Gleichung (4.12) zum Zinsrisikomanagement verwenden läßt, soll an Beispielen veranschaulicht werden.

b) Immunisierung

Die Bankleitung hat sich entschieden, das geplante Eigenkapital für das Periodenende gegen Marktzinsänderungen zu immunisieren. Als Ausgangspunkt dient das vorherige Beispiel. Ausgehend von der gegebenen Aktivstruktur sind nun die beiden Positionen der Passiva L_1 und L_2 so zu bestimmen, daß die Immunisierungsbedingung erfüllt ist, das $DGMWrz_m$ also gleich null ist. Die Geschäftsstruktur, die diese Bedingung erfüllt, ist in Abbildung 4.6 aufgeführt.

i	A_i	D_{Ai}	r_{Ai}	z_{Ai}	j	L_j	D_{Lj}	r_{Lj}	z_{Lj}
1	200	2	8%	1,00	1	1067	2	6%	1,00
2	600	3	9%	0,75	2	733	6	7%	0,50
3	1200	4	10%	0,50	E	200			
Σ	2000				Σ	2000			

Abb. 4.6: Ausgangsdaten für die Immunisierung des Eigenkapitals für das Periodenende bei unterschiedlichen Zinssätzen und Zinsreagibilitäten

Setzt man die gegebenen Daten in Gleichung (4.12) ein, errechnen sich folgende Zwischenergebnisse:

$$DAMWrz_1 : 200 + 900 + 1800 = 2900$$
$$DLMWrz_1 : 1067 + 1833 = 2900$$

In Abbildung 4.7 sind die Marktwerte in der Ausgangssituation (t_0) sowie für das Periodenende bei unveränderten Zinssätzen (t_m) und bei veränderten Zinssätzen (t_m^*) aufgeführt. Es sei angenommen, daß der Marktzinssatz r_M um einen Prozentpunkt ansteigt. Die marktgerechte Verzinsung für jede einzelne Position verändert sich entsprechend deren Zinsreagibilität. Das geplante Eigenkapital am Periodenende beträgt 274,67 GE und ist größer als im vorherigen Beispiel. Dieser höhere Periodenüberschuß läßt sich damit erklären, daß sich aufgrund der ansteigenden Zinsstruktur die Differenz zwischen Soll- und Habenzinssätzen im Durchschnitt erhöht hat.

A_i	t_0	t_m	t_m*	L_j	t_0	t_m	t_m*
A_1	200	216,00	214,02	L_1	1067	1131,02	1120,45
A_2	600	654,00	645,09	L_2	733	784,31	766,24
A_3	1200	1320,00	1302,16	E	200	274,67	274,58
Σ	2000	2190,00	2161,27	Σ	2000	2190,00	2161,27

Abb. 4.7: Marktwerte in der Ausgangslage sowie am Periodenende ohne und mit Marktzinsänderung für die Immunisierung des Eigenkapitals bei unterschiedlichen Zinssätzen und Zinsreagibilitäten

Das Beispiel veranschaulicht folgendes: Trotz unterschiedlicher Zinssätze und Zinsreagibilitäten lassen sich die Zinssensitivitäten der Festzinsaktiva und der Festzinspassiva so aufeinander abstimmen, daß die Bank das geplante Eigenkapital gegen Marktzinsänderungen immunisieren kann. Das Eigenkapital, das sich bei einer Veränderung des Marktzinssatzes um einen Prozentpunkt ergibt, beträgt 274,58 GE und weicht um 0,09 GE vom geplanten Eigenkapital in Höhe von 274,67 GE ab. Diese Abweichung ist darauf zurückzuführen, daß sich in dem hier gewählten Beispiel die zeitliche und betragsmäßige Struktur der Forderungen und Verbindlichkeiten unterscheiden.[1] Der Duration-Gap-Ansatz ist auch hier nur ein Annäherungsverfahren, das das Zinsrisikomanagement erleichtern soll und deshalb notwendigerweise keine völlig genauen Kompensationen der Zinsänderungseffekte herbeiführt.

---

1) Die Aktiva hat die Charakteristika eines "bullet portfolios", die Passiva dagegen die eines "barbell portfolios". Bei einem "barbell portfolio" liegen die Restlaufzeiten der Titel weit auseinander. So enthält das Portefeuille z.B. nur Titel mit ein- und zehnjährigen Laufzeiten. Dieses Portefeuille weist eine stärkere Konvexität auf als ein anderes, das zwar die gleiche Duration hat, aber nur aus einem Zero-Coupon-Bond besteht. Deshalb sind die zinsänderungsbedingten Marktwertrückgänge beim "barbell portfolio" geringer. Vgl. hierzu Roll (1987), S. 5-13. Für eine perfekte Immunisierung bei Banken muß auch die Konvexität der Aktiva größer sein als die der Passiva, oder wie Redington (1952), S. 291, es formuliert:" The spread of the value of asset-proceeds about the mean term should be greater than the spread of the value of liability outgo".

c) Übernahme von Zinsrisiken

Mit dem Duration-Ansatz lassen sich auch die zinsänderungsbedingten Eigenkapitalveränderungen abschätzen, die aus der Übernahme von Zinsrisiken entstehen können. Wie man die Duration hierzu verwenden kann, sei unter den Annahmen des vorherigen Beispiels veranschaulicht. Es handelt sich um eine Situation, in der die Zinssätze für einzelne Positionen differieren und auch die Zinsreagibilitäten sich unterscheiden. Das Beispiel ist so gewählt, daß die Zinsstruktur ansteigt und die kürzerfristigen Zinssätze stärkere Schwankungen aufweisen als die längerfristigen. Wenn in dieser Situation die Zinssensitivität der Aktiva größer ist als die der Passiva, was in aller Regel darauf hindeutet, daß die Bank eine positive Fristentransformation vorgenommen hat, was aber seinen Grund auch darin haben kann, daß die Zinsveränderungen für die Aktiva größer sind als für die Passiva, dann entstehen für die Bank Gefahren aus höheren Zinssätzen.[1]

Darüber hinaus wird anhand dieses Beispiels untersucht, wie genau die Bank Risiken bei größeren Marktzinsänderungen - beispielsweise der maximal zu erwartenden Zinsänderung - erfassen kann. Ist es möglich, das Ausmaß des Zinsrisikos bei verschiedenen Zinsszenarien relativ genau abzuschätzen, dann könnte der Duration-Ansatz auch für die Bankenaufsicht interessant sein, da er einfach einsetzbar ist und die relevanten Informationen in einer Größe zusammenfaßt. Aus der Höhe der übernommenen Zinsrisiken lassen sich Schlußfolgerungen ziehen, ob und inwieweit diese Risiken für die Bank tragbar sind.

Die Ausgangsdaten für die Beispielrechnung entsprechen im wesentlichen denen des vorangegangenen Beispiels in Abbildung 4.7. Eine

---

1) Denkbar ist jedoch auch ein positiver Solvenzeffekt, wenn bei positiver Fristentransformation und ansteigenden Zinssätzen die Zinsreagibilitäten der Passiva z_{Lj} sehr viel größer sind als die der Aktiva z_{Ai}.

Ausnahme bildet die Struktur der Passivseite, die im Hinblick auf die Strategie der Modellbank, Fristen zu transformieren und Zinsrisiken zu übernehmen, zu verändern ist. Die Verbindlichkeiten in Höhe von 1800 GE bestehen jetzt ausschließlich aus der zweijährigen Position L_1. Für diese Geschäftsstruktur ist das Duration-Gap zu berechnen. Da die Aktivseite nicht verändert wurde, beträgt das $DAMWrz_1$ wie im vorherigen Beispiel 2900. Das $DLMWrz_1$ verringert sich dagegen auf 1800, so daß sich als Differenz ein $DGMWrz_1$ von 1100 errechnet. Das geplante Eigenkapital beträgt 282,00 GE und der geplante Periodenüberschuß 82,00 GE.

Die Frage nach der möglichen Eigenkapitalveränderung läßt sich beantworten, wenn man das soeben ermittelte Gap in die Gleichung (4.13) einsetzt und zusätzlich eine Marktzinsänderung Δr_M vorgibt. Um mögliche Auswirkungen von Marktzinsänderungen bei der gegebenen Geschäftsstruktur aufzeigen zu können, bietet es sich an, die Berechnungen für verschiedene Marktzinsänderungen durchzuführen. Dazu sei angenommen, daß Zinsänderungen im Bereich von -3% bis +3%-Punkte auftreten. Die Ergebnisse sind in der Abbildung 4.8 zusammengefaßt. Beispielhaft wird hier die Situation betrachtet, bei der der Marktzinssatz um einen Prozentpunkt ansteigt. In Gleichung (4.13) eingesetzt folgt daraus:

$$\Delta E_1 \approx - 1100 * 0{,}01 = - 11{,}00$$

Das Eigenkapital am Periodenende würde demnach um 11,00 GE geringer als geplant ausfallen, wenn sich die Zinssätze entsprechend den angenommenen Zinsreagibilitäten verändern und der Marktzinssatz um einen Prozentpunkt ansteigt. Bei finanzmathematisch genauer Berechnung weicht das realisierte vom geplanten Eigenkapital um 10,90 GE ab. Abbildung 4.8 enthält die Werte für die Aktiva (1), für die Passiva (2) und das Eigenkapital (3) jeweils bei verschiedenen Marktzinsänderungen und marktgerechter Bewertung. Darunter sind

	Position \ Δr	-3%	-2%	-1%	0%	1%	2%	3%
1	Aktiva 1	222,17	220,08	218,02	216,00	214,02	212,07	210,16
	Aktiva 2	681,86	672,38	663,09	654,00	645,09	636,36	627,81
	Aktiva 3	1375,51	1356,66	1338,16	1320,00	1302,16	1284,64	1267,44
	Σ Aktiva	2279,54	2249,12	2219,27	2190,00	2161,27	2133,07	2105,41
2	Passiva	1963,57	1944,69	1926,17	1908,00	1890,17	1872,67	1855,49
3	Eigenkapital	315,97	304,43	293,10	282,00	271,10	260,40	249,92
4	Finanzmath	33,97	22,43	11,10	0,00	-10,90	-21,60	-32,08
5	Duration	33,00	22,00	11,00	0,00	-11,00	-22,00	-33,00
6	Differenz	0,97	0,43	0,10	0,00	0,10	0,40	0,92

Abb. 4.8: **Marktwerte am Periodenende bei verschiedenen Marktzinsänderungen und einem DGMWrz$_m$ von 1100.**

die Eigenkapitalveränderungen aufgeführt, die sich bei finanzmathematisch genauer Bewertung (4) und bei Approximation mit der Duration (5) errechnen. In Zeile (6) sind die Differenzen zwischen diesen beiden Rechnungen in absoluter Größe aufgeführt.[1]

Die Ergebnisse legen mehrere Schlußfolgerungen nahe: Obwohl das Beispiel so gewählt wurde, daß die Bank nur in geringem Maße Fristen transformiert, weisen die Berechnungen auf erhebliche Zinsrisiken hin. Bei einem Zinsanstieg um beispielsweise 3 Prozentpunkte reduziert sich der Wert der gesamten Aktiva um ca. 85 GE. Das entspricht einem Wertrückgang, bezogen auf die Summe aller Aktiva in t_0, von ca. 4%. Bezogen auf das Eigenkapital in t_0 sind es sogar über 40%, obwohl das Eigenkapital der Modellbank mit 10% der Summe aller Aktiva weit über dem liegt, was Bankbetriebe in aller Regel aufweisen. Dieser zinsänderungsbedingte Rückgang würde in voller Höhe auf das Eigenkapital durchschlagen, wenn die Festzinsaktiva ausschließlich mit variabel verzinslichen Passiva finanziert wären. Für viele Banken könnte damit das maximal tragbare Zinsrisiko weit überschritten sein.

Die Zinsempfindlichkeit des Eigenkapitals weist jedoch nicht das eben angedeutete Ausmaß auf, da die Passiva ebenfalls zinssensitive Festzinspositionen beinhalten. Die zinsänderungsbedingten Marktwertänderungen der Passiva haben aber genau den entgegengesetzten Effekt wie die der Aktiva auf das Eigenkapital und verringern somit das Risiko. Will die Bank Auswirkungen von Marktzinsänderungen auf das Eigenkapital untersuchen, dann kann es sinnvoll sein, als Ausgangspunkt das geplante Eigenkapital oder den geplanten Periodenüberschuß heranzuziehen. In dem Beispiel betragen sie 282,00 GE

---

1) Die Differenzen entstehen überwiegend dadurch, daß die Barwertfunktionen einen konvexen Verlauf haben, die jeweiligen Approximationen mit der Duration jedoch linear verlaufen. Das sei in Abb. 4.9. veranschaulicht. Darüber hinaus tragen auch die zeitlichen und betragsmäßigen Unterschiede in der Struktur der Aktiva und der Passiva (Konvexität der Funktionen) marginal zu den Abweichungen bei.

bzw. 82,00 GE und sind erzielbar, wenn sich die in der Ausgangslage herrschenden Zinssätze während der Planperiode nicht verändern. Bei Marktzinsänderungen von -3% bis +3%-Punkten errechnen sich Werte für das Eigenkapital und für den Periodenüberschuß, die zwischen 249,92 GE und 315,97 GE bzw. zwischen 49,92 GE und 115,97 GE liegen. Diese Zahlen deuten darauf hin, daß die Geschäftsstruktur erhebliche Zinsrisiken aufweist.

Die hier abgeleiteten und in Abbildung 4.8 zahlenmäßig dargestellten Zusammenhänge zwischen Marktzinsänderungen und Eigenkapitalveränderungen lassen sich auch graphisch abbilden. Die Darstellung ist so gewählt, daß die Eigenkapitalveränderung bei einer gegebenen Marktzinsänderung relevant ist, wobei die Marktzinsänderung auf der Abszisse und die Eigenkapitalveränderung auf der Ordinate abgetragen sind. In Abbildung 4.9 sind beide in diesem letzten Abschnitt diskutierten Möglichkeiten dargestellt, nämlich die Immunisierung ($DGMWrz_1$=0) und die Übernahme von Zinsrisiken ($DGMWrz_1$=1.100). Betrachten wir zunächst das $DGMWrz_1$ von 1.100, so zeigt sich, daß sich das Eigenkapital bei fallenden Zinssätzen erhöht und bei ansteigenden Zinssätzen verringert. Bei der Immunisierung haben Marktzinsänderungen dagegen praktisch keinen Einfluß auf die Höhe des Eigenkapitals.

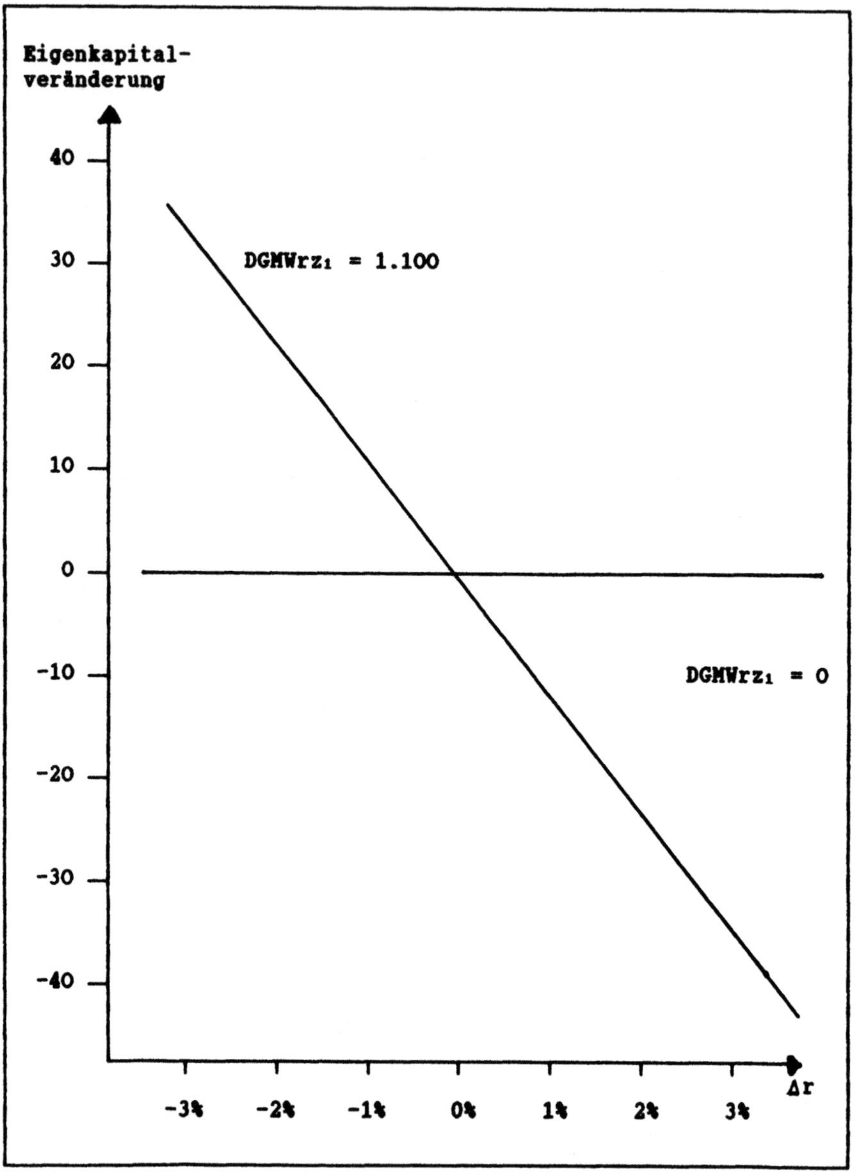

Abb. 4.9: Eigenkapitalveränderungen für verschiedene Marktzinsänderungen bei der Immunisierung und bei der Übernahme von Zinsrisiken

d) Anmerkungen zu dem vorgestellten Ansatz

Gegen die bisherigen Überlegungen kann man einwenden, daß sie für die Bankleitung kaum relevant sind, da eine marktgerechte Bewertung aller Positionen in der Praxis nicht gefordert ist und darüber hinaus für den Banker auch nicht wünschenswert erscheint. Die Regelungen darüber, wie bankbetriebliche Risiken zu erfassen und zu beurteilen sind, sollten aber nicht ausschließlich von dem Gedanken geprägt sein, nur die Vorschriften der externen Rechnungslegung und der Bankenaufsicht zu erfüllen. Insbesondere Stützel[1] hat mit seiner Einlegerschutzbilanz darauf hingewiesen, daß es sachgerecht sein kann, für eine bankinterne Risikoanalyse die Wertansätze in der Handelsbilanz zu modifizieren. Denn es muß das Ziel der Bank und auch der Bankenaufsicht sein, mögliche Risiken, die sich aus der aktuellen oder der geplanten Geschäftsstruktur ergeben, frühzeitig zu erkennen und hinreichend genau zu beurteilen. Wenn das möglich ist, kann die Bank rechtzeitig geeignete Maßnahmen ergreifen und in aller Regel diese Risiken auf ein tragbares Maß verringern.

Man kann unterschiedlicher Auffassung darüber sein, wie das Risiko im Zinsgeschäft zu definieren ist und welche Positionen in die Risikoanalyse eingehen sollten. Die unterschiedlichen Definitionen des Zinsrisikos wurden bereits diskutiert. Wenn man die Risikoanalyse mit dem Duration-Ansatz angeht, dann zeigt sich, daß es auch bei unterschiedlichen Abgrenzungen der zinsrisikobehafteten Positionen möglich ist, Zinsrisiken mit der Duration zu erfassen. So kann man beispielsweise die Auffassung vertreten, daß zwar eine marktgerechte Bewertung zu erfolgen habe, daß diese aber auf die Aktiva zu beschränken sei. Denn, so lautet die Begründung, die Verbindlichkeiten seien stets mit dem Nominalwert anzusetzen. Genau dieser Fall wurde betrachtet, als die Auswirkungen von Marktzinsänderungen auf die Aktiva untersucht wurden.[2]

---

1) Stützel (1964), Tz. 84-89. Vgl. auch H. Schmidt (1981a), S. 269-272.

2) Siehe hierzu S. 256 dieser Arbeit.

Auch gegen eine marktgerechte Bewertung der gesamten Aktiva läßt sich einwenden, daß die Aktiva zwar marktgerecht abgeschrieben, nicht aber über dem Nennwert angesetzt werden dürften. Schließt man sich dieser Meinung an, so lassen sich Zinsrisiken weiterhin mit dem hier entwickelten Ansatz analysieren. Dann sind die Analysen allerdings auf die Auswirkungen steigender Zinssätze zu beschränken. Ferner wird von einigen Autoren in Anlehnung an die gesetzlichen Vorschriften die Auffassung vertreten, daß eine marktgerechte Bewertung auf die Wertpapiere des Umlaufvermögens zu beschränken sei. Auch hier läßt sich der Duration-Ansatz anwenden, indem man die Analyse von Zinsrisiken auf den zinssensitiven Wertpapierbestand und steigende Zinssätze beschränkt. Welcher Auffassung man sich auch anschließt, die Duration stellt auch unter den verschiedenen Restriktionen ein geeignetes Konzept zum Management von Zinsrisiken bei Festzinspositionen dar. Die folgenden Ausführungen basieren auf der Auffassung - die bereits in den Beispielrechnungen unterstellt wurde - nach der Zinsrisiken aus Festzinspositionen nur dann sachgerecht erfaßt werden können, wenn die Bank alle Positionen marktgerecht bewertet.

Wenn mit dem bisher entwickelten Duration-Ansatz der Anspruch verbunden wäre, ein umfassendes Konzept zum Management von Zinsrisiken vorgestellt zu haben, dann wäre zweifelsohne Kritik angebracht. Ein berechtigter Kritikpunkt beträfe vermutlich die Tatsache, daß bisher nur Risiken aus Festzinspositionen betrachtet wurden. Von einem umfassenden Konzept zur Abbildung des Zinsrisikos sollte man jedoch erwarten können, daß es auch das Zinsrisiko aus dem variabel verzinslichen Geschäft berücksichtigt. Diesem zweiten Bereich sind die folgenden Ausführungen gewidmet.

III. Die Steuerung des Zinsüberschusses für die Planperiode

Zinsrisiken bei variabel verzinslichen Positionen sind dadurch charakterisiert, daß die Zinszahlungen und damit der Zinsüberschuß sich verändern, wenn die vereinbarten Zinssätze während der Planperiode ansteigen oder fallen. Eine Untersuchung der zinsänderungsbedingten Schwankungen des Zinsüberschusses kann sich zunächst auf zinsvariable Positionen konzentrieren, da die Zinszahlungen aus Festzinspositionen auch bei Marktzinsänderungen gleich bleiben.

Im folgenden soll versucht werden, einen Duration-Ansatz zum Management des variablen Zinsrisikos abzuleiten, der in seiner Grundstruktur dem Ansatz entspricht, der im vorangegangenen Abschnitt für Festzinspositionen entwickelt wurde. Dazu werden folgende Annahmen getroffen: Die vereinbarte Zinsbindungsfrist ist gleich oder kürzer als die Planperiode[1], die eine Länge von m Jahren aufweist. Relevant sind daher nur die Veränderungen der Zinszahlungen. Die Zinssätze sind jeweils für alle Aktiva und Passiva identisch. Es tritt nur eine einheitliche Zinsänderung für alle Positionen ein. Sie erfolgt entweder unmittelbar nach Abschluß der Geschäfte oder zumindest bevor die erste Position fällig ist und prolongiert oder substituiert wird. Ferner besteht Sicherheit bezüglich der Höhe und der Zahlungszeitpunkte der Nominalbeträge. Alle Zahlungen werden demnach vertragsgemäß erfüllt, d.h. es bestehen keine Bonitätsrisiken, und außerplanmäßige Tilgungen von Krediten sowie vorzeitiger Einlagenabzug sind ausgeschlossen. Alle Positionen werden bei Fälligkeit prolongiert oder substituiert. Nachdem das Grundkonzept unter diesen Annahmen abgeleitet ist, soll in einem weiteren Schritt der Ansatz so erweitert werden, daß einige dieser Restriktionen aufgehoben werden können.

1. Vorüberlegungen

Der Zinsüberschuß $ZÜ_m$ aus dem variabel verzinslichen Geschäft errechnet sich für die Planperiode, die eine Zeitspanne von m Jahren

---

1) Finanztitel, deren Restlaufzeit der Planperiode entspricht, werden dem variabel verzinslichen Geschäft zugeordnet.

umfaßt, als Differenz zwischen den Zinseinzahlungen ZE_m und den Zinsauszahlungen ZA_m:

(4.14) $$Z\ddot{U}_m = ZE_m - ZA_m.$$

Verändern sich die Zinssätze während der Planperiode nicht, dann errechnen sich die Zinszahlungen aus dem Nominalbetrag, dem vereinbarten Zinssatz und der Periodenlänge. Unter der Voraussetzung, daß bei Fälligkeit der Finanztitel die Nominalbeträge zu den ursprünglichen Konditionen prolongiert oder substituiert werden und man die lineare Verzinsung[1] anwendet, errechnen sich die Zinseinzahlungen ZE_m und Zinsauszahlungen ZA_m folgendermaßen:

(4.15) $$ZE_m = \Sigma\ a_i\ k_a\ m\ ,$$

(4.16) $$ZA_m = \Sigma\ l_j\ k_l\ m\ ,$$

wobei a_i und l_j die Forderungen bzw. Verbindlichkeiten, k_a und k_l die vereinbarten Zinssätze und m die Länge der Planperiode angeben. Setzt man die Gleichungen (4.15) und (4.16) in die Ausgangsgleichung (4.14) ein, so folgt für den Zinsüberschuß der Periode m:

(4.17) $$Z\ddot{U}_m = \Sigma\ a_i\ k_a\ m - \Sigma\ l_j\ k_l\ m\ .$$

Verändern sich die Zinssätze während der Periode, so resultieren daraus veränderte Zinseinzahlungen und Zinsauszahlungen. Die Gleichung (4.17) ist dann zu modifizieren. Unterstellt man, daß die Zinsänderung unmittelbar am Periodenanfang oder zumindest vor Fälligkeit und Prolongation oder Substitution der Positionen erfolgt, dann sind für die Berechnung der Zinszahlungen jeweils zwei Zinssätze relevant. Das sind die ursprünglichen Zinssätze k_a und k_l, die für

1) Es läßt sich auch die exponentielle Verzinsung verwenden. Im Bankgeschäft ist jedoch im unterjährigen Laufzeitbereich die lineare Verzinsung üblich. Zinseszinseffekte werden hier vernachlässigt.

den Zeitraum bis zur Fälligkeit oder zum Ablauf der Zinsbindungsfrist f_i bzw. f_j gelten, und die Zinssätze r_a bzw. r_l, die nach der Zinssatzänderung bis zum Periodenende, also für den Zeitraum $m-f_i$ bzw. $m-f_j$, anzuwenden sind. Daraus folgt für die Zinseinzahlungen ZE_m^* und die Zinsauszahlungen ZE_m^* bei Marktzinsänderungen:

(4.18) $$ZE_m^* = \Sigma\, a_i\, [\, k_a\, f_i + r_a\, (m-f_i)\,]\ ;$$

(4.19) $$ZA_m^* = \Sigma\, l_j\, [\, k_l\, f_j + r_l\, (m-f_j)\,]\ .$$

Der Zinsüberschuß $ZÜ_m^*$ bei Zinsänderungen ist wiederum die Differenz zwischen ZA_m^* und ZE_m^*:

(4.20) $$ZÜ_m^* = \Sigma\, a_i\, [\, k_a\, f_i + r_a\, (m-f_i)\,] - \Sigma\, l_j\, [\, k_l\, f_j + r_l\, (m-f_j)\,]\ .$$

Die Veränderung des Zinsüberschusses $\Delta ZÜ_m$ aufgrund einer Marktzinsänderung ist die Differenz zwischen der Veränderung der Zinsauszahlungen und Zinseinzahlungen:

(4.21) $$\Delta ZÜ_m = ZÜ_m^* - ZÜ_m = (ZE_m^* - ZE_m) - (ZA_m^* - ZA_m).$$

Mit dieser Gleichung läßt sich die Veränderung des Zinsüberschusses bei einer gegebenen Zinsänderung genau berechnen. Zur Untersuchung verschiedener Zinsszenarien erweist sich diese Vorgehensweise jedoch als sehr umständlich, denn es wäre erforderlich, diese Berechnungen für jede einzelne Zinsänderung vorzunehmen. Bedenkt man darüber hinaus, daß in diesem Zusammenhang auch Berechnungen für unterschiedliche Geschäftsstrukturen von Interesse sein könnten und für diesen Fall wiederum verschiedene Zinsszenarien zu betrachten wären, dann erweist sich diese Vorgehensweise zwar als sachgerecht, aber als sehr aufwendig. Es ist daher nach einem Lösungsansatz zu suchen, der zu dem gleichen oder einem vergleichbaren Ergebnis führt, aber einfacher umsetzbar ist.

Wenn man das Problem, das Zinsrisiko aus dem variabel verzinslichen Geschäft sachgerecht und effizient zu steuern, mit der Duration angeht, dann eignet sich die Gleichung (4.20) als Ausgangspunkt für die Untersuchung. Es ist das Ziel abzuschätzen, um welchen Betrag sich der Zinsüberschuß verändert, wenn sich die marktgerechte Verzinsung für die einzelnen Positionen erhöht oder verringert. Betrachtet man mögliche Lösungen im Lichte des Duration-Ansatzes bei Festzinspositionen, so gilt es, Zinsänderungen Δr und Veränderungen des Zinsüberschusses $\Delta ZÜ_m$ durch eine Größe zu verknüpfen, in der alle relevanten Informationen zusammengefaßt sind. Das anzustrebende Ergebnis sollte folgende Struktur aufweisen:

(4.22) $$\Delta ZÜ_m = [\ DGZÜ_m\ ]\ \Delta r\ .$$

Diese Größe $DGZÜ_m$, die als Duration-Gap des Zinsüberschusses bei einer Planperiode von m Jahren bezeichnet wird, soll im folgenden abgeleitet werden. Ferner ist zu zeigen, daß sie sich als Steuerungsgröße zum Zinsrisikomanagement eignet und zu den gleichen Ergebnissen führt, wie die oben beschriebene Vorgehensweise.

2. Ableitung des Grundmodells

Der geplante Zinsüberschuß, der den Ausgangspunkt für die Risikoanalyse bildet, ist der Periodenerfolg aus dem variabel verzinslichen Geschäft, der sich bei unveränderten Zinssätzen ergeben würde. Er errechnet sich aus Gleichung (4.20), wenn die Zinssätze k_a und r_a bzw. k_l und r_l identisch sind. Die Veränderung des geplanten Zinsüberschusses bei einer Veränderung der herrschenden Verzinsung ergibt sich, indem man die Funktion $ZÜ_m^*$ aus Gleichung (4.20) partiell nach den Zinssätzen r_a und r_l ableitet. Nach Umformung gilt:

(4.23) $$\delta ZÜ_m^* = \Sigma\ a_i\ (m-f_i)\ \delta r_a\ ;$$

(4.24) $$\delta ZÜ_m^* = \Sigma\ l_j\ (m-f_j)\ \delta r_l\ .$$

Sind die Zinsänderungen δr_a für die Aktiva und δr_l für die Passiva identisch und gleich dr, so kann man die Veränderungen des Zinsüberschusses aus (4.23) und (4.24) zu $dZÜ_m{}^*$ zusammenfassen:

(4.25) $$dZÜ_m{}^* = [\ \Sigma\ a_i\ (m-f_i) - \Sigma\ l_j\ (m-f_j)\ ]\ dr.$$

Unterstellt man weiterhin, daß sich alle Positionen aus kuponlosen Finanztiteln zusammensetzen, dann entsprechen die Zeitspannen bis zur nächsten Zinsanpassung f_i und f_j den Durations D_{ai} bzw. D_{lj} dieser Titel. Diese Annahme erscheint zulässig, da das kurzfristige Bankgeschäft überwiegend durch solche Finanztitel charakterisiert ist. Zu nennen sind hier beispielsweise Termineinlagen oder Diskontkredite. Bei einer Zinssatzänderung geben die Ausdrücke $m-D_{ai}$ und $m-D_{lj}$ die Zeitspannen der Planperiode an, für die die neuen Zinssätze gelten. Diese Überlegung läßt sich in dem Modell abbilden, wenn man $m-f_i$ durch $m-D_{ai}$ und $m-f_j$ durch $m-D_{lj}$ ersetzt. Daraus folgt:

(4.26) $$dZÜ_m{}^* = [\ \Sigma\ a_i\ (m-D_{ai}) - \Sigma\ l_j\ (m-D_{lj})\ ]\ dr.$$

Um die Schreibweise in den Formeln zu vereinheitlichen, wird für nicht infinitesimale Zinsänderungen im folgenden $\Delta ZÜ_m$ und Δr verwendet.[1] Es gilt:

(4.27) $$\Delta ZÜ_m = [\ \Sigma\ a_i\ (m-D_{ai}) - \Sigma\ l_j\ (m-D_{lj})\ ]\ \Delta r.$$

Der Ausdruck in der eckigen Klammer ist die gesuchte Größe $DGZÜ_m$, mit der sich Zinsrisiken für die gegebene Planperiode mit m Jahren erfassen lassen. Dafür läßt sich schreiben:

(4.28) $$\Delta ZÜ_m = [\ DGZÜ_m\ ]\ \Delta r\ .$$

1) Wegen der linearen Verzinsung bei variabel verzinslichen Positionen liefert Gleichung (4.27) auch bei größeren Zinsänderungen genaue Ergebnisse.

Der für die Periode geplante Zinsüberschuß ist dann gegen Zinsänderungen immunisiert, wenn das Duration-Gap des Zinsüberschusses gleich null ist. Dann sollten sich die Veränderungen der Zinseinzahlungen und Zinsauszahlungen bis zum Periodenende kompensieren. Es kann aber auch das Ziel der Bank sein, Zinsrisiken zu übernehmen. Bei der Übernahme von Zinsrisiken kann die Bank den Duration-Ansatz dazu nutzen, die Veränderungen des Zinsüberschusses bei verschiedenen Zinsszenarien abzuschätzen. Dazu ist das $DGZÜ_m$ mit den möglichen Zinsänderungen zu multiplizieren. Beispielrechnungen sollen die Anwendung des Duration-Ansatzes für das Zinsrisiko aus dem variabel verzinslichen Geschäft verdeutlichen.

a) <u>Immunisierung von Einzelpositionen</u>

Für das erste Beispiel weist das variabel verzinsliche Geschäft der Modellbank die in der Abbildung 4.10 aufgeführten Daten auf. Die Länge der Planperiode beträgt ein Jahr, so daß die maximale Restlaufzeit der Titel dieser Periodenlänge entsprechen muß. Es ist das Ziel der Bank, den geplanten Zinsüberschuß für die einjährige Planperiode zu immunisieren. Ansonsten gelten die oben getroffenen Annahmen.

i	a_i	D_{ai}	r_{ai}	j	l_j	D_{lj}	r_{lj}
1	1000	0,25	8%	1	1500	0,50	6%
2	500	1,00	8%				
Σ	1500			Σ	1500		

Abb.4.10: Ausgangsdaten für die Immunisierung des Zinsüberschusses bei Einzelpositionen

Die Bank hat im zinsvariablen Aktivgeschäft 1000 GE mit einer Laufzeit von 3 Monaten und 500 GE mit einer Laufzeit von einem Jahr angelegt.[1] Die Laufzeit der variabel verzinslichen Passiva in Höhe von 1500 GE beträgt 6 Monate. In der Ausgangssituation beträgt die marktgerechte Verzinsung für die Aktiva 8% und für die Passiva 6%.

Die Frage, ob diese Geschäftsstruktur die Immunisierungsbedingung erfüllt, läßt sich durch Einsetzen der gegebenen Daten in die Gleichung (4.27) beantworten. Für die Zinssensitivitäten der Aktiva und für die der Passiva ergeben sich identische Werte[2] von 750, so daß sich ein $DGZÜ_1$ von null errechnet. Der geplante Zinsüberschuß der Bank aus dem zinsvariablen Geschäft sollte gegen Marktzinsänderungen immun sein. Das läßt sich folgendermaßen überprüfen: Man ermittelt den geplanten Zinsüberschuß und vergleicht ihn mit dem Zinsüberschuß, der sich für eine beliebige Marktzinsänderung errechnet. Wenn die Modellbank gegen die Folgen von Zinsrisiken gesichert ist, müssen sich beide Beträge entsprechen. Die Zinszahlungen der einzelnen Positionen, die sich in einer Situation ohne und mit Zinsänderung ergeben, sind in Abbildung 4.11 aufgeführt. Der unterstellte Zinsanstieg beträgt wiederum einen Prozentpunkt für alle Positionen.

Der geplante Zinsüberschuß, der sich bei unveränderten Zinssätzen von 8% für die Aktiva und 6% für die Passiva errechnet, beträgt in diesem Beispiel 30. Steigen die Zinssätze am Anfang der Periode um jeweils einen Prozentpunkt auf 9% bzw. 7% an, so erhöhen sich die Zinseinzahlungen von 120 GE auf 127,50 GE und die Zinsauszahlungen von 90 GE auf 97,50 GE. Der Zinsüberschuß beträgt weiterhin

---

1) Diese zweite Anlage ist für die Immunisierung nicht erforderlich. Sie dient dazu, die Beträge auszugleichen und einen positiven Zinsüberschuß auszuweisen. Auf die Ergebnisse der Strategien hat sie einen neutralen Effekt, da hier nur eine Zahlung am Planungshorizont anfällt. Es bestehen weder Kursrisiken noch Wiederanlagerisiken.

2) $DAZÜ_1$: 1000 (1−0,25) = 750. $DLZÜ_1$: 1500 (1−0,5) = 750.

30 GE, so daß bei dieser Geschäftsstruktur der Zinsüberschuß der Bank unabhängig von Marktzinsänderungen ist.

a_i	ZE_m	ZE_m^*	l_j	ZA_m	ZA_m^*
a_1 a_2	80,00 40,00	87,50 40,00	l_1 ZÜ	90,00 30,00	97,50 30,00
Σ	120,00	127,50	Σ	120,00	127,50

Abb.4.11: Zinszahlungen und Zinsüberschuß ohne und mit Marktzinsänderung bei Immunisierung des Zinsüberschusses von Einzelpositionen

Das Beispiel veranschaulicht, wie sich der Zinsüberschuß aus dem variabel verzinslichen Geschäft immunisieren läßt, wenn die Volumina und die Zinsbindungsfristen einer aktivischen und einer passivischen Position korrekt aufeinander abgestimmt sind. Um dieses Ergebnis zu erzielen, ist es nicht erforderlich, daß die Laufzeiten und die Beträge einzelner Positionen übereinstimmen. Es kommt gerade nicht auf die Abstimmung von Laufzeiten oder Laufzeitbereichen an, auch nicht auf die Abstimmung von Beträgen, wie es in anderen Ansätzen zum Management des Zinsüberschusses oftmals erforderlich ist. Es kommt lediglich darauf an, daß sich die Zinssensitivitäten der variabel verzinslichen Aktiva und Passiva im Durchschnitt entsprechen ($DGZÜ_m = 0$).

b) Immunisierung von Gesamtpositionen

Die Vorzüge des Duration-Ansatzes zeigen sich nicht nur in der Immunisierung einzelner Positionen, sondern auch in der Möglichkeit, den Zinsüberschuß aus dem variabel verzinslichen Geschäft zu steuern, wenn die Aktiva und Passiva mehrere Positionen umfassen. Eine zeitliche und betragsmäßige Abstimmung von Einzelpositionen oder "maturity gaps" ist dazu nicht erforderlich, wie das zweite Beispiel verdeutlicht.

Die Bank weist in der Ausgangssituation die in Abbildung 4.12 aufgeführten Forderungen und Verbindlichkeiten auf. Die Planperiode beträgt weiterhin ein Jahr und es gelten die bisher getroffenen Annahmen.

i	a_i	D_{ai}	r_{ai}	j	l_j	D_{lj}	r_{lj}
1	100	0,00	8%	1	150	0,50	6%
2	250	0,25	8%	2	850	0,75	6%
3	650	1,00	8%				
Σ	1000			Σ	1000		

Abb.4.12: Ausgangsdaten für die Immunisierung des Zinsüberschusses bei mehreren Positionen

Die Modellbank hat das variabel verzinsliche Geschäft so aufgebaut, daß sich die Zinssensitivitäten der Zinseinzahlungen und Zinsauszahlungen entsprechen. Das $DGZÜ_1$ ist also gleich null[1)] und die Bank sollte den geplanten Zinsüberschuß auch bei Marktzinsänderungen realisieren. Die Zinseinzahlungen und Zinsauszahlungen, die sich bei unveränderten Zinssätzen und bei einer Zinssatzänderung ergeben, sind in Abbildung 4.13 aufgeführt. Die Zinssätze steigen wieder um einen Prozentpunkt von 8% auf 9% bzw. von 6% auf 7% an. Der geplante Zinsüberschuß für die einjährige Planperiode beträgt 20,00 GE. Dieser Periodenerfolg läßt sich auch dann erzielen, wenn sich die Zinssätze verändern.

---

1) Es errechnen sich folgende Werte für die Zinssensitivitäten: $DAZÜ_1$: 100 + 188 + 0 = 288; $DLZÜ_1$: 75 + 213 = 288. Daraus folgt: $DGZÜ_1$ = 288 - 288 = 0.

a_i	ZE_m	ZE_m^*	l_j	ZA_m	ZA_m^*
a_1 a_2 a_3	8,00 20,00 52,00	9,00 21,88 52,00	l_1 l_2 ZÜ	9,00 51,00 20,00	9,75 53,13 20,00
Σ	80,00	82,88	Σ	80,00	82,88

Abb.4.13: Zinszahlungen und Zinsüberschuß ohne und mit Marktzinsänderung bei Immunisierung des Zinsüberschusses bei mehreren Positionen

Den Duration-Ansatz $DGZÜ_m$, mit dem die Immunisierung des Zinsüberschusses aus dem variabel verzinslichen Geschäft veranschaulicht wurde, kann man auch für die Risikoermittlung bei der Übernahme von Zinsrisiken heranziehen. Eine Beispielrechnung für diesen Fall soll hier unterbleiben. Vielmehr gilt es, den bisher entwickelten Ansatz zunächst zu erweitern und anschließend zu zeigen, wie eine Immunisierung des Zinsüberschusses und eine hinreichend genaue Abschätzung des Risikos bei der Übernahme von Zinsrisiken auch unter realitätsnäheren Bedingungen möglich ist.

3. Erweiterungen des Grundmodells

Wie im Festzinsgeschäft, so sind auch im variabel verzinslichen Geschäft die Zinssätze für unterschiedliche Zinsbindungsfristen meistens nicht identisch. Überdies verändern sie sich bei einer gegebenen Marktzinsänderung immer wieder in unterschiedlichem Ausmaß. Dabei hat nicht nur die Restlaufzeit einen Einfluß. Vielmehr ist oftmals zu beobachten, daß die Zinsschwankungen beispielsweise bei Krediten größer sind als bei Einlagen. Diese spezifischen Zinssatzänderungen für einzelne Positionen bei einer gegebenen Marktzinsänderung werden als Zinsreagibilität des einzelnen Finanztitels bezeichnet. Darüber hinaus ist im variabel verzinslichen Geschäft häufig zu beobachten, daß die Zinssätze für einzelne Positionen nicht unmittelbar und gleichzeitig an das neue Zinsniveau angepaßt werden, sondern daß Zeitverzögerungen (time lags) bestehen. Diese zeitliche Verzögerung wird in der Literatur auch als Zinsanpassungselastizität bezeichnet.[1]

Die unterschiedlichen Zinsanpassungselastizitäten hängen von der Fristigkeit und der Art des Bankgeschäftes ab. Darüber hinaus haben das Marktzinsniveau und die Richtung der Marktzinsänderung einen Einfluß auf die Anpassungsdauer. In Phasen steigender Zinssätze wird die Bank in aller Regel bestrebt sein, die Konditionen im Aktivgeschäft schneller anzupassen als im Passivgeschäft. Bei fallenden Marktzinssätzen profitiert die Bank davon, daß sie die Einlagenzinssätze unmittelbar verringert und die Kreditzinssätze so lange wie möglich auf dem höheren Niveau hält. Aufgrund des Kundenverhaltens und der Konkurrenzsituation wird die Bank diese Überlegungen nicht immer zu ihrem Vorteil umsetzen können.

Vielen Bankern ist seit langem bekannt, daß die unterschiedlichen Zinsreagibilitäten und Zinsanpassungselastizitäten der eigentliche Grund für das Zinsrisiko aus dem variabel verzinslichen Geschäft sind. Auch in der bankbetrieblichen Literatur ist darauf frühzeitig hingewiesen worden.[2] In jüngster Zeit finden sich diese Gedanken im ertragsorientierten Bankmanagement wieder.[3] Nachfolgend sollen diese Überlegungen auch im Duration-Ansatz berücksichtigt werden.

---

1) Rolfes (1985a), S. 33.

2) Siehe beispielsweise Jacob (1978a); Baker (1980).

3) Schierenbeck (1985) und (1987). Siehe auch Rolfes (1985a).

1. Ableitung

Die unterschiedlichen Zinssätze, Zinsreagibilitäten und Zinsanpassungselastizitäten der einzelnen Positionen lassen sich folgendermaßen in den Duration-Ansatz integrieren. Die bisher einheitlichen Zinssätze für jeweils alle Aktiva und Passiva werden durch individuelle Zinssätze für die einzelnen Positionen ersetzt. Die Berücksichtigung der laufzeitabhängigen Zinsreagibilitäten erfolgt wiederum durch die Einführung eines Referenzzinssatzes und durch die Verknüpfung dieses Marktzinssatzes r_M mit den jeweiligen Zinsreagibilitäten der einzelnen Positionen. Der Marktzinssatz ist, wie beim Festzinsgeschäft, der Zinssatz für Titel mit einer Restlaufzeit von einem Jahr.

Die Zinsanpassungelastizität läßt sich durch einen Koeffizienten e beschreiben; e gibt die Zeitspanne an, um die die Zinsanpassung später erfolgt, als es aufgrund der vertraglichen Zinsbindungsfrist möglich wäre. Die ursprünglich vereinbarte Zinsbindungsfrist, die gleich der Duration D des Finanztitels ist, verlängert sich somit um e, so daß de facto der Zeitraum bis zur nächsten Zinsanpassung für den einzelnen Titel D+e ist. Anders ausgedrückt: bei einer gegebenen Marktzinsänderung ist D+e der Zeitraum, für den der Zinssatz der Ausgangslage gilt und m-D-e der Zeitraum, für den der veränderte Zinssatz anzuwenden ist. Bei einem Zinsanstieg und einer Zinsanpassungselastizität im Passivgeschäft von beispielsweise e=0,1 kann sich die Bank länger zu den niedrigeren Zinssätzen refinanzieren.

Für die Erweiterung des Duration-Ansatzes um diese Überlegungen ist für jede Position die unterschiedliche Zinsreagibilität (z_{ai} und z_{lj}), Zinsanpassungselastizität (e_{ai} und e_{lj}) sowie die Marktzinsänderung Δr_M in Gleichung (4.27) einzusetzen. Daraus folgt:

(4.29) $$\Delta Z\ddot{U}_m = [\ \Sigma\ a_i\ (m-D_{ai}-e_{ai})\ z_{ai} - \Sigma\ l_j\ (m-D_{lj}-e_{lj})\ z_{lj}\ ]\ \Delta r_M.$$

Der Ausdruck in der eckigen Klammer soll als $DGZÜrze_m$, als Duration-Gap des Zinsüberschusses für die Periodenlänge m mit unterschiedlichen Zinssätzen (r), Zinsreagibilitäten (z) und Zinsanpassungselastizitäten (e), bezeichnet werden:

(4.30) $$\Delta ZÜ_m = - [\ DGZÜrze_m\ ] \Delta r_M$$

Die Erweiterung des Modells soll wiederum an zwei Beispielen verdeutlicht werden. Im ersten verfolgt die Bank das Ziel, den geplanten Zinsüberschuß für die Planperiode zu immunisieren. Im zweiten ist es das Ziel der Bank, das Ausmaß der möglichen Verluste bei der Übernahme von Zinsrisiken abzuschätzen.

b) Immunisierung

Die Modellbank hat das variabel verzinsliche Geschäft ihrer Zielsetzung entsprechend so aufbauen können, daß die Immunisierungsbedingung erfüllt ist. Die Finanztitel, die marktgerechte Verzinsung, die Zinsreagibilitäten und die Zinsanpassungselastizitäten der einzelnen Positionen für die Beispielrechnung sind in Abbildung 4.14 aufgeführt.

i	a_i	D_{ai}	e_{ai}	r_{ai}	z_{ai}	j	l_j	D_{lj}	e_{lj}	r_{lj}	z_{lj}
1	200	0,0	0,00	10%	2,00	1	755	0,4	0,10	4%	1,75
2	300	0,2	0,05	9%	1,50	2	245	0,7	0,05	5%	1,25
3	500	1,0	0,00	8%	1,00						
Σ 1000						Σ 1000					

Abb.4.14: Ausgangsdaten für die Immunisierung des Zinsüberschusses bei mehreren Positionen und unterschiedlichen Zinssätzen, Zinsreagibilitäten und Zinsanpassungselastizitäten

Das DGZÜrze$_m$, das sich durch Einsetzen der Daten in die Gleichung (4.29) errechnet, ist gleich null.[1] Bei einer Planperiode von einem Jahr betragen die geplanten Zinseinzahlungen 87,00 GE, die geplanten Zinsauszahlungen 42,45 GE und der geplante Zinsüberschuß 44,55 GE. Steigt der Marktzinssatz unmittelbar nach Abschluß der Geschäfte um einen Prozentpunkt an und verändert sich die marktgerechte Verzinsung für jede Position entsprechend ihrer angenommenen Zinsreagibilität und Zinsanpassungselastizität, dann erhöhen sich die Zinseinzahlungen auf 94,38 GE und die Zinsauszahlungen auf 49,83 GE, so daß der Zinsüberschuß der betrachteten Periode unverändert 44,55 GE beträgt. Der geplante Zinsüberschuß der Modellbank ist somit bei der gegebenen Geschäftsstruktur und den unterstellten Zusammenhängen gegen die Auswirkungen von Marktzinsänderungen immunisiert.

c) Übernahme von Zinsrisiken

Es sei im folgenden die Strategie der Bank, durch die Übernahme von Zinsrisiken einen höheren Gewinn zu erzielen. Wie in den anderen bisher vorgestellten Ansätzen, so lassen sich auch in dem hier erweiterten Ansatz die möglichen Veränderungen der Zinszahlungen abschätzen, die bei einer bestimmten Geschäftsstruktur und gegebenen Marktzinsänderungen entstehen können. Da die Bankleitung für die nächste Periode eher fallende als steigende Zinsen erwartet, hat sie das variabel verzinsliche Geschäft so strukturiert, daß das DGZÜrze$_m$ negativ ist. Die Positionen und die sie beschreibenden Daten sind in Abbildung 4.15 aufgeführt.

---

1) DAZÜrze$_1$: 400 + 338 + 0 = 738.
DLZÜrze$_1$: 661 + 77 = 738.
DGZÜrze$_1$ = 738 − 738 = 0.

i	a_i	D_{ai}	e_{ai}	r_{ai}	z_{ai}	j	l_j	D_{lj}	e_{lj}	r_{lj}	z_{lj}
1	500	0,2	0,05	9%	1,50	1	1000	0,4	0,10	4%	1,75
2	500	1,0	0,00	8%	1,00						
	1000						1000				

Abb.4.15: Ausgangsdaten bei der Übernahme von Zinsrisiken (Zinsüberschuß) bei unterschiedlichen Zinssätzen, Zinsreagibilitäten und Zinsanpassungselastizitäten

Aus diesen Daten errechnet sich mit der Gleichung (4.29) ein Duration-Gap des Zinsüberschusses ($DGZÜrze_m$) von −313. Die Bankleitung möchte die möglichen Folgen einer Fehlprognose abschätzen und unterstellt dazu, daß die Zinssätze entgegen ihrer Prognose während der nächsten Periode ansteigen. Sie wird dann nur einen geringeren Zinsüberschuß als geplant realisieren können. Bei einem Anstieg des Marktzinssatzes um einen Prozentpunkt und einem $DGZÜrze_m$ von −313 errechnet sich mit Gleichung (4.30) eine Veränderung von −3,13 GE.

$$ZÜ_m = -313 * 0{,}01 = -3{,}13$$

Der Zinsüberschuß der Periode würde demnach um 3,13 GE geringer als geplant ausfallen. Ob diese Rechnung zutreffend ist, kann man wiederum feststellen, indem man den Zinsüberschuß für beide Umweltzustände ermittelt und vergleicht. Der geplante Zinsüberschuß beträgt 45,00 GE. Der Zinsüberschuß bei einem Marktzinsanstieg um einen Prozentpunkt beträgt 41,87 GE. Auch bei dieser Berechnung wird demnach der Zinsüberschuß um 3,13 GE geringer ausfallen. Die mit der Duration ermittelte Veränderung entspricht diesem Wert. Der in diesem Abschnitt entwickelte Duration-Ansatz scheint somit geeignet, die möglichen Veränderungen des geplanten Zinsüberschusses abzuschätzen, die sich ergeben, wenn sich die Zinssätze für die einzelnen Positionen entsprechend den getroffenen Annahmen verändern.

B. Duration-Ansatz zum Management des ökonomischen Einkommens

I. Zusammenführung der vorgestellten Konzepte

Aus der Sicht der Bankleitung kann es zweckmäßig sein, nicht nur die Auswirkungen von Zinsänderungen auf den Zinsüberschuß oder auf die Marktwerte getrennt zu erfassen und zu steuern, sondern beide Ansätze zu integrieren. Wenn die Bank beide Teilziele zusammenführt und daran interessiert ist, das ökonomische Einkommen der Planperiode gegen Marktzinsänderungen zu immunisieren oder das Risiko bei der Übernahme von Zinsrisiken abzuschätzen, dann sind auch für diese Zielsetzungen eine Abstimmung der Zinssensitivitäten mit der Duration möglich. Die zinssensitiven Festzinspositionen können entweder alle festverzinslichen Positionen umfassen oder auf die Aktiva insgesamt (oder aber auf die effektifizierten verzinslichen Finanztitel) begrenzt sein, je nachdem, wie man das Zinsrisiko im Festzinsgeschäft definiert.

Die bisher abgeleiteten Duration-Ansätze zur Steuerung der Marktwerte $DGMWrz_{\blacksquare}$ und zur Steuerung des Zinsüberschusses $DGZÜrze_{\blacksquare}$ lassen sich formal zusammenführen, indem man die Gleichungen (4.13) und (4.30) addiert. Die Veränderung des Eigenkapitals $\Delta EK_{\blacksquare}$ setzt sich jetzt aus $\Delta E_{\blacksquare}$ und $\Delta ZÜ_{\blacksquare}$ zusammen. Daraus folgt:

$$(4.31) \qquad \Delta EK_{\blacksquare} \approx \Delta E_{\blacksquare} + \Delta ZÜ_{\blacksquare} \approx -\,[\,DGMWrz_{\blacksquare} - DGZÜrze_{\blacksquare}]\;\Delta r_M.$$

Die beiden Teil-Gaps lassen sich mit den Gleichungen (4.12) und (4.29) genauer spezifizieren. Man erhält die Teilsummen für die Festzinsaktiva, die Festzinspassiva, die variabel verzinslichen Aktiva und die variabel verzinslichen Passiva. Zur Berechnung des Duration-Gaps sind die gegebenen Daten dann in Gleichung (4.32) einzusetzen:

$$(4.32)\qquad \Delta EK_m \approx -\,[\ \Sigma A_{0i}\,(D_{Ai}-m)\,z_{Ai}\,(1+r_{Ai})^{m-1} - \Sigma L_{0j}\,(D_{Lj}-m)\,z_{Lj}\,(1+r_{Lj})^{m-1} - \Sigma a_i\,(m-D_{ai}-e_{ai})\,z_{ai} + \Sigma l_j\,(m-D_{lj}-e_{lj})\,z_{lj}\ ]\,\Delta r_M.$$

Der Ausdruck in der eckigen Klammer ist das Duration-Gap des Eigenkapitals für die Planperiode m ($DGAPrze_m$), wobei die einzelnen Positionen unterschiedliche Zinssätze (r), Zinsreagibilitäten (z) und Zinsanpassungselastizitäten (e) aufweisen können.[1] Der Zusammenhang zwischen Veränderungen des geplanten Eigenkapitals und möglichen Marktzinsänderungen läßt sich für ein bestimmtes Duration-Gap dann folgendermaßen beschreiben:

$$(4.33)\qquad \Delta EK_m \approx -\,[\ DGAPrze_m\ ]\,\Delta r_M.$$

Die Bankleitung kann die Gleichung (4.33) nutzen, um das geplante Eigenkapital gegen Zinsänderungen zu immunisieren, aber auch, um die möglichen Eigenkapitalveränderungen bei der Übernahme von Zinsrisiken abzuschätzen. Die folgenden Beispielrechnungen sollen das verdeutlichen. Dabei wird von den Daten ausgegangen, die bereits bei der Analyse der Teilziele in den Abschnitten A.II und A.III verwendet wurden. Für die Berechnungen sei auf die dortigen Ausführungen verwiesen.

II. Immunisierung des ökonomischen Einkommens

Die Modellbank hat die in Abbildung 4.16 aufgeführten Geschäfte abgeschlossen. Die von der Bankleitung betrachtete Planperiode beträgt ein Jahr, so daß die Aktiva a_1, a_2, und a_3 sowie die Passiva l_1 und l_2 dem variabel verzinslichen Geschäft zuzuordnen sind. Die

---

1) In den Beispielrechnungen wird e nicht gesondert aufgeführt; vielmehr ist die Zinsanpassungselastizität bereits in der Duration enthalten.

weiteren Aktiva A_4, A_5 und A_6 sowie die Passiva L_3 und L_4 sind als Festzinspositionen zu klassifizieren, da sie eine vereinbarte Zinsbindungsfrist aufweisen, die länger als die Planperiode ist.

i	A_i	D_{Ai}	r_{Ai}	z_{Ai}	j	L_j	D_{Lj}	r_{Lj}	z_{Lj}
1	200	0,00	10%	2,00	1	755	0,50	4%	1,75
2	300	0,25	9%	1,50	2	245	0,75	5%	1,25
3	500	1,00	8%	1,00	3	1067	2,00	6%	1,00
4	200	2,00	8%	1,00	4	733	6,00	7%	0,50
5	600	3,00	9%	0,75	EK	200			
6	1200	4,00	10%	0,50					
Σ	3000				Σ	3000			

Abb.4.16: Ausgangsdaten für die Immunisierung des ökonomischen Einkommens bei unterschiedlichen Zinssätzen und Zinsreagibilitäten

Bei dieser Geschäftsstruktur sollte das geplante Eigenkapital der Modellbank für den Planungshorizont t_m gegen Marktzinsänderungen immunisiert sein, da das $DGAPrze_m$ annähernd gleich null ist. Diese Aussage läßt sich überprüfen, indem man die Marktwerte am Periodenende für den Umweltzustand ohne und mit Marktzinsänderung ermittelt und vergleicht, ob das Eigenkapital für beide Umweltzustände übereinstimmt. Die Marktwerte in der Ausgangssituation und am Periodenende ohne und mit Marktzinsänderung sind in Abbildung 4.17 aufgeführt.

Die finanzmathematisch genaue Berechnung zeigt, daß die Bemühungen der Bank, das geplante Eigenkapital gegen die Folgen von Marktzinsänderungen zu immunisieren, erfolgreich waren. Das geplante Eigenkapital von 319,22 GE wird trotz Zinsänderungen nahezu erreicht. Die Abweichung von 0,09 GE läßt sich wiederum damit erklären, daß die Konvexität der Festzinspassiva größer ist als die der Festzinsaktiva.

A_i	t_0	t_m	t_m*	L_j	t_0	t_m	t_m*
a_1	200	220,00	224,00	l_1	755	785,20	791,81
a_2	300	327,00	330,38	l_2	245	257,25	258,02
a_3	500	540,00	540,00	L_3	1067	1131,02	1120,45
A_4	200	216,00	214,02	L_4	733	784,31	766,24
A_5	600	654,00	645,09	EK	200	319,22	319,13
A_6	1200	1320,00	1302,16				
Σ	3000	3277,00	3255,65	Σ	3000	3277,00	3255,65

Abb.4.17: Marktwerte in der Ausgangslage sowie am Periodenende ohne und mit Marktzinsänderung für die Immunisierung des ökonomischen Einkommens bei unterschiedlichen Zinssätzen und Zinsreagibilitäten

Im Gegensatz zu der Immunisierung von Teilzielen ist es bei der Immunisierung des ökonomischen Einkommens nicht erforderlich, daß sich die Marktwertänderungen und die Veränderungen des Zinsüberschusses - jeweils getrennt betrachtet - kompensieren, sondern es reicht aus, daß sich die zinsänderungsbedingten Veränderungen der Aktiva und Passiva nur insgesamt ausgleichen. Der Bank stehen damit mehr Möglichkeiten zur Verfügung, das Zinsrisiko zu steuern. Beträgt die Planperiode dagegen nicht ein Jahr, sondern beispielsweise 6 Monate oder 2 Jahre, dann würde sich eine andere Aufteilung in variabel verzinsliches und festverzinsliches Geschäft ergeben. Die hier vorgegebene Geschäftsstruktur wäre dann nicht mehr geeignet, für diese neue Periodenlänge das geplante ökonomische Einkommen zu immunisieren. Für die Immunisierung ist es erforderlich, den vorgegebenen Planungshorizont einzuhalten, andernfalls geht die Bank Zinsrisiken ein.

III. Übernahme von Zinsrisiken

Den erweiterten Duration-Ansatz kann die Bank auch verwenden, um die marktzinsänderungsbedingten Eigenkapitalveränderungen für ein gegebenes $DGAPrze_m$ abzuschätzen. Die Daten für eine Beispielrechnung sind in Abbildung 4.18 aufgeführt.

i	A_i	D_{Ai}	r_{Ai}	z_{Ai}	j	L_j	D_{Lj}	r_{Lj}	z_{Lj}
1	500	0,25	9%	1,50	1	1000	0,50	4%	1,75
2	500	1,00	8%	1,00	2	1500	2,00	6%	1,00
3	200	2,00	8%	1,00	3	300	6,00	7%	0,50
4	600	3,00	9%	0,75	EK	200			
5	1200	4,00	10%	0,50					
Σ	3000				Σ	3000			

Abb.4.18: Ausgangsdaten bei der Übernahme von Zinsrisiken (ökonomisches Einkommen) bei unterschiedlichen Zinssätzen und Zinsreagibilitäten

Bei dieser Geschäftsstruktur, den gegebenen Durations, Zinssätzen, Zinsreagibilitäten und einer Periodenlänge von einem Jahr errechnet sich ein $DGAPrze_m$ von 963, wenn man die Daten aus Abbildung (4.18) in Gleichung (4.32) einsetzt. Der geplante Periodenerfolg beträgt 124,00 GE und das geplante Eigenkapital 324,00 GE. Steigt der Marktzinssatz um einen Prozentpunkt an, so errechnet sich mit dem Duration-Ansatz aus Gleichung (4.31) eine Eigenkapitalveränderung von -9,63 GE. Das Eigenkapital beträgt dann 314,37 GE.

$$\Delta EK_m \approx -963 * 0{,}01 = -9{,}63$$

Bei finanzmathematisch genauer Berechnung erhält man eine Eigenkapitalveränderung von -9,59 GE. Diese Differenz von 0,04 GE zwischen beiden Rechnungen läßt sich damit begründen, daß die Barwertfunktionen für Aktiva und Passiva nur annähernd parallel verlaufen, die Konvexitäten sich also unterscheiden. Die Anfangswerte sowie die Werte am Periodenende, die sich bei dem jeweiligen Umweltzustand ohne und mit Marktzinsänderung ergeben, sind in Abbildung 4.19 aufgeführt.

A_i	t_0	t_m	t_m^*	L_j	t_0	t_m	t_m^*
a_1	500	545,00	550,63	l_1	1000	1040,00	1048,75
a_2	500	540,00	540,00	L_2	1500	1590,00	1575,14
A_3	200	216,00	214,02	L_3	300	321,00	313,60
A_4	600	654,00	645,09	EK	200	324,00	314,41
A_5	1200	1320,00	1302,16				
Σ	3000	3275,00	3251,90	Σ	3000	3275,00	3251,90

Abb.4.19: Marktwerte in der Ausgangslage sowie am Periodenende ohne und mit Marktzinsänderung bei der Übernahme von Zinsrisiken (ökonomisches Einkommen) bei unterschiedlichen Zinssätzen und Zinsreagibilitäten

Die bisher aufgezeigten Zusammenhänge legen mehrere Schlußfolgerungen über die Auswirkungen von Zinsrisiken auf die einzelnen Positionen nahe:

- Entspricht die Restlaufzeit des Finanztitels genau der Planperiode und handelt es sich um einen kuponlosen Titel, dann ist der Wert am Periodenende nicht dem Zinsrisiko ausgesetzt. Ein Beispiel hierfür ist die Forderung a_2. Der Endwert beträgt bei jedem Umweltzustand 540 GE.

- Ist die Restlaufzeit länger als die Planperiode, handelt es sich also um einen Festzinstitel, dann ist der Wert in t_m bei höheren Zinssätzen geringer als geplant. Beispiele hierfür sind die Positionen A_4 und L_2. Je länger die Restlaufzeit ist, desto größer wird in aller Regel der relative Marktwertrückgang sein.

- Ist die Restlaufzeit dagegen kürzer als die Planperiode (variabel verzinsliche Titel) und steigen die Zinssätze an, dann ist der Wert am Periodenende höher als geplant. Das Ergebnis folgt aus den verbesserten Wiederanlagemöglichkeiten für die Aktiva und den erhöhten Refinanzierungskosten für die Passiva. Beispiele hierfür sind die Positionen a_1 und l_1.

- Marktzinsänderungen führen zu entgegengesetzten Wertänderungen bei festverzinslichen und variabel verzinslichen Aktiva. Darin kommt der im zweiten Teil beschriebene Zusammenhang zum Ausdruck, daß ein Zinsanstieg zu besseren Wiederanlagemöglichkeiten führt, aber gleichzeitig auch zu Kursrückgängen. Dieser Zusammenhang gilt auch für die Positionen der Passivseite, mit dem Unterschied, daß hier die Auswirkungen auf die Residualgröße Eigenkapital umgekehrt sind.

- Betrachtet man daraufhin die Beispielrechnung, so zeigt sich, daß die Abstimmung von Wiederanlage- und Kursrisiko, wie sie bei der Immunisierung von Bondportefeuilles dargestellt wurde, für eine Immunisierung bei Kreditinstituten nicht zweckmäßig erscheint, da der Planungshorizont in aller Regel zu kurz ist. Die Marktwertänderungen sind meistens bedeutend größer als die Wiederanlageänderungen. Deshalb sind bei Banken nicht das variable Zinsrisiko und das Festzinsrisiko aufeinander abzustimmen, sondern die Zinssensitivitäten der Aktiva und der Passiva.

C. Erweiterung des Duration-Ansatzes um Zinstermingeschäfte

In den bisherigen Ausführungen wurde unterstellt, daß die Bank in der Lage ist, die von ihr gewünschte Geschäftsstruktur entweder im Kundengeschäft oder durch zusätzliche Geschäfte am Geld- und Kapitalmarkt zu realisieren. Es ist zu vermuten, daß es für die Bank häufig nicht möglich sein wird, das Kundengeschäft hinsichtlich der Zinsbindungsfristen so zu gestalten, daß sie ihre eigenen Vorstellungen erfüllen kann. Es stellt sich deshalb die Frage, welche Handlungsalternativen der Bankleitung in dieser Situation zur Verfügung stehen, um Zinsrisiken zu steuern. Risikosteuerung bedeutet hierbei meistens, die nicht gewünschten oder als nicht tragbar erachteten Risiken zu vermeiden oder auf andere Marktteilnehmer zu transferieren. Da entsprechende Möglichkeiten im Kundengeschäft und am Interbankenmarkt begrenzt sind und Anpassungsmaßnahmen im Kundengeschäft aus den bisher dargelegten banktheoretischen Überlegungen auch nicht zweckmäßig erscheinen, könnten Termingeschäfte eine nützliche Erweiterung des risikopolitischen Instrumentariums für den Bankbetrieb darstellen. Diese Möglichkeiten sind im folgenden zu untersuchen.

I. Financial Futures

1. Vorüberlegungen

Die Hedging-Strategie der Bank kann sich entweder auf Einzelpositionen oder auf die Gesamtposition beziehen. Die Sicherung des Preises oder der Renditen eines einzelnen Finanztitels wird allgemein als "micro hedging" bezeichnet. Beipiele hierfür sind das Hedging einzelner Kredite oder Anleihen. Andere Finanztitel und vor allem die Gesamtrisikoposition der Bank werden bei der Ermittlung der Hedge Ratio und dem Abschluß des Termingeschäftes nicht betrachtet. Berücksichtigt die Bank dagegen "natural hedges" im Zinsgeschäft und sichert nur die Nettoposition - die Differenz zwischen zinssensitiven Aktiva und Passiva - gegen Marktzinsänderungen, dann spricht man gewöhnlich vom "macro hedging". Im Schrifttum gibt es unterschiedliche Auffassungen über die Vor- und Nachteile des "micro" und "macro hedgings" in Kreditinstituten.[1)]

Es existieren zahlreiche Gründe, Einzelpositionen abzusichern, aber auch viele Argumente sprechen für eine Orientierung an der Gesamtrisikoposition der Bank. Wenn es möglich ist, ein umfassendes Risikokonzept zu entwickeln, mit dem sich die Risiken der Bank und die

---

1) Kolb, Timme und Gay (1984); Barth (1984); Koppenhaver (1984b), S. 5; Siehe auch Koch u.a. (1982), S. 13; Drabenstott und McDonley (1982), S. 29. Die Bankenaufsicht in den U.S.A. spricht sich für das "macro hedging" aus. "The essential trading strategy directed by the guidelines is that institutions should establish positions that hedge their overall exposure to interest rate risk." Martin (1985), S. 513.

Risikoverringerung durch Termingeschäfte hinreichend genau erfassen lassen, dann sollte es im Interesse der Bank sein, beide Strategien zum Hedging zu verbinden. Es ist das Ziel dieses Abschnitts, den bisher entwickelten Duration-Ansatz um die Möglichkeit der Sicherung von Einzelpositionen, aber auch um die der Steuerung der Gesamtrisikoposition mit Zinstermingeschäften zu erweitern.

Eine zentrale Frage, die im zweiten Teil beim Hedging mit Financial Futures ausführlich behandelt wurde, war die nach der optimalen Anzahl von Futures-Kontrakten. Hier lautet die Frage ähnlich. Welche und wieviel Futures-Kontrake muß die Bank eingehen, damit sie das Zinsrisiko auf ein tragbares Maß reduzieren oder im Idealfall sogar ausschließen kann? Als mögliche Verfahren, die optimale oder risikominimale Hedge Ratio zu ermitteln, bieten sich der Portfolio-Ansatz und der Preissensitivitäts-Ansatz an.[1]

Für die Sicherung von Einzelpositionen lassen sich beide Ansätze gleichermaßen einsetzen. Das Hedging von einzelnen Finanztiteln entspricht dabei der Vorgehensweise im Bondportefeuille-Management. Für die Sicherung der Gesamtposition zeigen sich jedoch konzeptionelle Unterschiede zwischen den beiden Ansätzen. Will die Bank die optimale Hedge Ratio mit dem Portfolio-Ansatz ermitteln, dann entsteht folgende Schwierigkeit. Stellt man die Zahlungsreihe der Kassaposition auf, dann ist diese in aller Regel keinem effektifizierten Finanztitel zuzuordnen. Historische Preise für die Kassaposition sind deshalb meistens nicht verfügbar. Die Hedge Ratio, die der Regressionskoeffizient aus der Regression zwischen den historischen Kassapreisen und Futures-Preisen oder deren Preisveränderungen ist, läßt sich dann wegen der "Einmaligkeit" der Zahlungsreihe der Kassaposition bei Kreditinstituten nicht ermitteln.

---

1) Der naive Ansatz und der Konversionsfaktor-Ansatz erscheinen dagegen für eine gezielte Risikoverringerung bei Kreditinstituten kaum geeignet.

Das Problem könnte dadurch zu lösen sein, daß die Bank zuerst die Hedge Ratios für einzelne Positionen der Aktiva und Passiva ermittelt und anschließend diese zu einer gesamten Hedge Ratio zusammenfügt. Koppenhaver verwendet diese Überlegungen in seinen Bankmodellen.[1] Will man allerdings die "natural hedges" und die besonderen Bedingungen des Bankbetriebes berücksichtigen, erscheint dieses Vorgehen wenig überzeugend.

Geht man jedoch die Aufgabe, die Gesamtrisikoposition der Bank mit Financial Futures zu steuern, mit der Duration an, dann lassen sich Lösungswege aufzeigen: So kann die Bank mit dem Preissensitivitäts-Ansatz die Hedge Ratio sowohl für Einzelpositionen als auch für die Gesamtposition ermitteln. Bei der Steuerung der Gesamtposition gilt es, durch den Abschluß von Termingeschäften die Zinssensitivität (Duration-Gap) der Bank zu verändern. Da sich die Zinssensitivität von Financial-Futures-Kontrakten ebenfalls mit der Duration abschätzen läßt, kann man das DGAPrze■ um diesen Faktor erweitern.

Zur konkreten Umsetzung dieser Überlegungen bietet sich folgende Vorgehensweise an. Zuerst sind die Positionen herauszufinden, die einzeln zu sichern sind. Das könnten große Festzinskredite oder Anleihen aus dem Eigenbestand der Bank sein. Anschließend ist das verbleibende Zinsrisiko zu ermitteln und das Duration-Gap auf eine tragbare Größe zu begrenzen. In diesem zweiten Schritt wird dann die Gesamtrisikoposition der Bank gesteuert.

2. Ableitung und Beispielrechnungen

Hat die Bankleitung sich zum Ziel gesetzt, das geplante Eigenkapital gegen die Auswirkungen von Zinsänderungen mit Financial Futures zu sichern, dann ist die Anzahl der Terminkontrakte so zu bestim-

1) Koppenhaver (1983), (1984a), (1985a) und (1985c).

men, daß sich die Wertänderungen der Kassaposition und die der Futures-Position für alle möglichen Umweltzustände weitestgehend ausgleichen. Die Gesamtposition ist dann gegen Zinsrisiken gesichert.

Die Sicherung mit Financial Futures wird in folgender Beispielrechnung konkretisiert, wobei die Daten denen in Abbildung 4.18 entsprechen. Die Geschäftsstruktur aus dem Kundengeschäft weist ein positives Duration-Gap auf. Bei diesem Gap errechnete sich im vorherigen Abschnitt mit der Duration ($DGAPrze_m$) ein Eigenkapitalrückgang von 9,63 GE für den Fall, daß der Marktzinssatz um einen Prozentpunkt ansteigt. Die Anzahl der Futures-Kontrakte ist demnach von der Bank so festzulegen, daß bei einem Zinsanstieg um einen Prozentpunkt aus dieser Terminposition ein Gewinn von 9,63 GE erzielt wird. Die Preisveränderungen des Futures-Titels lassen sich mit der Duration folgendermaßen abschätzen:

(4.34) $$\Delta F \approx -(1+r_F)^{-1} D_F F \Delta r_F ,$$

wobei ΔF die Preisveränderung, D_F die Duration und F den Preis des Finanztitels, der dem Futures-Kontrakt zugrunde liegt, angeben. $(1+r_F)$ ist der Abzinsungsfaktor und Δr_F die Zinsänderung. Um die Wertänderungen der Terminpositionen ΔFF zu ermitteln, ist Gleichung (4.34) um die Anzahl der Futures-Kontrakte K zu erweitern, wobei K_S auf eine Terminminusposition (4.35) und K_L auf eine Terminplusposition (4.36) hinweisen:

(4.35) $$\Delta FF \approx (1+r_F)^{-1} D_F F K_S \Delta r_F.$$

(4.36) $$\Delta FF \approx -(1+r_F)^{-1} D_F F K_L \Delta r_F.$$

Es stellt sich die Frage, wieviel Futures-Kontrakte K_S die Bank verkaufen muß (short position), damit sie bei einem Zinsanstieg um einen Prozentpunkt einen Gewinn von 9,63 GE erzielt. Beträgt die marktgerechte Verzinsung des Finanztitels, der Geschäftsgegenstand des Futures-Kontraktes ist, 8%, die Duration ein Jahr und der aktuelle Futures-Preis 92,59 GE, dann sind für die Immunisierung ungefähr 11,233 Kontrakte zu verkaufen. Dieses Ergebnis erhält man, indem man die Gleichung (4.35) nach K_S auflöst und anschließend die gegebenen Daten einsetzt.

$$K_S \approx \frac{\Delta FF \; (1+r_F)}{D_F \; F \; \Delta r_F}. \tag{4.37}$$

$$K_S \approx \frac{9{,}63 * 1{,}08}{1.00 * 92{,}59 * 0{,}01} = 11{,}233$$

Steigt der Zinssatz um einen Prozentpunkt an und ermittelt man die Preisveränderungen mit der Duration, dann verringert sich der Wert der Kassaposition um 9,63 GE und der der Terminposition erhöht sich um 9,63 GE, so daß sich für die Gesamtposition keine Wertänderung ergibt.[1] Als Ergebnis bleibt festzuhalten, daß durch den Verkauf von 11,233 Futures-Kontrakten die Bank den geplanten Periodengewinn gegen die negativen Auswirkungen eines Zinsanstiegs sichern konnte.

Dieser Ansatz zum Hedging mit Financial Futures läßt sich verallgemeinern, wenn man sowohl verschiedene Terminkontrakte als auch Terminpluspositionen und Terminminuspositionen betrachtet und diese zusammenfaßt. Dazu sind die Gleichungen (4.35) und (4.36) zusammenzufassen sowie um einzelne Positionen K_{SJ} und K_{LI} zu erweitern. Um die hier zu entwickelnde Gleichung mit der bisherigen Vorgehensweise abzustimmen, bietet es sich zusätzlich an, eine Erweite-

1) Bei finanzmathematisch genauer Berechnung beträgt der Verlust bei der Kassaposition 9,59 GE und der Gewinn bei dem Futures-Kontrakt 9,55 GE. Ein perfektes Hedging wurde dadurch verhindert, daß die Konvexität der Barwertfunktion der Terminposition stärker ist als die der Kassaposition.

rung um die Zinsreagibilitäten z_{FJ} und z_{Fi} der Futures-Titel im Verhältnis zum Marktzinssatz r_M vorzunehmen, wobei gilt: $\Delta r_{FJ} = z_{FJ} \Delta r_M$ für die "short position" bzw. $\Delta r_{Fi} = z_{Fi} \Delta r_M$ für die "long position". Man erhält dann die Wertänderungen der Terminpositionen ΔFF aufgrund einer Marktzinsänderung:

(4.38) $$\Delta FF \approx [\ \Sigma\ (1+r_{FJ})^{-1} D_{FJ} F_J z_{FJ} K_{SJ} - \Sigma\ (1+r_{Fi})^{-1} D_{Fi} F_i z_{Fi} K_{Li}\ ]\ \Delta r_M .$$

Bezeichnet man den Ausdruck in der eckigen Klammer als Duration-Gap der Terminpositionen DGFFrz, dann läßt sich die Wertänderung der Futures-Positionen ΔFF auch schreiben:

(4.39) $$\Delta FF \approx [\ DGFFrz\ ]\ \Delta r_M .$$

Diesen Ausdruck kann die Bank für die Steuerung der Gesamtrisikoposition verwenden, indem sie die Wertänderungen des Eigenkapitals ΔEK_m und die der Futures-Positionen ΔFF addiert. Dazu sind die Gleichungen (4.33) und (4.39) zusammenzufassen. Das Ergebnis ist die Eigenkapitalveränderung ΔEK_{Fm}. Die beiden Duration-Gaps in der eckigen Klammer in Gleichung (4.40) kann man wiederum zu einem Ausdruck zusammenfügen. Man erhält dann das Duration-Gap der Bank mit Financial Futures ($DGAPrzeF_m$).

(4.40) $$\Delta EK_{Fm} \approx \Delta EK_m + \Delta FF \approx -\ [\ DGAPrze_m - DGFFrz\ ]\ \Delta r_M ;$$

(4.41) $$\Delta EK_{Fm} \approx -\ [\ DGAPrzeF_m\ ]\ \Delta r_M .$$

Das folgende Beispiel soll zeigen, wie die Bank das Konzept für das "micro" und "macro hedging" sowie bei verschiedenen Futures-Kontrakten anwenden kann.

Den Ausgangspunkt bilden wiederum die Daten aus Abbildung 4.18. Die Bankleitung plant, einen Teilbetrag der Kassaposition A_5 in Höhe von 200 GE einzeln zu sichern (micro hedging). Die Duration dieses

Finanztitels beträgt 4 Jahre, die marktgerechte Verzinsung ist 10% und die Zinsreagibilität 0,5. Bei einer Marktzinsänderung um einen Prozentpunkt errechnet sich mit der Duration eine Veränderung dieser Position um 3,00 GE.[1] Zur Sicherung dieser Einzelposition ist die Anzahl von Futures-Kontrakten so zu bestimmen, daß bei obiger Marktzinsänderung die Futures-Position diese Veränderung genau kompensiert.[2] Der von der Bank für das Hedging dieser Einzelposition ausgewählte Futures-Kontrakt fordert die Lieferung eines kuponlosen Finanztitels mit 2 Jahren Restlaufzeit. Die marktgerechte Verzinsung beträgt für diesen Titel 9% und die Zinsreagibilität 0,75. Der aktuelle Futures-Preis ist 84,17 GE.

Die Anzahl der Futures-Kontrakte errechnet sich durch Einsetzen der gegebenen Daten in Gleichung (4.37):

$$K_S \approx \frac{3{,}00 * 1{,}09}{2 * 84{,}17 * 0{,}75 * 0{,}01} = 2{,}590$$

Die Bank muß demnach 2,590 Futures-Kontrakte verkaufen. Man gelangt zu dem gleichen Ergebnis, wenn man die Gleichung (2.59) zur Ermittlung der optimalen Hedge Ratio mit dem Preissensitivitäts-Ansatz sinngemäß verwendet, die im zweiten Teil der Arbeit abgeleitet wurde.[3] Die optimale Anzahl von Futures-Kontrakten kann die

1) Die Zinssensitivität ($DAMWrz_m$) dieser Position beträgt $300 = 200 \cdot 3 \cdot 0{,}5$.

2) Die Gleichung (4.37) läßt sich verallgemeinern, indem man nicht mehr auf eine Wertänderung bei einer bestimmten Marktzinsänderung abstellt, sondern die Zinssensitivität der zu sichernden Kassaposition betrachtet. In der Beispielrechung ist dann das $DAMWrz_m$ für $\Delta FF/\Delta r_M$ einzusetzen, da gelten soll: $\Delta FF/\Delta r_M = DAMWrz_m$, hier also $3{,}00/0{,}01 = 300$. Die folgende Gleichung (4.42) stellt eine solche Verallgemeinerung dar.

3) Vgl. hierzu im zweiten Teil C.V.4.

Bank dadurch errechnen, daß sie den Quotienten aus dem Nominalbetrag der Kassaposition N_S und des Futures-Kontraktes N_F multipliziert mit dem Quotienten aus den Zinssensitivitäten der Kassaposition und der Terminposition. Dabei gibt der zweite Ausdruck die optimale Hedge Ratio an. Es gilt:[1]

$$(4.42) \qquad K_{S1} \approx \frac{N_S}{N_F} \cdot \frac{A_0\,(D_A-m)\,(1+r_A)^{m-1}\,z_A}{F\,D_F\,(1+r_F)^{-1}\,z_F} \, .$$

Für die hier betrachtete Situation ist die optimale Hedge Ratio 1,295 und die optimale Anzahl von Futures-Kontrakten 2,590. Dieses Ergebnis ist identisch mit dem aus Gleichung (4.37). Der Bank stehen danach verschiedene Varianten zur Verfügung, die optimale Anzahl von Futures-Kontrakten mit dem Preissensitivitäts-Ansatz zu bestimmen.

$$K_{S1} \approx \frac{200}{100} * \frac{100{,}00 * (4-1)\,(1{,}10)^0 * 0{,}50}{84{,}17 * 2 * (1{,}09)^{-1} * 0{,}75}$$

$$K_{S1} \approx 2 * 1{,}295 = 2{,}590$$

Verkauft die Bank 2,590 Futures-Kontrakte, so sollte der Wert der Einzelposition gegen Marktzinsänderungen gesichert sein. Ob das zutrifft, bleibt zu prüfen. Verändert sich der Marktzinssatz um einen Prozentpunkt und steigen die Zinssätze für den Kassatitel und den Futures-Titel entsprechend ihren Zinsreagibilitäten um 0,50 bzw. um

---

1) Aus der hier angegebenen Formel für die Hedge Ratio könnte man die Zinsreagibilitäten ausgliedern und den Quotienten als gesonderten Faktor betrachten. Im zweiten Teil wurde dieser Faktor als α_1 bezeichnet und mittels Regression ermittelt. In Gleichung (4.42) wird auf eine Erweiterung um einen Konversionsfaktor verzichtet.

0,75 Prozentpunkte an, so verringert sich bei finanzmathematisch genauer Berechnung der Marktwert der Kassaposition um 2,97 GE; der Marktwert der Futures-Position erhöht sich dagegen um 2,98 GE. Die Wertänderungen gleichen sich damit praktisch aus.

Nach dem Hedging der Einzelposition ist das verbleibende Risiko der Gesamtposition zu sichern (macro hedging). Das Duration-Gap der Bank $DGAPrze_{\blacksquare}$ errechnet sich aus dem ursprünglichen Gap (963), vermindert um das $DAMWrz_{\blacksquare}$ (300) der bereits gesicherten Aktiva. Um die Gesamtposition der Bank zu sichern, ist in Höhe dieser Differenz von 663 ein Termingeschäft abzuschließen. Dafür wählt die Bank einen Futures-Kontrakt, bei dem der lieferbare kuponlose Finanztitel einen Marktwert von 92,59 GE, eine Restlaufzeit und Duration von einem Jahr und eine Zinsreagibilität von 1,0 aufweist. Die marktgerechte Verzinsung für diesen Titel beträgt 8%.

Setzt man diese Daten in die modifizierte Gleichung (4.37) ein, so errechnet sich eine Terminminusposition von ungefähr 7,733 Kontrakten.

$$K_S \approx \frac{663 * 1,08}{1,00 * 92,59 * 1,00} = 7,733$$

Die Bank muß demnach 7,733 Kontrakte verkaufen, damit sich die möglichen Wertverluste der Kassapositionen bei einem Zinsanstieg ausgleichen.[1] Steigt der Marktzinssatz um einen Prozentpunkt an, so entsteht ein Verlust bei der bisher ungesicherten Kassaposition in Höhe von 6,62 GE. Der Gewinn aus der Terminposition beträgt 6,57

---

1) Setzt man die Daten dieses Beispiels in Gleichung (4.41) ein, folgt daraus ein $DGAPrzeF_{\blacksquare}$ von null.

GE. Damit war dieses Sicherungsgeschäft (macro hedging) erfolgreich.[1]

Wie erfolgreich die Hedging-Strategie insgesamt für die Bank war, läßt sich erkennen, wenn man dem gesamten Verlust bei den Kassapositionen den gesamten Gewinnen aus den Termingeschäften gegenüberstellt. Wie aus Abbildung 4.19 zu ersehen ist, beträgt der zinsänderungsbedingte Eigenkapitalrückgang in dieser Beispielrechnung 9,59 GE. Die Gewinne aus den Termingeschäften betragen 2,97 GE und 6,57 GE, zusammen also 9,54 GE.

II. Optionen

Optionen bieten sich als ein weiteres Instrument an, Zinsrisiken in Kreditinstituten zu steuern. Dabei ist zwischen Optionen auf Kassatitel und Optionen auf Financial Futures zu unterscheiden. Im Gegensatz zu Financial Futures, die durch eine symmetrische Ergebnisfunktion gekennzeichnet sind, weisen Optionen eine asymmetrische Risikostruktur auf. Mit dem Kauf einer Verkaufsoption (Put) in verzinslichen Finanztiteln erzielt die Bank Gewinne aus dieser Terminposition, wenn die Zinssätze steigen. Bei fallenden Zinssätzen erleidet sie jedoch keinen Verlust, da sie in dieser Situation die Option nicht ausübt, den Finanztitel also nicht liefert oder keine Terminminusposition in Financial Futures eingeht. Für den Erwerb dieser Risikostruktur ist allerdings die Optionsprämie zu zahlen. Wären keine Prämien für diese Wahlrechte zu entrichten, würden Optionen Financial Futures dominieren, d.h. bei allen möglichen Umweltzuständen würden Optionen besser oder zumindest genauso gut wie Financial Futures sein.

---

1) Es wird der Einfachheit halber davon ausgegangen, daß die Basis konstant ist.

Optionen bieten somit der Bank die Möglichkeit, an für sie vorteilhaften Zinsentwicklungen zu partizipieren, jedoch die Verluste, die aus Terminpositionen entstehen können, auszuschließen. Darüber hinaus sind Optionen dann von Vorteil, wenn die Volumina der Kassapositionen unsicher sind. Die Bedeutung der zinsänderungsbedingten Voluminaveränderungen, d.h. des Quantitätsrisikos, wurde bereits im dritten Teil erläutert. Diese Risikostruktur ist asymmetrisch, so daß es sich anbietet, die Auswirkungen dieses Risikos mit einem Instrument zu sichern, daß ebenfalls eine asymmetrische Struktur aufweist. Immer dann, wenn für die Bank Quantitätsrisiken relevant sind, sollten Optionen Vorteile aufweisen. Vor allem zeigt sich, daß Optionen auch dann noch nützen können, wenn Financial Futures versagen. Allerdings ist zu bedenken, daß im Gegensatz zu Financial Futures für Optionen eine Prämie zu zahlen ist.

Die zinsänderungsbedingten Quantitätsrisiken lassen sich ebenfalls in dem Duration-Ansatz berücksichtigen. Dazu ist für jede Position die Voluminaveränderung bei einer gegebenen Marktzinsänderung zu ermitteln und in einem Koeffizienten zusammenzufassen. Würden sich beispielsweise bei einem Zinsanstieg die Sichteinlagen um 10% verringern, die Termineinlagen dagegen um 20% erhöhen, so wären die entsprechenden Koeffizienten 0,90 bzw. 1,20. Diese Faktoren, die in das Duration-Gap einzufügen wären, wird die Bank gewöhnlich aus historischen Zusammenhängen ermitteln. Sie können auch auf Erfahrungswerten der Banker beruhen. Wie im zweiten Teil zum Quantitätsrisiko ausgeführt wurde, dürfte es nützlich sein, bei Voluminaveränderungen zwischen autonomen und zinsänderungsbedingten Effekten zu unterscheiden. Zusätzlich sollten die Parameter getrennt für Perioden mit ansteigendem und mit fallendem Zinsniveau ermittelt werden. Auf eine ausführliche Darstellung dieser möglichen Erweiterungen wird an dieser Stelle verzichtet.

An einem Beispiel sei aber vereinfachend aufgezeigt, wie diese Überlegungen zu konkretisieren wären. Das DGAPrze$_{m}$ der Bank sei wie in den vorherigen Beispielen 963. Aufgrund ihrer Erfahrungswerte prognostiziert die Bank, daß sich bei einem Zinsanstieg um zwei Prozentpunkte das $DGAPrze_m$ aufgrund von Voluminaveränderungen auf 1400 erhöhen und bei einem Zinsrückgang um zwei Prozentpunkte auf 500 verringern könnte. Würde die Bank wie im vorangegangenen Abschnitt versuchen, dieses Gap in Höhe von 963 mit Financial Futures zu schließen, wäre bei dem Zinsanstieg ein Teil der Position dem Zinsrisiko ausgesetzt. Die Bank würde einen Verlust von ungefähr 8,74 GE[1] erleiden. Bei einem Zinsrückgang würde sie ebenfalls einen Verlust in Höhe von 9,26 GE[2] hinnehmen müssen. Die Gewinne bei der Kassaposition (10,00 GE[3]) würden nicht ausreichen, die Verluste bei der Terminposition (19,26 GE[4]) auszugleichen.

Als eine mögliche Strategie bietet es sich in dieser Situation an, Verkaufsoptionen auf Financial Futures in Höhe des maximal erwarteten Duration-Gaps von 1400 zu kaufen. Bei einem Zinsanstieg würde die Bank die Optionen ausüben. Die Bank hätte dann eine Terminminusposition in Financial Futures über 1400, so daß die Gesamtposition ein Gap von null aufweisen würde ($DGAPrzeF_m = 0$). Bei fallenden Zinssätzen würde die Bank dagegen die Optionen nicht ausüben. Damit ist die Bank auch für den Fall der Unsicherheit bezüglich der Höhe der Volumina und des Duration-Gaps in der Lage, Zinsrisiken zu verringern oder im Idealfall sogar auszuschließen. Darüber hinaus bleibt der Bank die Möglichkeit erhalten, an für sie vorteilhaften Zinsentwicklungen zu partizipieren.

---

1) $-8,74 = -437(0,02) = -(1400-963)(0,02)$.

2) $-9,26 = 463(-0,02) = -(500-963)(-0,02)$.

3) $10,00 = -500(-0,02)$.

4) $-19,26 = 963(-0,02)$.

D. Zusammenfassung der Ergebnisse und Ausblick

Im Rahmen dieser Untersuchung war es ein zentrales Anliegen, einen Ansatz zu entwickeln, mit dem sich Zinsrisiken in Kreditinstituten erfassen, beurteilen und steuern lassen. Ausgehend von den Leistungen der Banken und der Frage, inwieweit Kreditinstitute überhaupt Zinsrisiken übernehmen sollten, wurden die verschiedenen Instrumente und Techniken zum Zinsrisikomanagement untersucht. Eine Analyse des bankbetrieblichen Zinsrisikos und der bisher im Schrifttum vorgestellten Modelle ließ es sinnvoll erscheinen, einen Ansatz zum Management von Zinsrisiken mit der Duration abzuleiten. Das Ergebnis dieser Untersuchung ist ein Duration-Ansatz, mit dem Kreditinstitute den geplanten Periodengewinn oder das geplante Eigenkapital gegen die Auswirkungen von Marktzinsänderungen sichern können. Damit lassen sich auch die zinsänderungsbedingten Eigenkapitalveränderungen, die aus der Übernahme von Zinsrisiken entstehen können, verhältnismäßig genau abschätzen. Das erleichtert es zu beurteilen, welche Strukturen von Alt- und Neugeschäft tragbare Zinsrisiken beinhalten.

Mit der Entwicklung dieses Ansatzes sollten nicht nur banktheoretische Zusammenhänge aufgezeigt, sondern auch Lösungsvorschläge für das Zinsrisikomanagement im Bankbetrieb unterbreitet werden. Für eine konkrete Anwendung dieses Konzeptes ist allerdings weitere Detailarbeit erforderlich. So sind die Anzahl der betrachteten Positionen auf der Aktiv- und Passivseite zu erhöhen, die bankaufsichtsrechtlichen und bankinternen Restriktionen zu berücksichtigen sowie die Interdependenzen mit den anderen bankbetrieblichen Risiken herauszuarbeiten. Vor allem ist eine Verknüpfung dieses Ansatzes mit dem Internen Rechnungswesen der Bank notwendig, um die quantitativ abbildbaren Informationen bereitzustellen und dem Bankmanagement fundierte Entscheidungshilfen zu liefern. Für den Einsatz als Planungsinstrument ist es außerdem nützlich, verschiedene Planungshorizonte vorzugeben und mögliche Umweltzustände, die durch Zinsszenarien und Voluminaveränderungen gekennzeichnet sind, zu prognostizieren.

Die in dieser Arbeit vertretene Sichtweise fordert die Bankleitung auf, mit Blick auf mögliche Umweltzustände, vor allem das "worst-case scenario", die Geschäftsstruktur so zu gestalten, daß die übernommenen Risiken durch das Eigenkapital abgedeckt sind. Die Bewertung aller Finanztitel mit den herrschenden Zinssätzen dient dazu, rechtzeitig auf Gefahren hinzuweisen und mögliche Insolvenzen zu verhindern. Diese marktgerechte Bewertung liegt im Interesse der Einleger, aber auch im Interesse der Eigenkapitalgeber. Im Mittelpunkt der Arbeit stand deshalb auch die Frage, wie man eine Bank sicher macht. Man könnte gegen dieses Vorgehen kritisch einwenden, daß die für die Bank besonders bedeutende Frage nach der Rentabilität vernachlässigt wird. Dieses Problem läßt sich jedoch ebenfalls mit dem vorgestellten Konzept aufgreifen. Darüber hinaus kann man diese Steuerungsgröße entsprechend der Vorgehensweise bei der Finanzanalyse[1] in einzelne Komponenten zerlegen. Diese Verfahren sind wiederholt auch für den Bankbetrieb vorgeschlagen worden.[2] Fragen der Budgetierung schließen sich in diesem Zusammenhang an.

Neben diesen erforderlichen Verfeinerungen für eine konkrete Anwendung im Bankbetrieb erscheinen vor allem konzeptionelle Erweiterungen von Interesse. So sollte beispielsweise das für das Zinsrisikomanagement in Betracht kommende Instrumentarium ausgeweitet werden. Hierzu bieten sich vor allem Interest Rate Swaps[3] an. Weiterhin ist es im Hinblick auf eine bankbetriebliche Rentabilitätssteuerung nützlich zu klären, ob und in welcher Höhe die Bank dem

---

1) Siehe beispielsweise das DuPont-System. Weston und Brigham (1978), S. 40-43 und S. 123 f.

2) Siehe hierzu Cole (1972); Sinkey (1983); Hempel, Coleman und Simonson (1986), S. 384 f.; Schierenbeck (1987); Hölscher (1988).

3) Siehe hierzu Beidleman (1985); Grumball (1987); Breeden und Giarla (1988); Wall und Pringle (1988).

Kunden ein Entgelt dafür berechnen müßte, daß sie die Zinsrisiken übernimmt. Vor allem die dem Kunden gewährten Optionen im Einlagen- und Kreditgeschäft sind sachgerecht zu bewerten und durch Prämien abzugelten. In diesem Zusammenhang bleibt zu klären, welche Nettovorteile die Bank erwarten kann, wenn sie regelmäßig Zinsrisiken übernimmt.

Mit dieser Untersuchung sollte versucht werden, mögliche Wege zum Management von Zinsrisiken aufzuzeigen. Der hier entwickelte Duration-Ansatz läßt allerdings die Frage offen, welches die optimale Geschäftsstruktur für die Bank ist, d.h. mit welcher Geschäftsstruktur der Marktwert der Bank maximiert werden kann. Antworten hierauf könnte man mit mathematischen Optimierungsmodellen finden. In jüngerer Zeit sind für die Gesamtplanung von Banken erneut Programmierungsmodelle vorgestellt worden, von denen einige auch Zinsrisiken und Zinstermingeschäfte berücksichtigen.[1] Auch die in der vorliegenden Arbeit angestellten Überlegungen lassen sich in einem solchen Modell abbilden. Dabei kann die Ungewißheit über mögliche Umweltzustände - vor allem der Volumina und der Zinssätze - berücksichtigt werden. Darüber hinaus sind mit einem mehrperiodigen Modell die Auswirkungen gegenwärtiger Entscheidungen auf die folgenden Perioden abschätzbar.

Diese Modelle sind auch geeignet, neben Zinsrisiken die anderen zentralen bankbetrieblichen Risiken - das Bonitätsrisiko und das Devisenkursrisiko - bei der Ermittlung der optimalen Geschäftsstruktur zu berücksichtigen. Außerdem können mit diesen Modellen verschiedene Ziele sowie die Zielhierarchie der Bankleitung abgebildet werden.[2] Das Ergebnis sind dann Gesamtkonzepte, die der Bankleitung helfen, im Rahmen der gegebenen Restriktionen und mit Blick auf die zu erreichenden Ziele, optimale Entscheidungen zu treffen.

---

1) Booth and Koveos (1986); Meyer zu Selhausen (1987); Schierenbeck (1987); Brodt (1988).

2) Korhonen (1987).

Literaturverzeichnis

Abels, Peter und Wolfgang Klünder (1981)
Unternehmensanalyse und Rentabilitätssteuerung, in: Betriebswirtschaftliche Blätter 30 (1981), S. 26-31

Abels, Peter und Wolfgang Klünder (1984)
Zinsänderungsrisiko aus Festzinsgeschäften, in: Betriebswirtschaftliche Blätter 33 (1984), S. 237-240

Abels, Peter und Gerd Virgin (1978)
Bilanzstruktur und Zinsänderungsrisiko, in: Betriebswirtschaftliche Blätter 27 (1978), S. 249-254

Adams, Kerry D. (1984)
Hedge Accounting for Anticipatory Hedges of Short-Term Liabilities, in: Journal of Accounting and Finance 7 (1984), S. 151-162

Aghili, Parvis, Robert H. Cramer und Howard E. Thomson (1975)
Small Bank Balance Sheet Management: Applying Two-Stage Programming Models, in: Journal of Bank Research 5 (1975), S. 246-256

Ahlers, David M. (1980)
Increasing Asset-Liability Management Committee Effectiveness, in: Bankers Magazine 163 (Juli-August 1980), S. 18-22

Akgiray, Vedat und G. Geoffrey Booth (1986)
Stock Price Processes with Discontinuous Time Path: An Empirical Examination, in: Financial Review 21 (1986), S. 163-184

Albrecht, Peter (1985)
Aktuarielle Immunisierung bei Arbitrage Modellen für die Zeitstruktur, in: Göppl/Henn (Hrsg.), Geld, Banken und Versicherungen, Karlsruhe 1985, S. 1177-1187

Albrecht, Peter (1986)
Zinsimmunisierung mehrfacher Verpflichtungen bei Arbitrage Modellen für die Zinsstruktur, insbesondere im Versicherungsfall, in: Zeitschrift für Betriebswirtschaft 56 (1986), S. 1002-1028

Alexander, Gordon J. und Bruce G. Resnick (1985)
Using Linear and Goal Programming to Immunize Bond Portfolios, in: Journal of Banking and Finance 9 (1985), S. 35-54

Altrogge, Günter (1981)
Ermittlung der Effektivverzinsung festverzinslicher Wertpapiere: Exakte Verfahren und deren Konvergenz, in: OR Spektrum 3 (1981), S. 175-186

Altrogge, Günter (1982)
Zur Abschätzung von Risiken und Chancen bei Anlagen in festverzinslichen Wertpapieren, in: Zeitschrift für Betriebswirtschaft 52 (1982), S. 442-469

Altrogge, Günter (1988)
Investition, München 1988

Anderson, Ronald W. und Jean-Pierre Danthine (1980)
Hedging and Joint Production: Theory and Illustrations, in: Journal of Finance 35 (1980), S. 487-501

Andreas, Kurt (1982)
Kapitalmarkt, in: Obst/Hintner, Geld-, Bank- und Börsenwesen, hrsgg. von Norbert Kloten und Johann Heinrich von Stein, Stuttgart 1982, S. 769-803

Angotti, Arthur A. und Morris L. Maurer (1980)
Slope and Spread, in: Magazine of Bank Administration 56 (August 1980), S. 28-34

Arak, Marcelle (1983)
The Effect of the Tax Treatment of Treasury-Bill Futures on Their Rates, in: Journal of Futures Markets 3 (1983), S. 65-73

Arak, Marcelle und Christopher J. McCurdy (1979)
Interest Rate Futures, in: Quarterly Review, Federal Reserve Bank of New York 4 (Winter 1979/1980), S. 33-46

Arditti, Fred (1978)
Interest Rate Futures: An Intermediate Stage towards Efficient Risk Reallocation, in: Journal of Bank Research 9 (1978), S. 146-150

Arnold, Hans (1964)
Risikentransformation, Dissertation Saarbrücken 1964

Arnold, Hans (1976)
Risikentransformation, in: Handwörterbuch der Finanzwirtschaft, hrsgg. von Hans E. Büschgen, Stuttgart 1976, Sp. 1506-1516

Arrow, Kenneth J. (1971)
Essays in the Theory of Risk Bearing, Amsterdam 1971

Arrow, Kenneth J. (1978)
The Future and the Present in Economic Life, in: Economic Inquiry 16 (1978), S. 157-169

Arrow, Kenneth J. (1981)
Futures Markets: Some Theoretical Perspectives, in: Journal of Futures Markets 1 (1981), S. 107-115

Asay, Michael R., Gisela A. Gonzales und Benjamin Wolkowitz (1981)
Financial Futures, Bank Portfolio Risk and Accounting, in: Journal of Futures Markets 1 (1981), S. 607-618

Bacon, Peter W. und Richard E. Williams (1976)
Interest Rate Futures: New Tool for the Financial Manager, in: Financial Management 5 (Frühjahr 1976), S. 32-38

Baker, James V., Jr. (1978a)
Why you need a formal Asset/Liability Management Policy (I), in: Banking 78 (Juni 1978), S. 33-43

Baker, James V., Jr. (1978b)
Asset/Liability Management (II): Three Ways to Get there- and How to Read "Road Signs" along the Way, in: Banking 78 (Juli 1978), S. 78-92 und S. 112-114

Baker, James V., Jr. (1978c)
Asset/Liability Management (III): The Liability Management Method Demonstrates Six Principles, in: Banking 78 (August 1978), S. 74-78

Baker, James V., Jr. (1978d)
Asset/Liability Management (IV): System Methods of Asset/ Liability Management: What it is, how it works, in: Banking 78 (September 1978), S. 114-126, S. 198 und S. 162

Baker, James V., Jr. (1978e)
Asset/Liability Management (V): A Model Asset/Liability Management Policy, in: Banking 78 (Oktober 1978). S. 82 ff.

Baker, James V., Jr. (1980)
Riding the Rates, or Asset/Liability Management Revisited, in: Banking 80 (August 1980), S. 57-62

Baker, James V., Jr. (1981)
Asset/Liability Management, American Bankers Association, Washington D.C. 1981

Baker, James V., Jr. (1982)
Statistical Relationships Are the Key to Banks' Use of Interest Rate Futures, in: ABA Banking Journal 74 (Mai 1982), S. 88-92

Ball, Clifford A. und Walter N. Torous (1983)
Bond Price Dynamics and Options, in: Journal of Financial and Quantitative Analysis 18 (1983), S. 517–531

Baltensperger, Ernst (1972)
Economies of Scale, Firm Size, and Concentration in Banking, in: Journal of Money, Credit and Banking 4 (1972), S. 467–488

Baltensperger, Ernst (1980)
The Theory of the Banking Firm, in: Journal of Money, Credit and Banking 12 (1980), S. 1–37

Baltensperger, Ernst (1983)
Zur Entwicklung der Bankwissenschaft in den USA, in: Bank (1983), S. 408–414

Baltensperger, Ernst und Hellmuth Milde (1987)
Theorie des Bankverhaltens, Heidelberg 1987

Barth, Herbert (1984)
Financial Futures: Neue Risiken für die Kreditinstitute?, in: Kredit und Kapital 17 (1984), S. 120–149

Batlin, Carl Alan (1983a)
Production under Price Uncertainty with Imperfect Time Hedging Opportunities in Futures Markets, in: Southern Economic Journal 50 (1983), S. 681–685

Batlin, Carl Alan (1983b)
Interest Rate Risk, Prepayment Risk, and the Futures Market Hedging Strategies of Financial Intermediaries, in: Journal of Futures Markets 3 (1983), S. 177–184

Bearman, Arlene E. und Betsey Epstein Kuhn (1981)
A Test of Efficiency: Cash versus Futures Markets, in: Journal of Portfolio Management 8 (Herbst 1981), S. 44–47

Becketti, Sean (1988)
The Role of Stripped Securities in Portfolio Management, in: Economic Review, Federal Reserve Bank of Kansas City 73 (Mai 1988), S. 20–31

Beedles, William L. und Nancy K. Buschmann (1981)
Describing Bank Equity Returns: A Year by Year Record, in: Journal of Money, Credit and Banking 13 (1981), S. 241–247

Beidleman, Carl R. (1985)
Financial Swaps: New Strategies in Currency and Coupon Risk Management, Homewood 1985

Beidleman, Carl R., Paul B. Wieland und David L. Astheimer (1984)
Applying Financial Futures in Banks, in: Magazine of Bank Administration 60 (1984), S. 50-61

Belongia, Michael T. (1983)
Commodity Options: A New Risk Management Tool for Agricultural Markets, in: Monthly Review, Federal Reserve Bank of St. Louis 65 (Juni-Juli 1983), S. 5-15

Belongia, Michael T. und Thomas H. Gregory (1084)
Are Options on Treasury Bond Futures Priced Efficiently?, in: Monthly Review, Federal Reserve Bank of St. Louis 66 (Januar 1984), S. 5-13

Belongia, Michael T. und G. J. Santoni (1984)
Hedging Interest Rate Risk with Financial Futures: Some Basic Principles, in: Monthly Review, Federal Reserve Bank of St. Louis 66 (Oktober 1984), S. 15-25

Belongia, Michael T. und G. J. Santoni (1985)
Cash Flow or Present Value: What's Lurking Behind that Hedge?, in: Monthly Review, Federal Reserve Bank of St. Louis 67 (Januar 1985), S. 5-13

Benner, Wolfgang (1971)
Planspiele für Kreditinstitute: Konzeption eines Simulationsmodells und Gestaltung des Spielrahmens, Göttingen 1971

Benner, Wolfgang (1978)
Der liquiditätsmäßig-finanzielle Bereich als Gegenstand der wissenschaftlichen Bankbetriebslehre, in: Deppe (Hrsg.), Bankbetriebliches Lesebuch, Stuttgart 1978, S. 341-390

Benninga, Simon, Rafael Eldor und Itzak Ziecha (1984)
The Optimal Hedge Ratio in Unbiased Futures Markets, in: Journal of Futures Markets 4 (1984), S. 155-159

Benninga, Simon und Michael Smirlock (1985)
An Empirical Analysis of the Delivery Option, Marking to Market, and the Pricing of Treasury Futures, in: Journal of Futures Markets 5 (1985), S. 361-374

Benölken, Heinz, Arnold Reuter und Friedrich Schaperjahn (1978)
Überlegungen zu einer Gesamtkonzeption für die Unternehmenssteuerung in Sparkassen, in: Betriebswirtschaftliche Blätter 27 (1978), S. 98-106

Benölken, Heinz und Heinz Wings (1984) und (1985)
Strategisches Bank-Controlling, in: Bank (1984), S. 579-581, bzw. (1985), S. 19-24, S. 78-79 und S. 143-147

Benston, George J. (1985)
An Analysis of the Causes of Savings and Loan Association Failures, New York University Monograph Series in Finance and Economics, New York 1985

Benston, George J. und Clifford W. Smith (1976)
A Transaction Cost Approach to the Theory of Financial Intermediation, in: Journal of Finance 31 (1976), S. 215-231

Bieg, Hartmut (1983)
Bankbilanzen und Bankenaufsicht, München 1983

Bieg, Hartmut und Markus Rübel (1988)
Ausweis und Bewertung von Devisen- und Zinstermingeschäften in Bankbilanzen, in: Kredit und Kapital 21 (1988), S. 253-277, S. 422-450 und S. 592-624.

Biehl, Werner und Arnold Reuter (1984)
Darstellung, Begrenzung und Steuerung von Zinsänderungsrisiken bei Sparkassen, in: Betriebswirtschaftliche Blätter 33 (1984), S. 266-277

Bierwag, Gerald O. (1977)
Immunization, Duration, and the Term Structure of Interest Rates, in: Journal of Financial and Quantitative Analysis 12 (1977), S. 725-741

Bierwag, Gerald O. (1978)
Measures of Duration, in: Economic Inquiry 16 (1978), S. 497-507

Bierwag, Gerald O. (1979)
Dynamic Portfolio Immunization Policies, in: Journal of Banking and Finance 3 (1979), S. 23-41

Bierwag, Gerald O. (1987a)
Duration Analysis - Managing Interest Rate Risk, Cambridge 1987

Bierwag, Gerald O. (1987b)
Bond Returns, Discrete Stochastic Processes and Duration, in: Journal of Financial Research 10 (1987), S. 191-209

Bierwag, Gerald O. und George G. Kaufman (1977)
Coping with the Risk of Interest Rate Fluctuations: A Note, in: Journal of Business 50 (1977), S. 364-370

Bierwag, Gerald O. und George G. Kaufman (1978)
Bond Portfolio Strategy Simulations: A Critique, in: Journal of Financial and Quantitative Analysis 13 (1978), S. 519-525

Bierwag, Gerald O. und George G. Kaufman (1985)
Duration Gap for Financial Institutions, in: Financial Analysts Journal (März-April 1985), S. 68-71

Bierwag, Gerald O., George G. Kaufman und Chulsoon Khang (1978)
Duration and Bond Portfolio Analysis: An Overview, in: Journal of Financial and Quantitative Analysis 13 (1978), S. 671-679

Bierwag, Gerald O., George G. Kaufman und Cynthia M. Latta (1987)
Bond Portfolio Immunization: Test of Maturity, One- and Two-Factor Duration Matching Strategies, in: Financial Review 22 (1987), S. 203-219

Bierwag, Gerald O., George G. Kaufman, Cynthia M. Latta und Gordon S. Roberts (1987)
Usefulness of Duration in Bond Portfolio Management: Response to Critics, in: Journal of Portfolio Management 13 (Winter 1987), S. 48-52

Bierwag, Gerald O., George G. Kaufman, Robert Schweitzer und Alden Toevs (1979)
Risk and Return for Active and Passive Bond Portfolio Management: Theory and Evidence, Working Paper, College of Business Administration, University of Oregon, Eugene 1979

Bierwag, Gerald O., George G. Kaufman, Robert Schweitzer und Alden Toevs (1981)
The Art of Risk Management in Bond Portfolios, in: Journal of Portfolio Management 7 (Frühjahr 1981), S. 27-36

Bierwag, Gerald O., George G. Kaufman, Robert Schweitzer und Alden Toevs (1983)
The Art of Risk Management in Bond Portfolios, in: Kaufman/Bierwag/Toevs (Hrsg.), Innovations in Bond Portfolio Management: Duration Analysis and Immunization, Greenwich 1983, S. 325-345

Bierwag, Gerald O., George G. Kaufman und Alden Toevs (1979)
Management Strategies for Savings and Loan Associations to Reduce Interest Rate Risk, Working Paper, College of Business Administration, University of Oregon, Eugene 1979

Bierwag, Gerald O., George G. Kaufman und Alden Toevs (1980)
The Sensitivity of Immunization to Correctly and Incorrectly Identified Stochastic Processes, Working Paper, College of Business Administration, University of Oregon, Eugene 1980

Bierwag, Gerald O., George G. Kaufman und Alden Toevs (1982)
Single Factor Duration Models in a Discrete General Equilibrium Framework, in: Journal of Finance 37 (1982), S. 325-338

Bierwag, Gerald O., George G. Kaufman und Alden Toevs (1983a)
Duration: Its Development and Use in Bond Portfolio Management, in: Financial Analysts Journal (Juli-August 1983), S. 15-35

Bierwag, Gerald O., George G. Kaufman und Alden Toevs (1983b)
Bond Portfolio Immunization and Stochastic Process Risk, in: Journal of Bank Research 13 (1983), S. 282-291

Bierwag, Gerald O., George G. Kaufman und Alden Toevs (1983c)
Recent Developments in Bond Portfolio Immunization Strategies, in: Kaufman/Bierwag/Toevs (Hrsg.), Innovations in Bond Portfolio Management: Duration Analysis and Immunization, Greenwich 1983, S. 105-157

Bierwag, Gerald O., George G. Kaufman und Alden Toevs (1983d)
Immunization Strategies for Funding Multiple Liabilities, in: Journal of Financial and Quantitative Analysis 18 (1983), S. 113-122

Bierwag, Gerald O. und Chulsoon Khang (1979)
An Immunization Strategy is a Minimax Strategy, in: Journal of Finance 34 (1979), S. 389-399

Bierwag, Gerald O. und Alden Toevs (1981)
Immunization of Interest Rate Risk for Commercial Banks and Savings and Loan Associations, Working Paper, College of Business Administration, University of Oregon, Eugene 1981

Billingham, Carol J. (1983)
Strategies for Enhancing Bond Portfolio Returns, in: Financial Analysts Journal (Mai-Juni 1983), S. 50-56

Binder, Barrett F. (1980a)
Asset/Liability Management (1): Establishing a Function and Developing a near Term Profit Plan, in: Magazine of Bank Administration 56 (November 1980), S. 42-48

Binder, Barrett F. (1980b)
Asset/Liability Management (2): Management and Control of Rate Sensitivity, in: Magazine of Bank Administration 56 (Dezember 1980), S. 31-35

Binder, Barrett F. (1981a)
Asset/Liability Management (3): Funding and Capital Management, in: Magazine of Bank Administration 57 (Januar 1981), S. 42-50

Binder, Barrett F. (1981b)
New Initiatives in Asset/Liability Management, in: Magazine of Bank Administration 57 (Juni 1981), S. 56-64

Binder, Barrett F. (1982)
Balance Sheet Management: What Can you Learn from the Top Performing Banks, in: Magazine of Bank Administration 58 (August 1982), S. 19-24

Binder, Barrett F. und Thomas Lindquist (Hrsg.) (1982)
Asset-Liability Handbook, Bank Administration Institute, Rolling Meadows 1982

Black, Fisher (1976)
The Pricing of Commodity Contracts, in: Journal of Financial Economics 3 (1976), S. 167-179

Black, Fisher und Myron Scholes (1972)
The Valuation of Option Contracts and a Test of Market Efficiency, in: Journal of Finance 27 (1972), S. 399-418

Black, Fisher und Myron Scholes (1973)
The Pricing of Options and Corporate Liabilities, in: Journal of Political Economy 81 (1973), S. 637-654

Blocher, Edward and Clyde Stickney (1979)
Duration and Risk Assessments in Capital Budgeting, in: Accounting Review 14 (1979), S. 180-188

Bockelmann, Horst (1982)
Banks and their Profits in the Light of German Experience, in: Flair/de Juvigny (Hrsg.), Bank Management in a Changing Domestic and International Environment, Den Haag 1982, S. 300-309

Bofinger, Peter (1986)
Geldpolitik im Zeichen der sogenannten Finanzinnovationen, in: Sparkasse 103 (1986), S. 139-149

Bookstaber, Richard M. (1982a)
Option Pricing and Strategies in Investing, Reading 1982

Bookstaber, Richard M. (1982b)
Interest Rate Hedging for the Mortgage Banker: The Effect of Interest Rate Futures and Loan Committments on Portfolio Return Distributions, in: Review of Research in Futures Markets 1 (1982), S. 22-51

Bookstaber, Richard M. und Roger G. Clarke (1981)
Options Can Alter Portfolio Return Distributions, in: Journal of Portfolio Management 7 (Frühjahr 1981), S. 63-70

Booth, G. Geoffrey (1972)
Programming Bank Portfolios under Uncertainty: An Extention, in: Journal of Bank Research 2 (1972), S. 38-40

Booth, G. Geoffrey und Gordon H. Dash, Jr. (1979)
Alternate Programming Structures for Bank Portfolios, in: Journal of Banking and Finance 3 (1979), S. 67-82

Booth, G. Geoffrey und Peter E. Koveos (1986)
A Programming Model for Bank Hedging Decisions, in: Journal of Financial Research 9 (1986), S. 271-279

Booth, James R., Richard L. Smith und Richard W. Stolz (1984)
Use of Interest Rate Futures by Financial Institutions, in: Journal of Bank Research 14 (1984), S. 15-20

Boquist, John A., George A. Racette und Gary G. Schlarbaum (1975)
Duration and Risk Assessment for Bonds and Common Stocks, in: Journal of Finance 30 (1975), S. 1360-1365

Bortz, Gary A. (1984)
Does the Treasury Bond Futures Market Destabilize the Treasury Bond Cash Market?, in: Journal of Futures Markets 4 (1984), S. 25-38

Boyle, P. P. (1978)
Immunization and Stochastic Models of the Term Structure, in: Journal of the Institute of Actuaries 108 (1978), S. 177-187

Bradley, Stephen P. und Dwight B. Crane (1973)
Management of Commercial Bank Government Security Portfolios: An Optimization Approach under Uncertainty, in: Journal of Bank Research 4 (1973), S. 18-30

Bradley, Stephen P. und Dwight B. Crane (1975)
Management of Bank Portfolios, New York 1975

Breeden, Douglas T. und Michael J. Giarla (1988)
Hedging Interest Rate Risk with Futures, Swaps, and Options, Research Paper Nr. 147, Federal Home Loan Bank Board, Washington D.C. 1988

Brewer, Elijah (1980a)
Bank Funds Management Comes of Age, in: Economic Perspectives, Federal Reserve Bank of Chicago 4 (März-April 1980), S. 3-10

Brewer, Elijah (1980b)
Bank Funds Management Comes of Age - A Balance Sheet Analysis, in: Economic Perspectives, Federal Reserve Bank of Chicago 4 (Mai-Juni 1980), S. 13-18

Brewer, Elijah (1985)
Bank Gap Management and the Use of Financial Futures, in: Economic Perspectives, Federal Reserve Bank of Chicago 9 (März-April 1985), S. 12-22

Brodt, Abraham J. (1978)
A Dynamic Balance Sheet Management Model for a Canadian Chartered Bank, in: Journal of Banking and Finance 2 (1978), S. 221-241

Brodt, Abraham J. (1979)
A Multi-Period Portfolio Theory Model for Commercial Bank Management, in: Gruber/Elton (Hrsg.), Portfolio Theory, Amsterdam 1979, S. 197-213

Brodt, Abraham J. (1984)
International Bank Asset and Liability Management, in: Journal of Bank Research 14 (1984), S. 82-94

Brodt, Abraham J. (1988)
Optimal Bank Asset and Liability Management with Financial Futures, in: Journal of Futures Markets 8 (1988), S. 457-481

Bühler, Wilhelm (1970)
Die Schichtenbilanz als Instrument der Leistungsanalyse für die Kreditbank, in: Kredit und Kapital 3 (1970), S. 408-440

Bühler, Wilhelm (1979)
Fristentransformation und Laufzeitspanne: Aspekte einer leistungsgerechten Zinsspanne, in: Österreichisches Bank-Archiv 27 (1979), S. 254-265

Bühler, Wolfgang (1983)
Anlagestrategien zur Begrenzung des Zinsänderungsrisikos von Portefeuilles aus festverzinslichen Titeln, in: Kapitalanlageplanung, Sonderheft 16/83 der Zeitschrift für betriebswirtschaftliche Forschung, Wiesbaden 1983, S. 82-138

Bühler, Wolfgang (1987)
Rationale Bewertung von Optionswerten auf Anleihen, Arbeitspapier, Universität Dortmund 1987

Büschgen, Hans E. (1979)
Bankbetriebslehre, Stuttgart 1979

Büschgen, Hans E. (1985)
Tendenzen der Geldvermögensbildung und ihre Konsequenzen für das Passivgeschäft, in Sparkasse 102 (1985), S. 294-299

Büschgen, Hans E. (1988)
Zinstermingeschäfte, Frankfurt/M. 1988

Burger, Albert E., Richard W. Lang und Robert H. Rasche (1977)
The Treasury Bill Futures Market and Market Expectations of Interest Rates, in: Monthly Review, Federal Reserve Bank of St. Louis 59 (Juni 1977), S. 1-9

Burns, Joseph M. (1983)
Futures Markets and Market Efficiency, in: Streit (Hrsg.), Futures Markets, Oxford 1983, S. 46-74

Burton, Edwin T. (1983)
Oberservations on the Theory of Option Pricing on Debt Instruments, in: Brenner (Hrsg.), Option Pricing, Lexington 1983, S. 35-44

Buser, Stephen A., Andrew H. Chen und Edward J. Kane (1981)
Federal Deposit Insurance, Regulatory Policy, and Optimal Bank Capital, in: Journal of Finance 36 (1981), S. 51-60

Campbell, Tim S. und William A. Kracaw (1980)
Information Production, Market Signaling, and the Theory of Financial Intermediation, in: Journal of Finance 35 (1980), S. 863-882

Capozza, Dennis R. und Bredford Cornell (1979)
Treasury Bill Pricing in the Spot and Futures Markets, in: Review of Economics and Statistics 61 (1979), S. 513-520

Carr, Jack L., Paul J. Halpern und John S. Mc Callum (1974)
Correcting the Yield Curve: A Re-Interpretation of the Duration Problem, in: Journal of Finance 29 (1974), S. 1287-1294

Carstensen, Meinhard (1986)
Finanzinnovationen in der praktischen Anwendung einer Geschäftsbank, in: Bank (1986), S. 352-356

Cates, David C. (1978)
Interest Sensitivity in Banking, in: Bankers Magazine 161 (Januar-Februar 1978), S. 23-27

Chalupa, Karel V. (1982)
Foreign Currency Futures: Reducing Foreign Exchange Risk, in: Economic Perspectives, Federal Reserve Bank of Chicago 6 (Winter 1982), S. 3-11

Chambers, Donald R. (1984)
An Immunization Strategy for Futures Contracts on Government Securities, in: Journal of Futures Markets 4 (1984), S. 173-187

Chan, Yuk-Shee (1983)
On the Positive Role of Financial Intermediation on Venture Capital in a Market with Imperfect Information, in: Journal of Finance 38 (1983), S. 1543-1568

Chance, Don M. (1982)
An Immunized-Hedge Procedure for Bond Futures, in: Journal of Futures Markets 2 (1982), S. 231-242

Chance, Don M. (1985)
A Semi-Strong Form Test of the Efficiency of the Treasury Bond Futures Market, in: Journal of Futures Markets 5 (1985), S. 385-405

Chance, Don M. und William R. Lane (1980)
A Re-Examination of Interest Rate Sensitivity in the Common Stocks of Financial Institutions, in: Journal of Financial Research 3 (1980), S. 49-55

Chandler, Lester V. (1969)
The Economics of Money and Banking, 5. Auflage, New York 1969

Chow, Brian G. und David J. Brophy (1982)
Treasury-Bill Futures Market: A Formulation and Interpretation, in: Journal of Futures Markets 2 (1982), S. 25-49

Cicchetti, Paul A. (1984)
Basis Risk in the Treasury Bill Futures Markets, Working Paper, University of Central Florida, 1984

Cicchetti, Paul A., Charles Dale und Anthony J. Vignola (1981)
Usefulness of Treasury Futures as a Hedging Instrument, in: Journal of Futures Markets 1 (1981), S. 379-387

Claus, Dieter (1982)
Zinstermingeschäfte: Eine erfolgreiche Variante der Financial Futures Markets, in: Sparkasse 99 (1982), S. 458-462

Clayton, Ronnie J. und Frank J. Navratil (1985)
The Management of Interest Rate Risk: Comment, in: Journal of Portfolio Management 11 (Sommer 1985), S. 64-66

Clifford, John T. (1975)
A Perspective on Asset-Liability Management, in: Magazine of Bank Administration 51 (1975), März, S. 16 ff. und April, S. 32 ff.

Cohen, Kalman J. (1972)
Dynamic Balance Sheet Management: A Management Science Approach, in: Journal of Bank Research 2 (1972), S. 9-19

Cohen, Kalman J. und Stephen E. Gibson (Hrsg.) (1978)
Management Science in Banking, Boston 1978

Cohen, Kalman J. und Frederick S. Hammer (1967)
Linear Programming and Optimal Bank Asset Management Decisions, in: Journal of Finance 22 (1967), S. 147-165

Cohen, Kalman J. und Chun H. Lam (1979)
A Linear Programming Model for Bank Holding Companies, in: Journal of Bank Research 9 (1979), S. 152-164

Cohen, Kalman J. und Sten Thore (1970)
Programming Bank Portfolios under Uncertainty, in: Journal of Bank Research 1 (1970), S. 42-61

Cohen, Kalman J., Steven F. Maier und James H. van der Weide (1981)
Recent Developments in Management Science in Banking, in: Management Science 27 (1981), S. 1097-1119

Cole, David W. (1972)
A Return-on-Equity Model for Banks, in: Bankers Magazine (Juli-August 1972), S. 40-47

Cooper, Jan (1977)
Asset Values, Interest-Rate Changes, and Duration, in: Journal of Financial and Quantitative Analysis 12 (1977), S. 701-723

Copeland, Thomas E. und J. Fred Weston (1983)
Financial Theory and Corporate Policy, 2. Auflage, London 1983

Cordell, David M. (1981)
Commercial Bank Spread Management: A Duration Approach, Working Paper, Louisiana State University, Baton Rouge 1981

Courtadon, George (1982)
The Pricing of Options on Default Free Bonds, in: Journal of Financial and Quantitative Analysis 17 (1982), S. 75-100

Cox, Charles C. (1976)
Futures Trading and Market Information, in: Journal of Political Economy 84 (1976), S. 1215-1237

Cox, John C., Jonathan E. Ingersoll, Jr. und Stephen A. Ross (1978)
A Theory of the Term Structure of Interest Rates, Working Paper, Graduate School of Business, Stanford University, Stanford 1978

Cox, John C., Jonathan E. Ingersoll, Jr. und Stephen A. Ross (1979)
Duration and the Measurement of Basis Risk, in: Journal of Business 52 (1979), S. 51-61

Cox, John C., Jonathan E. Ingersoll, Jr. und Stephen A. Ross (1980)
An Analysis of Variable Rate Loan Contracts, in: Journal of Finance 35 (1980), S. 389-403

Cox, John C., Jonathan E. Ingersoll, Jr. und Stephen A. Ross (1981a)
A Re-Examination of Traditional Hypotheses about the Term Structure of Interest Rates, in: Journal of Finance 36 (1981), S. 769-799

Cox, John C., Jonathan E. Ingersoll, Jr. und Stephen A. Ross (1981b)
The Relation between Forward Prices and Futures Prices, in: Journal of Financial Economics 9 (1981), S. 321-346

Cox, John C. und Mark Rubinstein (1985)
Options Markets, Englewood Cliffs 1985

Craine, Roger N. und James L. Pierce (1981)
Multivariate Analysis of Interest Rate Risk, in: Maisel (Hrsg.), Risk and Capital Adequacy in Commercial Banks, Chicago 1981, S. 271-284

Cramer, Robert H. (1978)
Better Asset/Liability Management at Regional Banks, in: Magazine of Bank Administration 54 (Juni 1978), S. 50-55

Cramer, Robert H. und Robert B. Miller (1976)
Dynamic Modeling of Multivariate Time Series for Use in Bank Analysis, in: Journal of Money, Credit and Banking 8 (1976), S. 85-96

Culbertson, John M. (1957)
The Term Structure of Interest Rates, in: Quarterly Journal of Economics 71 (1957), S. 485-517

Czech, Dieter Klaus (1973)
Zur Fristentransformation der Depositenbank, Dissertation Tübingen 1973

Daigler, Robert T. (1982) und (1985)
Futures Bibliography, in: Journal of Futures Markets 2 (1982), S. 209-216 bzw. 5 (1985), S. 131-143

Deppe, Hans-Dieter (1973)
Betriebswirtschaftliche Grundlagen der Geldwirtschaft, Stuttgart 1973

Deppe, Hans-Dieter (Hrsg.) (1978)
Bankbetriebliches Lesebuch, Ludwig Mülhaupt zum 65. Geburtstag, Stuttgart 1978

Dermine, Jean (1985a)
The Measurement of Interest Rate Risk by Financial Intermediaries, in: Journal of Bank Research 16 (1985), S. 86-90

Dermine, Jean (1985b)
Accounting Framework for Banks: A Market Value Approach, S.U.E.R.F., Tilbury 1985

Desmukh, Sudhakar D., Stuart I. Greenbaum und George Kanatas (1981)
Lending Policies of Financial Intermediaries: Brokers versus Quantitative Asset-Transformers, Working Paper, Banking Research Center Nr. 75, Northwestern University, Evanston 1981

Desmukh, Sudhakar D., Stuart I. Greenbaum und George Kanatas (1983)
Interest Rate Uncertainty and the Financial Intermediary's Choice of Exposure, in: Journal of Finance 38 (1983), S. 141-148

De Vany, Arthur S. (1984)
Comment on "Modeling the Banking Firm", in: Journal of Money, Credit and Banking 16 (1984), S. 603-609

Dew, James Kurt (1981a)
Comment on "Usefulness of Treasury Bill Futures as Hedging Instrument", in: Journal of Futures Markets 1 (1981), S. 389-391

Dew, James Kurt (1981b)
The Effective Gap, in: American Banker, 10. Juni, 18. September und 9. Dezember 1981, jeweils S. 1 f.

Dew, James Kurt (1984)
Managing Interest Rate Risk on both Sides of the Balance Sheet: Use of Futures by Financial Institutions, in: Kaufman (Hrsg.), Handbook of Futures Markets, New York 1984, Chapter II, S. 1-11

Dew, James Kurt und Terrance Martell (1981)
T-Bill Futures, Commercial Lending and the Synthetic Fixed Rate Loan, in: Journal of Commercial Lending (Juni 1981), S. 27-38

Dieckhöner, Bruno (1984)
Rentabilitätsrisiken aus dem Hypothekargeschäft von Kreditinstituten in Zeiten der Geldentwertung, Wiesbaden 1984

Dierolf, Günther Otto (1981)
Strukturwandel des Passivgeschäfts belastet Rentabilität, in: Langfristige Kredit 32 (1981), S. 379-381

Dierolf, Günther Otto (1984a)
Liquiditätsgrundsatz-Management in Bankbetrieben, in: Bank (1984), S. 74-78

Dierolf, Günther Otto (1984b)
Finanzpolitisches Entscheidungskriterium des Passiva Managements, in: Bank (1984), S. 210-216

Dierolf, Günther Otto (1985)
Steuerung des Passivgeschäfts, in: Österreichisches Bank-Archiv 33 (1985), S. 165-173

Drabenstott, Mark und Anne O'Mara Mc Donley (1982a)
The Impact of Financial Futures on Agricultural Banks, in: Economic Review, Federal Reserve Bank of Kansas City 67 (Mai 1982), S. 19-30

Drabenstott, Mark und Anne O'Mara Mc Donley (1982b)
The Effect of Financial Futures on Small Bank Performance, in: Economic Review, Federal Reserve Bank of Kansas City 67 (November 1982), S. 15-31

Drabenstott, Mark und Anne O'Mara Mc Donley (1984)
Futures Markets: A Primer for Financial Institutions, in: Economic Review, Federal Reserve Bank of Kansas City 69 (November 1984), S. 17-33

Draper, Dennis W. und James W. Hoag (1978)
Financial Intermediation and the Theory of Agency, in: Journal of Financial and Quantitative Analysis 13 (1978), S. 595-611

Draper, Norman und Harry Smith (1981)
Applied Regression Analysis, 2. Auflage, New York 1981

Dreher, Erich (1985)
Das interne Rechnungswesen als Planungs- und Steuerungsinstrument, in: Kolbeck (Hrsg.), Risikovorsorge: Das Rechnungswesen als Informationsinstrument zur Steuerung und Kontrolle bankbetrieblicher Risiken, Frankfurt/M. 1985, S. 87-108

Droste, Klaus D., Heino Faßbender, Burkhardt Pauluhn, Peter F. Schlenzka und Eberhardt von Löhneysen (1983)
Falsche Ergebnisinformationen: Häufige Ursache für Fehlentwicklungen in Banken, in: Bank (1983), S. 313-323

Drukarczyk, Jochen (1983)
Kreditverträge, Mobiliarsicherheiten und Vorschläge zu ihrer Reform im Konkursrecht, in: Zeitschrift für Betriebswirtschaft 53 (1983), S. 328-333

Dufey, Gunter und Ian H. Giddy (1981)
The Evolution of Instruments and Techniques in International Futures Markets, S.U.E.R.F., Tilbury 1981

Duncan, Wallace (1977)
Treasury Bill Futures: Opportunities and Pitfalls, in: Business Review, Federal Reserve Bank of Dallas (Juli 1977), S. 1-5

Durand, David (1957)
Growth Stocks and the Petersburg Paradox, in: Journal of Finance 12 (1957), S. 348-363

Durand, David (1974)
Payout Period, Time Spread and Duration: Aids to Judgement in Capital Budgeting, in: Journal of Bank Research 4 (1974), S. 20-34

Dusak, Kathrin (1973)
Futures Trading and Investor Return: An Investigation of Commodity Market Risk Premium, in: Journal of Political Economy 81 (1973), S. 1387-1406

Dutschke, Walter und Heinrich Haberkorn (1985)
Das Führungs-, Informations- und Steuerungssystem einer Privatbank, in: Bank (1985), S. 380-390

Eatman, John L. und C. William Sealey (1979)
A Multiobjective Linear Programming Model for Commercial Bank Balance Sheet Management, in: Journal of Bank Research 10 (1979), S. 227-236

Ederington, Louis H. (1979)
The Hedging Performance of the New Futures Markets, in: Journal of Finance 34 (1979), S. 157-170

Eickmeier, Otmar und Dieter Viehöfer (1983)
Neue Ansätze in der Sparzinspolitik: Überlegungen, Konsequenzen, Erfahrungen, in: Sparkasse 100 (1983), S. 356-362

Eilenberger, Guido (1982)
Bankbetriebswirtschaftslehre, 2. Auflage, München 1982

Eizenga, Wietze (1982)
Saving Banks and Interest Rate Developments: The Situation in the Netherlands and Some Key Aspects of the U.S. Situation, in: Fair / de Juvigny (Hrsg.), Bank Management in a Changing Domestic and International Environment, Den Haag 1982, S. 61-79

Elton, Edwin J. und Martin J. Gruber (1981)
Modern Portfolio Theory and Investment Analysis, New York 1981

Erdland, Alexander (1981a)
Eigenkapital und Einlegerschutz bei Kreditinstituten: Eine funktions- und abbildungstheoretische Analyse, Berlin 1981

Erdland, Alexander (1981b)
Die Abstimmung der Aktiv- und Passivgeschäfte einer Bank aus der Sicht der Bankaufsicht, in: Jürgen Hauschild, Alexander Erdland, Winfried Hamel, Hartwig Hasenkamp, Michael Rogusch und Klaus Weigel, Bank und Börsenwesen, Band 2, hrsgg. von Michael Bitz, München 1981, S. 127-175

Eufinger, Jürgen (1983)
Zur Quantifizierung des Zinsänderungsrisikos im Rahmen des Prognosesystems, in: Betriebswirtschaftliche Blätter 32 (1983), S. 293-296

Eufinger, Jürgen (1984)
Steuerung des Zinsänderungsrisikos im Rahmen des Prognosesystems, in: Betriebswirtschaftliche Blätter 33 (1984), S.162 f.

Ezell, John (1985)
Application of Debt Options for Banks and Thrifts, in: Fabozzi (Hrsg.), Winning the Interest Rate Game, Chicago 1985, S. 207-225

Ezra, D. Don (1976)
Immunization: A New Look for Actuarial Liabilities, in: Journal of Portfolio Management 3 (Winter 1976), S. 50-53

Fabozzi, Frank J. (Hrsg.) (1985)
Winning the Interest Rate Game: A Guide to Debt Options, Chicago 1985

Fabozzi, Frank J. und Sal Trovato (1976)
The Use of Quantitative Methods in Commercial Banks, in: Journal of Bank Research 7 (1976), S. 173-178

Fama, Eugene F. (1970)
Efficient Capital Markets: A Review of Theory and Empirical Work, in: Journal of Finance 25 (1970), S. 383-417

Fama, Eugene F. (1980)
Banking in the Theory of Finance, in: Journal of Monetary Economics 6 (1980), S. 39-57

Farrell, James L., Jr. (1983)
Guide to Portfolio Management, New York 1983

Faßbender, Heino (1973)
Zur Theorie und Empirie der Fristigkeitsstruktur der Zinssätze, Berlin 1973

Feder, Gershon, Richard E. Just und A. Schmitz (1980)
Futures Markets and the Theory of the Firm under Price Uncertainty, in: Quarterly Journal of Economics 93 (1980), S. 317-328

Feldstein, Sylvan G., Peter E. Christensen und Frank J. Fabozzi (1982)
Bond Portfolio Immunization, in: Fabozzi (Hrsg.), Readings in Investment Management, Homewood 1982, S. 189-206

Fewings, David R. (1979)
Corporate Growth and Common Stock Risk, New York 1979

Figlewski, Stephan (1981)
Futures Trading and Volatility in the GNMA Market, in: Journal of Finance 36 (1981), S. 445-456

Fitzgerald, Desmond M. (1983)
Financial Futures, Euromoney Publication, London 1983

Fitzgerald, Desmond M. (1984)
Financial Futures for Banks: A Set of Case Studies, London International Financial Futures Exchange, London 1984

Fisher, Lawrence (1966)
An Algorithm for Finding Exact Rates of Return, in: Journal of Business 39 (1966), S. 111-118

Fisher, Lawrence und Roman L. Weil (1971)
Coping with the Risk of Market-Rate-Fluctuations: Returns to Bondholders from Naive and Optimal Strategies, in: Journal of Business 44 (1971), S. 408-431

Flair, Donald E. und Francois Leonard de Juvigny (Hrsg.) (1982)
Bank Management in a Changing Domestic and International Environment: The Challenge of the Eighties, S.U.E.R.F., Den Haag 1982

Flannery, Mark (1980)
How do Changes in Market Interest Rates Affect Bank Profits, in: Businesss Review, Federal Reserve Bank of Philadelphia (September-Oktober 1980), S. 13-22

Flannery, Mark (1983)
Interest Rates and Bank Profitability: Additional Evidence, in: Journal of Money, Credit and Banking 15 (1983), S. 355-362

Flannery, Mark und Christopher M. James (1984)
The Effect of Interest Rate Changes on the Common Stock Returns of Financial Institutions, in: Journal of Finance 39 (1984), S. 1141-1153

Flechsig, Rolf (1983)
Bankbetriebliches Controlling im Kundenmanagement, in: Österreichisches Bank-Archiv 31 (1983), S. 157-164

Flechsig, Rolf (1985)
Die Schichtenbilanz: Ihr Glanz und Elend, in: Bank (1985), S. 298-302

Flechsig, Rolf und Hans-Rudolph Flesch (1982)
Die Wertsteuerung: Ein Ansatz des operativen Controlling im Wertbereich, in: Bank (1982), S. 454-465

Flesch, Hans-Rudolph, Friedrich Piaskowski und Christian R. Sievi (1984)
Erfolgsquellensteuerung durch Effektivzinsen im Konzept der Wertsteuerung, in: Bank (1984), S. 357-366

Fong, Gifford H. und Oldrich Vasicek (1983a)
The Tradeoff between Risk and Return in Immunized Portfolios, in: Financial Analysts Journal (September-Oktober 1983), S. 73-78

Fong, Gifford H. und Oldrich Vasicek (1983b)
Return Maximization for Immunized Portfolios, in: Kaufman/ Bierwag/Toevs (Hrsg.), Innovations in Bond Portfolio Management: Duration Analysis and Immunization, Greenwich 1983, S. 227-237

Fong, Gifford H. und Oldrich Vasicek (1984)
A Risk Minimizing Strategy for Portfolio Immunization, in: Journal of Finance 39 (1984), S. 1541-1546

Fortson, James C. und Robert R. Dince (1977)
An Application of Goal Programming to a Country Bank, in: Journal of Bank Research 7 (1977), S. 311-319

Francis, Jack Clark (1978)
Portfolio Analysis of Asset and Liability Management in Small-, Medium-, and Large-Sized Banks, in: Journal of Monetary Economics 4 (1978), S. 459-480

Franckle, Charles T. (1980)
The Hedging Performance of the New Futures Markets: Comment, in: Journal of Finance 35 (1980), S. 1273-1279

Franckle, Charles T. und Andrew J. Senchack, Jr. (1980)
Economic Considerations in the Use of Interest Rate Futures, Working Paper, University of Texas, Austin 1980

Franke, Günter (1988)
Dept-Equity Swaps aus finanzierungstheoretischer Perspektive, in: Zeitschrift für Betriebswirtschaft 58 (1988), S. 187-197

Frankel, A. B. (1984)
Interest Rate Futures: An Innovation in Financial Techniques for the Management of Risk, BIS Economic Papers, Nr. 12, Basel 1984

Freedman, Charles (1977)
Micro-Theory of International Financial Intermediation, in: American Economic Review 67 (1977), S. 172-179

Friedman, Daniel, Glenn W. Harrison und John W. Salmon (1983)
The Informational Role of Futures Markets: Some Experimental Evidence, in: Streit (Hrsg.), Futures Markets, Oxford 1983, S. 124-164

Froewiss, Kenneth C. (1978)
GNMA Futures: Stabilizing or Destabilizing?, in: Economic Review, Federal Reserve Bank of San Francisco (Frühjahr 1978), S. 20-29

Fuller, Russel J. und John W. Settle (1984)
Determinants of Duration and Bond Volatility, in: Journal of Portfolio Management 10 (Sommer 1984), S. 66-72

Galai, Don (1977)
Tests of Market Efficiency of the Chicago Board Options Exchange, in: Journal of Business 50 (1977), S. 167-197

Gammill, James, F., Jr. und James M. Stone (1982)
Options, Futures, and Business Risk, in: Journal of Futures Markets 2 (1982), S. 141-149

Gay, Gerald D. und Robert W. Kolb (1982)
Interest Rate Futures: Concepts and Issues, Richmond 1982

Gay, Gerald D. und Robert W. Kolb (1983a)
Interest Rate Futures as a Tool for Immunization, in: Journal of Portfolio Management 10 (Herbst 1983), S. 65–70

Gay, Gerald D. und Robert W. Kolb (1983b)
The Management of Interest Rate Risk, in: Journal of Portfolio Management 10 (Winter 1983), S. 65–60

Gay, Gerald D. und Robert W. Kolb (1984)
Removing Bias in Duration Based Hedging Models: A Note, in: Journal of Futures Markets 4 (1984), S. 225–228

Gay, Gerald D., Robert W. Kolb und Raymond Chiang (1983)
Interest Rate Hedging: An Empirical Test of Alternative Strategies, in: Journal of Financial Research 6 (1983), S. 187–197

Geiger, Helmut (1986)
Innovationen im Kreditgewerbe, in: Sparkasse 103 (1986), S. 135–139

Giersch, Herbert und Hartmut Schmidt (1986)
Offene Märkte für Beteiligungskapital: USA, Großbritannien, Bundesrepublik Deutschland, Stuttgart 1986

Gildea, John (1985)
Asset/Liability Management, in: Havrilesky u.a. (Hrsg.), The Dynamics of Banking, Arlington Heights 1985, S. 27–40

Giliberto, Michael (1985)
Interest Rate Sensitivity in the Common Stock of Financial Intermediaries: A Methological Note, in: Journal of Financial and Quantitative Analysis 20 (1985), S. 123–126

Giroux, Gary A. und Peter S. Rose (1981)
Financial Forecasting in Banking: Methods and Applications, Ann Arbor 1981

Gleske, Leonhard (1986)
Finanzinnovationen aus Sicht der Notenbanken und der Bankenaufsichtsbehörden, in: Bank (1986), S. 280–285

Göppl, Hermann (1983)
Finanzintermediation und Bankaktienbewertung: Konzepte und empirische Überprüfung, in: Zeitschrift für Betriebswirtschaft 53 (1983), S. 610–631

Göppl, Hermann (1986)
Allgemeine Grundlagen des Bankbetriebs, in: Göppl/Guthardt/ A. Kremer/E. Kremer (Hrsg.), Beiträge zur Banktheorie und Wirtschaftspolitik, Frankfurt/M. 1986, S. 9–27

Goldenberg, David H. (1983)
Comment on "Usefulness of Treasury Bill Futures as Hedging Instruments", in: Journal of Futures Markets 3 (1983), S. 225-226

Goldsmith, Raymond W. (1965)
The Flow of Capital Funds in the Postwar Economy, New York 1965

Goodman, Laurie S. (1983)
New Options Markets, in: Quarterly Review, Federal Reserve Bank of New York 8 (Herbst 1983), S. 35-47

Goodman, Laurie S. (1985)
Introduction to Debt Options, in: Fabozzi (Hrsg.), Winning the Interest Rate Game, Chicago 1985, S. 3-24

Goodman, Laurie S. und Martha J. Langer (1983)
Accounting for Interest Rate Futures in Bank Asset-Liability Management, in: Journal of Futures Markets 3 (1983), S. 415-427

Goss, Barry Andrew und Basil Selig Yamey (1976)
The Economics of Futures Trading, London 1976

Gould, J. B. und Eric H. Sorensen (1986)
Duration: A Factor in Equity Pricing, in: Journal of Portfolio Management 13 (Herbst 1986), S. 38-43

Graddy, Duane B., Austin H. Spencer und William H. Brunsen (1985)
Commercial Banking and the Financial Services Industry, Reston 1985

Grant, Dwight und George H. Hempel (1980)
Bank Portfolio Management: The Role of Financial Futures, Working Paper 80-900, Southern Methodist University, Dallas 1980

Grossman, Sanford J. und Joseph E. Stiglitz (1980)
On the Impossibility of Informationally Efficient Markets, in: American Economic Review 70 (1980), S. 393-408

Grove, Myron A. (1974)
On Duration and the Optimal Maturity Structure of the Balance Sheet, in: Bell Journal of Economics and Management Science 6 (1974), S. 696-709

Grove, Myron A. (1977)
A Model of the Maturity Profile of the Balance Sheet, in: Metroeconomica 18 (1977), S. 40-55

Grumball, Clive (1987)
Managing Interest Rate Risk, Cambridge 1987

Güde, Udo (1977)
Stille Rücklagen als Instrument der Risikovorsorge im Sparkassenbetrieb, in: Betriebswirtschaftliche Blätter 26 (1977), S. 163-170

Gultekin, N. Bulent und Richard J. Rogalski (1984)
Alternative Duration Specification and the Measurement of Basis Risk: Empirical Tests, in: Journal of Business 57 (1984), S. 241-264

Gup, Benton E. (1984)
Management of Financial Institutions, Boston 1984

Gurley, John G. (1967)
The Saving-Investment Process and the Market for Loanable Funds, in: Ritter (Hrsg.), Money and Economic Activity: Readings in Money and Banking, 3. Auflage, Boston 1967, S. 50-55

Gurley, John G. und Edward S. Shaw (1956)
Financial Intermediaries and the Saving-Investment Process, in: Journal of Finance 11 (1956), S. 257-276

Gurley, John G. und Edward S. Shaw (1960)
Money in a Theory of Finance, Washington D.C. 1960

Gushee, Charles H. (1981)
How to Hedge a Bond Investment, in: Financial Analysts Journal (März-April 1981), S. 44-51

Hagenmüller, Karl-Friedrich und Adolf-Friedrich Jacob (1987 u. 1988)
Der Bankbetrieb, Band I, II und III, 5. Auflage, Wiesbaden 1987 und 1988

Hahn, Oswald (1977)
Die Führung des Bankbetriebs, Stuttgart 1977

Haley, Charles W. und Lawrence D. Schall (1979)
The Theory of Financial Decisions, New York 1979

Hansmann, Karl-Werner (1980)
Dynamische Aktienanlage-Planung, Wiesbaden 1980

Hanweck, Gerald A. und Thomas Eric Kilcollin (1984)
Bank Profitability and Interest Rate Risk, in: Journal of Economics and Business 36 (1984), S. 77-84

Hart, Oliver D. und Dwight M. Jaffee (1974)
On the Application of Portfolio Theory to Depository Financial Intermediaries, in: Review of Economic Studies 41 (1974), S. 129–147

Hasenkamp, Karl Peter (1982)
Zinsrisiken in Bankbilanzen: Probleme der Information, Steuerung und Ergebnisbeeinflussung im Jahresabschluß, in: Becker/Falk (Hrsg.), Materialien zum Zinsrisiko, Schriften des Verbandes öffentlicher Banken, Heft 9, Göttingen 1982, S. 84–119

Haugen, Robert A. (1986)
Modern Investment Theory, Englewood Cliffs 1986

Haugen, Robert A. und Dean W. Wichern (1974)
The Elasticity of Financial Assets, in: Journal of Finance 29 (1974), S. 1225–1240

Hauschildt, Jürgen, Alexander Erdland, Winfried Hamel, Hartwig Hasenkamp, Michael Rogusch und Klaus Weigel (1981)
Bank- und Börsenwesen, Band 2, hrsgg. von Michael Bitz, München 1981

Havrilesky, Thomas M. (1985)
Theory-of-the-Firm Models of Bank Behavior, in: Havrilesky u.a. (Hrsg.), The Dynamics of Banking, Arlington Heights 1985, S. 5–26

Hawawini, Gabriel A. (Hrsg.) (1982a)
Bond Duration and Immunization: Early Developments and Recent Contributions, New York 1982

Hawawini, Gabriel A. (1982b)
On the Mathematics of Macaulay Duration, in: Hawawini (Hrsg.), Bond Duration and Immunization, New York 1982

Hawawini, Gabriel A. (1982c)
Bond Duration and Immunization: An Introduction and a Bibliographical Index, in: Hawawini (Hrsg.), Bond Duration and Immunization, New York 1982, S. 1–16

Hegde, Shantaram P. (1982)
The Impact of Interest Rate Level and Volatility on the Performance of Interest Rate Hedges, in: Journal of Futures Markets 2 (1982), S. 341–356

Hegde, Shantaram P. und Ben Branch (1985)
An Empirical Analysis of Arbitrage Opportunities in the Treasury Bill Futures Market, in: Journal of Futures Markets 5 (1985), S. 407–424

Hegde, Shantaram P. und Kenneth P. Nunn (1985a)
A Multivariate Analysis of the Cross-Hedging Performance of T-Bond and GNMA Futures Markets, in: Financial Review 20 (1985), S. 143-163

Hegde, Shantaram P. und Kenneth P. Nunn (1985b)
Interest Rate Volatility, Trading Volume, and the Hedging Performance of T-Bond and GNMA Futures: A Note, in: Journal of Futures Markets 5 (1985), S. 273-286

Hein, Manfred (1981)
Einführung in die Bankbetriebslehre, München 1981

Heitmann, Hans Werner und Hartmut Grahl (1983)
Passivgeschäftspolitik im Wandel - oder: Sei biegsam wie ein Rohr, nicht steif wie eine Zeder, in: Sparkasse 100 (1983), S. 436-438

Hempel, George H. (Hrsg.) (1981)
Fund Management under Deregulation: Selected Readings, American Bankers Association, Washington D.C. 1981

Hempel, George H., Alan B. Coleman und Donald G. Simonson (1983)
Bank Management: Text and Cases, New York 1983

Hempel, George H., Alan B. Coleman und Donald G. Simonson (1986)
Bank Management: Text and Cases, 2. Auflage, New York 1986

Hermanns, Fritz (1983)
Zur zinspolitischen Gestaltung der Passivseite, in: Zeitschrift für das gesamte Kreditwesen 36 (1983), S. 384-388

Hesberg, Dieter (1983)
Risikovorsorge durch Kreditausfall- und Zinsänderungsrückstellungen im Jahresabschluß von Banken, in: Kredit und Kapital 16 (1983), S. 531-567

Hess, Alan C. (1985)
Variable Rate Mortgages: Confusion of Means and Ends, in: Financial Analysts Journal (Januar-Februar 1985), S. 67-70

Hicks, John R. (1939)
Value and Capital, Oxford 1939

Hicks, John R. (1946)
Value and Capital, 2. Auflage, London 1946

Hielscher, Udo (1982)
Börsen, in: Obst/Hintner, Geld-, Bank- und Börsenwesen, hrsgg. von Norbert Kloten und Johann Heinrich von Stein, Stuttgart 1982, S. 804-862

Hieronymus, Thomas A. (1980)
Economics of Futures Trading, 2. Auflage, New York 1980

Hill, Joanne, Joseph Liro und Thomas Schneeweis (1983)
Hedging Performance of GNMA Futures under Rising and Falling Rates, in: Journal of Futures Markets 3 (1983), S. 403-413

Hill, Joanne und Thomas Schneeweis (1982)
Risk Reduction Potential of Financial Futures for Corporate Bond Positions, in: Gay/Kolb (Hrsg.), Interest Rate Futures: Concepts and Issues, Richmond 1982, S. 307-324

Hill, Joanne und Thomas Schneeweis (1984)
Reducing Volatility with Financial Futures, in: Financial Analysts Journal (November-Dezember 1984), S. 34-40

Hill, Mark (1982)
How a Commercial Bank Trader Uses the Treasury Bond Markets for various Hedging Applications, in: Review of Research in Futures Markets 1 (1982), S. 204-209

Hilliard, Jimmy (1984)
Hedging Interest Rate Risk with Futures Portfolios under Term Structure Effects, in: Journal of Finance 39 (1984), S. 1547-1570

Ho, Thomas S. Y. (1985)
Duration, Future Pricing, and Immunization with Interest Rate Futures, Working Paper, New York University, New York 1985

Ho, Thomas S. Y. und Anthony Saunders (1981)
The Determinants of Bank Interest Margins: Theory and Empirical Evidence, in: Journal of Financial and Quantitative Analysis 16 (1981), S. 581-600

Ho, Thomas S. Y. und Anthony Saunders (1983)
Fixed Rate Loan Commitments, Take-Down Risk, and the Dynamics of Hedging with Futures, in: Journal of Financial and Quantitative Analysis 18 (1983), S. 499-516

Hochgürtel, Michael (1982)
Der Financial Futures Markt: Eine Einführung, in: Außenwirtschaft 37 (1982), S. 329-344

Hölscher, Reinhold (1988)
Die Steuerung von Risikokosten durch ein Budget-System, in: Bank (1988), S. 317-323

Hoffmann, Horst (1967)
Dispositionsregeln zur Solvenzsicherung von Depositenbanken, Dissertation Saarbrücken 1967

Holthausen, Duncan M. (1979)
Hedging and the Competitive Firm under Price Uncertainty, in: American Economic Review 69 (1979), S. 989-995

Homer, Sidney und Martin L. Leibowitz (1972)
Inside the Yield Book, Englewood Cliffs 1972

Hopewell, Michael H. und George G. Kaufman (1973)
Bond Price Volatility and Term to Maturity: A Generalized Respecification, in: American Economic Review 60 (1973), S. 749-753

Houthakker, Hendrik S. (1982a)
The Regulation of Financial and other Futures Markets, in: Journal of Finance 37 (1982), S. 481-491

Houthakker, Hendrik S. (1982b)
The Extension of Futures to the Financial Sector, in: Journal of Banking and Finance 6 (1982), S. 37-47

Howard, Charles T. (1982)
Are T-Bill Futures Good Forecasters of Interest Rates?, in: Journal of Futures Markets 2 (1982), S. 305-315

Howard, Charles T. und Louis J. D'Antonio (1984)
A Risk Return Measure of Hedging Effectiveness, in: Journal of Financial and Quantitative Analysis 19 (1984), S. 101-113

Hsia, Chi Cheng und Fred J. Weston (1981)
Price Behavior of Deep Discount Bonds, in: Journal of Banking and Finance 5 (1981), S. 357-361

Hübner, Otto (1854)
Die Banken, Leipzig 1854, unveränderter Nachdruck, Frankfurt/M. 1968

Ingersoll, Jonathan E., Jeffrey Skelton und Roman L. Weil (1978)
Duration: Forty Years Later, in: Journal of Financial and Quantitative Analysis 13 (1978), S. 621-650

Ippisch, Wolfgang (1984)
Bankbetriebliches Zinsspannenmanagement: Instrumentelle Aspekte einer Fristen- und Rentabilitätssteuerung bei sich wandelnden Bilanzstrukturen, Wien 1984

Jacob, Adolf-Friedrich (1978a)
Planung und Steuerung der Zinsspanne in Banken, in: Betriebswirtschaft 38 (1978), S. 341-350

Jacob, Adolf-Friedrich (1978b)
Das Rechnungswesen als Steuerungsinstrument bei Banken, in: Bank (1978), S. 416-423

Jacobs, Rodney L. (1982)
Restructuring the Maturity of Regulated Deposits with Treasury-Bill Futures, in: Journal of Futures Markets 2 (1982), S. 183-193

Jacobs, Rodney L. (1983)
Fixed-Rate Lending and Interest Rate Futures Hedging, in: Journal of Bank Research 14 (1983), S. 193-202

Jacobs, Rodney L. and Robert A. Jones (1980)
The Treasury Bill Futures Market, in: Journal of Political Economy 88 (1980), S. 699-721

Jacobson, Robert (1981)
Forecasting Bank Portfolios, in: Maisel (Hrsg.), Risk and Capital Adequacy in Commercial Banks, Chicago 1981, S. 249-270

Jarrow, Robert A. und George S. Oldfield (1981)
Forward Contracts and Futures Contracts, in: Journal of Financial Economics 9 (1981), S. 373-382

Jensen, Michael C. und William H. Meckling (1976)
Theory of the Firm: Managerial Behaviour, Agency Costs and Ownership Structure, in: Journal of Financial Economics 3 (1976), S. 305-360

Jetzer, Martin (1982)
Vorzüge des Futures Marktes für festverzinsliche Wertpapiere, in: Außenwirtschaft 37 (1982), S. 315-327

Joehnk, Michael D. (1983)
Riding the Yield Curve to Improve Returns on Money Market Portfolios, in: Fabozzi/Pollak (Hrsg.), The Handbook of Fixed Income Securities, Homewood 1983, S. 774-780

Johnson, L. (1960)
The Theory of Hedging and Speculation in Commodity Futures, in: Review of Economic Studies 27 (1960), Oktober, S. 139-160

Jones, Frank J. (1981)
The Integration of the Cash and Futures Markets for Treasury Securities, in: Journal of Futures Markets 1 (1981), S. 33-57

Jones, Robert A. (1985)
Conversion Factor Risk in Treasury Bond Futures: Comment, in: Journal of Futures Markets 5 (1985), S. 115-119

Jonkhart, Marius J. (1979)
On the Term Structure of Interest Rates and the Risk of Default: An Analytical Approach, in: Journal of Banking and Finance 3 (1979), S. 253-262

Jüttner, Johannes D. (1984)
Information and Futures Trading: Some Missing Facts and Consequences, in: Jahrbücher für Nationalökonomie und Statistik 99 (1984), S. 460-463

Kamara, Avraham (1982)
Issues in Futures Markets: A Survey, in: Journal of Futures Markets 2 (1982), S. 261-294

Kane, Edward J. (1980)
Market Incompleteness and Divergences Between Forward and Future Interest Rates, in: Journal of Finance 35 (1980), S. 221-234

Kane, Alex und Alan J. Marcus (1984)
Conversion Factor Risk and Hedging in the Treasury-Bond Futures Market, in: Journal of Futures Markets 4 (1984), S. 55-64

Kasriel, Paul L. und Randall C. Merris (1983)
Chicago: City of the Big Straddles, in: Economic Perspectives, Federal Reserve Bank of Chicago 7 (Januar-Februar 1983), S. 3-7

Kath, Dietmar (1972)
Die verschiedenen Ansätze der Zinsstrukturtheorie, in: Kredit und Kapital 5 (1972), S. 28-71

Kaufman, George G. (1978)
Measuring Risk and Return for Bonds: A New Approach, in: Journal of Bank Research 9 (1978), S. 82-90

Kaufman, George G. (1980)
Duration, Planning Period, and Test of the Capital Asset Pricing Model, in: Journal of Financial Research 3 (1980), S. 1-9

Kaufman, George G. (1983)
The U.S. Financial System: Money, Markets and Institutions, 2. Auflage, Englewood Cliffs 1983

Kaufman, George G. (1984)
Measuring and Managing Interest Rate Risk: A Primer, in: Economic Perspectives, Federal Reserve Bank of Chicago 8 (Januar-Februar 1984), S. 16-29

Kaufman, George G., Gerald O. Bierwag und Alden Toevs (Hrsg.) (1983)
Innovations in Bond Portfolio Management: Duration Analysis and Immunization, Greenwich 1983

Kaufman, Perry (1983)
Handbook of Futures Markets, New York 1983

Kawaller, Ira G. und Timothy W. Koch (1984)
Cash-and-Carry Trading and the Pricing of Treasury Bill Futures, in: Journal of Futures Markets 4 (1984), S. 115-123

Keen, Howard, Jr. (1980)
Interest Rate Futures: A Challenge for Bankers, in: Business Review, Federal Reserve Bank of Philadelphia (November-Dezember 1980), S. 13-22

Kessel, Reuben H. (1965)
The Cyclical Behaviour of the Term Structure of Interest Rates, New York 1965

Kessler, Helmut (1982)
Zur Entwicklung der Refinanzierung des langfristigen Geschäfts, in: Langfristige Kredit 33 (1982), S. 476-480

Khang, Chulsoon (1979)
Bond Immunization when Short Term Rates Fluctuate more than Long Term Rates, in: Journal of Financial and Quantitative Analysis 14 (1979), S. 1085-1090

Khang, Chulsoon (1983)
A Dynamic Global Portfolio Immunization Strategy in the World of Multiple Interest Rate Changes: A Dynamic Immunization and Minimax Theorem, in: Journal of Financial and Quantitative Analysis 18 (1983), S. 355-362

Kidwell, David S. und Timothy W. Koch (1983)
Market Segmentation and the Term Structure of Municipal Yields, in: Journal of Money, Credit, and Banking 15 (1983), S. 40-55

Kilcollin, Thomas Eric (1982)
Difference Systems in Financial Futures Markets, in: Journal of Finance 37 (1982), S. 1183-1197

Kinast, Gerhard (1976)
Die kontrollierte Inkongruenz von Aktiv- und Passivkreditfristen als liquiditätspolitisches Verhaltensmuster für Kreditinstitute, Dissertation Mannheim 1976

Klein, Michael A. (1971)
A Theory of the Banking Firm, in: Journal of Money, Credit, and Banking 3 (1971), S. 205-218

Klein, Michael A. (1973)
The Economics of Security Divisibility and Financial Intermediation, in: Journal of Finance 28 (1973), S. 923-931

Klünder, Wolfgang (1985)
Betriebswirtschaftliches Verfahren zur Steuerung des Festzinsneugeschäfts, in: Betriebswirtschaftliche Blätter 34 (1985), S. 221-223

Knies, Carl (1931)
Geld und Kredit, Berlin 1879, Nachdruck, Leipzig 1931

Knorr, Günther (1983)
Zur Sparzinspolitik nach der Zinswende, in: Sparkasse 100 (1983), S. 5 f.

Kobold, Klaus (1985)
Terminkontraktmärkte für verzinsliche Wertpapiere, in: Sparkasse 102 (1985), S. 64-69

Kobold, Klaus (1986)
Interest Rate Futures Markets and Capital Market Theory. Berlin 1986

Koch, Timothy W. (1988)
Bank Management, Chicago 1988

Koch, Donald L., Delores W. Steinhauser und Pamela Whigham (1982)
Financial Futures as a Risk Management Tool for Banks and S&L's, in: Economic Review, Federal Reserve Bank of Atlanta 67 (September 1982), S. 4-14

Köhler, Claus (1986)
Innovationen im Bankgeschäft als geld- und währungspolitisches Problem, in: Deutsche Bundesbank, Auszüge aus Presseartikeln, Nr. 9, Frankfurt/M., 3. Februar 1986

Koen, Fred R., Billy P. Helms und G. Geoffrey Booth (1983)
The Integration of Euro-Dollar and U.S. Money Market Interest Rates in the Futures Market, in: Weltwirtschaftliches Archiv 119 (1983), S. 601-615

Kohlhagen, Steven M. (1978)
The Behaviour of Foreign Exchange Markets: A Critical Survey of the Empirical Literature, New York University Monograph Series in Finance and Economics, New York 1978

Kolb, Robert W. (1982)
Interest Rate Futures: A Comprehensive Introduction, Richmond 1982

Kolb, Robert W. (1985)
Understanding Futures Markets, 2. Auflage, New York 1985

Kolb, Robert W. und Raymond Chiang (1981)
Improving Hedging Performance Using Interest Rate Futures, in: Financial Management 10 (Herbst 1981), S. 72-79

Kolb, Robert W. und Raymond Chiang (1982)
Duration, Immunization and Hedging with Interest Rate Futures, in: Gay/Kolb (Hrsg.), Interest Rate Futures: Concepts and Issues, Richmond 1982, S. 353-364

Kolb, Robert W. und Gerald D. Gay (1982)
Immunizing Bond Portfolios with Interest Rate Futures, in: Financial Management 11 (Sommer 1982), S. 81-89

Kolb, Robert W., Gerald D. Gay und William C. Hunter (1985)
Liquidity Requirements for Financial Futures Investments, in: Financial Analysts Journal (Mai-Juni 1985), S. 60-68

Kolb, Robert W., Gerald D. Gay und James V. Jordan (1982a)
Managing Foreign Interest Rate Risk, in: Journal of Futures Markets 2 (1982), S. 151-158

Kolb, Robert W., Gerald D. Gay und James V. Jordan (1982b)
Are there Arbitrage Opportunities in the Treasury Bond Futures Market, in: Journal of Futures Markets 2 (1982), S. 217-229

Kolb, Robert W., James V. Jordan und Gerald D. Gay (1983)
Futures Prices and Expected Future Spot Prices, in: Review of Research in Futures Markets 2 (1983), S. 110-123

Kolb, Robert W., Stephen G. Timme und Gerald D. Gay (1984)
Macro Versus Micro Futures Hedges at Commercial Banks, in: Journal of Futures Markets 4 (1984), S. 47-54

Kolbeck, Rosemarie (1985)
Risikovorsorge: Das Rechnungswesen als Informationsinstrument zur Steuerung und Kontrolle bankbetrieblicher Risiken, Frankfurt/M. 1985

Koppenhaver, Gary D. (1983)
A T-Bill Futures Hedging Strategy for Banks, in: Economic Review, Federal Reserve Bank of Dallas (März 1983), S. 15-28

Koppenhaver, Gary D. (1984a)
Selective Hedging of Bank Assets with Treasury Bill Futures Contracts, in: Journal of Financial Research 7 (1984), S. 105-119

Koppenhaver, Gary D. (1984b)
Trimming the Hedge: Regulators, Banks, and Financial Futures, in: Economic Perspectives, Federal Reserve Bank of Chicago 8 (November-Dezember 1984), S. 3-12

Koppenhaver, Gary D. (1985a)
Bank Funding Risks, Risk Aversion, and the Choice of a Futures Hedging Instrument, in: Journal of Finance 40 (1985), S. 241-255

Koppenhaver, Gary D. (1985b)
Variable Rate Loan Commitments, Deposit Withdrawl Risk, and Anticipatory Hedging, in: Journal of Futures Markets 5 (1985), S. 317-330

Koppenhaver, Gary D. (1985c)
A Note on Managing Deposit Flows with Cash and Futures Market Decisions, in: Journal of Banking and Finance 9 (1985), S. 323-331

Koppenhaver, Gary D. (1986)
Futures, Options, and their Use by Financial Intermediaries, in: Economic Perspectives, Federal Reserve Bank of Chicago 10 (Januar-Februar 1986), S. 18-31

Korhonen, Antti (1987)
A Dynamic Bank Portfolio Planning Model with Multiple Scenarios, Multiple Goals, and Changing Priorities, in: European Journal of Operational Research 30 (1987), S. 13-23

Krahnen, Jan Pieter (1985)
Kapitalmarkt und Kreditbank: Untersuchungen zu einer mikroökonomischen Theorie der Bankunternehmung, Berlin 1985

Kranz, Michael (1981)
Risiken aus längerfristigen Festzinsvereinbarungen, in: Betriebswirtschaftliche Blätter 30 (1981), S. 259-262

Kremkow, Klaus Dieter (1983)
Frühwarnsysteme für das strategische Management der Bank, in: Krümmel/Rudolph (Hrsg.), Strategische Bankplanung, Frankfurt/M. 1983, S. 89-141

Krümmel, Hans-Jacob (1966)
Finanzierungsrisiken und Kreditspielraum, in: Zeitschrift für Betriebswirtschaft 36 (1966), S. 134-157

Krümmel, Hans-Jacob (1968)
Liquiditätssicherung im Bankwesen, Teil I, in: Kredit und Kapital 1 (1968), S. 247-307

Krümmel, Hans-Jacob (1969)
Liquiditätssicherung im Bankwesen, Teil II, in: Kredit und Kapital 2 (1969), S. 60-110

Kruschwitz, Lutz und Rainer Schöbel (1986)
Duration: Grundlagen und Anwendungen eines einfachen Risikomaßes zur Beurteilung festverzinslicher Wertpapiere, in: Wirtschaftsstudium 15 (1986), S. 550-554 und S. 603-608

Kruse, Adrian F. und James M. Zinn (1984)
Interest Rate Swaps: An Analysis for Bankers, in: Magazine of Bank Administration 60 (June 1984), S. 92-96

Kümpel, Siegfried (1981a)
Der deutsche Optionshandel im Spiegel der sonstigen Termin-Handelsarten, in: Zeitschrift für das gesamte Kreditwesen 34 (1981), Heft 8, S. 18-22

Kümpel, Siegfried (1981b)
Festgeschäft und Optionsgeschäft: Grundlagen des Terminhandels, in: Zeitschrift für das gesamte Kreditwesen 34 (1981), Heft 9, S. 12-19

Kümpel, Siegfried (1981c)
Varianten des Optionsgeschäfts, in: Zeitschrift für das gesamte Kreditwesen 34 (1981), Heft 11, S. 14-20

Kugler, Albert (1985)
Konzeptionelle Ansätze zur Analyse und Gestaltung von Zinsänderungsrisiken in Kreditinstituten, Frankfurt/M. 1985

Kung, S. W. (1981)
Asset-Liability Management for Smaller Banks, in: Bankers Magazine 164 (Januar-Februar 1981), S. 78-81

Kunze, Christian (1984)
Die Marktzinsmethode: Ein neuer Weg in der Kostenrechnung, in: Betriebswirtschaftliche Blätter 33 (1984), S. 436-444

Kwast, Myron L. und John T. Rose (1983)
Profitability Differences among large Commercial Banks during the 1970's, in: Magazine of Bank Administration 59 (September 1983), S. 54-62

Land, Rufus F. (1978)
Evolution and Overview of Asset-Liability Management, in: Baughn/Walker (Hrsg.), The Bankers Handbook, Homewood 1978, S. 433-444

Landes, William J., John D. Stoffels und James A. Seifert (1985)
An Empirical Test of a Duration-Based Hedge: The Case of Corporate Bonds, in: Journal of Futures Markets 5 (1985), S. 173-182

Landskroner, Yoram und David Ruthenberg (1985)
Optimal Bank Behaviour under Uncertain Inflation, in: Journal of Finance 40 (1985), S. 1159-1171

Lang, Richard W. und Robert H. Rasche (1978)
A Comparison of Yields on Futures Contracts and Implied Forward Rates, in: Monthly Review, Federal Reserve Bank of St. Louis 60 (Dezember 1978), S. 21-30

Lanstein, Ronald und William F. Sharpe (1978)
Duration and Security Risk, in: Journal of Financial and Quantitative Analysis 13 (1978), S. 653-668

Lau, W. Patrick (1983)
An Empirial Examination of Alternative Interest Rate Immunization Strategies, Dissertation, University of Wisconsin, Madison 1983

Lazar, John (1980)
Interest Rate Futures Market Issues: Participants, Exchanges, Cross Hedging, in: Acta Monetaria 4 (1980), S. 59-76

Leffson, Ulrich (1982)
Die Grundsätze ordnungsgemäßer Buchführung, 6. Auflage, Düsseldorf 1982

Leffson, Ulrich (1984)
Bilanzanalyse, 3. Auflage, Stuttgart 1984

Lehner, Alfred (1977)
Die Problematik langfristiger Festzinssätze beim Sparkassenkredit, in: Sparkasse 94 (1977), S. 299-302

Lehner, Alfred (1981)
Wertpapiergeschäft und Passivseite, in: Langfristige Kredit 32 (1981), S. 666-671

Leibowitz, Martin L. (1981a)
The Analysis of Value and Volatility in Financial Futures, New York University Monograph Series in Finance and Economics, New York 1981

Leibowitz, Martin L. (1981b)
A Yield Basis for Financial Futures, in: Financial Analysts Journal (Januar-Februar 1981), S. 42-51

Leibowitz, Martin L. (1983)
How Financial Theory Evolves into the Real World - or not. The Case of Duration and Immunization, in: Financial Review 18 (1983), S. 271-280

Leibowitz, Martin L. und Alfred Weinberger (1981)
The Use of Contingent Immunization, in: Journal of Portfolio Management 8 (Herbst 1981), S. 51-55

Leibowitz, Martin L. und Alfred Weinberger (1982)
Contingent Immunization (I): Risk Control Management, in: Financial Analysts Journal (November-Dezember 1982), S. 17-31

Leibowitz, Martin L. und Alfred Weinberger (1983)
Contingent Immunization (II): Problem Areas, in: Financial Analysts Journal (Januar-Februar 1983), S. 35-50

Leland, Hayne E. und David H. Pyle (1977)
Informational Asymmetries, Financial Structure, and Financial Intermediation, in: Journal of Finance 32 (1977), S. 371-387

Leventen, Alan C. (1981)
Financial Futures and the Revitalization of the Fixed Rate Loan, in: Columbia Journal of World Business 16 (1981), S. 43-51

Levich, Richard M. (1979)
The Efficiency of Markets for Foreign Exchange: A Review and Extention, in: Lessard (Hrsg.), International Financial Management, Boston 1979, S. 243-276

Levinson, Paul (1980)
The Case for Interest Rate Futures, in: Bankers Monthly 97 (Mai 1980), S. 28-32

Lifson, K. A. und Brian R. Blackmarr (1973)
Simulation and Optimization Models for Asset Deployment and Fund Sources Balancing Profit, Liquidity, and Growth, in: Journal of Bank Research 4 (1973), S. 239-255

Lintner, John (1965)
The Valuation of Risky Assets and the Selection of Risky Investments in Stock Portfolios and Capital Budgets, in: Review of Economics and Statistics 47 (1965), S. 13-37

Livingston, Miles (1978)
Duration and Risk Assessment for Bonds and Common Stocks: A Note, in: Journal of Finance 33 (1978), S. 293-295

Livingston, Miles (1984)
The Cheapest Deliverable Bond for the CBT Treasury Bond Futures Contract, in: Journal of Futures Markets 4 (1984), S. 161-172

Livingston, Miles und John Caks (1977)
A "Duration" Fallacy, in: Journal of Finance 32 (1977), S. 185-187

Locyo, Jan G. (1985)
Interest Rate Swaps: A New Tool for Managing Risk, in: Business Review, Federal Reserve Bank of Philadelphia (Mai-Juni 1985), S. 17-25

Lohmann, Karl (1970)
Nichtlineare Modelle zur finanziellen Leistungsprogrammplanung von Kreditinstituten, Dissertation Göttingen 1970

Lohmann, Karl (1979)
Finanzmathematische Wertpapieranalyse, Göttingen 1979

Loosigan, Allan M. (1980)
Interest Rate Futures, Homewood 1980

Lusser, Markus (1986)
Finanz-Futures und die Notenbank, in: Zeitschrift für das gesamte Kreditwesen (1986), S. 54-56

Lutz, Friedrich A. (1940)
The Term Structure of Interest Rates, in: Quarterly Journal of Economics 55 (1940), S. 36-63

Macaulay, Frederick R. (1938)
The Movement of Interest Rates, Bonds Yields, and Stock Prices in the United States Since 1865, New York 1938

Maier, Kurt M. (1983)
Die Entwicklung der Zinsstruktur unter erwartungs- und liquiditätstheoretischen Aspekten in der Bundesrepublik Deutschland seit 1970, in: Langfristige Kredit 34 (1983), S. 146-150

Maisel, Sherman J. (Hrsg.) (1981a)
Risk and Capital Adequacy in Commercial Banks, Chicago 1981

Maisel, Sherman J. (1981b)
The Theory and Measurement of Risk and Capital Adequacy, in: Maisel (Hrsg.), Risk and Capital Adequacy in Commercial Banks, Chicago 1981, S. 19-161

Maisel, Sherman J. und Robert Jacobson (1978)
Interest Rate Changes and Commercial Bank Revenues and Costs, in: Journal of Financial and Quantitative Analysis 13 (1978), S. 687-700

Maisel, Sherman J. und Robert Jacobson (1981)
Interest Rate Changes and Commercial Bank Revenues and Costs, in: Maisel (Hrsg.), Risk and Capital Adequacy in Commercial Banks, Chicago 1981, S. 203-222

Malkiel, Burton (1963)
Equity Yields, Growth, and the Structure of Share Prices, in: American Economic Review 53 (1963), S. 997-1012

Malkiel, Burton (1966)
The Term Structure of Interest Rates, Princeton 1966

Malliaris, Tasso G. und George G. Kaufman (1985)
Duration Based Strategies for Managing Bank Interest Rate Risk, in: Göppl/Henn (Hrsg.), Geld, Banken und Versicherungen, Karlsruhe 1985, S. 683-697

Maloney, Kevin J. und Jess B. Yawitz (1986)
Interest Rate Risk, Immunization, and Duration, in: Journal of Portfolio Management 12 (Frühjahr 1986), S. 41-48

Maness, Terry S. (1981a)
Understanding the Basis: A Prerequisite for Effective Hedging with Financial Futures, in: Baylor Business Studies 12 (1981), Nr. 4, S. 7-17

Maness, Terry S. (1981b)
Optimal versus Naive Buy-Hedging with T-Bill Futures, in: Journal of Futures Markets 1 (1981), S. 393-403

Marcus, Alan und Israel Shaked (1984)
The Relationship between Accounting Measures and Prospective Probabilities of Insolvency: An Application to the Banking Industry, in: Financial Review 19 (1984), S. 67-83

Markowitz, Harry M. (1959)
Portfolio Selection, New Haven 1959

Marshall, William J. und Jess B. Yawitz (1982)
Lower Bounds on Portfolio Performance: An Extension on the Immunization Strategy, in: Journal of Financial and Quantitative Analysis 17 (1982), S. 101-114

Martin, Daniel (1977)
Early Warning of Bank Failure: A Logit Regression Approach, in: Journal of Banking and Finance 1 (1977), S. 249-276

Martin, Preston (1985)
Statement before the Subcommittee on Telecommunications, Consumer Protection, and Finance of the Committee on Energy and Commerce, U.S. House of Representatives, 2. Mai, 1985, in: Federal Reserve Bulletin (Juli 1985), S. 508-513

Martin, Stanley und Ronald W. Spahr (1983)
Futures Market Efficiency as a Function of Market Speculation, in: Review of Research in Futures Markets 2 (1983), S. 314-328

McCabe, George und James M. Blackwell (1981)
The Hedging Strategy: A New Approach to Spread Management and Commercial Lending, in: Journal of Bank Research 12 (1981), S. 114-118

McCabe, George und Charles T. Franckle (1983)
The Effectiveness of Rolling the Hedge Forward in the Treasury Bill Futures Market, in: Financial Management 12 (Sommer 1983), S. 21-29

McCulloch, J. Huston (1981)
Interest Rate Risk and Capital Adequacy for Traditional Banks and Financial Intermediaries, in: Maisel (Hrsg.), Risk and Capital Adequacy in Commercial Banks, Chicago 1981, S. 223-248

McDermott, James J., Jr. (1983)
Profit Performance of Major Bank Holding Companies, in: Magazine of Bank Administration 59 (April 1983), S. 19-23

McEnally, Richard W. (1977)
Duration as a Practical Tool for Bond Management, in: Journal of Portfolio Management 4 (Sommer 1977), S. 53-57

McEnally, Richard W. (1980)
How to Neutralize Reinvestment Rate Risk, in: Journal of Portfolio Management 6 (Frühjahr 1980), S. 59-63

McEnally, Richard W. (1981)
What Causes Bond Prices to Change?, in: Journal of Portfolio Management 7 (Frühjahr 1981), S. 5-12

McEnally, Richard W. (1985)
Rethinking our Thinking about Interest Rates, in: Financial Analysts Journal (März-April 1985), S. 62-67

McEnally, Richard W. und Michael L. Rice (1979)
Hedging Possibilities in the Floatation of Debt Securities, in: Financial Management 8 (Winter 1979), S. 12-18

McKinnon, Ronald I. (1967)
Futures Markets, Buffer Stocks, and Income Stability for Primary Producers, in: Journal of Political Economy 75 (1967), S. 410-419

McLeod, Robert W. und George W. McCabe (1980)
Hedging for Better Spread Management, in: Bankers Magazine 163 (Juli-August 1980), S. 47-52

Melnik, Arie (1979)
Demand Deposits Variability in Banks: A Time Series Analysis, in: Journal of Bank Research 10 (1979), S. 97-101

Menish, J. Z. (1980)
Interest Rate Futures, in: Economic Commentary, Federal Reserve Bank of Cleveland (Juni 1980), S. 1-15

Meiselman, David (1962)
The Term Structure of Interest Rates, Englewood Cliffs 1962

Meisner, James F. und John W. Labuszewski (1984)
Treasury Bond Delivery Bias, in: Journal of Futures Markets 4 (1984), S. 569-577

Mertin, Klaus (1977)
Ergebnisstrukturen des Kreditgewerbes, in: Bank (1977), S. 4-12

Meyer zu Selhausen, Hermann (1976)
Quantitative Marketing-Modelle in der Kreditbank, Berlin 1976

Meyer zu Selhausen, Hermann (1977a)
Commercial Bank Balance Sheet Optimization, in: Journal of Banking and Finance 1 (1977), S. 119-142

Meyer zu Selhausen, Hermann (1977b)
Ein System zur Unternehmensplanung in der Kreditbank, in: Plötzender (Hrsg.), Computergestützte Unternehmensplanung, Stuttgart 1977, S. 209-249

Meyer zu Selhausen, Hermann (1981)
Optimalplanung von Aktiv- und Passivgeschäft einer Bank, in: Rühli/Thommen (Hrsg.), Unternehmensführung aus finanz- und bankwirtschaftlicher Sicht, Stuttgart 1981, S. 177-194

Meyer zu Selhausen, Hermann (1987)
Exploring and Controling a Bank's Interest Rate Risk: Sensitivity Analysis of an Asset Liability Coordination Model, in: European Journal of Operational Research 28 (1987), S. 261-278

Modigliani, Franco und Richard Sutch (1966)
Innovations in Interest Rate Policy, in: American Economic Review 66 (1966), S. 178-197

Modigliani, Franco und Richard Sutch (1967)
Debt Management and the Term Structure of Interest Rates: An Empirical Analysis, in: Journal of Political Economy 75 (1967), S. 569-589

Möhle, Hans Joachim (1985)
Das Passivgeschäft: Zentrale Herausforderung für die künftige Geschäftspolitik der Sparkassen, in: Sparkasse 102 (1985), S. 454-460

Morgan, George Emir (1981)
Forward and Futures Pricing of Treasury Bills, in: Journal of Banking and Finance 5 (1981), S. 483-496

Morgan, George Emir (1986)
Floating Rate Securities and Immunization: Some further Results, in: Journal of Financial and Quantitative Analysis 20 (1986), S. 87-94

Morgan, J. Lynge, Jr. und J. Kenton Zumwalt (1980)
An Empirical Study of the Interest Rate Sensitivity of Commercial Bank Returns: A Multi-Index Approach, in: Journal of Financial and Quantitative Analysis 15 (1980), S. 731-742

Morrison, Jay B. und David H. Pyle (1981)
Interest Rate Risk and the Regulation of Financial Institutions, in: Maisel (Hrsg.), Risk and Capital Adequacy in Commercial Banks, Chicago 1981, S. 285-314

Moskowitz, Warren E. (1979)
Global Asset and Liability Management at Commercial Banks, in: Quarterly Review, Federal Reserve Bank of New York 4 (Frühjahr 1979), S. 42-48

Mossin, Jan (1966)
Equilibrium in a Capital Asset Market, in: Econometrica 34 (1966), S. 768-783

Mühlbradt, Frank (1979)
Chancen und Risiken der Aktienanlage, Köln 1979

Mülhaupt, Ludwig (1983)
Einführung in die Betriebswirtschaftslehre der Banken, 3. Auflage, Wiesbaden 1983

Mülhaupt, Ludwig, Henner Schierenbeck und Hans Wielens (1981)
Controlling in Banken und Sparkassen, Frankfurt/M. 1981

Müller, Bernhard (1980)
Die Liquiditätsdisposition einer Privatbank, in: Bank (1980), S. 178–183

Müller, Klaus und Stephan Steuer (1986)
Rentenoptionshandel und Neuerungen bei Aktienoptionen, in: Bank (1986), S. 182–188

Nadler, Paul S. (1980)
Managing the Spread, in: Bankers Monthly Magazine 97 (Juni 1980), S. 13–17

Nadler, Paul S. (1986)
The Perils of Gap Management, in: Bankers Monthly Magazine 103 (Februar 1986), S. 22–25 und S. 32

Nelson, Charles R. (1972)
The Term Structure of Interest Rates, New York 1972

Niehans, Jürg (1978)
The Theory of Money, Baltimore 1978

Niehans, Jürg und John Hewson (1976)
The Eurodollar Market and Monetary Theory, in: Journal of Money, Credit, and Banking 8 (1976), S. 1–28

Obst/Hintner (1982)
Geld-, Bank- und Börsenwesen, 37. völlig neu gestaltete Auflage, hrsgg. von Norbert Kloten und Johann Heinrich von Stein, Stuttgart 1982

O'Hara, Maureen (1983)
A Dynamic Theory of the Banking Firm, in: Journal of Finance 37 (1983), S. 127–140

Olson, Ronald L., Donald G. Simonson, Stanley R. Reber und George H. Hempel (1980)
Management of Interest Margins in the 1980's (I,II,III,IV), in: Magazine of Bank Administration 56 (1980), März, S. 30 ff., April, S. 38 ff., Mai, S. 49 ff. und Juni, S. 32 ff.

Olson, Ronald L. und Donald G. Simonson (1982)
Gap Management and Market Rate Sensitivity in Banks, in: Journal of Bank Research 13 (1982), S. 53–58

Olson, Ronald L. und Harold M. Stollenberger (1978)
Interest Margin Variance Analysis: A Tool for Current Times, in: Magazine of Bank Administration 54 (Mai 1978), S. 45–51

Palm, Michael (1984)
Grundlagen und Möglichkeiten für das Management von Zins-änderungsrisiken durch Zins-Terminkontrakte, Dissertation Berlin 1984

Parker, Jack W. und Robert T. Daigler (1981)
Hedging Money Market CDs with Treasury-Bill Futures, in: Journal of Futures Markets 1 (1981), S. 597-606

Peck, Anne E. (Hrsg.) (1977a)
Readings in Futures Markets 1: Selected Writings of Holbrock Working, Chicago 1977

Peck, Anne E. (Hrsg.) (1977b)
Readings in Futures Markets 2: Selected Writings of Futures Markets, Chicago 1977

Pettway, Richard H. und Joseph F. Sinkey, Jr. (1980)
Establishing On-Site Bank Examination Priorities: An Early Warning System Using Accounting and Market Information, in: Journal of Finance 35 (1980), S. 137-150

Pfad, Peter (1984)
Das goldene Sparkassenbuch, in: Sparkasse 101 (1984), S. 59-64

Picou, Glenn (1981)
Managing Interest Rate Risk with Interest Rate Futures, in: Bankers Magazine 164 (Mai-Juni 1981), S. 76-81

Pitts, Mark (1982)
The Valuation of Options on Fixed Income Securities, Salomon Brothers, New York 1982

Pitts, Mark (1985a)
The Management of Interest Rate Risk: Comment, in: Journal of Portfolio Management 11 (Sommer 1985), S. 67-69

Pitts, Mark (1985b)
An Introduction to the Pricing of Options on Debt Instruments, in: Fabozzi (Hrsg.), Winning the Interest Rate Game, Chicago 1985, S. 41-94

Pitts, Mark (1985c)
The Pricing of Options on Debt Instruments, in: Journal of Portfolio Management 11 (Winter 1985), S. 41-50

Poole, William (1968)
Commercial Bank Reserve Management in a Stochastic Model: Implications for Monetary Policy, in: Journal of Finance 23 (1968), S. 769-791

Poole, William (1978)
Using T-Bill Futures to Gauge Interest Expectation, in: Economic Review, Federal Reserve Bank of San Francisco (Frühjahr 1978), S. 7-19

Powers, Mark J. (1970)
Does Futures Trading Reduce Price Fluctuations in the Cash Market?, in: American Economic Review 60 (1970), S. 460-464

Powers, Mark J. und D. Vogel (1981)
Inside the Financial Futures Market, New York 1981

Pratt, John W. (1964)
Risk Aversion in the Small and in the Large, in: Econometrica 32 (1964), S. 122-136

Priewasser, Erich (1978)
Die Anwendungsfähigkeit von Operations Research/Management Science-Modellen im Bankbetrieb, in: Kredit und Kapital 11 (1978), S. 249-281

Priewasser, Erich (1981)
Implementation of OR/MS Models in German Banks, in: Journal of Bank Research 12 (1981), S. 124-127

Pringle, John J. (1974)
The Capital Decision in Commercial Banks, in: Journal of Finance 29 (1974), S. 779-795

Puglisi, Donald J. (1978)
Is the Futures Market for Treasury Bills Efficient?, in: Journal of Portfolio Management 4 (Winter 1978), S. 64-67

Pyle, David H. (1971)
On the Theory of Financial Intermediation, in: Journal of Finance 26 (1971), S. 737-747

Redington, F.M. (1952)
Review of the Principle of Life Office Valuations, in: Journal of the Institute of Actuaries 78 (1952), S. 286-340

Reilly, Frank K. (1985)
Investment Analysis and Portfolio Management, Chicago 1985

Reilly, Frank K. und Rupinder S. Sidhu (1980)
The Many Uses of Bond Duration, in: Financial Analysts Journal (Juli-August 1980), S. 58-71

Remmers, Johann (1985)
Probleme der Erfassung und Steuerung des Zinsänderungsrisikos mit Hilfe des bankbetrieblichen Rechnungswesens, in: Kolbeck (Hrsg.), Risikovorsorge, Frankfurt/M. 1985, S. 61-85

Rendleman, Richard J., Jr. und Christopher E. Carabini (1979)
The Efficiency of the Treasury Bill Futures Market, in: Journal of Finance 34 (1979), S. 895-914

Resnick, Bruce G. und Elizabeth Henningar (1983)
The Relationship between Futures and Cash Prices for U.S. Treasury Bonds, in: Review of Research in Futures Markets 2 (1983), S. 282-299

Reuter, Hermann (1980)
Aktienmarkt und Aktieninformationsmarkt, Göttingen 1980

Revell, Jack R. S. (1984)
Ausreichende Eigenkapitalausstattung, stille Reserven und Wertberichtigungen, in: Österreichisches Bank-Archiv 32 (1984), S. 343-355

Riebel, Paul (1983)
Thesen zur Einzelkosten- und Deckungsbeitragsrechnung, in: Schmielewicz (Hrsg.), Entwicklungslinien der Kosten- und Erlösrechnung, Stuttgart 1983, S. 21-47

Robinson, Joan (1952)
The Rate of Interest and other Essays, London 1952

Robinson, Randall S. (1973)
BANK MOD: An Interactive Simulation Aid for Bank Financial Planning, in: Journal of Bank Research 4 (1973), S. 212-224

Roering, Kenneth J. und Paul E. Smith (1978)
A Distributed Lag Forecasting Model for Bank Loans and the Money Supply, in: Journal of Bank Research 8 (1978), S. 104-111

Rolfes, Bernd (1985a)
Die Steuerung von Zinsänderungsrisiken in Kreditinstituten, Frankfurt/M. 1985

Rolfes, Bernd (1985b)
Ansätze zur Steuerung von Zinsänderungsrisiken, in: Kredit und Kapital 18 (1985), S. 529-552

Rolfes, Bernd (1985c)
Die Entstehung von Zinsänderungsrisiken, in: Betriebswirtschaftliche Blätter 34 (1985), S. 468-473

Rolfo, Jacques (1980)
Optimal Hedging under Price and Quantity Uncertainty: The Case of a Cocoa Producer, in: Journal of Political Economy 88 (1980), S. 100-116

Roll, Richard (1970)
The Behavior of Interest Rates: An Application of the Efficient Market Model to U.S. Treasury Bills, New York 1970

Roll, Richard (1987)
Managing Risk in Thrift Institutions: Beyond the Duration Gap, Invited Research Working Paper Nr. 60, Federal Home Loan Bank Board, Washington D.C. 1987

Roll, Richard und Stephen A. Ross (1980)
An Empirical Investigation of the Arbitrage Pricing Theory, in: Journal of Finance 37 (1980), S. 1073-1103

Rosenberg, Barr und Philipp R. Perry (1981)
The Fundamental Determinants of Risk in Banking, in: Maisel (Hrsg.), Risk and Capital Adequacy in Commercial Banks, Chicago 1981, S. 367-407

Rosenblom, Harvey und Steven Strongin (1983)
Interest Rate Volatility in Historical Perspective, in: Economic Perspectives, Federal Reserve Bank of Chicago 7 (Januar-Februar 1983), S. 10-19

Ross, Stephen A. (1976)
The Arbitrage Theory of Capital Asset Pricing, in: Journal of Economic Theory (1976), S. 343-362

Rothstein, Nancy (Hrsg.) (1984)
The Handbook of Financial Futures, New York 1984

Rubinstein, Mark (1976)
The Valuation of Uncertain Income Streams and the Pricing of Options, in: Bell Journal of Economics and Management Science 7 (1976), S. 407-425

Rudolph, Bernd (1974)
Die Kreditvergabeentscheidung der Banken: Der Einfluß von Zinsen und Sicherheiten auf die Kreditsicherung, Opladen 1974

Rudolph, Bernd (1979)
Zinsänderungsrisiken und die Strategie der durchschnittlichen Selbstliquidationsperiode, in: Kredit und Kapital 12 (1979), S. 181-206

Rudolph, Bernd (1981a)
Planungs- und Kontrollrechnungen, in: Göppl/Henn (Hrsg.), Geld, Banken und Versicherungen, Königstein/Ts. 1981, S. 539-554

Rudolph, Bernd (1981b)
Planungs- und Kontrollrechnungen zur Begrenzung von Zinsänderungsrisiken, in: Beiträge zur betriebswirtschaftlichen Kapitaltheorie, Nr. 2, Frankfurt/M. 1981

Rudolph, Bernd (1981c)
Duration: Eine Kennzahl zur Beurteilung der Zinsempfindlichkeit von Vermögensanlagen, in: Zeitschrift für das gesamte Kreditwesen 34 (1981), S. 137-140

Rudolph, Bernd (1981d)
Eine Strategie zur Immunisierung der Portefeuilleentnahmen gegen Zinsänderungsrisiken, in: Zeitschrift für betriebswirtschaftliche Forschung 33 (1981), S. 22-35

Rudolph, Bernd und Bernhard Wondrak (1986)
Modelle zur Planung von Zinsänderungsrisiken und Zinsänderungschancen, in: Zeitschrift für Wirtschafts- und Sozialwissenschaften 106 (1986), S. 337-361

Samuelson, Paul A. (1945)
The Effects of Interest Rate Increases on the Banking System, in: American Economic Review 35 (1945), S. 16-27

Santomero, Anthony M. (1984)
Modeling the Banking Firm: A Survey, in: Journal of Money, Credit, and Banking 16 (1984), S. 576-616

Santoni, G. J. (1984)
Interest Rate Risk and the Stock Prices of Financial Institutions, in: Monthly Review, Federal Reserve Bank of St. Louis 66 (Juli 1984), S. 12-20

Sargent, Thomas J. (1972)
Rational Expectations and the Term Structure of Interest Rates, in: Journal of Money, Credit, and Banking 4 (1972), S. 74-97

Schäfer, Friedrich Wilhelm und Günther Xylander (1983)
Der variable Darlehenszins: Comeback auf neuem Weg, in: Sparkasse 100 (1983), S. 281-282

Scheidl, Karl (1970)
Zum Problem bankbetrieblicher Dispositionsregeln, in: Lindhardt/Penzkofer/Scherpf (Hrsg.), Dienstleistungen in Theorie und Praxis, Stuttgart 1970, S. 161-179

Scheidl, Karl (1985)
Gedanken zur Ertragsgestaltung in Kreditinstituten, in: Lüder (Hrsg.), Angewandte Betriebswirtschaftslehre und Unternehmensführung, Herne/Berlin 1985, S. 237-249

Schielke, Hugo J. (1979)
Wertpapieranlage in der Weltbank, in: Bank (1979) S. 520-524

Schierenbeck, Henner (1983a)
Strategische Finanzplanung in Kreditinstituten, in: Krümmel/ Rudolph (Hrsg.), Strategische Bankplanung, Frankfurt/M. 1983, S. 224-239

Schierenbeck, Henner (1983b)
Bilanzstrukturmanagement in Kreditinstituten, in: Betriebswirtschaftliche Blätter 32 (1983), S. 280-289

Schierenbeck, Henner (1984)
Bilanzstrukturmanagement in Kreditinstituten, in: Schierenbeck/Wielens (Hrsg.), Bilanzstrukturmanagement in Kreditinstituten, Frankfurt/M. 1984, S. 9-28

Schierenbeck, Henner (1985)
Ertragsorientiertes Bankmanagement, Wiesbaden 1985

Schierenbeck, Henner (1987)
Ertragsorientiertes Bankmanagement, 2. völlig überarb. und erw. Auflage, Wiesbaden 1987

Schierenbeck, Henner (1988)
Ein Ansatz zur integrativen Quantifizierung bankbetrieblicher Ausfall- und Zinsänderungsrisiken, in Gerke (Hrsg.), Bankrisiken und Bankrecht, Wiesbaden 1988, S. 43-61

Schierenbeck, Henner und Bernd Rolfes (1984a)
Die Planung des strukturellen Gewinnbedarfs eines Kreditinstitutes, in: Zeitschrift für das gesamte Kreditwesen 36 (1984), S. 887-902

Schierenbeck, Henner und Bernd Rolfes (1984b)
Der strukturelle Gewinnbedarf als Existenzgrundlage von Sparkassen und Landesbanken, in: Betriebswirtschaftliche Blätter 33 (1984), S. 483-490

Schierenbeck, Henner und Hans Wielens (Hrsg.) (1984)
Bilanzstrukturmanagement in Kreditinstituten, Frankfurt/M. 1984

von Schimmelmann, Wulf und Werner Hille (1984)
Banksteuerung über ein System von Verrechnungszinsen, in: Schierenbeck/Wielens (Hrsg.), Bilanzstrukturmanagement in Kreditinstituten, Frankfurt/M. 1984, S. 47-65

Schlenzka, Peter F. (1984)
Asset/Liability Management zur Kontrolle von Zinsänderungsrisiken, in: Schierenbeck/Wielens (Hrsg.), Bilanzstrukturmanagement in Kreditinstituten, Frankfurt/M. 1984, S. 73-84

Schmidt, Hartmut (1970)
Börsenorganisation zum Schutze der Anleger, Tübingen 1970

Schmidt, Hartmut (1977)
Vorteile und Nachteile eines integrierten Zirkulationsmarktes für Wertpapiere gegenüber einem gespaltenen Effektenmarkt. Nr. 30 der Reihe Wettbewerb - Rechtsangleichung, Kommission der Europäischen Gemeinschaften (Hrsg.), Brüssel und Luxemburg 1977

Schmidt, Hartmut (1979)
Liquidität von Finanztiteln als integrierendes Konzept der Bankbetriebslehre, in: Zeitschrift für Betriebswirtschaft 49 (1979), S. 710-722

Schmidt, Hartmut (1981a)
Wege zur Ermittlung und Beurteilung der Marktzinsrisiken von Banken, in: Kredit und Kapital 14 (1981), S. 249-286. Wiederabgedruckt mit Erläuterungen in: Becker/Falk (Hrsg.), Materialien zum Zinsrisiko, Schriften des Verbandes öffentlicher Banken, Heft 9, Göttingen 1982, S. 39-83

Schmidt, Hartmut (1981b)
Wertpapierbörsen, in: Hartmut Schmidt, Matthias Schurig und Johannes Welcker, Bank- und Börsenwesen, Band 1: Struktur und Leistungsangebot, hrsgg. von Michael Bitz, München 1981, S. 135-231

Schmidt, Hartmut (1983a)
Marktorganisationsbestimmte Kosten und Transaktionskosten als börsenpolitische Kategorien: Grundsätzliche Überlegungen zur Weiterentwicklung des Anlegerschutzes aus ökonomischer Sicht, in: Kredit und Kapital 16 (1983), S. 184-204

Schmidt, Hartmut (1983b)
Termingeschäfte, in: Bank-Lexikon, Handwörterbuch für das Bank- und Sparkassenwesen. Schriftleitung Grosjean, 9. völlig neu bearb. und erw. Auflage, Wiesbaden 1983, Sp. 1809-1826

Schmidt, Hartmut (1984)
Special Stock Market Segments for Small Company Shares: Capital Raising Mechanism and Exit Route for Investors in New Technology Based Firms. Mit Beiträgen von Eddy Wymeersch, Allan Young, Hermann Reuter, Hans-Martin Domke und Christoph Herms. Brüssel und Luxemburg 1984

Schmidt, Hartmut (1986)
Causes of Change and Innovation in the Mix of Financial Instruments: The New Emphasis on Small Company External Equity Financing and its Impact on the Capital Market Structure, in: Fair (Hrsg.), Shifting Frontiers in Financial Markets, Dordrecht 1986, S. 65-78

Schmidt, Hartmut (1988)
Bank- und Börsenwesen IV, Wertpapierbörsen und Wertpapiergeschäfte, Kurseinheit: Wertpapierbörsen, FernUniversität-Gesamthochschule - Hagen 1988

Schmidt, Hartmut, Matthias Schurig und Johannes Welcker (1981)
Bank- und Börsenwesen, Band 1: Struktur und Leistungsangebot, hrsgg. von Michael Bitz, München 1981

Schmidt, Peter (1985)
Entwicklungstendenzen im Passivgeschäft der Kreditinstitute, in: Sparkasse 102 (1985), S. 340-349

Schmidt, Reinhart (1983)
Neuere Entwicklungen der modellgestützten Gesamtplanung von Banken, in: Zeitschrift für Betriebswirtschaft 53 (1983), S. 304-318

Schmidt, Werner (1984)
Möglichkeiten der Verbesserung des Zinsüberschusses durch ein Mindestmargenkonzept, in: Schierenbeck/Wielens (Hrsg.), Bilanzstrukturmanagement in Kreditinstituten, Frankfurt/M. 1984, S. 29-46

Schöbel, Rainer (1987)
Zur Theorie der Rentenoption, Berlin 1987

Schneeweis, Thomas R., Joanne M. Hill und Michael G. Philipp (1983)
Hedge Ratio Determination Based on Bond Yield Forecasts, in: Review of Research in Futures Markets 2 (1983), S. 338-349

Scholes, Myron S. (1981)
The Economics of Hedging and Spreading in Futures Markets, in: Journal of Futures Markets 1 (1981), S. 265-286

Scholz, Walter (1979)
Zinsänderungsrisiken im Jahresabschluß der Kreditinstitute, in: Kredit und Kapital 12 (1979), S. 517-544

Scholz, Walter (1984)
Die Steuerung von Zinsänderungsrisiken und ihre Berücksichtigung im Jahresabschluß der Kreditinstitute, in: Schierenbeck/Wielens (Hrsg.), Bilanzstrukturmanagement in Kreditinstituten, Frankfurt/M. 1984, S. 119-136

Schüller, Stephan (1984)
Organisation von Controllingsystemen in Kreditinstituten, Frankfurt/M. 1984

Schüller, Stephan (1985)
Aufgaben und organisatorische Gestaltung des Bankcontrolling, in: Bank (1985), S. 558-560

Schwarz, Edward W. (1979)
How to Use Interest Futures Contracts, Homewood 1979

Schwarz, Edward W., Joanne M. Hill und Thomas Schneeweis (1986)
Financial Futures: Fundamentals, Strategies, and Applications, Homewood 1986

Sealey, C. William, Jr. und James T. Lindley (1977)
Inputs, Outputs, and a Theory of Production and Costs at Depository Financial Institutions, in: Journal of Finance 32 (1977), S. 1251-1266

Sealey, C. William, Jr. (1980)
Deposit Rate Setting, Risk Aversion, and the Theory of Depository Financial Intermediaries, in: Journal of Finance 35 (1980), S. 1139-1154

Sealey, C. William, Jr. (1983)
Valuation, Capital Structure, and Shareholders Unanimity for Depository Financial Intermediaries, in: Journal of Finance 38 (1983), S. 857-871

Senchack, Andrew J., Jr. und John C. Easterwood (1983)
Cross Hedging CD's with Treasury Bill Futures, in: Journal of Futures Markets 3 (1983), S. 429-438

Sharpe, William F. (1964)
Capital Asset Prices: A Theory of Market Equilibrium under Conditions of Risk, in: Journal of Finance 19 (1964), S. 425-442

Sharpe, William F. (1981)
Investments, 2. Auflage, Englewood Cliffs 1981

Shedden, A. D. (1977)
A Practical Approach to Applying Immunization Theory, in: Transactions of the Faculty of Actuaries 35 (1977), S. 313-364

Silber, William L. (1981)
Innovation, Competition, and New Contract Design in Futures Markets, in: Journal of Futures Markets 1 (1981), S. 123-155

Silber, William L. (1983)
The Process of Financial Innovation, in: Journal of Finance 38 (1983), S. 89-94

Simonson, Donald G., John D. Stowe und Collin J. Watson (1983)
A Canonical Correlation Analysis of Commercial Bank Asset and Liability Structures, in: Journal of Financial and Quantitative Analysis 18 (1983), S. 125-140

Simonson, Donald G. und George H. Hempel (1982)
Improving Gap Management for Controling Interest Rate Risk, in: Journal of Bank Research 13 (1982), S. 109-115

Simpson, Gary W. und Timothy C. Ireland (1982)
The Effect of Futures Trading on the Price Volatility of GNMA-Securities, in: Journal of Futures Markets 2 (1982), S. 357-366

Simpson, Gary W. und Timothy C. Ireland (1985)
The Impact of Financial Futures on the Cash Market of Treasury Bills, in: Journal of Financial and Quantitative Analysis 20 (1985), S. 371-379

Sinkey, Joseph, F., Jr. (1978)
Identifying Problem Banks: How do the Banking Authorities Measure a Bank's Risk Exposure, in: Journal of Money, Credit, and Banking 10 (1978), S. 184-193

Sinkey, Joseph F., Jr. (1979)
Problem and Failed Institutions in the Commercial Banking Industry, Greenwich 1979

Sinkey, Joseph F., Jr. (1983a)
Commercial Bank Financial Management, New York 1983

Sinkey, Joseph F., Jr. (1983b)
The Performance of First Pennsylvania Bank Prior to its Bail Out, in: Journal of Bank Research 14 (1983), S. 119-133

Sinkey, Joseph F., Jr. (1986)
Commercial Bank Financial Management, 2. Auflage, New York 1986

Sinkey, Joseph F., Jr. und James A. Miles (1982)
The Use of Warrants in the Bail Out of First Pennsylvania Bank: An Application of Option Pricing, in: Financial Management 11 (Herbst 1982), S. 27-32

Slevogt, Horst (1982)
Bankbetriebslehre oder Bankgeschäftslehre?, in: Österreichisches Bank-Archiv 30 (1982), S. 167-179

Smith, Clifford W. und René M. Stulz (1985)
The Determinants of Firms' Hedging Policies, in: Journal of Financial and Quantitative Analysis 20 (1985), S. 391-405

Smith, Hilary H. (1985)
Variable Rate Loans: Where Does Agricultural Fit in?, in: Economic Review, Federal Reserve Bank of Dallas (November 1985), S. 1-12

Smith, Paul F. (1978)
Money and Financial Intermediation, Englewood Cliffs 1978

Speakers, Jeffrey K. (1983)
The Phases-In Money Market Certificate Hedge, in: Journal of Futures Markets 3 (1983), S. 185-190

Spremann, Klaus (1986)
Produktion, Hedging, Spekulation: Zu den Funktionen von Futures-Märkten, in: Zeitschrift für betriebswirtschaftliche Forschung 38 (1986), S. 443-464

Stähr, Hans Christoph (1977)
Die Grundsätze über das Eigenkapital und die Liquidität von Kreditinstituten: Konzeptionen, Wirkungsweise, Konsequenzen, in: Sparkasse 94 (1977), S. 434-439

Stähr, Hans Christoph (1982)
Zur Diskussion über das Zinsrisiko, in: Zeitschrift für das gesamte Kreditwesen 35 (1982), S. 692-697

Starke, Wolfgang (1983)
Zinsänderungsrisiken und Zinsänderungschancen, in: Zeitschrift für das gesamte Kreditwesen 36 (1983), S. 842-846

Statman, Meir (1987)
How many Stocks Make a Diversified Portfolio? in: Journal of Financial and Quantitative Analysis 22 (1987), S. 353-363

Stein, Jerome L. (1961)
The Simultaneous Determination of Spot and Futures Prices, in: American Economic Review 51 (1961), S. 1012-1025

Stein, Jerome L., Mark Rzepczynski und Robert Selvaggio (1983)
A Theoretical Explanation of the Empirical Studies of Futures Markets in Foreign Exchange and Financial Instruments, in: Financial Review 18 (1983), S. 1-32

von Stein, Johann Heinrich und Hermann Groß (1982)
Financial Futures: Ein neues Instrument für Unternehmen und Anleger, in: DVFA (Hrsg.), Beiträge zur Aktienanalyse, Heft 22, Darmstadt 1982, S. 5-28

Steinbichler, Alois (1982)
Financial Futures: Ein Instrument der Absicherung gegen Zinsschwankungen, in: Österreichisches Bank-Archiv 30 (1982), S. 410-425

Steinbrink, Klaus und Wolfgang Hermanns (1986)
Das Anlegerverhalten und seine Auswirkungen auf die Geschäftspolitik der Sparkasse (I und II), in: Zeitschrift für das gesamte Kreditwesen 39 (1986), S. 286-289 bzw. S. 350-354

Stigum, Marcia L. und Rene O. Branch, Jr. (1983)
Managing Asset and Liabilities: Strategies for Risk Control and Profit, Homewood 1983

Stoll, Hans R. (1979)
Commodity Futures and Spot Price Determination and Hedging in Capital Market Equilibrium, in: Journal of Financial and Quantitative Analysis 14 (1979), S. 873-894

Stone, B. (1974)
Systematic Interest Rate Risk in a Two Index Model of Returns, in: Journal of Financial and Quantitative Analysis 9 (1974), S. 709-721

Stone, James J. (1981)
Principles of the Regulation of Futures Markets, in: Journal of Futures Markets 1 (1981), S. 117-121

Stratmann, Werner (1984)
Strukturveränderungen auf der Passivseite: Gegensteuern durch S-Vermögenssparen?, in: Betriebswirtschaftliche Blätter 33 (1984), S. 385-388

Streit, Manfred (1980a)
Möglichkeiten der Funktionsverbesserung von Rohstoffmärkten durch Terminkontrakthandel, in: Zeitschrift für Wirtschafts- und Sozialwissenschaft 100 (1980), S. 507-530

Streit, Manfred (1980b)
On the Use of Futures Markets for Stabilization Purposes, in: Weltwirtschaftliches Archiv 116 (1980), S. 493-513

Streit, Manfred (Hrsg.) (1983a)
Futures Markets: Modeling, Managing and Monitoring Futures Trading, Oxford 1983

Streit, Manfred (1983b)
Zur Funktionsweise von Terminkontraktmärkten, in: Jahrbücher für Nationalökonomie und Statistik 195 (1983), S. 533-549

Streit, Manfred (1983c)
Heterogene Erwartungen, Preisbildung und Informationseffizienz auf spekulativen Märkten, in: Zeitschrift für die gesamte Staatswissenschaft 139 (1983), S. 67-79

Streit, Manfred (1984)
Information Processing in Futures Markets: An Essay of Adequate Abstraction, in: Jahrbücher für Nationalökonomie und Statistik 199 (1984), S. 385-400

Streit, Manfred und R. Quick (1982)
Informationsaktivitäten und Preisbildungsprozesse auf Terminkontraktmärkten, in: Jahrbücher für Nationalökonomie und Statistik 197 (1982), S. 309-327

Stubbe, Karl-Heinz (1984)
Konditionenpolitik als Instrument im Wettbewerb mit den Genossenschaften?, in: Betriebswirtschaftliche Blätter 33 (1984), S. 382-384

Stützel, Wolfgang (1959)
Ist die "Goldene Bankregel" eine geeignete Richtschnur für die Geschäftspolitik der Kreditinstitute?, in: Deutscher Sparkassen- und Giroverband e.V., Vorträge für Sparkassenprüfer, Kiel, 8.-11. September 1959, Stuttgart 1959, S. 34-51

Stützel, Wolfgang (1964)
Bankpolitik - heute und morgen, Frankfurt/M. 1964

Stützel, Wolfgang (1976)
Wert und Preis, in: Handwörterbuch der Betriebswirtschaftslehre, 4. völlig neugestaltete Auflage, hrsgg. von Erwin Grochla und Waldemar Wittmann, Stuttgart 1976, Sp. 4404-4426

Stützel, Wolfgang und Wilfried Krug (1982)
Die Rolle des Finanzvermögens in der modernen Wirtschaft, in: Obst/Hintner, Geld-, Bank- und Börsenwesen, hrsgg. von Norbert Kloten und Johann Heinrich von Stein, Stuttgart 1982, S. 61-78

Süchting, Joachim (1981)
Scheinargumente in der Diskussion um stille Reserven bei Kreditinstituten, in: Betriebswirtschaft 41 (1981), S. 207-220

Süchting, Joachim (1982)
Bankmanagement, Stuttgart 1982

Süchting, Joachim (1988)
Zur Diskussion um die stillen Reserven bei Banken, in: Gerke (Hrsg.), Bankrisiken und Bankrecht, Wiesbaden 1988, S. 81-85

Taggart, Robert A., Jr. (1984)
Comment on Modeling the Banking Firm: A Survey, in: Journal of Money, Credit, and Banking 16 (1984), S. 612-616

Telser, Lester G. (1981)
Why there Are Organized Futures Markets?, in: Journal of Law and Economics 24 (1981), Nr. 4, S. 1-22

Telser, Lester G. und Harlow N. Higinbothan (1977)
Organized Futures Markets: Costs and Benefits, in: Journal of Political Economy 85 (1977), S. 969-1000

Thakor, Anjan V. (1982)
Towards a Theory of Bank Loan Commitments, in: Journal of Banking and Finance 6 (1982), S. 55-83

Thakor, Anjan V., Stuart I. Greenbaum und Hai Hong (1981)
Bank Loan Commitments and Interest Rate Volatility, in: Journal of Banking and Finance 5 (1981), S. 497-510

Tinic, Seha M. und Richard R. West (1979)
Investing in Securities: An Efficient Market Approach, Reading 1979

Tobin, James und William Brainard (1963)
Financial Intermediaries and the Effectiveness of Monetary Controls, in: American Economic Review 53 (1963), S. 383-400

Toevs, Alden L. (1983)
Gap Management: Managing Interest Rate Risk in Banks and Thrifts, in: Economic Review, Federal Reserve Bank of San Francisco (Frühjahr 1983), S. 20-35

Toevs, Alden L. und David P. Jacob (1986)
Futures and Alternative Hedge Ratio Methodologies, in: Journal of Portfolio Management 12 (Herbst 1986), S. 60-70

Trainer, Francis, Jr. (1983)
The Use of Treasury Bond Futures in Fixed-Income Portfolio Management, in: Financial Analysts Journal (Januar-Februar 1983), S. 27-34

Uhlir, Helmut und Peter Steiner (1983)
Analyse anleihespezifischer Risiken, in: Zeitschrift für Betriebswirtschaft 53 (1983), S. 632-657

Uhlir, Helmut und Peter Steiner (1986)
Wertpapieranalyse, Heidelberg 1986

Vanderhoff, Irwin T. (1972)
The Interest Rate Assumption and the Maturity Structure of Assets of a Life Insurance Company, in: Transactions of the Society of Actuaries 24 (1972), S. 157-192

Van Horne, James (1980)
The Term Structure: A Test of the Segment Market Hypothesis, in: Southern Economic Journal 46 (1980), S. 1129–1140

Van Horne, James (1984)
Financial Market Rates and Flows, 2. Auflage, Englewood Cliffs 1984

Vasicek, Oldrich und H. Gifford Fong (1983)
The Tradeoff between Return and Risk in Immunized Portfolios, in: Financial Analysts Journal (September–Oktober 1983), S. 73–78

Veit, E. Theodore und Wallace W. Reiff (1983)
Commercial Banks and Interest Rate Futures: A Hedging Survey, in: Journal of Futures Markets 3 (1983), S. 283–293

Vignola, Anthony J. und Charles Dale (1979)
Is the Futures Market for Treasury Bills Efficient?, in: Journal of Portfolio Management 5 (Winter 1979), S. 78–81

Vignola, Anthony J. und Charles Dale (1980)
The Efficiency of the Treasury Bill Futures Market: An Analysis of Alternative Specifications, in: Journal of Financial Research 3 (1980), S. 169–188

Wagner, Adolph (1857)
Beiträge zur Lehre von Banken, Leipzig 1857

Wagner, Eckehard (1982)
Theorie der Bankunternehmung: Eine Analyse von Bankverhaltensmodellen unter dem Aspekt der Transaktionskosten, Frankfurt/M. 1982

Walkeup, D. W. und R. Wets (1967)
Stochastic Programming with Recourse, in: SIAM Journal of Applied Mathematics (1967), S. 1299–1314

Wall, Larry D. und John J. Pringle (1988)
Interest Rate Swaps: A Review of the Issues, in: Economic Review, Federal Reserve Bank of Atlanta (November–Dezember 1988), S 22–37

Wallas, G. E. (1959)
Immunization, in: Journal of the Institute of Actuaries Student's Society 15 (1959), S. 345–357

Wardrep, Bruce N. und James F. Buck (1982)
Characteristics of the Speculator's Position in Financial Futures, in: Review of Research in Futures Markets 2 (1982), S. 1–21

Weber, Axel (1983)
Das langfristige Kreditgeschäft und seine Refinanzierung aus der Sicht einer Sparkasse, in: Langfristige Kredit 34 (1983), S. 132-140

Weil, Roman L. (1973)
Macaulay's Duration. An Appreciation, in: Journal of Business 46 (1973), S. 589-592

West, Richard (1983)
Summary, in: Kaufman/Bierwag/Toevs (Hrsg.), Innovations in Bond Portfolio Management: Duration Analysis and Immunization, Greenwich 1983, S. 299-303

Weston, Fred J. und Eugene F. Brigham (1978)
Managerial Finance, 6. Auflage, Englewood Cliffs 1978

Weston, Fred J. und Thomas E. Copeland (1986)
Managerial Finance, 8. Auflage, New York 1986

Wildhagen, Jürgen (1967)
Zinserwartungen und Anleihekonditionen, Dissertation Saarbrücken 1967

Williams, Alex O. und Phillip E. Pfeiffer (1982)
Estimating Security Price Risk Using Duration and Price Elasticity, in: Journal of Finance 37 (1982), S. 399-411

Wondrak, Bernhard (1986a)
Management von Zinsänderungschancen und -risiken, Heidelberg 1986

Wondrak, Bernhard (1986b)
Zur Steuerung von Zinsänderungsrisiken in Kreditinstituten, in: Kredit und Kapital 19 (1986), S. 401-415

Wood, John H. (1983)
Do Yield Curves Normally Slope up? The Term Structure of Interest Rates 1862-1982, in: Economic Perspectives, Federal Reserve Bank of Chicago 7 (August-September 1983) S. 17-23

Yardent, Edward E. (1981)
Managing Interest Rate Risk with Bond Futures, Working Paper, Columbia Business School, New York 1981

Yawitz, Jess B. (1977)
The Relative Importance of Duration and Yield Volatility, in: Journal of Money, Credit, and Banking 9 (1977), S. 97-102

Yawitz, Jess B., George H. Hempel und William J. Marshall (1975)
The Use of Average Maturity as a Proxy in Investment Portfolios, in: Journal of Finance 30 (1975), S. 325-333

Yawitz, Jess B., George H. Hempel und William J. Marshall (1976)
A Risk Return Approach to the Selection of Optimal Government Bond Portfolios, in: Financial Management 5 (Herbst 1976), S. 36–45

Yawitz, Jess B. und William J. Marshall (1985)
The Use of Futures in Immunized Portfolios, in: Journal of Portfolio Management 11 (Winter 1985), S. 51–58

Batch number: 10815964

Printed by Printforce, the Netherlands